D1725806

CAHIERS D'ÉTUDES GERMANIQUES

ALLEMANDS ET AUTRICHIENS ENTRE FRANCE ET ESPAGNE

Circulations, mobilités, transferts

Textes réunis
par Hélène LECLERC et Georg PICHLER

CAHIERS D'ÉTUDES GERMANIQUES

Sommaire

RÉSUMÉS

Einleitung

Hélène LECLERC

Université Toulouse-Jean Jaurès, CREG (EA 4151), Toulouse, Frankreich

Georg PICHLER

Universidad de Alcalá, Madrid, Spanien

Durch die vielfach traumatischen territorialen Veränderungen, die Europa seit dem Fall der wohl einschneidendsten Grenze der letzten Jahrhunderte, des „Eisernen Vorhangs", im Jahr 1989 erfuhr, stieg das wissenschaftliche Interesse an der Thematik der Grenze, insbesondere in der Mittel- und Osteuropaforschung.[1] In eben diesem Jahr 1989 erschien die Pionierstudie *Boundaries. The making of France and Spain in the Pyrenees* von Peter Sahlins, die den französisch-spanischen Grenzraum und die „Erfindung" der nationalen Grenze zwischen Frankreich und Spanien im 17. Jahrhundert in den Fokus nahm.[2] Ihr vorangestellt ist ein Zitat des französischen Historikers und Spanien-Spezialisten Pierre Vilar: „The history of the world is best observed from the frontier". In seinem Doppelsinn behauptet der Satz einmal, dass man die Weltgeschichte am besten von der Grenze, von dem schmalen Streifen Niemandsland zwischen den Ländern aus beobachten könne; dass aber zugleich auch die Grenzen, also die territorialen Festschreibungen und deren Wechselspiel, Auskunft über die Weltgeschichte geben.[3] Seitdem hat sich ein der Grenze bzw. den Grenzen gewidmetes Forschungsgebiet entwickelt: die *border studies*, die ein neues Verständnis von Grenze einführen, das vielfältige Dimensionen – soziale, wirtschaftliche, kulturelle, sprachliche oder religiöse –

---

1. Vgl. u. a. Andrea Komlosy, „Wo die österreichischen an die böhmischen Länder grenzen: Kleinraum – Zwischenraum – Peripherie", in Thomas Winkelbauer (Hrsg.), *Kontakte und Konflikte. Böhmen, Mähren und Österreich: Aspekte eines Jahrtausends gemeinsamer Geschichte*, Waidhofen an der Thaya, Waldviertler Heimatbund, Horn, 1993, S. 491-520; Andrea Komlosy, Václav Bůžek, František Svátek (Hrsg.), *Kulturen an der Grenze. Waldviertel/ Weinviertel/ Südböhmen/ Südmähren*, Waidhofen an der Thaya, Promedia, 1995; Hans Lemberg (Hrsg.), *Grenzen in Ostmitteleuropa im 19. und 20. Jahrhundert. Aktuelle Forschungsprobleme*, Marburg an der Lahn, Verlag Herder-Institut, 2001. Präzisiert werden soll mit Christophe Duhamelle, Andreas Kossert und Bernard Struck, dass diese neu gewonnene „Brisanz" des Themas „Grenze" in Europa „zuvor nur in der Zeit der Entkolonisierung ähnlich groß war" (Christophe Duhamelle, Andreas Kossert, Bernard Struck, „Einleitung. Perspektive für eine vergleichende Grenzforschung Europas", in dies. [Hrsg.], *Grenzregionen. Ein europäischer Vergleich vom 18. bis zum 20. Jahrhundert*, Frankfurt a. M./ New York, Campus Verlag, 2007, S. 9-21, hier S. 9).

2. „[...] the invention of a national boundary line and the making of Frenchmen and Spaniards", in Peter Sahlins, *Boundaries. The making of France and Spain in the Pyrenees*, Oakland, University of California Press, 1989, S. XV.

3. *Ibid.*

mit einbezieht. Peter Sahlins betont, wie sehr die Grenze das Ergebnis politischer und sozialer Konstruktionen sei, das Resultat eines langjährigen Prozesses und daher ein äußerst permeabler Raum bleibe. Im Allgemeinen heben diese Studien die Ambivalenz, die der Grenze anhaftet, hervor, bildet sie doch einen Raum der Begegnung, des Austauschs, der möglichen Vermittlung einerseits, des Konfliktes bzw. des Kriegs andererseits. Europäische Programme wie INTERREG, die die transnationale Zusammenarbeit in Grenzregionen fördern, zeugen von dem aktuellen regen Interesse an solch grenzübergreifenden Thematiken.

Dem vorliegenden Band lag die Idee zugrunde, die Problematik der Grenze am Beispiel des französisch-spanischen Grenzlands unter dem Aspekt der Interkulturalität zu erforschen und diese Frage um jene der triangulären bzw. quadrangulären Transfers zwischen Frankreich, Spanien, Deutschland und Österreich anzureichern. Hatte sich die deutschsprachige Romanistik bereits mehrfach mit den deutsch-spanischen Beziehungen auf literarischem und kulturellem Gebiet auseinandergesetzt,[4] so ist das Thema der triangulären Kulturtransfers zwischen Spanien, Frankreich und dem deutschsprachigen Raum bis heute weitgehend unerforscht. In der französischen Germanistik wurden mit dem 1997 erschienenen Band *Germania-Hispania* der Zeitschrift *Chroniques allemandes* erste Ansätze für eine interdisziplinäre Zusammenarbeit mit HispanistInnen erbracht, wobei jedoch die triangulären Kulturtransfers noch nicht im Fokus der Beiträge standen; deshalb regten die Herausgeber Lucien Calvié und Anita Gonzalez-Raymond dazu an, in dieser Richtung weiterzuarbeiten.[5] In Anlehnung an die Kulturtransferforschung, die unter triangulären Transfers keineswegs ein schlichtes Übereinanderlegen von zwei binären Transfers versteht,[6] wird in den im vorliegenden Band versammelten Beiträgen versucht, die Geschichte der französisch-spanischen Beziehungen mit jener der deutschsprachigen Präsenz und Migration im Südwesten und im Grenzraum zu verschränken, zugleich aber auch die Geschichte der deutsch-spanischen Beziehungen mit jener der deutsch-französischen in Verbindung zu bringen. Auf diese Weise kann analysiert werden, inwieweit diese Region der Ort einer französisch-spanisch-deutschen bzw. französisch-spanisch-österreichischen Interkulturalität und Erinnerung war oder immer noch ist.

---

4. Zu erwähnen ist vor allem der Band von Dietrich Briesemeister, *Spanien aus deutscher Sicht: Deutsch-spanische Kulturbeziehungen gestern und heute*, Bd. 20, Beihefte zur Iberoromania, Tübingen, Max Niemeyer, 2004; siehe ebenso: Karin Hellwig (Hrsg.), *Spanien und Deutschland. Kulturtransfer im 19. Jahrhundert*, Frankfurt a. M./ Madrid, Iberoamericana/ Vervuert, 2007.

5. Anita Gonzalez-Raymond, Lucien Calvié (Hrsg.), *Germania-Hispania. Monde germanique/Monde hispanique : relations, images, transferts, Chroniques allemandes* 6, 1997, S. 7. Die Beiträge von Dietrich Briesemeister („Traductions allemandes d'oeuvres littéraires espagnoles à partir de versions françaises au XVIIIᵉ siècle", S. 11-22), von Almudena Delgado-Larios („La guerre franco-prussienne de 1870 dans la presse espagnole", S. 149-162) und von Christian Eggers („Allemands und Espagnols dans les camps d'internement en France [1939-1942]", S. 189-208) können tatsächlich als Beispiele für die Kulturtransfermethode gelten.

6. Michel Espagne (Hrsg.), *Russie France Allemagne Italie. Transferts quadrangulaires du néoclassicisme aux avant-gardes*, Tusson, Du Lérot, 2005, S. 6: „Il est ainsi erroné de supposer dans un transfert triangulaire une simple superposition de deux transferts binaires."

Die Transferforschung hat sich als bewährte kulturgeschichtliche Methode mit zahlreichen geografischen Räumen auseinandergesetzt, dabei jedoch die französisch-spanisch-deutsch/österreichischen Transfers kaum untersucht. Der vorliegende Band möchte diese Lücke schließen.

Der Begriff der Zirkulationen wird hierbei im eigentlichen (d. h. geografischen und kinetischen), auf Mobilitäten verweisenden Sinn verstanden, zugleich jedoch auch im übertragenen Sinn, der an Symbolik und Gedächtnis sowie an den Transferbegriff anknüpft. Darüber hinaus wird auch eine kulturgeschichtliche Perspektive eingebracht, wobei Kulturgeschichte mit Jean-François Sirinelli als kinetische Geschichte definiert wird, deren Interesse der Zirkulation von Sinnhaftem innerhalb und zwischen gegebenen Gesellschaften gilt.[7]

Der früh angesetzte Zeitraum ab dem 18. Jahrhundert ermöglicht die Suche nach den kulturellen und historischen Faktoren, die diese französisch-spanisch-deutsch/österreichischen Transfers begünstigt haben. Bemerkenswerterweise spielen französische Muster eine wichtige Rolle in der Wahrnehmung Spaniens durch deutsche Reisende, was im Beitrag von Françoise Knopper besonders hervorgehoben wird, zeigt sie doch auf, wie der Spanien-Bericht der Reisenden Tychsen, Hager und Kaufhold von deren bewusstem oder unbewusstem Willen geprägt war, Frankreich zur Beschreibung Spaniens als *tertium comparationis* zu benutzen. Hierbei erweist sich insbesondere die Figur des Figaro, an welche Joseph Hager anknüpft, als paradigmatisch. Die Verwendung dieser französischen Figur (der Figaros von Beaumarchais und Fleuriot) durch einen österreichischen Reisenden, der auf diese Weise Spanien erfahren und von dieser Erfahrung berichten wollte, bildet einen wahrhaft triangulären Kulturtransfer. Einen ähnlichen Prozess kann man im Werk von Lenka Reinerová ausmachen, die französische literarische Bezüge, wie etwa Rimbaud oder Malraux, aufnimmt, um sich mit dem Spanischen Bürgerkrieg auseinanderzusetzen (siehe hierzu den Beitrag von Hélène Leclerc).

Die Themenkomplexe, die eine derartige Betrachtungsweise eröffnet, sind vielfältig und legen diachrone und synchrone Zugänge ebenso nahe wie inter- oder multidisziplinäre Ansätze. Aus einer historischen und sozialwissenschaftlichen Position ermöglichen sie einen Beitrag zur Geschichte der Migrationen aus den deutschsprachigen Ländern in den Südwesten und in die Pyrenäen oder zu einer Geschichte der Übergangs- und Transitorte.[8] Sowohl in älteren Texten wie auch in autobiografischen Beschreibungen aus dem 20. Jahrhundert bilden

---

7. Jean-François Sirinelli, „Préface", in Denis Rolland (Hrsg.), *Histoire culturelle des relations internationales. Carrefour méthodologique*, Paris, L'Harmattan, 2004, S. 9: „histoire cinétique qui étudie la circulation de tout ce qui est chargé de sens, circulation au sein des sociétés données mais aussi entre elles".

8. Dabei können die Arbeiten von Laurent Dornel über „Migrationserfahrungen" in der Aquitaine als Beispiel herangezogen werden. Dornel unterstreicht die geringe Bedeutung, die den Transitorten in der Historiografie zukommt, obgleich sie sowohl morphologische als auch funktionelle Vielfalt bieten: Wege, Straßen, Bahnhöfe, Häfen, Flughäfen, Grenzposten. Laurent Dornel (Hrsg.), *Passages et frontières en Aquitaine. Expériences migratoires et lieux de transit*, Pau, PUPPA, 2018, S. 14.

diese Orte ein dichtes Referenznetz, dem nachzugehen neue Erkenntnisse in Aussicht stellt. Es handelt sich um Orte, die in allen Reisetexten präsent sind, bislang jedoch eher selten beachtet wurden, da andere Aspekte im Vordergrund standen. In ihrem Beitrag zitiert Françoise Knopper aus der Reisebeschreibung des bereits genannten Joseph Hager, dessen Ankunft in Irun, also an einem spanisch-französischen Grenzort, sofort – wie das parataktische Nebeneinander der beiden Sätze andeutet – Betrachtungen über „Spaniens Einwohner" auslöst: „Yrun heißt der Ort, wo wir das erste Spanische Nachtlager hielten: ein kleiner unbeträchtlicher Flecken. Hier machte ich meine ersten Bemerkungen über Spaniens Einwohner." Dies ist auch der Fall bei dem ebenfalls von Knopper erwähnten deutschen Reisenden Anton Kaufhold, dessen Reflexionen über Spaniens politisches System ihm „gleich beim ersten Eintritte in Spanien" einfielen; oder auch bei Christian August Fischer, bei dem Berta Raposo feststellt, dass an der politischen Grenze zugleich eine kulturelle Annäherung an Spanien spürbar wird – denn Fischer kommentiert: „So bin ich denn am Fuße der Pyrenäen, und nur zwey Meilen von der spanischen Grenze. Alles verkündigt mir die Nähe dieses Landes." Die konkreten geografisch-materiellen Aspekte des Eintritts in Spanien werden also von den Reisenden bewusst inszeniert. Davon zeugt auch das in den 1920er Jahren entstandene Pyrenäenbuch von Kurt Tucholsky, der voll Ironie und Humor über die bürokratisch-administrativen Schwierigkeiten beim Überschreiten der Grenze schreibt, wie Michaela Enderle-Ristori berichtet.

Der Begriff der Grenze wird oft nicht unbedingt wörtlich, sondern eher metaphorisch verstanden, um, wie etwa im Beitrag von Thomas Bremer, der Frage nachzugehen, „wie sich Wissen und dessen Bewertung grenzüberschreitend zwischen den drei Kulturen entwickeln". An diese metaphorische bzw. symbolische Dimension der Grenzüberschreitung der Frauen, die auch im übertragenen Sinne zu verstehen ist, wird im Beitrag von Mechthild Gilzmer über die in den Lagern von Rieucros und Brens internierten Frauen angeknüpft. Am Beispiel der fiktionalen, den Spanischen Bürgerkrieg thematisierenden Erzählung Reinerovás zeigt Hélène Leclerc zudem auf, wie das Überschreiten der französisch-spanischen Grenze zum Symbol eines universellen Engagements für eine gerechte Sache wurde.

Imagologische, soziokulturelle und kulturhistorische Aspekte sind bei der Analyse der Reiseberichte deutschsprachiger Reisender in und durch die Pyrenäen in Betracht zu ziehen, die diachron von der Entdeckung der „romantischen Pyrenäen" bis ins 20. und 21. Jahrhundert reichen. Neben Landschaftsbeschreibungen oder -schilderungen aus literarischen und künstlerischen Motiven – die hier nur peripher in Betracht gezogen werden, wohl aber im Titelbild dieses Bandes einen sehr abstrakten Niederschlag finden – handelt es sich um unterschiedliche Modalitäten einer Aneignung des französisch-spanischen Grenzraums, wobei die Besonderheit des deutschen bzw. österreichischen Blicks in diesem Band berücksichtigt wird. Beschreibungen der Pyrenäen sind in vielen der hier besprochenen Werke zu finden, wenngleich sie nicht Selbstzweck, sondern im Rahmen des Berichteten zu lesen sind. Wie Berta Raposo erinnert, stellen im späten 18. und im beginnenden 19. Jahrhundert diese Berge „ein lästiges, wenn nicht gefährliches Hindernis" dar und werden „als eine der furchterregendsten in Europa empfunden". Auf positive Weise wird der majestätische Anblick der Gebirgskette in mehreren Reiseberichten vom späten 18. bis ins 20. Jahrhundert, aber auch in autobiografischen Texten von Internierten bzw. Gefangenen in den Lagern am Fuße der Pyrenäen immer wieder thematisiert, so dass er sich im Lauf der Zeit beinahe zu einem Topos herausgebildet hat. Belege dafür sind etwa das Tagebuch der 1914 in Garaison internierten Gertrud Köbner (siehe den Beitrag von Hilda Inderwildi) und der von Isabel Gutiérrez Koester analysierte Reisebericht von Bernhard Birkenfeld, den die Pracht der Gebirgskette tief ergriff – wobei dieser Eindruck wohl auch von der Erleichterung des deutschen Priesters darüber verstärkt wurde, dem 1914 „feindselig gesinnten" Frankreich entkommen zu sein und Zuflucht auf der anderen Seite der französisch-spanischen Grenze gefunden zu haben. Hier wie auch anderswo wird die Wahrnehmung der Landschaft von jener triangulären, deutsch-französisch-spanischen Konstellation mitgestaltet. Besondere Bedeutung bei der Konstruktion der Pyrenäen als literarischer Landschaft kommt Kurt Tucholsky und seinem 1927 erschienenen *Pyrenäenbuch* zu, das wohl das eigenwilligste und intensivste Werk eines deutschsprachigen Autors über diese Region darstellt (siehe hierzu Michaela EnderleRistori).

Dass die französisch-spanische Grenze in den Jahren zwischen 1920 und 1947 eine gewisse Permeabilität aufwies, zeigt Diego Gaspar Celaya am Beispiel verschiedener Gruppen, und zwar an Kriegsfreiwilligen, Flüchtlingen, Politikern, Geheimdienstlern, Soldaten und Mitgliedern anderer Sicherheitskräfte des Dritten Reichs, die den Entwurf eines differenzierten Bildes der Grenz- und Migrationsproblematik ermöglichen. Wie Gaspar Celaya betont, zeugt diese Permeabilität von einer „transnationalen Dimension der Grenze an sich", wenn sie zu einem außergewöhnlichen Ort des Austausches, zu einem von unterschiedlichsten Gruppen überschrittenen Raum wird. Bereits im Ersten Weltkrieg war eine gewisse Porosität dieses Grenzraums festzustellen, gab es doch am Fuße der Pyrenäen Internierungs- und Gefangenenlager für deutsche und österreichische Zivilisten und Soldaten, von denen einige die Flucht nach Spanien wagten. Ausbrüche aus diesen Lagern, die im Beitrag von Hilda Inderwildi am Beispiel des Internierungslagers Garaison (1914-1919) untersucht werden, oder eine Flucht nach Spanien, um der Internierung zu entkommen, wie Isabel Gutiérrez Koester am Beispiel von Paul Madsack dokumentiert, sind von großer Bedeutung, um Zirkulationen und Mobilitäten zwischen Frankreich und Spanien zu untersuchen. In ihrem Beitrag betont Gutiérrez Koester die Bedeutung des Raums für die Konstruktion von propagandistischen Feindbildern im Ersten Weltkrieg, wobei die Gegenüberstellung zwischen dem „Fremden", dem „Eigenen/Deutschen" und dem „freundschaftlichen Spanien" zur Herausbildung von Feind- oder Nationenauffassungen beiträgt. Dabei spielt, wie Gutiérrez nachweist, „die Gedächtnislandschaft, die aus geografischen, materiellen und sozialen Elementen einen neuen Zusammenhang herstellt", eine wichtige Rolle.

Die Untersuchungen über die 1930er und 1940er Jahre konzentrieren sich vor allem auf Migrationsfragen, bei denen die Porosität der französisch-spanischen

Grenze im Mittelpunkt steht, ein Thema, das in den Beiträgen von Michaela Enderle-Ristori, Michael Uhl und Georg Pichler angesprochen wird. Hier ist eine doppelte Fluchtbewegung zu beobachten: Kam zwischen 1936 und 1939, also während des Spanischen Bürgerkriegs, der Strom der Flüchtenden von Spanien nach Frankreich – mit dem dramatischen Höhepunkt der Retirada im Januar/ Februar 1939 –, so wechselte er mit Beginn des Zweiten Weltkriegs im September 1939 abrupt seine Richtung. Nachdem im Mai 1940 das nationalsozialistische Deutschland Frankreich überfallen hatte, erreichte diese Fluchtbewegung im Sommer desselben Jahres ihren Gipfelpunkt, als eine bis dahin nie gesehene Zahl von Exilierten aus den unterschiedlichsten Ländern durch Südfrankreich irrte und an der Grenze zu Spanien, aber auch an den Häfen des Atlantiks und des Mittelmeers gleichsam anbrandete. Verzweifelt über die Aussichtslosigkeit ihrer oft schon sechs Jahre andauernden Exilexistenz, verübten, angesichts der administrativen und geografischen Schwierigkeiten, die Grenzen nach Spanien zu überschreiten, Autoren wie Walter Hasenclever, Carl Einstein[9] und Walter Benjamin Selbstmord[10]; andere gaben auf und kehrten in ihre Heimatländer zurück, vielen gelang im Lauf der kommenden Jahre aber dennoch die Flucht über die Pyrenäengrenze. Zwischen 1939 und 1945 hatte diese Grenze lebenswichtige Bedeutung für den bis heute immer noch ungenügend erforschten Fluss der deutschen, österreichischen und internationalen Exilierten, die auf ihrer Flucht vor den Nationalsozialisten versuchten, über Spanien nach Portugal zu gelangen, um von dort aus in ein Drittland weiterzureisen, wie Michaela Enderle-Ristori ausführt.[11] Wie vielfältig die Rolle der Pyrenäengrenze, aber auch die des franquistischen Spanien für vor dem Nationalsozialismus geflüchtete österreichische Musikschaffende war, zeigt sich im Beitrag von Primavera Driessen Gruber. Während Exilanten wie Karl Farkas oder das Ehepaar Alma und Franz Werfel sowie „fünfzig Transitflüchtlinge (davon zwölf Frauen)" Spanien auf dem Weg nach Portugal durchqueren konnten, meist nach einem mühsamen Fußmarsch über die Berge und einer illegalen Grenzüberquerung, ließen sich acht Musikschaffende, unter ihnen eine Frau, in Spanien nieder, da sie dort eine Arbeit gefunden hatten.

War es für politisch unbelastete Personen bereits schwer, die Grenze zu überqueren, so blieb sie für die allermeisten ehemaligen Spanienfreiwilligen verschlossen. Nur wenigen, wie etwa dem Lyriker Erich Arendt, gelang es, ein zweites Mal nach Spanien einzureisen und von dort aus weiter nach Übersee zu entkommen. Für Betty Rosenfeld, die als Sanitäterin in den Reihen der Internationalen Brigaden tätig gewesen war und deren Lebensweg Michael Uhl nachzeichnet, war die Pyrenäengrenze ein unüberwindbares Hindernis. Sie

---

9. Marianne Kröger, Hubert Roland (Hrsg.), *Carl Einstein im Exil. Kunst und Politik in den 1930er Jahren*, Paderborn/ München, Wilhelm Fink, 2007.
10. Georg Pichler, „In den Tod getrieben. Auf der Suche nach drei Gräbern in der französischen Provinz", in *Literatur und Kritik* 537/538 (September 2020), S. 45-51.
11. Patrick von zur Mühlen, *Fluchtweg Spanien-Portugal. Die deutsche Emigration und der Exodus aus Europa 1933-1945*, Bonn, Dietz, 1992, ist bis heute das einzige große Werk, das sich dieses Themas annimmt.

musste in Südwestfrankreich bleiben, erst in kleineren Provinzorten, dann in den Lagern von Gurs, Rieucros und Brens, bevor sie im September 1942 aus dem Lager Drancy nach Auschwitz deportiert und ermordet wurde.

Einen Schwerpunkt der Untersuchungen bilden sicherlich die erst Konzentrationslager, später Internierungslager genannten Lagerkomplexe, die von der französischen Regierung gegen Ende des Spanischen Bürgerkriegs errichtet wurden, um der Flüchtlingsströme aus dem Nachbarland Herr zu werden; auf sie wird in den Beiträgen von Mechthild Gilzmer, Michael Uhl und Georg Pichler eingegangen. Ab dem Beginn des Zweiten Weltkriegs wurden sie dazu verwendet, die so genannten „feindlichen Ausländer" zu internieren und in ihnen Angehörige aus Dutzenden von Ländern festzuhalten. Unter ihnen befanden sich 25.000 bis 30.000 Deutschsprachige, von denen wiederum etwa 5.000 Österreicherinnen und Österreicher waren[12], die als „unerwünschte" oder „verdächtige" Flüchtlinge betrachtet und gemeinsam mit Spanierinnen und Spaniern, die nach dem Ende des Spanienkriegs nach Frankreich geflüchtet waren, hinter Stacheldraht gesperrt wurden. In diesem sozusagen extraterritorialen Frankreich, wo die Gefangenen zugleich eingesperrt und ausgeschlossen waren, kam es, wie Georg Pichler ausführt, zwischen den spanischen und deutschen bzw. österreichischen Häftlingen beiderlei Geschlechts zu Kontakten vielfältigster Natur, manchmal auch zu Liebesbeziehungen mit all ihren Folgen. Viele unter ihnen waren Spanienfreiwillige, die meist in den Internationalen Brigaden gedient hatten, wie etwa die oben erwähnte Betty Rosenfeld[13]. Dabei erwiesen sich die Pyrenäen und die französisch-spanische Grenze, wie Mechthild Gilzmer treffend formuliert, als „ein Epizentrum dieser Entwicklung, ein Terrain, auf dem sich viele Flucht- und Verfolgungswege bündelten und kreuzten. Toulouse und andere Städte des Südwestens wurden zu Knotenpunkten der Migration in beide Richtungen, zu zentralen Orten des Transits."

Der Grund für die Errichtung des Systems der Lager, ein dunkler, erst in den letzten Jahren ausführlicher erforschter Abschnitt der französischen Geschichte, ist im Wandel der Asyltradition Frankreichs zu suchen. War sie einst im besten Wortsinn liberal, so entwickelte sie sich im Laufe der 1930er Jahre zu „ein[er] immer restriktiver[en] Asylpolitik, die nach Kriegsbeginn zur Internierungspolitik für Tausende von Emigranten wurde"[14] und für Ausländer einen „nervenaufreibenden Kampf um die Papiere"[15] bedeutete. Diese Politik gipfelte zunächst in den Dekreten von Mai 1938, auch „Daladier-Dekrete" genannt, die unter dem Vorwand der Sicherheitspolitik erlassen worden waren.

---

12. Vgl. Georg Pichler, „Das System der französischen Lager", in Gabriele Anderl (Hrsg.), *Hinter verschlossenen Toren. Die Internierung von Geflüchteten von den 1930er Jahren bis in die Gegenwart*, Wien, Theodor Kramer Gesellschaft, 2023, in Druck.

13 In der Zwischenzeit ist die Biografie in Buchform erschienen: Michael Uhl, *Betty Rosenfeld. Zwischen Davidstern und roter Fahne*, Stuttgart, Schmetterling Verlag, 2022.

14. Barbara Vormeier, „Frankreich", in Claus-Dieter Krohn, Patrick von zur Mühlen, Gerhard Paul, Lutz Winckler (Hrsg.), *Handbuch der deutschsprachigen Emigration 1933-1945*, Darmstadt, WBG, 2008², S. 213-246, hier S. 213.

15. *Ibid.*, S. 217.

Sie sahen hohe Gefängnisstrafen und Ausweisungen für jene Ausländer vor, die illegal eingereist waren oder sich trotz *refoulement* (Zurückweisung) oder *expulsion* (Abschiebung) ohne gültige Dokumente in Frankreich befanden. „Sie enthielten aber auch erstmals den Begriff ‚politischer Flüchtling' sowie einen Passus, demzufolge diese nicht ausgewiesen werden durften, wenn sie kein anderes Zufluchtsland gefunden hatten."[16] Diese Dekrete ebneten den Weg für die Errichtung von Internierungslagern für „unerwünschte und verdächtige Ausländer", was mit der Eröffnung des ersten expliziten „Konzentrationslagers" in Rieucros im Januar 1939 konkretisiert wurde. Es folgten zahlreiche andere, wobei eine Mehrheit sich im Südwesten des Landes befand;[17] die zwei berüchtigtsten, Gurs und Le Vernet/Ariège, wurden in unmittelbarer Nähe der Pyrenäen errichtet.[18]

Da im Fokus des vorliegenden Bands Spanien und die französisch-spanische Grenze stehen, spielen in ihm der Spanische Bürgerkrieg und die Internationalen Brigaden selbstverständlich eine wichtige Rolle. Catherine Mazellier-Lajarrige geht der Bedeutung von Spanien im Werk und Lebenslauf des deutschen exilierten Schriftstellers Rudolf Leonhard nach und hebt die dabei der Fiktion zukommende Rolle hervor, da Leonhard „Episoden aus dem Spanischen Bürgerkrieg anhand von individuellen Lebenswegen fiktionalisiert, die im entscheidenden Moment ergriffen werden", ein Verfahren, das sich durchaus auch bei Lenka Reinerová feststellen lässt (siehe hierzu Leclerc).

In ihrem Beitrag betont Mechthild Gilzmer, dass „mit dem Überschreiten der Ländergrenzen zwangsläufig auch die Begegnung und der Austausch mit Menschen aus anderen Kulturen verbunden" waren, und erwähnt dabei die Bildung eines „Netzwerk[s] von Betroffenen und Gleichgesinnten, die sich auf den Schauplätzen der Geschichte begegneten: in der Emigration, im Spanischen Bürgerkrieg, in den Internierungslagern, im Widerstand und schließlich in deutschen KZs". Hier taucht also einerseits die konkrete Frage auf, wie sich in den Lagern das Zusammenleben zwischen diesen Nationalitäten, die Kommunikation in den verschiedenen Sprachen sowie der wirtschaftliche, kulturelle und intellektuelle Austausch gestalteten. Andererseits stellt sich aber auch die grundsätzliche Frage, ob sich überhaupt praktische Erscheinungsformen einer französisch-spanisch-deutsch/österreichischen Interkulturalität herausbildeten und die Entstehung intellektueller Netzwerke in den südwestlichen französischen Internierungslagern ermöglichten. Interkulturell ist dabei die deutsche bzw. österreichische Erinnerung an diese Erfahrung im Vergleich zur spanischen perspektivisch zu untersuchen, zugleich aber auch die Erinnerung an und die Auseinandersetzung mit ihren Erfahrungen, die ehemalige deutsche und

---

16. *Ibid.*
17. Vgl. Monique-Lise Cohen, Éric Malo (Hrsg.), *Les camps du sud-ouest de la France 1939-1944. Exclusion, internement et déportation*, Toulouse, Privat, 1994.
18. Über diese beiden Lager gibt es Berichte, in denen die hier analysierten Themen immer wieder zur Sprache kommen: Bruno Frei, *Die Männer von Vernet. Ein Tatsachenbericht*, Berlin, Dietz, 1950; Erich Hackl, Hans Landauer (Hrsg.), *Album Gurs. Ein Fundstück aus dem Widerstand*, Wien, Deuticke, 2000.

österreichische Interbrigadisten in Spanien gemacht hatten. Es sind Fragen, denen Mechthild Gilzmer, Georg Pichler und Catherine Mazellier-Lajarrige in ihren Beiträgen nachgehen, wobei Gilzmer sich insbesondere auf die Untersuchung der „Bedeutung der Geschlechtszugehörigkeit auf Erfahrung, Wahrnehmung und Deutung der Akteure" konzentriert und am Beispiel der Lager Rieucros und Brens, in denen über zwanzig verschiedene Nationalitäten versammelt waren, erläutert, dass „die Zusammensetzung der Lagerpopulation nicht gemischter [hätte] sein können". Die Frage der tatsächlichen und dauerhaften Begegnung zwischen diesen aus unterschiedlichsten Horizonten stammenden Fragen beantwortet Gilzmer nuanciert, indem sie vor idealisierender Darstellung warnt. Catherine Mazellier-Lajarrige weist auf die vielfältige Wissenszirkulation im Lager Le Vernet hin, die Leonhards Gedichte widerspiegeln. In Le Vernet war die Mobilität der Interbrigadisten zu einer aufgezwungenen Immobilität geworden, was einen intellektuellen und kulturellen Mobilitätsprozess in Form der Wissenszirkulation und -teilung unter „Kameraden" auslöste. Georg Pichler verweist auf Erinnerungstexte, in denen immer wieder durchscheint, dass, wie bereits erwähnt, tatsächlich viele „Kontakte zwischen den Häftlingen verschiedenster Nationen in den Lagern" bestanden haben. Doch seien die Spuren dieser Kontakte oft nur „in Andeutungen und in gleichsam nebenbei getanen Äußerungen zu finden", da sie im Moment und auch in der Erinnerung als selbstverständlich und daher nicht explizit erwähnenswert angesehen wurden – und dies, obwohl zu jener Zeit „sowohl die Mobilität als auch die Interkonnektivität weitaus beschränkter [und] die demografische Durchmischung ungleich geringer als in der Gegenwart" waren.

Chronologisch unmittelbar daran anschließend eröffnet sich der Themenkomplex der Teilnahme von Männern und Frauen aus Spanien, Deutschland und Österreich am französischen Widerstand, ein Thema, das bislang meist unter einer ausschließlich nationalen und historiografischen Perspektive bearbeitet wurde, wobei sowohl die internationale Verflochtenheit als auch die literarische und künstlerische Bearbeitung nur selten in Betracht gezogen wurden. Primavera Driessen Gruber berichtet in ihrem Beitrag über das Exil von Musikschaffenden über die Tänzerin Lea bzw. Liane Schubert, die mit 16 Jahren von einer Widerstandsgruppe in der ‚Nacht von Vénissieux' aus einem Kloster, in dem sie versteckt war, befreit wurde und sich in der Folge dem Widerstand in Marseille und später in Paris anschloss. Weiters erwähnt sie die jüdische Widerstandsgruppe *La Sixième*, die mit der in Toulouse stationierten *Armée Juive* „bereits ab Ende 1943 jüdische Kinder und Jugendliche aus den Lagern befreit[e] und besonders gefährdete Flüchtlinge nach Spanien" schleuste.

Auch in Texten der „Nachgeborenen", die sich des Schicksals der Spanienfreiwilligen und der Exilierten in Frankreich annahmen, lässt sich das Dreiecksverhältnis beschreiben, wie es Jacques Lajarrige in seinem Beitrag über zwei Texte von Erich Hackl herausgearbeitet hat. Hackl erzählt in ihnen das Leben von Rudolf Friemel und Karl Sequens nach, zwei österreichische Interbrigadisten, die mit ihren spanischen Frauen in Frankreich lebten, bevor sie in Internierungslager kamen, von denen aus sie an die deutschen

Behörden ausgeliefert wurden. Beide wurden in den letzten Kriegsmonaten in Konzentrationslagern ermordet. Lajarrige zufolge spiegeln die geografischen Bewegungen der Protagonisten die Wechselwirkungen zwischen den drei Kulturen wider. Denn auch wenn Jacques Lajarrige zufolge die zeitliche Verankerung der Darstellungen des Spanischen Bürgerkriegs und des Austrofaschismus für das Verständnis der Konflikte wesentlich ist, so scheint ihre räumliche Verankerung ebenso von Bedeutung, kann man doch in dieser doppelten Bewegung die Besonderheit eines österreichischen Blicks auf Spanien erfassen, zugleich aber auch die Besonderheit des spanischen Blicks auf die Schicksale von Österreicherinnen und Österreichern, die zur Verteidigung der republikanischen Sache nach Spanien gekommen waren. Ergänzt wird nach Lajarrige diese räumliche Verankerung durch einen dritten Raum, nämlich den des Exils oder vielmehr der Exile, der in direkter Verbindung zur Internierung steht, sei es in den nationalsozialistischen Konzentrationslagern oder in den französischen Lagern.

Dieser Band ist das Ergebnis einer Tagung, die vom 17. bis 19. November 2021 an der Universität Toulouse-Jean Jaurès und am Goethe Institut Toulouse stattfand und an der Erich Hackl und der Enkel von Rudolf Friemel, Rodolphe Friemel, teilnahmen. Die Tagung war als Weiterführung der kollektiven Arbeit konzipiert, die im *Centre de Recherches et d'Études Germaniques* (CREG) mit der Veröffentlichung des Bandes *Le Sud-Ouest de la France et les Pyrénées dans la mémoire des pays de langue allemande au XXe siècle* begonnen hatte.

Unterstützt wurde die Tagung von: Université Toulouse-Jean Jaurès, Centre de Recherches et d'Études Germaniques (CREG), Commission de la Recherche, Département des Langues étrangères, UFR des Langues, Section d'allemand; Universidad de Alcalá, Zukunftsfonds der Republik Österreich, Goethe-Institut Toulouse, Deutscher Akademischer Austauschdienst (DAAD).

Auswahlbibliografie

ARNABAT MATA Ramon, DUCH PLANA Montserrat (Hrsg.), *Polítiques memorials, fronteres i turisme de memòria*, Perpinyà/ Tarragona, PUP/ urv, 2017.

BADIA Gilbert (Hrsg.), *Exilés en France. Souvenirs d'antifascistes allemands émigrés (1933-1945)*, Paris, François Maspéro, 1982.

BADIA Gilbert, JOLY Françoise, *et al.* (Hrsg.), *Les barbelés de l'exil. Études sur l'émigration allemande et autrichienne (1938-1940)*, Presses universitaires de Grenoble, 1979.

BADIA Gilbert, JOLY Françoise, *et al.* (Hrsg.), *Les bannis de Hitler. Accueil et luttes des exilés en France 1933-1939*, Paris, Études et documentation internationales, Saint-Denis, Presses universitaires de Vincennes, 1984.

CALVET Josep, *Las montañas de la libertad. El paso de refugiados por los Pirineos durante la Segunda Guerra mundial 1939-1944*, Madrid, Alianza, 2010.

COHEN Monique-Lise, MALO Éric (Hrsg.), *Les camps du Sud-Ouest de la France*

1939-1944. Exclusion, internement et déportation, Toulouse, Privat, 1994.

CUBÉRO José, *Le camp de Garaison. Guerre et nationalités*, Pau, CAIRN, 2017.

Dokumentationsarchiv des österreichischen Widerstands (Hrsg.), Österreicher im Exil. Frankreich 1938-1945. *Eine Dokumentation*, Wien, Österreichischer Bundesverlag/ Wien, München, Jugend und Volk, 1984.

DORNEL Laurent (Hrsg.), *Passages et frontières en Aquitaine. Expériences migratoires et lieux de transit*, Pau, PUPPA, 2018.

ESPAGNE Michel, *Bordeaux-Baltique. La présence culturelle allemande à Bordeaux aux XVIIIe et XIXe siècles*, Paris, Éditions du CNRS, 1991.

ESPAGNE Michel, *Les transferts culturels franco-allemands*, Paris, PUF, 1999.

EYCHENNE Émilienne, *Pyrénées de la liberté. Les évasions par l'Espagne 1939-1945*, Paris, Éditions France-Empire, 1983.

FARCY Jean-Claude, *Les camps de concentration français de la première guerre mondiale*, Paris, Anthropos historique, 1995.

GASPAR CELAYA Diego, „Une frontière poreuse. La traversée clandestine des Pyrénées entre 1939 et 1945", in DORNEL Laurent (Hrsg.), *Passages et frontières en Aquitaine. Expériences migratoires et lieux de transit,* Pau, PUPPA, 2018, S. 81-102.

HACKL Erich, LANDAUER Hans (Hrsg.), *Album Gurs. Ein Fundstück aus dem Widerstand*, Wien, Deuticke, 2000.

GILZMER Mechthild, *Fraueninternierungslager in Südfrankreich. Rieucros und Brens 1939-1944*, Berlin, Orlanda, 1994.

GILZMER Mechthild, *Camps de femmes. Chroniques d'internées. Rieucros et Brens 1939-1944, aus dem Deutschen von Nicole Bary*, Paris, Éditions Autrement, 2000.

INDERWILDI Hilda, LECLERC Hélène (Hrsg.), *Gertrud Köbner, Helene Schaarschmidt, Récits de captivité. Garaison 1914*, Toulouse, Le Pérégrinateur, 2016.

JALABERT Laurent, LE BRAS Stéphane (Hrsg.), *La Résistance dans le Sud-Ouest au regard d'autres espaces européens (1940 à nos jours)*, Pau, CAIRN, 2016.

JOUTARD Philippe, POUJOL Jacques, CABANEL Patrick (Hrsg.), *Cévennes terre de refuge 1940-1944*, Montpellier, Les Presses du Languedoc, 1987/ 2012.

KNOPPER Françoise, RUIZ Alain (Hrsg.), *Les voyageurs européens sur les chemins de la guerre et de la paix du temps des Lumières au début du XIXe siècle*, Pessac, Presses universitaires de Bordeaux, 2006.

KROHN Claus-Dieter, MÜHLEN Patrick von zur, PAUL Gerhard, WINCKLER Lutz (Hrsg.), *Handbuch der deutschsprachigen Emigration 1933-1945*, Darmstadt, WBG, 20082.

LAHARIE Claude, *Le camp de Gurs 1939-1945, un aspect méconnu de l'histoire de Vichy*, Biarritz, J&D Édition, 1993.

LAHARIE Claude, *Gurs: 1939-1945. Un camp d'internement en Béarn*, Biarritz, atlántica, 2005.

LANDAUER Hans, in Zusammenarbeit mit HACKL Erich, *Lexikon der österreichischen Spanienkämpfer 1936-1939*, Wien, Theodor Kramer Gesellschaft, 2003.

LECLERC Hélène (Hrsg.), *Le Sud-Ouest de la France et les Pyrénées dans la mémoire des pays de langue allemande au XXe siècle,* Toulouse, Le Pérégrinateur, 2018.

MÜHLEN Patrick von zur, *Fluchtweg Spanien-Portugal. Die deutsche Emigration und der Exodus aus Europa 1933-1945*, Bonn, Dietz, 1992.

PESCHANSKI Denis, *La France des camps. L'internement, 1938-1946*, Paris, Gallimard, 2002.

PICHLER Georg, HALBRAINER Heimo (Hrsg.), *Camaradas. Österreicherinnen und Österreicher im Spanischen Bürgerkrieg 1936-1939*, Graz, CLIO, 2017.

PICHLER Georg, „Hinter Stacheldraht. Österreichische Exilantinnen und Exilanten in den französischen Lagern", in ADUNKA Evelyn, DRIESSEN GRUBER Primavera, USATY Simon (Hrsg.): *Exilforschung zu Österreich. Leistungen, Defizite & Perspektiven*, Wien, Mandelbaum, 2018, S. 17-33.

PICHLER Georg, „Im Lager (über-)leben. Formen der Wirtschaft in den französischen Internierungslagern", in SEEBER Ursula, ZWERGER Veronika, KROHN Claus-Dieter (Hrsg.), *Kometen des Geldes. Ökonomie und Exil, Exilforschung* 33, 2015, S. 199-212.

POUJADE Patrice, *Le voisin et le migrant. Hommes et circulations dans les Pyrénées modernes (XVIe–XIXe s.)*, Rennes, PUR, 2011.

ROLLAND Denis (Hrsg.), *Histoire culturelle des relations internationales. Carrefour méthodologique*, Paris, L'Harmattan, 2004.

RUIZ Alain (Hrsg.), *Présence de l'Allemagne à Bordeaux du siècle de Montaigne à la veille de la Seconde Guerre mondiale*, Pessac, Presses universitaires de Bordeaux, 1997.

RUIZ Alain, *D'Allemagne outre-Pyrénées en bateau et sur les routes d'Aquitaine.* Choses vues, rêvées et lues par Christian August Fischer vers 1800, Pau, Éditions du Pin à Crochets, 2004.

STEPANEK Friedrich, *„Ich bekämpfte jeden Faschismus". Lebenswege Tiroler Spanienkämpfer*, Innsbruck, StudienVerlag, 2010.

UHL Michael, *Betty Rosenfeld. Zwischen Davidstern und roter Fahne*, Stuttgart, Schmetterling Verlag, 2022.

VIMONT Jean-Claude, „La population du camp d'internement de Garaison (Hautes-Pyrénées), 1914-1919", in CORVISIER André, JACQUART Jean (Hrsg.), *Les malheurs de la guerre II. De la guerre réglée à la guerre totale*, Paris, Éditions du CTHS, 1997, S. 93-108.

VIMONT Jean-Claude, „Garaison, un camp de familles internées dans les Hautes-Pyrénées (1914-1919)", *Criminocorpus*, Juni 2012, [http://criminocorpus.revues.org/1876], Stand: 22. Januar 2023.

Voyageurs de langue allemande
entre l'Espagne et la France
aux XVIIIe et XIXe siècles

Deutschsprachige Reisende zwischen
Spanien und Frankreich
im 18. und 19. Jahrhundert

Trois voyageurs germanophones face aux réformes de Charles III et Charles IV (1780-1792)

Françoise KNOPPER

Université Toulouse-Jean Jaurès, CREG (EA 4151), Toulouse, France

Durant la décennie 1780-1792 il s'est produit un phénomène médiatique dans les liens hispano-germaniques, celui d'une accélération de la publication des relations de voyageurs germanophones en Espagne, tandis que les revues de recensions avaient jusqu'alors déploré le fait que – mis à part les relations des Anglais et des Français – les témoignages d'Allemands ou d'Autrichiens sur l'Espagne restaient trop rares. D'ailleurs, dans la compilation du professeur de caméralistique Eobald Toze qui fut volontiers utilisée par les pédagogues de l'époque car elle renferme la présentation simplifiée des États européens, 80 pages sont consacrées à l'Espagne et treize relations de voyage y sont sélectionnées parce qu'elles ont été publiées en allemand, mais onze d'entre elles étaient traduites du français ou de l'anglais[1].

Les études menées depuis une trentaine d'années incitent toutefois à relativiser cette impression qu'avaient les contemporains d'une relative rareté des témoignages sur l'Espagne. Ces derniers étaient certes beaucoup moins fréquents que ceux qui émanaient du traditionnel Grand Tour, lequel conduisait aristocrates et savants vers l'Italie, mais l'Espagne du XVIIIe siècle n'était pas pour autant une *terra incognita* pour le public lettré du Saint Empire, et les relations de voyageurs allemands occupaient une part non négligeable de la documentation qu'ils pouvaient consulter. À preuve les bibliographies de Dieze en 1775, de Volkmann en 1785 ou de Boucher de la Richarderie en 1808 ; il y a même une importante et inhabituelle proportion de références allemandes chez Boucher de la Richarderie. À preuve bien évidemment aussi et surtout les

---

1. *Einleitung zur allgemeinen und besonderen europäischen Staatskund*, Bützow 1779, 4. Aufl. 1790, p. 117-194.

recherches plus récemment menées par exemple par Berta Raposo[2], Reinhold Münster[3] ou Christian von Zimmermann[4].

Plusieurs facteurs peuvent expliquer pourquoi les années 1780-1792 facilitèrent la mobilité entre terres germaniques et hispanophones. Cette décennie est celle où des conditions de paix semblaient pouvoir s'instaurer durablement dans le Saint Empire – malgré la guerre russo-turque de 1787-1792. Les échanges commerciaux entre Espagne et Allemagne étaient dynamiques. L'engouement pour les voyages en Europe gagnait la bourgeoisie cultivée, et l'emplacement de l'Espagne à l'écart des trajets conventionnels piquait la curiosité des lecteurs. En effet, les enjeux de l'absolutisme éclairé étaient sur la sellette depuis le tournant opéré par la monarchie espagnole sous Charles III (1759-1788), ce qui incitait à revisiter les clichés d'une Espagne obscurantiste, prétendument restée à l'écart des Lumières européennes et caractérisée par le fanatisme et l'ignorance.

Or, en France, ces clichés, hérités de Montesquieu et de Voltaire, restaient pérennes[5], bien que cela revînt, entre parenthèses, à occulter le fait que Montesquieu et Voltaire s'exprimaient en fait au nom d'un humanisme universaliste : c'est ainsi que la subtile lettre 78 des *Lettres Persanes* critique autant les Espagnols qu'elle égratigne les Français et leur attachement aux traditions, ou que l'Inquisition espagnole sert à Voltaire de bouc-émissaire pour attaquer globalement le Saint-Office. Un vecteur de cette légende noire avait été l'Encyclopédie de Diderot, en particulier le long article « Espagne » sorti en 1782 dans *l'Encyclopédie méthodique* et dû au géographe Masson de Morvilliers. Ce dernier, malgré une présentation qui cherchait à équilibrer traits positifs et négatifs, a marqué les esprits par ses accusations[6].

Une question qui peut alors se poser est celle d'une éventuelle prise de distance ou inversement d'une pérennisation de ces clichés dans l'aire culturelle germanique : les écrivains de la *Spätaufklärung* les révisent-ils, et ce à l'aune de leurs propres préoccupations ? Et décèlent-ils la dimension universaliste ou au contraire posent-ils le problème en termes de concurrences entre nations, entre Allemands, Espagnols et Français ?

Il y eut en Allemagne beaucoup d'adeptes de la légende dite noire, celle d'une Espagne obscurantiste sur fond de dogmatisme théologique et d'usages inamovibles. Le magnat de la presse et de l'édition, Friedrich Nicolai, anticlérical notoire, se donnait par exemple la liberté de tout critiquer à propos de l'Espagne

---

2 Berta Raposo Fernández (éd.), *Spanische Stadtlandschaften in Kunst und Reiseliteratur*, Frankfurt a. M., Lang, 2017.

3. Reinhold Münster, *Raum, Reise, Sinn: Spanien in der Reiseliteratur*, Würzburg, Königshausen & Neumann, 2017.

4. Christian von Zimmermann, *Reiseberichte und Romanzen. Kulturgeschichtliche Studien zur Perzeption und Rezeption Spaniens im deutschen Sprachraum des 18. Jahrhunderts*, Berlin, de Gruyter, 2012.

5. Christine Matthey, « L'Ombre et les Lumières. Une vision française de l'Espagne au 18ᵉ siècle », *Dix-huitième siècle*, vol. 40, 2008/1, p. 413-430.

6. La phrase de Masson qui déclencha la réplique de Denina était : « Mais que doit-on à l'Espagne ? Et depuis deux siècles, depuis quatre, depuis six, qu'a-t-elle fait pour l'Europe ? », *Encyclopédie méthodique*, Paris, Panckoucke, 1782, t.1, p. 554-568, ici p. 565.

et des ex-jésuites toutes nations confondues, et ce pour sauver une *Aufklärung* en perte de vitesse dans les années 1780. À l'opposé, il y avait le camp de ceux qui redoraient l'image de l'Espagne et louaient les réformes récentes ; on trouve dans ce camp ceux qui soutenaient les auteurs espagnols qui ont répliqué à Masson. En Allemagne, le plus célèbre fut celui qui, sans tarder, était passé à l'offensive depuis Berlin : l'abbé Denina, célèbre érudit et proche de Frédéric II, qui fut le chef de file de cette légende dorée. Dans le discours qu'il prononça à l'Académie le 26 janvier 1786, Denina, plutôt que de parler du présent, préféra rappeler le brillant passé culturel de l'Espagne. La polémique qui s'enclencha entre les deux camps finit par s'enliser dans une opposition entre hétéro-stéréotypes – récusant l'hégémonie culturelle française – et autostéréotypes – chacun défendant les spécificités espagnoles et, par leur truchement, celles de son propre patrimoine culturel.

Mais nous pouvons aussi interpréter autrement cette réaction de Denina : au lieu de ne retenir que ses arguments susceptibles d'attiser la concurrence entre nations, nous croyons pouvoir constater qu'il a plaidé aussi et surtout en faveur de la cause de l'universalité de la raison et du cosmopolitisme. Un tel plaidoyer figure également dans les relations de quelques-uns des germanophones qui ont voyagé en Espagne dans les années 1780. C'est du moins l'hypothèse que propose le présent article à partir des témoignages de Tychsen, Hager et Kaufhold : ces trois auteurs sont représentatifs de l'esprit de leur temps, celui de la *Spätaufklärung*, et de la sociabilité dont bénéficiaient des étrangers séjournant temporairement en Espagne pour des motifs professionnels, diplomatiques, commerciaux et/ou savants.

Ce qui intéresse Tychsen, Hager et Kaufhold, ce sont les réformes de Philippe V (1700-1746), le remplacement de la dynastie des Habsbourg par celle des Bourbons et, avant tout, les réformes dues à Charles III (1759-1788), puis le frein qui leur est mis par Charles IV (1788-1808)[7]. Si les réformes confèrent à l'Espagne un tel pouvoir d'attraction, c'est sans doute parce que des questions semblables se posaient aussi dans le Saint Empire. Par exemple par quels types de médiation – et justement entre autres les voyages – les réformes opérées dans un État (en l'occurrence *la Ilustración*) font-elles triompher les idées des Lumières dans le reste de l'Europe ? Ou encore comment les situer par rapport aux réformes dans la Prusse de Frédéric II, dans les terres autrichiennes sous Marie Thérèse et Joseph II, dans des États catholiques comme la Bavière ou les principautés ecclésiastiques ? Ce croisement d'informations était d'autant plus actuel que certains États allemands étaient traversés par des courants conservateurs voire obscurantistes : ainsi la Prusse était-elle dirigée depuis 1786 par Frédéric Guillaume II et des conseillers qui, se méfiant du rationalisme radical et de l'athéisme, avaient rétabli la censure ; dans les territoires des Habsbourg, les réformes énergiques de Joseph II avaient déclenché une vague d'opposition dans

---

7. Le bien-fondé des voyages en Espagne et de leurs relations avait été exposé par Antonio Ponz, dont le texte traduit en allemand était cité partout : *Reise durch Spanien oder Briefe über die vornehmsten Merkwürdigkeiten in diesem Reiche*, Leipzig, Weygand, 1775.

la noblesse et le clergé, causant l'abandon de certaines réformes après 1790. En Allemagne du Sud, l'avancée de la rationalisation se heurtait aussi à la concurrence entre groupes d'intellectuels et en particulier les Illuminés de Bavière avaient impulsé des pratiques complotistes qui tendirent à se généraliser.

Cette crise que traverse la *Spätaufklärung* a pu se cristalliser autour de la représentation qui était donnée de l'Espagne. Or la spécificité des auteurs dont il va être question ici consiste à avoir combattu les deux légendes, la noire comme la dorée. Tous trois prennent le parti des réformistes espagnols mais ils observent sur le terrain à quel point la modernisation d'une société et la rationalisation des institutions sont des processus complexes. Ce qui les sépare est leur pratique de l'interculturalité. Pour reprendre deux catégories de Todorov[8], il est possible de les répartir entre « assimilationnistes » et « différentialistes ». Les assimilationnistes estiment que l'Espagne doit faire partie des nations éclairées au nom de la raison universelle. Les différentialistes insistent au contraire sur les spécificités espagnoles.

Tychsen (Göttingen) : assimilationnisme, universalisme et solidarité entre érudits

Thomas Christian Tychsen (1758-1834), universitaire de Göttingen, théologien et futur orientaliste, passa deux ans en Espagne, en 1782 et 1783 ; il était accompagné par un autre théologien, Daniel Gotthilf Moldenhawer (1753-1823), philologue et paléographe[9]. Comme son université était l'un des hauts-lieux de l'étude des relations de voyage et de la préparation systématique, par le biais de questionnaires et de grilles d'observation, des chercheurs ou touristes cultivés souhaitant effectuer des déplacements, cet environnement a favorisé la rédaction et la publication ultérieure de son texte[10].

C'est à l'occasion de la traduction de Bourgoing en allemand que Tychsen ajoute son propre texte en annexe afin de compléter les informations de Bourgoing et de se concentrer sur la « littérature », champ de recherche qui correspond ici à notre définition actuelle du monde de la culture. Partageant les convictions de Bourgoing, Tychsen entend lui aussi montrer qu'il serait tout à fait possible que l'Espagne se mette au diapason européen ; les savants espagnols seraient aptes à rattraper le retard scientifique et littéraire. Pour le dire d'un mot : c'est un « assimilationniste ».

---

8. Tzvetan Todorov, *La conquête de l'Amérique ? La question de l'autre*, Paris, Seuil, 1982.
9. Sur son voyage, cf. Ulrike Hösch, *Wege des Spanienbildes im Deutschland des 18. Jahrhunderts. Von der Schwarzen Legende zum „Hesperischen Zaubergarten"*, Berlin, Niemeyer/ de Gruyter, 2000.
10. *Des Herrn Ritters von Bourgoing Neue Reise durch Spanien vom Jahr 1782 bis 1788 ; oder, vollständige Uebersicht des gegenwärtigen Zustandes dieser Monarchie in allen ihren verschiedenen Zweigen. Aus dem Französischen. Mit einer illuminirten Charte, Planen, Kupfern, und einem Anhange des Hrn. Prof. TYCHSEN zu Göttingen, über den gegenwärtigen Zustand der Spanischen Literatur*, Zweyter Band, Jena, bey Johann Michael Mauke, 1790.

Comme celle de Bourgoing, l'approche de Tychsen semble transnationale dans la mesure où, selon lui, le décalage temporel dans la mise en application des idées des Lumières en Espagne n'aurait pas empêché l'existence d'un consensus. Non que les frontières linguistiques ou politiques soient oubliées, mais le partage des préoccupations et des concepts entre universitaires n'en serait pas entravé parce que le socle idéologique serait partout le même. Ces idées de Tychsen sont certes inspirées par les Lumières françaises, mais il n'érige pas pour autant la France en unique modèle. Ce socle universel, il le définit en effet surtout à partir de ce qui n'est pas éclairé et que ses homologues, qu'il soutient, tentent de combattre, à savoir l'aristotélisme, le monachisme, la censure, l'interdiction de voyager. Il le déplore par exemple à Salamanque :

[Die Universität Salamanca] wollte sich den Aristoteles nicht nehmen lassen, weil er besser mit den geoffenbarten Wahrheiten übereinstimme, als die neuern Philosophen, von welchen sie Newton, Cartes [Descartes], Gassendi, Hobbes, Locke und zuletzt Baco von Verulam anführten[11].

Autrement dit, pour que l'Espagne sorte de sa marginalité, il faudrait qu'elle pousse les limites de son cadre national. Inlassablement Tychsen souligne l'importance d'avoir des échanges entre savants, de cimenter la communauté des intellectuels hispanophones, germanophones, francophones, de traiter l'Espagne comme espace de solidarité. De ce fait, son choix de se concentrer sur la « littérature » était un choix épistémologique pertinent puisque la « littérature », au sens large d'érudition, de collections, d'institutions liées à tout ce qui s'imprime, permet de circonscrire les éléments de la vie intellectuelle et savante qui sont à la fois propres à chaque pays et communs à la sociabilité européenne[12].

La structuration de sa relation rappelle les rubriques préconisées par Göttingen. Le cadre général est posé grâce à une contextualisation détaillée et argumentée des réformes depuis le XVIIᵉ siècle jusqu'à Charles III. Puis Tychsen complète ces données en présentant les académies qui viennent d'être créées par Charles III, en commençant par celle de la Langue espagnole, et les sociétés savantes[13]. Il expose ensuite quel est l'état des différentes universités, donne beaucoup de détails et est bien informé. Il fait alterner deux registres : tantôt il actualise les informations et loue les changements, tantôt il multiplie les anecdotes et caricature, à la suite de ses interlocuteurs espagnols, ceux qui restent jalousement fidèles à la scolastique aristotélicienne, par exemple lors d'une soutenance de thèse :

[Zu Alcala hatten sich] die Mönche der meisten Lehrstühle bemächtigt und die verschiedenen Orden machten eben so viele Collegia aus, deren jeder seine Zöglinge zu befördern strebte. Man machte also den, der promoviren sollte, zum Rector des Collegii, wodurch er zugleich Würde und Character eines Doctors hatte. Nun war eine feyerliche Disputation angekündigt,

---

11. *Ibid.*, p. 305.
12. C'est aussi le cas de Pluers dont le voyage a été étudié par Berta Raposo.
13. On sait que les ministres dont s'entoura Charles III – qu'ils soient espagnols comme le comte d'Aranda, Pedro Rodríguez de Campomanes, José Moñino y Redondo, comte de Floridablanca, ainsi que Pablo de Olavide, ou étrangers, à l'instar du Génois Leopoldo de Gregorio, marquis d'Esquilache – sont pour beaucoup dans le développement d'un esprit progressiste. Sur Pablo de Olavide, voir la contribution de Thomas Bremer dans ce même volume.

die Formalitäten gemacht, Anreden gehalten und Opponenten aufgestellt, aber in den Augenblick, wo der unwissende Doctorand sich zur Antwort auf die Einwürfe anschickte, erhoben die Collegialen ein lautes Geschrey: Basta, satis est! Ne fatigetur tanta majestas respondendo! der Zuruf ertönte und der Doctor gieng als legitime creatus vom Catheder[14].

Le retard culturel est aussi imputé à la dynastie des Habsbourg : selon Tychsen, la Maison d'Autriche aurait donné à l'Espagne des souverains faibles, de sorte que les technocrates et les censeurs avaient pu exercer leur influence et imposé leur monopole. Tout aurait changé avec les Bourbons. C'est donc aussi le domaine politique qui est abordé d'une façon transnationale.

L'orientation et la spécialisation universitaire de Tychsen incite les lecteurs à avoir confiance dans l'assimilation de l'Espagne à la République des Lettres telle que les *Aufklärer* de Göttingen la connaissent. Sa foi dans le progrès ne l'empêche pas d'être lucide et de tirer parti du genre que constitue la relation d'un voyage : pouvoir avancer dans des écrits les causes du retard ne signifierait pas qu'elles seront faciles à éradiquer ; ce seraient la mobilité et l'étude du terrain qui permettront de jauger à leur juste valeur les chances de concrétiser ces idéaux. Ainsi le grand nombre d'anecdotes qui sont rapportées par Tychsen dans le genre de celle d'Alcala donne-t-il à entendre que les réformateurs espagnols, dont il transmet les griefs et l'ironie, n'étaient pas majoritaires. De plus, il note que le roi Charles III préfère les compromis et qu'il choisit de ralentir le rythme des réformes pour respecter les usages locaux. Il ressort en définitive de ce témoignage-ci que la théorie universaliste et le projet assimilationniste étaient élitistes, ne bénéficiaient de l'adhésion que d'une minorité d'intellectuels espagnols et se trouvaient mis à mal par la pratique politique du souverain et par les mentalités du grand nombre.

Joseph Hager (Vienne) entre Yorick et Figaro

Cette génération est aussi celle où l'opinion publique combat pour se faire reconnaître. Joseph Hager (1757-1819), joséphiste milanais installé à Vienne, excelle en la matière : il s'attribue de façon ostentatoire la liberté de s'exprimer en son nom personnel. Ses voyages à travers l'Italie, la France et l'Espagne sont jalonnés par des séjours de recherches dans les bibliothèques. La relation de son voyage à Madrid a été récemment rééditée par Christian von Zimmermann, lequel lui a apporté de précieuses et savantes annotations[15].

Hager, philologue et finalement sinologue, avait auparavant passé deux ans à Constantinople dans les services diplomatiques autrichiens. Il avait été formé à Vienne à l'Académie des Langues orientales puis à Rome dans l'institution destinée aux missionnaires. Une telle formation peut expliquer qu'il n'y ait pas d'anticatholicisme virulent sous sa plume, qu'il possède déjà des rudiments

---

14. *Des Herrn Ritters von Bourgoing Neue Reise durch Spanien*, p. 301-302.
15. Joseph Hager, *Reise von Wien nach Madrid im Jahre 1790. Neuedition der Ausgabe Berlin 1792*. Herausgegeben, kommentiert und mit einem Nachwort versehen von Christian von Zimmermann, Lingenfeld, Palatina Verlag, 1997.

d'ethnographie et que nous puissions le qualifier de « différentialiste ». Il observe la vie quotidienne, procède volontiers par empathie, se mêle à la foule, recherche le pittoresque, dit déceler en Espagne des aspects orientaux, ce qui convient bien évidemment à sa formation et ses goûts. Sa description du Fandango correspond à la vogue orientaliste du moment :

> Nachdem die Handlung vorüber ist, wird oft der schöne Spanische Fandango oder Volero, von dem Spiele der Guitarra und dem Gesange begleitet, getanzt. Eine verführerische Szene! Hier entfaltet das Spanische Mädchen alle Reize des Wuchses, des Konturs, und der Kleidung, indem sie den schlanken Körper nach allen zärtlichen Richtungen drehet und windet. Der schöne Fuss, den sie im Tanze wechselsweise sehen lässt; die beiden erhobenen Arme, die sie flatterhaft hin und her bewegt; die klappernden Kastagnetten, die die Musik begleiten, und den Takt genau ausdrücken [...]. [So] tanzt im Oriente die junge Zirkasische Sklavinn in Gegenwart ihres despotischen Sultans[16].

Les particularités espagnoles, il feint souvent de les souligner en les comparant à l'Autriche. Déjà le titre *De Vienne à Madrid* laissait penser que tout serait centré sur un patriotisme viennois. En réalité, ce titre peut induire en erreur car les confrontations seront artificielles et superficielles, par exemple quand il compare les rues de Madrid à celles de Vienne, ou le Prado au Prater, ou les Pyrénées aux Alpes du Tyrol.

Le ton enjoué et l'humour que le narrateur entend cultiver ont été souvent qualifiés par les commentateurs de britannique, et son égocentrisme désinvolte a été rapproché de celui de Yorick, le héros du *Sentimental Journey* de Sterne[17]. Effectivement, Hager pratique des digressions, se tient à l'écart d'une stricte rationalité, et affiche sa subjectivité et ses émotions comme Yorick ses « sentiments ».

À ce probable clin d'œil intertextuel nous proposons d'en ajouter un autre : celui qui pourrait relier le narrateur de Hager à Figaro, ce héros de Beaumarchais qui est le type d'un esprit frondeur et ironique. En effet, comme Beaumarchais et son Figaro, Hager a le rire facile, se moque de tous, y compris de lui-même. Le titre *Reise von Wien nach Madrid* répond à une logique antonymique à la manière de Beaumarchais. D'ailleurs, à regarder de près, le texte est émaillé d'allusions à Figaro et à la quête d'une reconnaissance des qualités du peuple. Au théâtre à Madrid, c'est à une mise en scène du Barbier de Séville que Hager assiste ; il ajoute même, en guise d'intermède, que tous les spectateurs et les acteurs, nobles ou non, s'agenouillent quand le Saint Sacrement passe devant le théâtre au beau milieu de la représentation.

Une autre référence à Figaro figure dans l'évocation de la traversée de Toulouse. Le voyageur y visite une bibliothèque privée (il s'agit très probablement de celle de Denis MacCarthy Reagh), examine une édition des psaumes due au cardinal Henri Loménie de Brienne et remarque que cette édition est raccourcie « à la Figaro[18] ». Ce qui, dans le langage de l'époque, désignait refus de l'affectation,

---

16. *Ibid,* p. 68.
17. Zimmermann, Nachwort, p. 119.
18. Joseph Hager, *Reise von Wien nach Madrid*, p. 49.

bon sens, simplification de bon aloi – comme le caraco de la robe de la Suzanne de Beaumarchais. Il ressort de cet exemple-ci que Hager, en représentant de l'*Aufklärung* catholique, appréciait une liturgie rendue plus accessible au peuple.

Il est également possible qu'il y ait encore un clin d'œil à Beaumarchais dans la satire que Hager fait des pédants à son arrivée en Espagne :

> Yrun heißt der Ort, wo wir das erste Spanische Nachtlager hielten: ein kleiner unbeträchtlicher Flecken. Hier machte ich meine ersten Bemerkungen über Spaniens Einwohner. – In braune Mäntel gehüllt, mit schwarzen Retesillas, statt der Französischen Haarlocken, auf dem Haupte, mit großen drey gespitzten Hüten bedeckt, und einer papiernen Tabakspfeife im Munde, die rechte Hand oben ein wenig heraushaltend, still, eingezogen und ernsthaft, standen ihrer ungefähr 20 unter einem Schwibbogen, unter welchem wir abstiegen, da. So standen einst die Peripatetiker, in Griechenland, eine Sekte von Philosophen, die dem Aristoteles folgte; in düstre Mäntel, gleich den Spaniern, gehüllt, versammelten sie sich unter gewölbten Gängen, wo sie hin und her wandelten; ihr ernsthaftes Wesen, ihre eingezogene Sitten, ihr philosophischer Lebenswandel dienten andern zur Nachahmung. Allein indem ich so die ernsthaften Spanier ansah fiel mir die Arie: Salve tu domine und die Eingebildeten Philosophen ein: und ich konnte mich des Lachens kaum enthalten[19].

Si le rejet de l'aristotélisme est commun à Tychsen et Hager, ce dernier ajoute ici une allusion à Vienne : au *Salve tu domine* tiré d'un *Singspiel* de Paisiello, qui venait d'être traduit par le librettiste Stephanie et qui avait aussi écrit un *Barbier de Séville* en 1782.

La figure de Figaro a donc pu être engagée par Hager en guise de porte-parole international qui aurait acquis la légitimité de se moquer sans vergogne mais sans se prendre pour autant au sérieux. En outre, aux valeurs intellectuelles chères à Tychsen et à ses amis espagnols, Hager ajoute, par l'intermédiaire de Figaro, un projet social et moral.

Il importe néanmoins de souligner que ce transfert n'implique pas de sa part une audacieuse critique prérévolutionnaire. Une preuve en est fournie par une comparaison entre ce *Reise von Wien nach Madrid* et le *Voyage de Figaro en Espagne* (1784) de Fleuriot, marquis de Langle. Le *Voyage de Figaro* était un quolibet anti-absolutiste qui avait suscité la fureur des autorités espagnoles si bien que l'ambassadeur d'Espagne à Paris avait obtenu que ce livre soit classé parmi les ouvrages à brûler (pour la plus grande joie de l'auteur, sa publicité étant ainsi garantie).

Hager a certes recours aux mêmes procédés stylistiques de Fleuriot tels que la structuration fragmentée et thématique ou le recours au grotesque par le biais d'accumulations et d'amplifications. Il y a également des similitudes dans la description du palais de l'Inquisition à Saragosse ou celle de l'arrivée à Madrid et la découverte de maisons misérables. Mais le Figaro français dénonce explicitement la responsabilité des monarques ; cette politisation ne se trouve pas chez Hager. En outre, Hager fait preuve d'une plus grande sensibilité esthétique et, comme il le fait face au fandango, il s'enthousiasme pour la corrida, à l'inverse de Fleuriot qui n'y voit qu'une boucherie de mauvais goût.

---

19. *Ibid.*, p. 58.

En somme, de Figaro, Hager garde l'esprit du temps, la vivacité, l'impertinence, la défense des petits. Un programme philosophique, scientifique et religieux se cache derrière l'apparente fantaisie débridée de la narration. On trouve des remarques d'ordre philologique : à Bayonne, en Biscaye, et ce à plusieurs reprises, Hager – en spécialiste, rappelons-le – reproche aux Encyclopédistes français de méconnaître l'importance des spécificités linguistiques[20]. De plus, son ironie incite à conclure que toutes les convictions sont relatives, y compris le patriotisme viennois, tant il y a de second degré dans les quelques contrastes entre l'Espagne et l'Autriche que le narrateur plaque de façon arbitraire et qui sont si anodins que le différentialisme de l'auteur en devient suspect et l'auto-dérision perceptible[21]. Ne suggèrerait-il pas, en définitive, qu'il a compris au fil des semaines que l'Espagne peut servir de modèle aux États catholiques ? Cela pourrait justifier son revirement dans sa présentation de l'Inquisition : alors qu'il l'avait critiquée au début du voyage, à Saragosse, comme tant d'autres avant lui, il trouve finalement que c'est une institution utile, et ce au vu de sa consultation de la bibliothèque et de son contact personnel avec le conservateur. Cette indulgence peut s'expliquer d'un côté par l'efficacité du contrôle de l'Inquisition instauré entre-temps par Charles III et d'un autre côté par la foncière antipathie de Hager pour un athéisme francophile.

En tout cas, Hager abat ses cartes dans les toutes dernières pages de sa relation. À partir d'une bibliographie qu'il recopie[22], il y énumère les auteurs espagnols qui ont répliqué à l'article « Espagne » de Masson. Ici il abandonne les accents provocateurs d'un Yorick et d'un Figaro ; au lieu de mettre son ego en avant, il cite les noms d'une trentaine de savants espagnols, s'effaçant derrière eux, sans émettre de jugement, et faisant ainsi du moins comprendre que les Espagnols ont pris en main la défense de leur patrimoine national.

En définitive, Hager ne fait pas un éloge inconditionnel de l'Espagne pas plus qu'il ne fait un éloge inconditionnel de l'Autriche. Il se sert des différences culturelles pour exposer en creux et sans grande illusion son idéal d'une *Aufklärung* catholique « à la Figaro », si l'on peut dire.

Anton Kaufhold ou le management interculturel (1790-1792)

Le fils de Charles III, Charles IV, étant monté sur le trône en 1788, il importa dès 1789–1790 de situer le processus de modernisation de l'Espagne par rapport aux

---

20. *Ibid.*, p. 52-53.
21. Le passage est contradictoire puisque Hager, après avoir affirmé que le Prater de Vienne était incomparablement plus beau que le Prado, finit par faire un éloge appuyé du mélange de milieux sociaux qui se constate à Madrid, sans nul doute en écho aux mesures prises à Vienne par Joseph II pour ouvrir à tous le parc du Augarten.
22. Zimmermann (Joseph Hager, *Reise von Wien nach Madrid*, p. 121), indique la source copiée par Hager : Juan Sempere y Guarinos, *Ensayo de una biblioteca espaniola de los mejores escritos del reynado de Carlos III.*, 1785-1789.

bouleversements révolutionnaires. Telle est la démonstration faite par Kaufhold[23] dans *Spanien wie es gegenwärtig ist*[24]. Il dit avoir séjourné à Madrid de 1790 à 1792 avant de revenir à Hambourg. Cette relation est un long rapport établi par un professionnel de l'économie, une sorte d'audit du tissu économique, destiné à dispenser des conseils aux responsables espagnols. Kaufhold étant lui-même commerçant, il tient à poser le regard d'un visiteur étranger et son approche est « différentialiste », mais, nous le verrons, sans les rudiments d'ethnographie d'un Hager.

Une importante partie porte sur l'état de l'industrie et le statut juridique des étrangers. Ensuite une série de chapitres présente les institutions juridiques et les pratiques politiques en matière de sécurité et d'hygiène (*Policey*). Les derniers chapitres concernent quelques provinces. Le ton est globalement celui d'un réformateur éclairé qui critique l'administration, laquelle serait attachée aux usages voire corrompue ; l'économie serait en déshérence et l'Inquisition en porterait la responsabilité :

> ihm [dem Tribunal der Inquisition] verdankt Spanien größtentheils seine Entvölkerung, den Verfall der Industrie, die politische Schwäche des Reichs, Mangel an Wissenschaften und Künsten, und die noch immer fortdauernde Unwissenheit und groben Vorurtheile. Zwar haben in den neueren Jenen die feierlichen Autos da Fe aufgehört,*) aber demohngeacht hat die Inquisition immer ins Geheim ihre Macht ausgeübt , und wer will alle die Schlachtopfer kennen, die theils in langwierigen Kerkern verschmachteten, theils aus Verzweiflung sich selbst das Leben nahmen, theils mit unmenschlichen Qualen getödtet wurden[25].

En revanche, Kaufhold donne à entendre que la population possède des qualités : il apprécie la sociabilité espagnole, son goût des promenades et sa proximité avec la nature.

Son témoignage illustre à quel point les débuts de la Révolution française ont changé les paradigmes : le ton du voyageur se politise et le fait d'afficher sa solidarité avec les intellectuels et réformateurs espagnols comme le faisaient Tychsen et Hager ne suffit plus. La position de Kaufhold est ferme et son jugement sans compromis : l'Espagne ne ferait pas partie du concert des États européens modernes parce que le roi serait frileux, trop faible, alors qu'il devrait changer du tout au tout et imposer des réformes drastiques dans tous les domaines.

L'auteur se montre favorable au système de la monarchie constitutionnelle à la française et, à son arrivée, comme cela ressort de sa Première Partie, il reprend des termes proches de ceux de Masson dans l'*Encyclopédie méthodique* et montre qu'ils seraient à présent obsolètes :

---

23. Anton Kaufhold (selon *Das gelehrte Teutschland* de Georg Christoph Hamberger, vol. 14) est né en 1766 « im Erfurtischen », on pense qu'il est mort en 1821. Sa relation de voyage a été étudiée par B. Raposo, María Luisa Esteve Montenegro, U. Hösch, R. Münster, C. Zimmermann, entre autres.
24. Anton Kaufhold, *Spanien wie es gegenwärtig ist. In physischer, moralischer, politischer, religiöser, statistischer und literarischer Hinsicht, aus den Bemerkungen eines Deutschen, während seines Aufenthaltes in Madrid in den Jahren 1790, 1791 und 1792. Zwei Theile*, Gotha, Ettinger, 1797.
25. Kaufhold, *Spanien wie es gegenwärtig ist*, p. 135.

> Diese bisher so verweichlichte so herabgesunkene Nation hat sich nun auf einmal von ihrer Ohnmacht ermannet, und sich mit einer Stärke gezeigt, die ganz Europa erstaunen macht ; es hat die alte mangelbare Staatsverfassung über den Haufen geworfen, und sich mit vieler Klugheit eine neue Constitution unter einer gemäßigten Monarchie gegeben, welche der Bestimmung des Menschen, dem Endzwecke der bürgerlichen Verfassung und der Wohlfahrt des Staates angemessener seyn soll[26].

En revanche, dans sa Deuxième Partie, il ne cache pas sa déception face à l'évolution politique de la France et, comme la majorité des *Spätaufklärer*, qualifie la Révolution de « funeste » (*unselig*), puisque ce serait à cause de ce qui se passe chez le voisin français que le gouvernement espagnol, apeuré, a restreint les libertés et ferait dorénavant cause commune avec l'Inquisition :

> seit der Zeit aber glaubte das ängstliche Ministerium ihre Beihülfe nöthig zu haben, um mit vereinter Macht dem einbrechenden Freiheitsgeiste zu steuern ; und so zeigt sie sich nun mit neuer Kraft und doppeltem Ansehen; das Einziehen wird schon sehr häufig bei ihr, die Listen der verbotenen Bücher werden immer größer[27].

Ce n'est pas seulement en raison de la politisation du ton que ce texte se distingue des précédents, c'est aussi en termes d'interculturalité : l'auteur maîtrise la technique de communication en économie et apporte déjà un exemple de ce qui, de nos jours, est enseigné au titre de management interculturel.

Cette technique consiste à commencer par analyser les « systèmes », au lieu de partir des contacts individuels comme le faisaient les autres voyageurs. Car c'est bien un système que Kaufhold pose en préalable quand il dénonce l'alliance du trône et de l'autel qui se serait renforcée sous Charles IV :

> Spanien könnte der erste Staat in Europa seyn, könnte seine Bewohner zu den glücklichsten Menschen machen, und sein von Natur so gesegnetes Land zu einem Elysium umschaffen , wenn es nur wollte; ein einziger Regente wäre vermögend, diese Schöpfung zu bewürfen, allein hier scheint es eben nicht die Sache der Regenten zu seyn, sich um Beglückung der Unterthanen viel zu bekümmern[28].

Ce système, il l'expose dès le début de sa relation, prolongeant ainsi les réflexions de Masson :

> Da wo Pfaffengeist ein Land despotisirt, da kann keine Wohlfahrt des Staates gedeihen; es wird dir (lieber Freund) vielleicht noch zu frühe scheinen, daß ich diesen Gegenstand berühre, aber nicht itzt erst, sondern gleich beim ersten Eintritte in Spanien fielen mir diese Gedanken ein; denn hier ist das Sprichwort ganz anwendbar: man erkennet den Vogel gleich an seinen Federn.

Ce qui change par rapport à l'article de Masson est non seulement l'explicitation de l'engagement politique, mais aussi le « différentialisme » assumé par le voyageur en guise de cadre épistémologique, et ce d'entrée de jeu, sitôt la frontière franchie.

De cette constante différentialiste et de sa technique de communication systémique découle la manière dont Kaufhold place le négoce au service de

---

26. *Ibid.*, p. 6.
27. *Ibid.*, p. 143.
28. *Ibid.*, p. 48.

la diplomatie et dont son expérience du voyage lui paraît légitimer d'être lui aussi un porte-parole de l'opinion publique, qu'elle soit espagnole, allemande ou française. Il ne se limite plus à analyser si et comment l'Espagne aurait pu se mettre au diapason européen : il consacre en outre une partie de ses observations à la possible insertion des étrangers dans le tissu économique. En somme, c'est aux étrangers de s'assimiler ! Cela le conduit à enrichir le raisonnement interculturel de sa génération en tenant compte de la nécessité d'un respect réciproque. Lui-même admet qu'il doit surveiller ses propos en public et, inversement, avertit que le ministre Floridablanca n'obtiendra ni que les étrangers se soumettent aux lois espagnoles ni qu'ils se convertissent au catholicisme. Kaufhold va même jusqu'à préconiser les échanges de bons procédés, la coopération entre systèmes nationaux : l'Espagne gagnerait à s'inspirer du Brandebourg et de l'accueil qui y avait été offert aux émigrés huguenots ; la justice allemande gagnerait quant à elle à reconnaître ses propres dysfonctionnements et donc à être réformée tout autant que l'espagnole devrait l'être.

Conclusion

Dans ces années 1780-1792, les séjours en Espagne ont aidé ces voyageurs à la fois à exposer ce qui unifiait les Lumières européennes, à détruire tout optimisme naïf et à examiner les obstacles à la diffusion des Lumières en terre catholique. Ce faisant, chaque visiteur utilisait ses propres réseaux.

La lenteur des progrès de la rationalisation et les modalités de l'opposition conservatrice, qui était un fait avéré en Prusse comme en Allemagne du Sud et en Autriche, mettent en évidence la fragilisation idéologique dont souffre la génération des *Spätaufklärer.* Tychsen se heurte aux limites de l'universalisme cher à ses confrères de Göttingen et constate que le pragmatisme exige respect des coutumes locales, circonspection, lenteur et pondération. Hager, bon joséphiste, assortit malgré tout ses remarques de beaucoup d'autocritiques. Kaufhold se replie dans une forme d'émigration intérieure, s'adapte aux contraintes liées à l'économie et constate pragmatiquement la survivance des égocentrismes nationaux.

Les trois voyageurs cités ici abordent l'Espagne en utilisant la France comme *tertium comparationis* de sorte que le lien qu'ils établissent avec les territoires germaniques est trilatéral. Outre l'expérience qu'ils font de la proximité géographique de la France, il était à cette époque impossible de ne pas garder à l'esprit la polémique amorcée par Denina contre Masson. Chez Tychsen, la référence reste la République des Lettres ; il se place à l'écart de la polémique dans la mesure où il croit à la possibilité qu'aurait l'Espagne de s'assimiler aux Lumières européennes par le biais de la vie intellectuelle et universitaire. L'Autrichien Hager, séduit par la figure de Figaro, est agacé par les certitudes des Encyclopédistes à propos de l'Espagne ; il se délecte des différences et force la composante exotique tout en faisant preuve d'un scepticisme généralisé et en relativisant toute prétention hégémonique exclusive, quelle que soit son origine.

L'économiste Kaufhold avait en 1790 une vision positive de l'énergie dégagée par le voisin français et reprend littéralement certains stéréotypes de Masson, quitte à les retourner au bénéfice d'une Espagne qui se réformerait si les intérêts « nationaux » y étaient pensés dans le cadre d'une monarchie constitutionnelle et d'un protolibéralisme anticlérical ; mais, au fil des mois, il déplore que la peur suscitée par les agissements des révolutionnaires français entrave l'élan des réformistes espagnols et il fait partie des Allemands désappointés en 1792 par le tournant que prenait la Révolution et par ses séquelles en Europe.

Der Fall Olavide und Europa
Wissenszirkulation zwischen spanischer Inquisition, französischer Aufklärung und Skandal in Bayern

Thomas BREMER
Universität Halle-Wittenberg, Halle, Deutschland

Für das gesamte europäische 18. Jahrhundert gilt Spanien als das Paradebeispiel für Rückständigkeit schlechthin. Das gilt zum einen in touristischer Hinsicht: Die Fahrwege sind schlecht, es gibt nur wenige Unterkünfte und gar keine Wirtshäuser, sodass die – wenigen – Reisenden allen Proviant mit sich führen und gegebenenfalls vor Ort selbst zubereiten müssen. Es gilt aber natürlich und vor allem auch in intellektueller Perspektive: Spanien ist nach allgemeiner, vor allem mittel- und nordeuropäischer Ansicht, dominiert von fanatischer Religiosität, wobei der Klerus jede neue – vor allem ‚aufklärerische‘ – Idee verhindert. Erkennbar wird das nicht zuletzt an den entsprechenden Einträgen in den großen Lexika, die im 18. Jahrhundert das Weltwissen außerhalb der Iberischen Halbinsel zu bündeln versuchen. Bei Thomas Corneille im *Dictionnaire universel* heißt es zu Beginn des Jahrhunderts, die *sterilité* Spaniens beruhe auf vier Gründen, nämlich 1. der geringen Bevölkerung, 2. deren Faulheit und Stolz (*paresse* und *orgueïl*), 3. der Trockenheit des Bodens und 4. den hohen Steuern.[1] 75 Jahre später heißt es dann in dem berühmten Skandal-Lemma ‚Espagne‘ in der *Encyclopédie méthodique*: „L'Espagnol a de l'aptitude pour les sciences, il a beaucoup de livres, & cependant, c'est peut-être la nation la plus ignorante de l'Europe. Que peut-on espérer d'un peuple qui attend d'un moine la liberté de lire & penser?"[2] Zum Skandal wird dieser – an sich viele reine Sachinformationen enthaltende –

---

1. Art. ‚Espagne‘, in Thomas Corneille, *Dictionnaire universel, géographique et historique* [...], 3 Bde., Paris, Chez Jean-Baptiste Coignard, 1708, hier Bd. 2, S. 61.
2. Nicolas Masson de Morvilliers, Art. ‚Espagne‘, in *Encyclopédie méthodique* [...], Abt. Géographie [Moderne], 3 Bde., Paris, Panckoucke 1783-1788, Bd. 1 [1783], S. 554-568. – Der Text Massons zusammen mit der spanischen ‚Gegendarstellung‘ Velascos anlässlich der Übersetzung der *Encyclopédie méthodique* ins Spanische jetzt am einfachsten zugänglich in Clorinda Donato, Ricardo López (Hrsg.), *Enlightenment Spain and the 'Encyclopédie méthodique'*. Oxford, Voltaire Foundation 2015 (französisch-spanische Textausgabe mit englischer Übersetzung und kritischer Einleitung; die direkte Bezugnahme auf Olavide *ibid.*, S. 62/64, die Frage nach Spaniens Nutzen für Europa, S. 76); vgl. auch Wilfried Floeck, „Masson de Morvilliers Spanien-Artikel in der *Encyclopédie méthodique* und die spanische Fassung von Julián de Velasco", in Siegfried Jüttner (Hrsg.), *Spanien und Europa im Zeichen der Aufklärung*. Frankfurt a. M., Bern [u.a.], Lang, 1991, S. 42-62. Eine differenziertere Darstellung Spaniens zwischen den Polen ‚Dämonisierung‘ und ‚Modell‘ in der französischen Aufklärung erstmals bei José Checa Beltrán, *Demonio y modelo*.

Text bekanntlich durch die eingestreute rhetorische Frage: „Mais que doit-on à l'Espagne? Et depuis deux siècles, depuis quatre, depuis six, qu'a-t-elle fait pour l'Europe ?"

Es kann hier weder darum gehen, die hieraus folgende – übrigens bis in höchste politische und diplomatische Kreise reichende – Auseinandersetzung zwischen französischen und spanischen Intellektuellen nachzuzeichnen oder womöglich das schlechte Ansehen Spaniens in der Epoche der Aufklärung zu korrigieren. Vielmehr soll es in der Folge um den letzten großen Inquisitionsskandal in Spanien gehen – denn vor allem die Inquisition ist es, die das Bild Spaniens im Rest Europas verdunkelt –, und in der Folge um dessen Rezeption in Frankreich, vor allem aber in Deutschland, wo sich daran ein zweiter, ganz anders gelagerter Skandal entzündet. Das soll in drei Schritten näher gezeigt werden: 1. In der Darstellung des Falles Olavide in Spanien. 2. In der Darstellung von dessen Rezeption in Deutschland und dem Fall Zaupser in Bayern. 3. In einigen Überlegungen zur Wissens- und schlicht auch nur: Bücherzirkulation im genannten Triangel, die die nationalen Grenzen hinter sich lassen. Frankreich, Spanien und Deutschland – genauer: Bayern – sind hier in einer ganz eigenen Weise in einem jener *transferts culturels triangulaires* miteinander verbunden, von denen Michel Espagne schon vor gut zwanzig Jahren gesprochen hat; das zugrunde liegende Kulturmodell ist hier das von Frankreich geprägte Verständnis von ‚Aufklärung', das sowohl auf Spanien als auch auf Deutschland ausstrahlt und das dortige Verständnis prägt.

Der ‚Fall Olavide' (1775 ff.) und seine Rezeption

Der Literat und wichtige Staatsmann Pablo de Olavide (1725-1803), geboren in Lima (also nicht im spanischen Mutterland, sondern ‚nur' in den Kolonien, genauer: im südlichen der beiden Vizekönigreiche), Begründer der in der unwirtlichen Sierra Morena gelegenen Ansiedlungen, der *nuevas poblaciones* – einem der großen Reformprojekte der spanischen Aufklärung –, und zuletzt Minister in Andalusien (*Intendente de los cuatro Reinos de Andalucía*), war 1775 zahlreicher religiöser Unkorrektheiten angeklagt und vor die Inquisition geschleppt worden.[3] Im Oktober 1778 wurde Olavide nach einem groß angelegten Prozess zu acht Jahren Gefängnis und zum Einzug seiner Güter bis in die fünfte Generation verurteilt; Anklagepunkte waren gegenüber dem

---

Dos visiones del legado español en la Francia ilustrada, Madrid, Casa de Velázquez 2014. Vgl. auch F. Knoppers Beitrag in diesem Heft, Fußnote 6.

3. Vgl. zur Biografie Olavides grundlegend noch immer Marcelin Defourneaux, *Pablo de Olavide ou l'afrancesado (1725-1803)*, Paris, PUF, 1959 (zum Prozess *ibid.*, S. 326-364) mit den Ergänzungen ders.: « Nouvelles récherches sur Pablo de Olavide », *Caravelle* [Toulouse] 17, 1971, S. 111-132, sowie zuletzt Juan Marchena Fernández, *El tiempo ilustrado de Pablo de Olavide: vida, obra y sueños de un americano en la España del s. XVIII*, Sevilla, Alfar, 2001, und José Antonio Filter, Fernando Quiles (Hrsg.), *El paisaje cultural de la Ilustración en Andalucía: ciudad, territorio y patrimonio cultural en las Nuevas Poblaciones*, Sevilla, Fundación de Municipios Pablo de Olavide, 2020.

bekannten Aufklärer und *afrancesado* (= „Französisierten", d.h. dem Einfluss der französischen Aufklärung Unterliegenden) vor allem der Besitz von in Spanien streng verbotenen Büchern. Das sind insbesondere französischsprachige und in Frankreich gedruckte Werke, unter anderem, dem Verhörprotokoll und dessen Grafie zufolge, solche von Autoren wie „Alemberg" (= d'Alembert) und von einem Autor namens „Bolter" (= Voltaire), von diesem sogar 24 Bände.[4] Schon die zeitgenössischen Beobachter und ausländischen Diplomaten, unter ihnen der Franzose Bourgoing und der Konsul von Schweden, bewerteten den Prozess dahingehend, dass die nach und nach bereits an Einfluss verlierende Inquisition noch einmal ihre Bedeutung beweisen wollte und deswegen auf der Verfolgung eines hochrangigen Opfers bestand.[5] In einem als Quelle bedeutsamen Überblick hat der deutsche Reisende Daniel Moldenhawer (der bald darauf die berühmte Sammlung wichtiger Inquisitionsschriften für die Königliche Bibliothek in Kopenhagen zusammenstellte) unmittelbar nach dem Prozess die wichtigsten Reaktionen im politischen und intellektuellen Milieu Madrids beschrieben.[6]

Zu diesem Zeitpunkt war Olavide – wohl unter Mithilfe und Deckung hoch- und höchstgestellter Personen des Hofes – allerdings bereits aus der Haft der Inquisition geflohen. Wohin konnte er sich wenden? Natürlich nach Frankreich, dessen Sprache er beherrschte und dessen auf französisch gedruckten Bücher ein wesentlicher Grund seiner Verurteilung gewesen waren. Im Triumph zog er in Paris ein und wurde in allen Salons und intellektuellen Gesellschaften herumgereicht; Diderot verfasste einen Artikel mit seiner Biografie, und Marmontel verlas ein ihm gewidmetes antispanisches Gedicht vor der Académie Française. Masson de Morivilliers' bereits zitierter Artikel in der *Encyclopédie méthodique* von 1782 geht ebenfalls auf den Fall ein und ist nicht zuletzt in diesem Zusammenhang zu lesen. Für Spanien bedeutete der Fall Olavide *„une véritable coupure"*[7] in der Regentschaft Karls III. und für die spanische Aufklärung einen Rückschlag, der noch bis zu den napoleonischen Kriegen zu

---

4. Ein großer Teil der Unterlagen des Inquisitionsverfahren aus kirchlichen Archiven gedruckt bei Miguel de la Pinta Llorente, „El proceso inquisitorial contra D. Pablo de Olavide y los agostinos de Sevilla", *Archivo agustiniano* [Valladolid], 57 (1963), No. 1570, S. 169-204 (der Vorwurf, die Werke von „Alemberg" und „Bolter" besessen zu haben, S. 178 f.). Weitere entscheidende Vorwürfe gegen Olavide waren v.a. das Verleihen solcher Werke, der Besitz „obszöner" (= französischer) Gemälde sowie die Behauptung, einige der römischen Kaiser hätten größere Regierungsfähigkeiten gezeigt als manche der von der Kirche kanonisierten Könige. Von Voltaire soll Olavide ein Portrait besessen haben, dessen Beschreibung durch Zeugen reizvoll ist, es handelte sich nämlich um „un retrato de un hombre, de cuerpo entero, vestido de militar y que en varias ocasiones que le vió, oyó decir a distintos de los concurrentes ser éste el célebre autor Volter" (*ibid.*, S. 181).

5. Vgl. die ausführliche Bibliografie der zeitgenössischen Reaktionen auf den Fall in Defourneaux, *Pablo de Olavide*, S. 9-14.

6. Zu dem Bericht Moldenhawers vgl. zusammenfassend Defourneaux, « Nouvelles recherches »; es handelt sich dabei um den Literaten Daniel Gotthilf Moldenhawer (1753-1823), seit 1788 Generaldirektor der Königlichen Bibliothek in Kopenhagen, der in der Absicht, eine Geschichte der Inquisition zu schreiben, dort zahlreiches Material (u.a. dreizehn Original-Manuskripte von Vernehmungen und Prozessen) sammelte.

7. Defourneaux, « Nouvelles recherches », S. 123.

verspüren war; in Peru wirkte er, interpretiert als die Degradierung eines nicht in Spanien geborenen und für die dort herrschenden Gesellschaftsstrukturen ,zu erfolgreichen' kolonialen Aufsteigers, noch Jahrzehnte nach und ließ Olavide – ob zu Recht oder zu Unrecht – als einen der Vorläufer der lateinamerikanischen Unabhängigkeit erscheinen.

Zugleich wird der Fall Olavide auch zur Nagelprobe für das Ansehen Spaniens im aufgeklärten Europa der 1780er Jahre. Es erscheinen Pamphlete, Theaterstücke, Romane über Olavide und/oder die Inquisition, und ein „kleines unbedeutendes Gedicht, voll eines großen Gegenstandes" des dänischen Aufklärungsautors und späteren Reformpolitikers August Hennings fand so große Resonanz im deutschsprachigen vor allem protestantischen Raum, dass 1780 ein eigener, 400 Seiten starker Sammelband mit Rezensionen und Stellungnahmen erscheinen konnte.[8]

Es kam aber auch zu Reaktionen innerhalb der katholischen Teile Deutschlands. Am spektakulärsten ist hier die Stellungnahme zur spanischen Inquisition von Seiten des bayerischen Beamten, genauer: „churpfalz-baierischen Hofkriegsraths-Secretär" Andreas Zaupser (geb. 1746), und zwar in Form einer Ode.

> Fährt wieder prasselnd auf dein kaum erstorbnes Feuer,

heißt es dort,

> Megäre Inquisition,
> Des Orkus und der Dummheit Tochter, Ungeheuer,
> Pest der Vernunft und der Religion!
> Tritt wieder deine schwarze Ferse Nationen
> Betrogner Sklaven in den Staub,
> Und rufen wieder, keines Kezers zu verschonen,
> Die Mönche, deine Knechte, die den Raub
> Verwaister Kinder Erbguth, theilen, und auf Leichen
> Gottlästernde Gebete schrein
> Wie blutge Tiger, die, wenn sie den Wald erreichen,
> Sich brüllend der erwürgten Heerde freun.

Und weiter dann – gemeint und angesprochen ist hier immer die Inquisition:

> Fleiß, Wahrheit, Freundschaft, Künste fliehn,
> Des Denkens Freiheit stirbt, im Scheiterhaufen Rauche
> Durch dich ersticket, Geistermörderinn!
> Schon droht dein offner Schlund [...]
> dem *weisen Olavid*, der *orthodoxe Pfüzen*
> *Durch Kezer Hand zu Eden bauen ließ.*

---

8. August Hennings, *Olavides. Herausgegeben und mit einigen Anmerkungen über Duldung und Vorurteile.* Kopenhagen, Godich, 1779 (das Zitat aus der Vorbemerkung, S. [1]; das Gedicht geht bis S. 58, darauf folgen 168 Seiten „Erläuterung"); *Sammlung aller Streitschriften, so das Buch Olavides in Dännemark veranlaßt hat. Eine Beylage zum Olavides.* Kopenhagen, Proft, 1780. XX, 160 u. 228 S.; das Exemplar der SLUB Dresden ist auch im Netz verfügbar.

Welch gräßlicher Triumph! dem Gottmensch an der Seite,
Im Heiligthumes Innersten
Sizt die mit Gift geschwollne Hider, schnaubt nach Beute,
Und würgt, die ihrer Raubsucht widerstehn.[9]

Gedruckt wurde Zaupsers Ode erstmals 1777 bei Johann Paul Vötter, dem
bayerischen kurfürstlichen Hof-Buchdrucker in München; Kaysers *Bücher-Lexicon* zufolge erlebte sie, sowohl in Oktav als auch sogar in Quart, bereits
1778 zwei Nachdrucke und einen weiteren 1779; 1780 und 1781 erfolgten zwei
weitere Drucke in München und drei außerhalb Bayerns (in Frankfurt), hatte
also einen beachtlichen Publikumserfolg. Eine ganze Anzahl von Abdrucken in
Journalen und Zeitschriften ist noch hinzuzurechnen.[10]

Und hier nun beginnt die eigentliche Geschichte.

Der ‚Fall Zaupser' (1780 ff.)

Denn Zaupsers Ode – weder künstlerisch so gelungen und bedeutend noch
ideologisch so abgrundtief kirchen- und staatsfeindlich, wie bald der Eindruck
entstehen musste – gehört nicht nur in den Kontext der Diskussion um die Meriten
Spaniens und die Unzeitgemäßheit der Inquisition, sondern auch unmittelbar in
die Auseinandersetzungen verschiedener gesellschaftlich-politischer Strömungen
innerhalb Bayerns um die Prämissen der Aufklärung. Im gleichen Maße, in dem
sich der Gedanke der intellektuellen, vor allem aber religiösen Toleranz immer
stärker – auch in Bayern – durchsetzt, formiert sich auch die klerikale Reaktion
darauf, die nach Mitteln sucht, wie der sich ausbreitenden „Freygeisterei" Einhalt
geboten werden kann.

Den Höhepunkt dieser Auseinandersetzung markieren 1780 die Schriften
des dominikanischen Eiferers Thomas Aquinas Jost. In den *Bildnißen boshafter
Dummheiten der Freygeister*, vor allem aber in den *Bildnißen der Freiheit und
Inquisition wider die Freygeister* attackierte er Voltaire, Rousseau, Helvétius und
den bayerischen Aufklärer Franz Sebastian Meidinger und diskutiert dann die
Möglichkeiten, die sich ausbreitende religiöse Toleranz zu bekämpfen. „Ich weis
ein solches Mittel", heißt es dort, „und zwar ein so uraltes, ein so kräftiges,

---

9. Hier nach der Ausgabe von 1780: Andreas Zaupser, *Ode auf die Inquisition nebst einer Palinodie
   dem Herrn P. Jost gewiedmet.* München, Strobel, 1780, ohne Paginierung [Hervorhebung T.B.].
   Zur Biografie Zaupsers vgl. v.a. die Darstellung des Sohnes in *Sämmtliche Gedichte mit des
   Verfassers kurzer Lebens-Beschreibung.* Hrsg. v. Ludwig Zaupser, München, Thienemann, 1818
   (dort auch eine Bibliografie aller Schriften), Karl v. Reinhardstöttner in *ADB*, Bd. 44, S. 731-733,
   sowie ders.: Andreas Zaupser, in *Forschungen zur Kultur- und Litteraturgeschichte Bayerns.*
   Bd. 1, Ansbach, Eichinger, 1893, S. 121-226; vgl. auch die umfangreichen Einzelnachweise in
   ‚Zaupser, Andreas Dominicus' in [www.bavarikon.de].
10. Vgl. Kayser: *Vollständiges Bücher-Lexicon* [...], Leipzig, Tauchnitz, 1836, Bd. 6, S. 315, sowie das
    Gesamtverzeichnis des deutschsprachigen Schrifttums (GV) 1700-1910, Bd. 159, München [u.a.],
    Saur, 1987, S. 169. Zu den frühesten Zeitschriftennachdrucken gehört derjenige in Friedrich
    Nicolais *Allgemeinen Deutschen Bibliothek*, Bd. 35 (1778), 1. Stück, S. 155-157; nach 1780 u.a.
    in Wehrlins *Chronologen*, Bd. 6 (1780), S. 301-312.

ein so, wenn es mit Milderung gebraucht wird, heilsames, daß es auch durch die ersten 12 Secula den größten Nutzen in der Kirchen Gottes geschaffet"[11] – kurz gesagt, noch 1779, also nur zehn Jahre vor der Französischen Revolution, fordert Jost für die deutschen Staaten, zumindest aber für Bayern, die Wiedereinführung der Inquisition nach dem traditionellen Modell Spaniens, wenn auch in einer sozusagen väterlich-milden, zeitangepassten Form. Dass darunter aber keineswegs nur eine Art oberster Zensurbehörde zu verstehen ist, wie Jost gelegentlich den Eindruck zu erwecken suchte, wird deutlich, wenn es an anderer Stelle heißt:

> Recht ware es, daß man den Atheisten Vanini zu Toulouse verbrennt, Recht ware es, daß man den Freygeist Lyschzinius in Pohlen zu Feuer verdammt. Recht ware es, daß man den Leichnam des Florentinus Rugger, der als ein Atheist zu Paris gestorben, in eine Schwindgruben geworfen. Recht ist es, daß man alle gefährliche Grundsätze der Freygeistern aus dem Weg räume, und die Verfasser solcher Schriften beym Kopfe nehme.[12]

Und Jost beschäftigt sich in diesem Zusammenhang auch mit Zaupsers Ode, die „zerstäubet" werden soll.[13]

Wir können hier abkürzen. Die Auseinandersetzung zieht immer weitere Kreise, der Hofprediger Gruber widmet Zaupsers Ode eine ganze Predigt, die von Zuhörern mitgeschrieben und anschließend unter anderem von Friedrich Nicolai in Berlin und von August Schlözer in Göttingen veröffentlicht wird. (Schlözer hatte im selben Jahrgang seiner Zeitschrift übrigens bereits einen eigenen Artikel zum Fall Olavide gedruckt.) Die entscheidende Volte ist aber in der Folge, dass sich nun nicht so sehr der Autor, als vielmehr die Zensurbehörde, die die Ode problemlos genehmigt hatte, in ihrer Autorität angegriffen fühlt und das Eingreifen des Kurfürsten gegen den konservativen Münchner Klerus verlangt. Allerdings geht diese Initiative nach hinten los. Karl Theodor rügt sein Zensurkollegium wegen dessen liberaler Verbotspraxis, lässt die Exemplare der Ode konfiszieren und gibt seiner Behörde Anweisung, Zaupser mit Kanzleiarbeit so weit zu beschäftigen, „daß ihme zu theologischen und andern ausschweifenden Schreibereien keine müßige Zeit übrig bleiben möge".[14]

---

11. Thomas Aquinas Jost, *Bildniße der Freyheit und Inquisition wider die Freygeister*. Freysing, Sebastian Mößmer, 1779, S. 27. *Die Bildniße boshafter Dummheiten der Freygeigter* erschienen *ibid.* (dem „Hochfürstl. Bischöfl. -Hof- und Lyceischen Buchdruckern, dann churbaierisch-privilegirten Buchhandlern") im selben Jahr.

12. *Ibid.*, S. 26; diese Stelle zwar nur als eine zitierte fremde Meinung, doch mit dem ausdrücklichen Zusatz „Ich stimme dieser Meynung vollkommen bey".

13. Jost attackiert Zaupser v.a. im Blick auf dessen Schrift über das Strafrecht, in deren Kontext die Inquisition ebenfalls heftig angegriffen wird, zitiert dann einige Stellen der Ode und fährt fort: „Doch das beste davon ist dieses, daß der Herr Verfasser keinen einzigen Inquisitor wird nahmhaft machen können, der mit Blut getaufet, das ist, der Grausamkeiten ausgeübt hätte [...]: mithin zerstäubt sich diese Schrift von sich selbsten"; *ibid.*, S. 43.

14. Auch dieser Text (neben zahlreichen Kurzfassungen in den zeitgenössischen Zeitungen) am ausführlichsten bei Schlözer in seinem *Briefwechsel meist historischen und politischen Inhalts*, Achter Teil, Heft 48, Göttingen 1781, S. 376 f.; dort heißt es in der Anweisung („Ad mandatum Serenissimi Domini Electoris proprium"): „Wornach also die obere Landes-Regierung sothane Schrift zu supprimiren, die noch vorhandenen Exemplaria wegnemen zu lassen, und dem Verleger seiner Schadloshaltung halber den Regress an den Authorem bevorzustellen, diesen aber

Das Resultat war vorherzusehen: Zwar war nun der konservative bayerische Klerus zufriedengestellt, doch außerhalb von Bayern wurde Karl Theodor in der Folge zum Paradebeispiel eines antiaufklärerischen Landesfürsten und der Vorgang zum deutschlandweit berühmtesten Zensurfall Bayerns. Zaupser selbst wurde zu einer Berühmtheit, die man auf einer Reise nach München unbedingt besuchen musste. Es ist kein Zufall, dass Friedrich Nicolai auf seiner Fahrt durch Bayern und die Schweiz in München als erstes ihn aufsuchte; ein ‚musikalisches Drama', das eigentlich das Schicksal von Jean Calas und seinen Prozess in Toulouse thematisiert, wurde ihm gewidmet (*Der Abschied des Calas von seiner Familie. Herrn Zaupser, Hofkriegsraths Secretär in München, gewiedmet, Kaufbeuren, 1781*);[15] ein Gedicht – aber durchaus nicht das einzige –, nämlich „An Zaupser", erschien 1782 im *Deutschen Museum* und beginnt mit den Versen:

Laß dich's nicht irren, Zaupser! denn du bist
Der Erste nicht wirst nicht der Letzte seyn,
Dem's geht wie dir! – laß dich's nicht irren, Freund!
Wenn Fürsten schwach, und Priester zornig sind![16]

Wissenszirkulation in der europäischen Aufklärung

Ich breche hier weitere Überlegungen zu den Ereignissen ab und möchte mich stattdessen der sich hinter ihnen stellenden Frage nach der Wissens- und Buchzirkulation ‚über die Grenzen' zwischen Frankreich, Spanien und Bayern widmen.

Für Olavide sind die Verhältnisse einigermaßen übersichtlich. Zwischen 1755 und 1765 lebte er mehrere Jahre in Frankreich, lernte dort auch eine Anzahl französischer Intellektueller kennen, die er nach der Flucht aus Spanien wiedertraf, und kaufte dort einen Großteil seiner französischsprachigen Bücher. Marcelin Defourneaux ist es vor sechzig Jahren im Anhang seiner Olavide-Monografie sogar gelungen, einen Teilkatalog von dessen Bibliothek zu rekonstruieren. Wie grundsätzlich mit Strategien des Geheimbuchhandels und des Bücherschmuggels

---

alsogleich vorzurufen, und ihm seine gegen die Religions-Verfassung schnurgerad anstossende Schreiberei nicht nur scharf zu verweisen […]: mit dem ernstlichen Auftrag, dass er in Zukunft, bei Vermeidung anderweiten schweren Einsehens, in dem Religions- und theologischen Fache heimlich und öffentlich zu schreiben, sich um so weniger unterfangen solle, als er weder den Beruf, noch aus Mangel der erforderlichen Wissenschaft und Prudenz, die geringste Anlage hiezu hat."

15. Der Text von 18 Druckseiten, anonym bei Neth gedruckt, aber verfasst von Christian Jakob Wagenseil, war als Vorlage für eine Komposition durch „einen unsrer guten Komponisten" gedacht; der Text hat allerdings nichts mit Zaupser zu tun, sondern dramatisiert das Schicksal von Jean Calas, dem Opfer des Justizmordes von Toulouse 1762, und den berühmten auf den Abschied vor der Hinrichtung zielenden Kupferstich von Chodowiecki.

16. *Deutsches Museum*, Fünftes Stück, Mai 1782, S. 416-419, Zitat S. 416; auch abgedruckt als Anlage zu Zaupsers *Sämmtlichen Gedichten*, dort S. 61 ff.

verbotene französischsprachige Literatur nach Spanien gelangte, habe ich selbst an anderer Stelle gezeigt.[17]

Aber was bringt einen kurfürstlich-bayerischen Hofkriegsratssekretär dazu, eine poetische Stellungnahme zu den Verhältnissen in Spanien abzugeben, und woher erhält er seine Informationen?

Die Frage nach der Intention ist dabei einfacher zu beantworten als die nach den Quellen.

Der ganze Vorgang lässt sich nur verstehen im übergeordneten Rahmen der Auseinandersetzung um die Jesuiten. Bekanntlich hatte das Verbot des Ordens – insbesondere wegen seiner wirtschaftlichen Aktivitäten in Lateinamerika, begründet aber vor allem wegen der angeblichen Beteiligung an dem Attentat auf König José I. im September 1758, drei Jahre nach dem Erdbeben von Lissabon – seinen Ausgang in Portugal genommen. Dort war schon im Januar 1759 das Vermögen des Ordens beschlagnahmt und im Herbst die Ausweitung aller seiner Mitglieder angeordnet worden. Im November 1764 folgte Frankreich, im Februar 1767 Spanien mit seinen Kolonien; dort wurde der Orden durch ein Dekret von Carlos III. nicht nur verboten, sondern seine Mitglieder auch des Landes verwiesen. Das Breve *Dominus ac Redemptor* von Clemens XIV. vollzog unter dem politischen Druck der größten und wichtigsten katholischen Länder im Juli 1773 die Entwicklung im Grunde mit einer über zehnjährigen Verspätung nur nach und hob den Orden von Seiten des Vatikans auf.[18]

Damit waren die Mitglieder und Sympathisanten des Ordens aber natürlich nicht aus der Welt verschwunden; in Bayern wirkten viele, wenn auch ohne Ordensbezeichnung, mehr oder weniger ungestört weiter und versuchten, politischen Einfluss zu nehmen.[19]

Zaupser ist von Anfang an einer derjenigen, die dem Orden engagiert entgegentraten. Die *Ode auf die Inquisition* war keineswegs eine erste laienhafte Veröffentlichung, unter anderem ist er vielmehr auch der erste deutsche Übersetzer der antijesuitischen Briefe des mexikanischen Bischofs Juan de Palafox. Palafox hatte sich mehrfach über das Verhalten der Jesuiten in Lateinamerika beim Papst beklagt, wobei insgesamt drei offizielle Beschwerdebriefe an ihn überliefert sind. Zaupser übersetzt den zweiten dieser Briefe vom 25. Mai 1647 aus dem Spanischen und den dritten vom 8. Januar 1649 aus dem Lateinischen. Wie Hunderten, ja Tausenden von Publikationen muss man auch diesen Text als Bestandteil der als

---

17. Thomas Bremer, „Geheimbuchhandel im Spanien der Aufklärung", in Christine Haug u.a. (Hrsg.), *Geheimliteratur und Geheimbuchhandel in Europa im 18. Jahrhundert*, Wiesbaden, Harrassowitz, 2011, S. 227-256.

18. Vgl. zusammenfassend zuletzt Dale K. van Kley, *Reform Catholicism and the international suppression of the Jesuits in Enlightenment Europe*, New Haven/ London, Yale University Press, 2018, sowie grundlegend für die gesamteuropäische Rezeption der Vorgänge, auch im Bildbereich, Christine Vogel, *Der Untergang der Gesellschaft Jesu als europäisches Medienereignis 1758-1773. Publizistische Debatten im Spannungsfeld von Aufklärung und Gegenaufklärung.* Mainz, von Zabern, 2006 (mit Hunderten von bibliografischen Nachweisen).

19. Markus Friedrich, *Die Jesuiten. Aufstieg, Niedergang, Neubeginn.* München [u.a.], Piper, 2016, S. 547.

„europäisches Medienereignis" (Christine Vogel) ausgefochtenen Diskussion um die Rolle und die Geschichte des Jesuitenordens verstehen.

In unserem Zusammenhang interessanter ist aber wiederum die Frage nach der Textgrundlage, die Zaupser für seine Übersetzung verwendete. Es lässt sich zeigen, dass er beide Briefe nur aus einer Vorlage bezogen haben kann, nämlich dem elften Band der einzigen Gesamtausgabe von Palafox' gesammelten Werken. Sie waren 1762 in dreizehn Bänden in Spanien erschienen als *Obras del Ilustrissimo, Excelentissimo, y Venerable Siervo de Dios Don Juan de Palafox y Mendoza, de los Supremos Consejos de Indias* [...] in der Imprenta de Don Gabriel Ramírez, dem Drucker der Real Academia de San Fernando (also der relativ jungen Kunstakademie Spaniens). Der elfte Band macht auch gleich auf dem Titelblatt die umstrittenen Positionen des ehemaligen prominenten Bischofs kenntlich, er lautet nämlich *Tomo XI. Cartas al Sumo Pontifice Inocencio XI. con otros Tratados pertenecientes à las controversias Eclesiasticas y Seculares del Venerable Prelado.* Nur hier werden all jene Einzelheiten zur Überlieferungsgeschichte und vor allem zur Beglaubigung der Echtheit des Textes berichtet, wie sie Zaupser anschließend auszugsweise in die Anmerkungen seiner Edition übernimmt. Wie aber hatte der Hofkriegsrathssecretär Zaupser im München der frühen 1770er Jahre Zugang zu in Spanien gedruckten Editionen antijesuitischer Schriften und dies auch noch in Form einer mehrbändigen Werkausgabe, die sicherlich in keinem Privathaushalt zugänglich war?

Die Antwort verweist auf ein offenbar vorhandenes Informationsnetz, das sich nicht an sprachlichen und nationalen Kulturen, sondern an politischen und soziokulturellen Sympathien orientiert. Zaupser hat offensichtlich nicht wie die meisten seiner deutschen Zeitgenossen seine Informationen über Spanien über die ‚Zwischenstufe' Frankreich erhalten, sondern – wenn auch über uns Heutigen nicht oder jedenfalls noch nicht klar nachvollziehbaren Wegen – aus Spanien selbst oder über einen bayerischen Mittelsmann, der sie direkt aus Spanien erhielt. Seine Kenntnisse der Sprache, die ihm mindestens die Lektüre spanischsprachiger Schriften erlaubte, war dabei natürlich eine unabdingbare Voraussetzung. Über seine Verbindungsleute erhält er Schriften, die in Spanien frei zugänglich waren – eine antijesuitische Polemik unterstützt ja gerade die spanische Regierungspolitik –, während sie in Bayern oder Österreich nie erlaubt worden wären und daher auch nur anonym und unter der Hand ohne oder mit fingiertem Druckort verbreitet werden konnten. Für eine weitere Veröffentlichung – die *Erinnerung eines spanischen Ministers an seinen Monarchen, über die Inquisition. Aus dem Spanischen übersetzt, und von dem Herausgeber mit Anmerkungen versehen*, erschienen wiederum anonym und ohne Angabe von Drucker und Druckort 1773 – gilt dies ebenso. Auch hier geht es vordergründig nur um die Übersetzung eines im katholischen Spanien offenbar zugänglichen und nicht verbotenen Textes, der wiederum erhebliche Munition gegen die Praxis der klerikalen Hierarchie enthielt.

Was bedeutet das, so ist zum Abschluss zu fragen, für die Bewertung des ‚Aufklärungsdreiecks' Bayern/Deutschland-Frankreich-Spanien?

Für Zaupser waren hier die Verhältnisse klar: Wie nahezu die Hälfte der bayerischen staatlichen Funktionsträger – übrigens auch die Mehrzahl des Zensurkollegiums, aber auch der Hofprediger des Kurfürsten – gehörten sie dem illegalen Illuminatenorden an; die andere ebenfalls fast die Hälfte der Funktionsträger waren – offen, meist aber versteckt – weiterhin Anhänger der Jesuiten. Deutsche und Österreicher zwischen Frankreich und Spanien zu sein bedeutet also – zugespitzt formuliert – zwischen 1770 und 1790 nicht nur eine Frage der Konfessionalität – das auch –, sondern auch innerhalb einer Konfession (der katholischen) eine Frage nach der Positionierung im Kampf um das Jesuitenverbot.

Noch interessanter als der berühmte Einzelfall sind aber die grundsätzlichen Überlegungen, zu denen er uns führt.

Offensichtlich gibt es hier ein Netzwerk, das eher privat als institutionell organisiert ist und das jenseits der immer wieder beklagten Schwierigkeiten, spanische Bücher für Bibliotheken kaufen zu können, funktioniert. Die Weitergabe von Büchern und Informationen erfolgt hier auf der Grundlage politischer Übereinstimmung – konkret des Kampfes gegen die Jesuiten. Dieses Vorgehen ist vor allem auch interessant unter dem Gesichtspunkt der Existenz einer spezifisch ‚katholischen Aufklärung‘, wie sie seit einigen Jahren postuliert wird und in der Forschung immer mehr an Profil gewinnt. Anders gesagt: Der Kampf um aufklärerische Positionen spielt sich nunmehr vor allem auch als Auseinandersetzung zwischen unterschiedlichen Positionen der katholischen Gläubigen ab. Für das Dreieck Deutschland-Frankreich-Spanien bedeutet das: Für die Analyse der kulturellen Beziehungen, auch denen der Wissenszirkulation und des Buchverkehrs, muss man weit mehr als bisher die konfessionelle Spaltung des Alten Reichs berücksichtigen. Das ‚konfessionelle Zeitalter‘ ist mit dem Dreißigjährigen Krieg keineswegs beendet, sondern dauert in veränderter Form auch in der zweiten Hälfte des 18. Jahrhunderts noch an. Eine Forschung, die ich probeweise ‚interkulturelle Buchgeschichte‘ nennen möchte, muss bei einer Situierung von Deutschland und Österreich, die keine festgefügten kulturellen Blöcke darstellen, ‚zwischen‘ Frankreich und Spanien darauf stärker Rücksicht nehmen, als es bislang der Fall gewesen ist.

Zwischen dem „unruhigen Land" und dem „Land der Westbarbaren"

Deutschsprachige Reisende entdecken den europäischen Südwesten

Berta RAPOSO

Universitat de València, Valencia, Spanien

Im letzten Jahrzehnt des 18. Jahrhunderts nahm die europäische Reisekultur einen ungeheuren Aufschwung, der von der Verbesserung der materiellen Bedingungen begünstigt wurde (Verkehrsmittel, Infrastruktur, Straßennetz), aber auch vom Bildungshunger des aufgeklärten Bürgertums. Der Bewegungsradius der Reisenden hatte sich im Laufe des Jahrhunderts beträchtlich erweitert, und es waren nicht mehr nur Italien und Frankreich, sondern auch Spanien und (seltener) Portugal die neuen Zielländer im europäischen Süden. In kulturtopografischer Hinsicht stellte die Reise von Mitteleuropa in den Südwesten eine exzentrische Bahn im weitesten Sinne des Wortes dar. Diesen Unternehmungen haftete unweigerlich ein abenteuerlicher Charakter an. Die Berge galten noch als lästiges, wenn nicht gefährliches Hindernis. Spanien genoss nicht den besten Ruf in Europa. Aber das deutsche Interesse für dieses Land wuchs zunehmend. Und es ging nicht nur um Spanien: Als obligates Transitland, für diejenigen, die nicht den Seeweg nahmen, spielte Frankreich keine geringe Rolle und erweckte auch unterschiedliche Grade der Aufmerksamkeit, zumal es sich zu der Zeit in einem aufsehenerregenden Gärungsprozess befand. Wie diese Reisenden die Grenzregion zwischen beiden Ländern betrachtet und in ihren Schriften dargestellt haben, soll nun an ausgewählten Beispielen umrissen werden.

Der zeitliche Rahmen dieser Ausführungen deckt sich in etwa mit dem letzten Jahrzehnt des 18. und dem ersten des 19. Jahrhunderts, politisch äußerst bewegte Zeiten, in denen die spanisch-französischen und die französisch-deutschen Beziehungen starken Belastungen ausgesetzt waren. Kurz zusammengefasst: 1793 bis 1795 tobte ein Krieg zwischen Frankreich und Spanien im Rahmen oder eher am Rande der ersten europäischen Koalition gegen den Nationalkonvent, an der eine Reihe deutscher Staaten beteiligt waren. Die Spanier marschierten zuerst in Frankreich ein, dann wurden sie von den Truppen des Konvents geschlagen. Nach dem Frieden von Basel 1795 schieden Spanien und Preußen vorzeitig aus der Koalition aus, und das Blatt wendete sich: Spanien schloss eine Allianz mit Frankreich und verpflichtete sich damit, an der Seite des neuen Verbündeten gegen das Königreich Großbritannien und andere kleinere Länder Krieg zu führen. Diese Allianz hielt bis 1808 an, als der Volksaufstand gegen die Spanien besetzenden napoleonischen Truppen den Unabhängigkeitskrieg einleitete.

Als unbeteiligte Zeugen und Beobachter konnten die deutschsprachigen Reisenden nicht umhin, Vergleiche aller Art zwischen beiden Ländern anzustellen, die gerade zu diesem Zeitpunkt in vieler Hinsicht kaum unterschiedlicher sein konnten. Aber es geht hier nicht nur um die Vergleiche, sondern um die Gesamtsicht, falls es eine überhaupt gibt.

Aus dieser Zeitspanne sind sechs deutschsprachige Reiseberichte oder vergleichbare Zeugnisse (siehe dazu den Abschnitt über Wilhelm von Humboldt) erhalten, die u. a. den Übergang von Frankreich nach Spanien beschreiben. Hier seien sie in chronologischer Reihenfolge ihrer zugrundeliegenden Reisen vorgestellt.

Der Wiener Gelehrte Joseph Hager[1] widmet in seinem schmalen Reisebericht *Reise von Wien nach Madrid im Jahre 1790* fünf von insgesamt sechsundzwanzig Kapiteln der Grenzregion zwischen Südwestfrankreich und Spanien. Sie reichen aus, um die ganz persönliche Sicht des Autors auf die Unterschiede zwischen beiden Ländern vor Augen zu führen.

Die 1797 anonym erschienene zweibändige Abhandlung *Spanien wie es gegenwärtig ist* des Erfurter Kaufmanns Leopold Anton (oder Anton Friedrich[2]) Kaufhold geht auf einen Aufenthalt zwischen 1790 und 1792 zurück und ist nur bedingt als Reisebericht anzusehen. Sie enthält am Anfang und am Ende je eine kurze Beschreibung der An- und Abreise. Auf diesem knappen Raum liefert Kaufhold interessante Ansichten über Frankreich und über das Grenzgebiet zu Spanien.

Für den Botaniker Heinrich Friedrich Link[3] war Portugal das Hauptziel seiner Reise, die 1797 begann. Er hielt sich dann drei Jahre in Portugal auf; aber seine Beobachtungen über Südfrankreich und Spanien verdienen es, hier herangezogen zu werden.

Der Leipziger Publizist und spätere Universitätsprofessor Christian August Fischer[4] ist neben Wilhelm von Humboldt der bekannteste deutsche Spanienreisende dieser Zeit, und auch der produktivste. Alle anderen haben je nur ein Buch (oder keins, wie Humboldt) zum Thema veröffentlicht. Fischer hat nicht

---

1. Biografische Daten über Hager bei Christian von Zimmermann, „Nachwort", in Joseph Hager, *Reise von Wien nach Madrid im Jahre 1790*, hrsg. von Christian von Zimmermann, Heidelberg, Palatina 1997 [1792], S. 116-124. Zu Hager vgl. den Beitrag von F. Knopper im vorliegenden Band.
2. Über die schwankenden Vornamen und weitere biografische Daten siehe Ulrike Hönsch, *Wege des Spanienbilds im Deutschland des 18. Jahrhunderts. Von der Schwarzen Legende zum „Hesperischen Zaubergarten"*, Tübingen, Max Niemeyer 2000, S. 137. Zu Kaufhold vgl. auch den Beitrag von F. Knopper im vorliegenden Band.
3. Biografische Daten über Link bei Sandra Rebok, Miguel Ángel Puig-Samper, „Introducción", in Heinrich Friedrich Link, *Viaje por España*, hrsg. von Sandra Rebok, Miguel Ángel Puig-Samper, Madrid, Consejo Superior de Investigaciones Científicas, 2010, S. 9-80, v.a. S. 10-17.
4. Ausführliches über Fischer bei Josef Huerkamp, Georg Meyer-Thurow, „*Die Einsamkeit, die Natur und meine Feder, dies ist mein einziger Genuß". Christian August Fischer (1771-1829) – Schriftsteller und Universitätsprofessor*, Bielefeld, Aisthesis, 2001.

nur an die zwölf Bücher und Aufsätze über seine Reiseimpressionen publiziert; er übersetzte auch zwei französische Reiseberichte ins Deutsche – Jean-François Bourgoings *Neue Reise durch Spanien in den Jahren 1782-1793* und Alexandre de Labordes *Neuestes Gemälde von Spanien im Jahr 1808* –, die daraufhin große Verbreitung im deutschsprachigen Raum fanden. Somit unterstreicht Fischers Werk die vermittelnde Rolle des Dreiecks Frankreich – Deutschland – Spanien bei der Gestaltung multipolarer interkultureller Transfers. Sein Hauptwerk *Reise von Amsterdam über Madrid und Cadiz nach Genua in den Jahren 1797 und 1798* erschien 1799, wurde bald ein Publikumserfolg und in mehrere Sprachen übersetzt. Von Amsterdam bis Bordeaux reiste er per Schiff. Auf dem Landweg von dort nach Spanien hatte er Gelegenheit (und nutzte sie auch), über das südwestliche Frankreich Beobachtungen anzustellen.

Wilhelm von Humboldt, den man halb scherzhaft als Juniorpartner der Weimarer Klassik bezeichnen könnte, der aber gern ab und zu eigene Wege ging, hatte schon gut anderthalb Jahre in Paris residiert, als er im September 1799 in Begleitung von Frau, Kindern und Dienstpersonal nach Spanien aufbrach. Diese Reise ging von ganz anderen Voraussetzungen aus als die bisher vorgestellten. Spanien war für Humboldt nur zweite Wahl als Alternative zu Italien, das wegen des dort ausgetragenen zweiten Koalitionskriegs als Reiseziel ungeeignet und sogar gefährlich war. Der Planwechsel wurde angeregt von seinem Bruder Alexander, der sich im Vorfeld seiner Amerika-Expedition einige Monate zuvor in Spanien aufgehalten hatte. Wilhelm reiste seinerseits bis nach Südspanien und blieb insgesamt sechs Monate im Land. Seiner Gewohnheit entsprechend führte er akribisch Tagebuch und beschrieb seinen ganzen Weg von Paris bis zur Rückreise. Diese Aufzeichnungen blieben zu Lebzeiten des Autors unveröffentlicht und wurden erst 1918 im Rahmen der ersten Humboldt-Gesamtausgabe ediert. Doch war dies nicht Humboldts einzige Reise nach Spanien. Ein Jahr später fuhr er wieder von Paris aus in Richtung Süden. Diesmal war sein Ziel das Baskenland, vor allem der spanische Teil aufgrund des starken Interesses, das die Basken und ihre Sprache bei seiner ersten Reise in ihm geweckt hatten. Der wichtigste Ertrag dieser Reise war eine Abhandlung mit dem Titel *Die Vasken*, die vor allem sprachwissenschaftlich und anthropologisch ausgerichtet ist. Wie die Tagebücher erschien sie ebenfalls posthum, nämlich 1920.[5] Sowohl diese als auch das Reisetagebuch sind private Zeugnisse ohne Wirkung auf das damalige Lesepublikum, höchstens auf die erlesenen Weimarer Zirkel. Trotzdem sollten sie angesichts ihres Quellenwerts und der kleinen Zahl publizierter Reiseberichte aus dieser Zeit nicht unbeachtet bleiben.

---

5. Noch zu seinen Lebzeiten erschienen zwei vorbereitende Schriften im Druck: *Ankündigung einer Schrift über die vaskische Sprache und Nation, nebst Angabe des Gesichtspunctes und Inhalts derselben* (1812) und *Prüfung der Untersuchungen über die Urbewohner Hispaniens vermittels der Vaskischen Sprache* (1821). Die angekündigte Monografie blieb unveröffentlicht. Siehe dazu Wido Hempel, „Wilhelm von Humboldt und Spanien", in Hans Juretschke (Hrsg.), *Zum Spanienbild der Deutschen in der Zeit der Aufklärung*, Münster, Aschendorff, 1997, S. 224-239, insbes. 236-238.

Karl Friedrich von Jariges[6], Literaturkritiker und Übersetzer, war Enkel eines preußischen Staatsministers französisch-hugenottischer Abstammung, verfügte über ein nicht unbescheidenes Vermögen und konnte sich 1802 eine große Bildungsreise leisten, durch Frankreich, Spanien und Portugal in Begleitung des preußischen Staatsbeamten Ludwig von Vincke und des Botanikers Gottfried Konrad Hecht. Seine Reisenotizen ließ er vorerst liegen, erst 1807 begann er, Aufsätze darüber zu verfassen, die in der *Zeitung für die elegante Welt* in regelmäßigen Abständen bis 1809 erschienen. 1810 vereinte er sie fast unverändert in einem anonym erschienenen Buch, *Bruchstücke einer Reise durch das südliche Frankreich, Spanien und Portugal im Jahre 1802*. Seine Route weicht beträchtlich von den vorherigen ab: Statt aus nördlicher kam er aus nordöstlicher Richtung, so dass sein Bericht in Lyon anfängt.

Um die ganze Fülle an Informationen, Impressionen, Urteilen, Einschätzungen, die in diesen Texten enthalten sind, einigermaßen zu ordnen und zu systematisieren, soll das Stichwort Grenze als Leitbegriff fungieren, und zwar unter kulturtopografischem Gesichtspunkt. In Bezug auf die Pyrenäengrenze kann man feststellen, dass sie als eine der furchterregendsten in Europa empfunden wurde, nicht nur als natürliche, den Zugang erschwerende Barriere, sondern auch wegen der von alters her spannungsreichen Beziehungen zwischen Frankreich und Spanien. Deswegen hat sie immer einen starken Eindruck auf die frühneuzeitlichen Reisenden gemacht[7], darin, *mutatis mutandis*, der Alpengrenze vergleichbar. Auf den Punkt gebracht lässt sich im Vorfeld andeuten, dass sowohl die politisch-kulturelle als auch die geografische Trennlinie Annäherung und Absonderung zugleich bewirkten.

Es überrascht nicht, dass der erste Anblick der Gebirgskette bei den Reisenden einen mächtigen Eindruck erweckt. Ihre Beschreibungen kreisen um die Begriffe der Erhabenheit und der Majestät; ganz klare Nachklänge von Kants und Schillers Beschäftigung mit der Kategorie des Erhabenen. Seit dem großen Erfolg von Albrecht von Hallers Lehrgedicht *Die Alpen* 1729 war das Hochgebirge kein *locus terribilis* mehr für gebildete Reisende. Schon aus großer Entfernung sind die Scheidewand und die höchsten Spitzen auszumachen. Jariges sieht in Rabastens „die im Schneeglanz prangenden Pyrenäen [...] in ihrer ganzen Herrlichkeit, [...] wie ein mächtiges Amphitheater [...]; in ihrer Mitte herrscht stolz gebietend die Spitze des Mittags (le pic du midi)".[8] Auf dem Weg nach Barèges über den Tourmalet beobachtet Humboldt: „Der Pic du Midi gewährt einen majestätischen Anblick. Seine pyramidalische Felssäule giebt ein Bild einer durch viele Jahrhunderte geprüften Festigkeit."[9] In der Umgebung von Bayonne

---

6. Mehr Daten über Jariges bei Berta Raposo, „Introducción", in Karl Friedrich von Jariges, *Fragmentos de un viaje por el sur de Francia, España y Portugal en 1802*, hrsg. von Berta Raposo, Valencia, PUV, 2021, S. 9-16.

7. Antoni Mączak, *Viajes y viajeros en la Europa moderna*, Barcelona, Omega, 1996 [1978], S. 170.

8. Karl Friedrich von Jariges, *Bruchstücke einer Reise durch das südliche Frankreich, Spanien und Portugal im Jahre 1802*, Leipzig, Gleditsch, 1810, S. 57.

9. Wilhelm von Humboldt, „Tagebuch der Reise nach Spanien 1799-1800", in *Wilhelm von Humboldts Tagebücher*, 2. Bd. 1799-1835, hrsg. von Albert Leitzmann, Berlin, Behr, 1918, S. 81.

zeigt sich Kaufhold stark beeindruckt vom Anblick des offenen Meeres (auch ein Bild der Erhabenheit) auf der einen Seite und von den „majestätischen Pyreneen" auf der anderen, „die mir in der äußersten Ferne wie schön geformte Wolken in den Lüften zu schweben schienen. Ein erhabeneres Schauspiel der Natur hatte ich noch nicht gesehen."[10] Man erkennt hier förmlich, wie die Pyrenäen in der Nachfolge der Alpen auf dem besten Weg sind, zu einer romantischen Landschaft verklärt zu werden.[11]

Bei der politischen Grenze macht sich zuerst die kulturelle Annäherung an Spanien spürbar: „So bin ich denn am Fuße der Pyrenäen, und nur zwey Meilen von der spanischen Grenze. Alles verkündigt mir die Nähe dieses Landes."[12] So allgemein drückt sich Fischer zuerst in der Nähe von Bayonne aus, später aber gibt er konkrete Beispiele. Im Zusammenhang mit den Essgewohnheiten bemerkt er, dass man in allen Wirtshäusern zwischen Öl oder Butter, Kaffee oder Schokolade wählen könne. Ein ähnliches Nebeneinander bemerkt Hager bei den Sprachen: „Hier findet man schon doppelte Aufschriften an den Gasthäusern und Boutiken: Französisch und Spanisch"[13] und macht dabei die Beobachtung, dass man dort eine dritte Sprache spreche, die sich vom Französischen und Spanischen stark unterscheide.

Kurz vor Bayonne entfaltet Fischer eine Reihe charakteristischer Einzelheiten, die er als typisch spanisch interpretiert:

> Alle Gegenstände schienen nunmehr ein spanisches Ansehen zu haben. Die Häuser waren mit Balkonen versehen, über welche man Leinwand gespannt hatte, und in den offenen Läden arbeiteten singende Handwerker. Überall sah man Weiber auf Eseln reitend, oder mit Körben auf den Köpfen, beladene Maulthiere, oder Schleifen mit Ochsen bespannt; selbst die [...] summenden Tambourins, nach welchen kleine Mädchen tanzten, trugen zur Neuheit dieses Eindrucks bey.[14]

Link betont die architektonischen Besonderheiten: „Die Bauart von Bayonne ist schon ziemlich spanisch. Allenthalben sieht man Balcons vor den Fenstern, und in vielen Gassen findet man Bogengänge vor den Häusern."[15] Hager bezieht die Wirtschaft mit ein: „die Nachbarschaft eines so mächtigen Königreichs, wovon Bayonne gleichsam das Thor ist, erhält den hiesigen Handel in einer

---

10. [Leopold] Anton Kaufhold, *Spanien wie es gegenwärtig ist [...] aus den Bemerkungen eines Deutschen während seines Aufenthalts in Madrid in den Jahren 1790, 1791 und 1792*, 2 Bde., Gotha, Ettinger, 1793, Bd. 1, S. 14 f.

11. Als dieser Vorgang noch voll im Gang war, erschien 1847 nach dem Ausklang der deutschen Romantik Heinrich Heines Pyrenäenepos *Atta Troll*, wo Spanien bezeichnet wird als „Land der Westbarbaren, die um tausend Jahr zurück sind". Daraus stammt die Formulierung im Titel dieses Aufsatzes.

12. Christian August Fischer, *Reise von Amsterdam über Madrid und Cadiz nach Genua in den Jahren 1797 und 1798*. Neuausgabe der Edition Berlin, Unger 1799, hrsg. von Christian von Zimmermann, Heidelberg, Palatina, 1998 [1799], S. 35.

13. Hager, *Reise*, S. 52.

14. Fischer, *Reise*. S. 37.

15. Heinrich Friedrich Link, *Bemerkungen auf einer Reise durch Frankreich und Spanien und vorzüglich Portugal*, 2 Bde. Kiel, Neue Akademische Buchhandlung, 1801, Bd. 1, S. 75 f.

ununterbrochenen Lebhaftigkeit"[16]. Die wirtschaftlichen Beziehungen bringen nach Bayonne auch spanische Bräuche, wie Fischer vermerkt: „Die Spanier der nördlichen Provinzen pflegen nämlich des Handels oder Vergnügens halber häufig nach Bayonne zu kommen. Um sie noch mehr anzulocken, haben einige Spekulanten [...] eine Stierhetze errichtet."[17] Spanien schien also eine große Sogkraft zu besitzen, mehr als umgekehrt. Darüber später mehr.

Zuvor aber müssen die Reisenden den Grenzübergang bewältigen. Da zeigen sich eher als die Nähe die Gegensätze in ihrer ganzen Schärfe, was zum großen Teil auf die politischen Umstände zurückzuführen ist. Hager, der bereits beim Transit von Italien nach Frankreich letzteres als „das unruhige Land" bezeichnet hatte, „einst die Lust der Freuden, nun ein Land, das man nicht ohne Widerwillen betritt und froh ist, so bald man nur kann, wieder zu verlassen"[18], sieht es jetzt in einem anderen Licht: „Ein kleines Flüsschen scheidet das galante Frankreich von dem devoten Spanien. [...] Hier ist die Scheidewand zwischen Freiheit zu denken und zwischen Inquisitionszwang, zwischen munterer Laune und zwischen Ernsthaftigkeit, zwischen Orthodoxie und Religionsspötterey."[19] Kaufhold nimmt diese Grenze auch ganz anders wahr als die zwischen Flandern und Frankreich, die er am Anfang seines Reiseberichts beschrieben und dabei die große Erleichterung betont hatte, die er empfand, als er „das schwärmerische Brabant"[20] hinter sich lassen und das ruhige, stille Frankreich betreten konnte. Dieser erste Eindruck verkehrt sich ins Gegenteil im Laufe seiner Durchreise, so dass er bei der letzten französischen Poststation in Richtung Spanien die Cocarde abnehmen muss, „ohne die in Frankreich niemand ohne Lebensgefahr zu erscheinen wagen darf"[21], womit er auf die unruhigen politischen Zustände anspielt. Ferner bekam er Schwierigkeiten mit seinem Pass, da dieser von der Municipalität in Bayonne nicht bestätigt war. Als der Invalide im Grenzdienst sich aber als deutschsprachiger Schweizer entpuppte, der in Deutschland im Siebenjährigen Krieg gewesen war, ließ er den Reisenden unbehelligt weiterziehen.

Sieben Jahre später, als sich die französisch-spanischen Beziehungen beruhigt hatten, schien der Grenzübergang keine wichtige Rolle mehr zu spielen. Link bestätigt es: „Der Eintritt in Biscaya hatte nicht die geringsten Schwierigkeiten, man sah die Pässe kaum an, man durchsuchte die Koffer nicht; kurz, die Folgen der politischen Verbindung zwischen Frankreich und Spanien und der Freyheiten von Guipuscoa waren sehr merklich."[22] Fischer schweigt sich völlig darüber aus. Humboldt erwähnt den Zoll nur kurz und betont den schlechten Zustand der

---

16. Joseph Hager, *Reise von Wien nach Madrid im Jahre 1790*, hrsg. von Christian von Zimmermann, Heidelberg, Palatina, 1997 [1792], S. 52.
17. Fischer, *Reise*, S. 41.
18. Hager, *Reise*, S. 39.
19. *Ibid.*, S. 57.
20. Kaufhold, *Spanien*, S. 5. Gemeint sind wohl die politischen Unruhen in Brabant im Jahr 1790, die vom berühmten Reisenden Georg Forster in seinen *Ansichten vom Niederrhein* (1791) geschildert wurden.
21. *Ibid.*, S. 15.
22. Link, *Bemerkungen*, S. 76.

Straßen aufgrund der Verwüstungen im letzten Krieg. Jariges zeigt sich ebenso wortkarg, indem er nur die Fasaneninsel und die daran verknüpfte historische Erinnerung an den Pyrenäischen Frieden erwähnt.

Kaum ist die politische Grenze überschritten, gewinnt man den Eindruck, als sei alles nur noch spanisch, fast ohne französische Spuren. Hager sieht zuerst ein imaginäres Land vor sich und beschreibt die Überfahrt über den Bidasoa-Fluss als mythologisch ausgeschmückten Eintritt in eine Fantasiewelt, die von literarischen Figuren nur so wimmelt: „Ein kleiner Nachen, gleich jenen, worin der alte Charon die abgeschiedenen Seelen über den Styx fährt, bringt mich hinüber in das Land, wo die Rolands und die Cids [...] und so viele andere Hidalgos und Caballeros sich durch Heldenthaten und Ritterstreiche ausgezeichnet haben."[23]

Andere Reisende bedienen sich an dieser Stelle stark stereotypisierter Worte. Kaufhold reagiert am heftigsten; er sieht sich plötzlich in einen wildfremden Raum versetzt, der ihm Angst und Misstrauen einflößt.

> Ich befand mich nun ganz auf spanischem Grund und Boden, und sah lauter spanische Gesichter um und neben mir. [...] ich fühlte gleich anfangs etwas widriges und zurückstoßendes dabei [...]. Sie haben schwarzes oder schwarzbraunes Haar [...]. Ihre Kleidung ist ganz Kapuziner-Farbe [...], das alles zusammen genommen gibt dem Spanier ein wildes abschreckendes Ansehen.[24]

Fischer, mit seinem typischen additiven Stil, bietet eine Anhäufung aller möglichen, allerdings nicht so düsteren Fremdenbilder:

> Aus dem Flecken tönte der Tambourin; die Balkone der Häuser auf der Seeseite waren mit beschleyerten Weibern besetzt. Der Anblick einer Menge Geistlichen, die in langen schwarzen Mänteln und großen runden Hüthen auf dem Damme spazierten, die Kleidung unserer Lootsen, ihre bebänderten schwarzsammtnen Beinkleider, ihre rothe Westen und Retesillas (d.i. Haarnetze), kurz die Ansicht des Ganzen aus unzähligen unbeschreibbaren Eindrücken zusammengesetzt, bewies mir auf einmal: ich sey in Spanien.[25]

Jariges wiederholt das Bild der Geistlichen und lehnt sich auffallend an Kaufholds Formulierungen an:

> Nun waren wir auf Spanischem Grund und Boden, was eine Schar von ein halb Dutzend Kapuzinern, die uns begegneten, noch bestätigte. Der erste Ort, durch den wir fuhren, war Yrun, und hier zeigten sich uns im Fluge die spanischen Eigenthümlichkeiten in Physiognomie, Tracht und Bauart – gelbliche hagere Gesichter, [...] die Weiber in Schleier, die Männer in Mäntel gehüllt; enge dunkle Strassen und fast an allen Häusern Balkons.[26]

Die Stereotypisierung liegt wahrscheinlich daran, dass Spanien für diese Reisenden ein noch unbekanntes, neu zu entdeckendes Land war, im Gegensatz zu Frankreich, an das man sich während der Reise schon einigermaßen gewöhnt hatte. Wenn

---

23. Hager, *Reise*, S. 57.
24. Kaufhold, *Spanien*, S. 16 f. Dass diese äußerst negative Sicht der Dinge zu Kaufholds Erzählstrategie gehört, um im weiteren Verlauf der Reise allmählich zur Einsicht zu kommen und sich von den Stereotypen loszusagen, steht auf einem anderen Blatt. Siehe Hönsch, *Wege*, S. 139.
25. Fischer, *Reise*, S. 44.
26. Jariges, *Bruchstücke*, S. 45.

Kaufhold und Link die politischen Verhältnisse in Frankreich kommentieren,
zeigt sich um so stärker der Kontrast mit den spanischen Stereotypen. Kaufhold
konnte sich im Laufe seiner Durchreise davon überzeugen, dass Frankreich
noch in voller Revolution begriffen sei und wunderte sich nicht wenig, wenn
er ganz gewöhnliche Bürger, ja sogar Bauern über die Menschenrechte Reden
schwingen hörte, und setzt hinzu „In dieser Freiheitschwärmerei durchlärmten
sie oft ganze Nächte in den Wirthshäusern, so daß ich manche schlaflose Nacht
ihrer Lieblingsgöttin opfern mußte."[27]

Link spricht in größerem Zusammenhang:

> Wir verließen nicht ohne Empfindung den Boden einer Republik, die damahls, nach dem
> Frieden von Campo Formio zu einem großen Ansehen gekommen war; und wirklich einen
> Theil von Europa in Furcht hielt. [...] Allein auf der anderen Seite wäre es sehr ungerecht,
> wenn man behaupten wollte, man habe in diesem Lande etwas mehr von Freiheit, als den
> Namen und die Freiheitsbäume, gesehen.[28]

Aber bald sieht man sich bei diesen Beobachtungen über Grenzen und
Landesunterschiede mit einem seltsamen Widerspruch konfrontiert. Unabhängig,
sogar unbeirrt von allen stereotypisierten Spanienbildern zeigt sich bei
den Reisenden eine besondere Wahrnehmung der Eigentümlichkeiten des
Baskenlandes, das in seiner Abgrenzung sowohl von Frankreich als auch von
Spanien eine Sonderstellung einnimmt. Link sagt über Biscaya: Man solle nicht
glauben, dass man sich hier schon im eigentlichen Spanien befinde:

> Man würde den Biscayern sehr Unrecht thun, wenn man sie mit den übrigen Spaniern für
> ein träges Volk halten wollte; sie zeichnen sich durch eine viel grössere Lebhaftigkeit im
> Betragen, durch eine grössere Reinlichkeit im Anzuge aus. Man findet einen sehr geringen
> Unterschied zwischen ihnen und den benachbarten Franzosen.[29]

Fischer bezeichnet Biscaya als „republikanisches Ländchen" und nennt die
Biscayer „die spanischen Graubündner"[30], wie denn überhaupt Vergleiche mit
der Schweiz bei ihm nicht selten sind.

Die Beobachtung dieser Sonderstellung findet bei Humboldt ihren
Höhepunkt. Die Formulierung „Entdeckung des europäischen Südwestens" aus
dem Titel dieses Aufsatzes gilt strenggenommen nur für ihn, da er zum ersten
Mal eine gründliche Auseinandersetzung eines deutschen Autors mit dieser
Grenzregion bietet, eine Zusammenschau von Land, Menschen und Geschichte.
Die Abhandlung *Die Vasken* wird mit einer raunenden Beschwörung der
Besonderheiten dieses Volks eröffnet:

> Versteckt zwischen Gebirgen, wohnt zu beiden Seiten der WestPyrenaeen ein Völkerstamm,
> der eine lange Reihe von Jahrhunderten hindurch seine ursprüngliche Sprache, und

---

27. Kaufhold, *Spanien*, S. 7.
28. Link, *Bemerkungen*, S. 77.
29. *Ibid.*, S. 80.
30. Fischer, *Reise*, S. 58 und 60.

grossentheils seine ehemalige Verfassung und Sitten erhalten und sich [...] ebensowohl dem
Auge des Beobachters, als dem Schwerdt der Eroberer entzogen hat.[31]

Das Werk ist eine ausgearbeitete Monografie im Unterschied zu den Notizen im
Reisetagebuch. Als Begründung für die Eigenständigkeit und den einmaligen
Charakter der Basken wird dort die Lage zwischen den Pyrenäen und dem
Atlantischen Ozean angeführt. Die Berge gaben ihnen Schutz, das Meer
erleichterte ihre Öffnung zum Welthandel und zur Gemeinschaft mit allen
Nationen. Einmalig sei auch, so Humboldt, ihre gesellschaftliche Kohäsion.
Unter diesem Volk mache sich der Unterschied der Stände nicht so bemerkbar
wie in anderen Ländern: „Keine Art der Feudalverfassung hat sich in diesen
Winkel Europas eingeschlichen"[32], und das habe wohltätige Folgen für die Sitten
und den Charakter der Bevölkerung gehabt.

Trotz aller Fokussierung auf landeskundliche und anthropologische Aspekte
enthält diese Monografie allgemeine Überlegungen, die zum Stichwort Grenze
passen. So macht Humboldt sich Gedanken über die politischen Unterschiede
zwischen dem französischen und dem spanischen Baskenland und kommt zu
dem Schluss, dass ersteres für den französischen Staat nicht so wichtig sei
wie letzteres für Spanien: „Die Französischen Basquen sind bloss ein kleiner
fremdartiger Stamm in einem großen ihnen auf jede Weise überlegenen Volk."[33]
Bei den Biscayern hingegen liege der umgekehrte Fall vor, da sie den Spaniern
„in mehreren Stücken überlegen" seien. Aber diese Unterschiede sind für ihn das
Ergebnis willkürlicher oder gar zufälliger politischer Grenzziehungen. Mit einem
harmonisierenden Blick stellt er fest:

> Die Einwohner von Fuenterrabía und Andaye leben natürlich in täglicher Gemeinschaft
> miteinander. [...] Es gehört mit zu den weniger beachteten Grausamkeiten unsrer [...] Kriege,
> diese Gemeinschaften plötzlich abzuschneiden, und zwischen ruhige Bewohner befreundeter
> Orte eine Scheidewand des Hasses und der Feindschaft zu setzen, die ihrem Interesse und
> ihren Neigungen gleich fremd sind.[34]

Die Grenze als durchlässiger Raum zeigte sich schon bei den oben zitierten
Bemerkungen der Reisenden über den spanischen Einfluss im französischen
Baskenland. Der umgekehrte Fall (französische Spuren in Spanien) wird seltener
beobachtet, nämlich wenn Fischer und Jariges die Französischkenntnisse einiger
Spanier registrieren: Laut Fischer hatte der Chirurgus von Guetaria während des
letzten Krieges von den einquartierten Franzosen „wenigstens etwas sprechen"[35]
gelernt. Eine Wirtin und ihre Tochter, die Jariges in Orean empfingen, verstanden
es „sehr gut"[36].

---

31. Wilhelm von Humboldt, *Die Vasken oder Bemerkungen auf einer Reise durch Biscaya und das
   französische Baskenland im Frühling des Jahrs 1801*, in *Werke in fünf Bänden*, Bd. 2, hrsg. von
   Andreas Flitner und Klaus Giel, Stuttgart, Cotta, 1986, S. 418.
32. *Ibid.*, S. 545.
33. *Ibid.*, S. 608.
34. *Ibid.*, S. 452 f.
35. Fischer, *Reise*, S. 45.
36. Jariges, *Bruchstücke*, S. 46.

Hager und Kaufhold behaupten noch im ersten nachrevolutionären Jahr
1790, dass zu der Zeit fast niemand von Frankreich nach Spanien reiste, nicht
einmal Jakobspilger. Das lag sicher an der Abriegelungspolitik der spanischen
Monarchie, die das Einsickern revolutionärer Ideen fürchtete. Aber die gewohnten,
nicht immer herzlichen nachbarschaftlichen Beziehungen bestanden nach wie
vor. Neben einem aus dem Krieg von 1793-95 herrührenden Franzosenhass
beim „Pöbel" und bei den „Straßenbuben"[37] beobachtet Fischer 1797 in Bilbao,
dass emigrierte französische Geistliche eine freundliche Aufnahme in Spanien
gefunden hätten, wenn auch mit gewissen Einschränkungen: Da sie keine Messen
in der Stadt lesen durften, zerstreuten sie sich in der Nachbarschaft und fristeten
ihr Dasein mit Messgeldern oder als Sprachlehrer, als Gesellschafter reicher
Domherren usw. Jariges sieht fünf Jahre später, dass viele dieser Geistlichen im
Begriff wären, nach Frankreich zurückzukehren. Anders gestaltet war die Präsenz
spanischer Juden in Bayonne, die Hager so kommentiert: „Bayonne wimmelt von
spanischen Juden [...] und [sie] trauen sich keinen Schritt, ausgenommen in dem
strengsten Inkognito, in das Land."[38] Link seinerseits bestreitet den spanischen
Franzosenhass und behauptet: „Im letzten Kriege mit Frankreich war Vitoria
eine Zeitlang das Hauptquartier der französischen Armee, die sich hier nicht
so schlecht als in andern eroberten Ländern muß betragen haben, weil man
wenigstens keine Spuren des Hasses gegen diese Nation gewahr wird."[39]

Fazit

Obwohl das Zielland der hier vorgestellten Reisenden Spanien (bzw. Portugal) war,
spielte die Durchreise durch Frankreich eine wichtige Rolle in ihrer Entdeckung
des europäischen Südwestens, der in ihren Reiseberichten als Ort der Spannung
erscheint zwischen der Annäherung und der Abgrenzung zweier Länder, die Ende
des 18., Anfang des 19. Jahrhunderts in politisch-gesellschaftlicher Hinsicht
sehr unterschiedlich waren und dennoch tiefer gehende Gemeinsamkeiten in
ihren Grenzregionen zeigten. Die von den Reisenden beobachteten politisch-
gesellschaftlichen und natürlichen Trennlinien wirkten wie konzentrische Zirkel,
die die französisch-spanische Pyrenäenregion umschlossen und aus ihr einen
besonderen Zirkulationsort, einen Raum der Interaktion und der gegenseitigen
Durchdringung machten. Es hängt vom persönlichen Interesse und vom Stil
jedes Reisenden ab, welche Schwerpunkte er setzt und wie er das Gesehene
schildert. Aber wenn der von den Basken begeisterte Wilhelm von Humboldt
die Bewohner dieser Region charakterisiert als „südliches Bergvolk und
Nordländer eines südlichen Landes"[40], findet er eine glückliche Formulierung,
die das Menschenbild mit geografischen (Süd, Nord) und landschaftlichen
Begriffen (Berg) verbindet und somit das kulturtopografische Wesen und die

---

37. Fischer, *Reise*, S. 66.
38. Hager, *Reise*, S. 135.
39. Link, *Bemerkungen*, S. 86.
40. Humboldt, *Die Vasken*, S. 611.

Hybridität dieses Durchzugsgebiets treffend auf den Punkt bringt. Aber er geht tiefer in seinen Beobachtungen. Für ihn bedeutet das Baskenland eine Art Idealstaat, wo die Einheit von Mensch, Natur, Sprache, Sitten und Gesetzen seit undenklichen Zeiten gegeben war. Gleichwohl sieht er diesen Urzustand in letzter Zeit gefährdet aufgrund des unaufhaltsamen Zusammenrückens der europäischen Nationen („immerfort schläft eine öfentliche Sitte nach der andern ein"[41]). Im französischen Teil des Baskenlandes habe die Revolution auch noch diese Entwicklung beschleunigt. Das alles, zusammen mit dem vermutlich in absehbarer Zeit wohl eintretenden „gänzlichen Untergang" ihrer Sprache weckt in ihm eine „wehmütige Empfindung"[42]. Darin steht er allerdings unter den anderen zeitgenössischen Reisenden allein. Sie ziehen leichten Herzens, nicht immer vorurteilsfrei, einfach von Frankreich nach Spanien, dem „Land der Westbarbaren", wie Heinrich Heine – der übrigens nie in Spanien war – es in seiner unvergleichlichen Ironie fast ein halbes Jahrhundert später nennen wird.[43]

---

41. *Ibid.*, S. 561.
42. *Ibid.*, S. 424.
43. Vgl. Anm. 11.

MIGRATIONS ET FUITE À L'ÉPOQUE DE LA PREMIÈRE GUERRE MONDIALE

MIGRATION UND FLUCHT WÄHREND DES ERSTEN WELTKRIEGS

„Von allen verlassen, ratlos im Feindesland."

Raumkonstruktionen deutscher Kriegsgefangener und Flüchtlinge zwischen Spanien und Frankreich im Ersten Weltkrieg

Isabel GUTIÉRREZ KOESTER

Universitat de València, Valencia, Spanien

Die wissenschaftliche Auseinandersetzung mit der Flüchtlingsforschung der letzten Jahre hat auf eine besondere Form der Reiseliteratur aufmerksam gemacht, in der Gefangenschaft und Fluchterfahrungen narrativ verarbeitet werden. Gedanken und Erinnerungen an Elend, Entbehrung, Leid und Trauer vor dem Hintergrund des Ersten Weltkriegs stellen in diesem Kontext häufig einen Gedächtnisraum her, der nicht nur durch den Kriegsalltag und den Kriegsschauplatz gestaltet wird, sondern auch durch die individuelle und national bedingte Konstruktion der Wirklichkeit. Der Raum existiert bekanntlich nicht an sich, sondern wird erst anhand sozialer und individueller Praktiken konstruiert. Dementsprechend ändert die Kriegserfahrung von Grund auf die Raumvorstellung bei Begriffen wie Heimat, Nation und Fremde, in ganz besonderem Maße bei Kombattanten mit direkter Fronterfahrung oder bei Kriegsgefangenen bzw. zivilen Internierten.

Der individuelle Erfahrungsbericht greift dabei nicht nur auf bereits existierende Erinnerungen und Vorstellungen der Vorkriegszeit zurück, sondern konstituiert sich neu durch die Wahrnehmung vor dem Kriegshintergrund. Diese Wahrnehmung ist kollektiv, da sie eine ideologisch-geografische Gruppe in einem konkreten Zeit-Raum-Rahmen repräsentiert und somit national verankert ist. Der Wahrnehmungshorizont wird durch das Kriegserlebnis modifiziert und strukturiert, und das jeweilige nationale Bewusstsein durch den Krieg differenziert bewertet.

Die Art der Kriegserfahrung, also die Konstellation Flucht-Gefangenschaft-Reise, hängt, wie Nübel bemerkt, ebenfalls von dem Raum ab, in welchem sich der historische Akteur bewegt,[1] und wird zum Topos ideologisch und emotional geladener Vorurteile und nationaler Vorstellungen, die sich außerhalb des temporalen Paradigmas des Krieges meist nicht mehr aufrechterhalten lassen.

---

1. Christoph Nübel, „Das Niemandsland als Grenze. Raumerfahrungen an der Westfront im Ersten Weltkrieg", in *ZFK – Zeitschrift für Kulturwissenschaften* 2, 2008, S. 41-52, hier S. 42.

Der Begriff „Fremde" ist, wie Alois Hahn anmerkt, kein objektives Verhältnis, sondern die Definition einer Beziehung, „eine Zuschreibung, die oft auch anders hätte ausfallen können"[2]. Das Fremde wird an der Front bzw. auf der Flucht oder in Gefangenschaft neu konstruiert, denn es liegt in den hier zu behandelnden Berichten zwar in geografischer Nähe (Frankreich und Spanien), wird aber durch das Kriegserlebnis als eine neue Realität wahrgenommen. Spätestens seit Lefebvre[3] kann behauptet werden, dass die menschliche Raumkonstruktion von der epistemologischen Vereinigung mentaler und sozialer Prozesse ausgeht und sich demnach ideologische Zustände und Äußerungen räumlich definieren lassen. Bei der Untersuchung von Kriegserfahrungen im Raum sind folglich sowohl materielle als auch vorgestellte Räume zu berücksichtigen, die sich wechselseitig konditionieren.

Die unterschiedlichen Umstände der Verfasser der vorliegenden Berichte führen nicht nur zu verschiedenartigen Erfahrungen, sondern ermöglichen auch vielfältige Betrachtungsweisen. Die Literaturwissenschaft hat diese Texte bisher kaum oder gar nicht beachtet, was vermutlich daran liegt, dass bei der Textproduktion keine hohen literarischen Ansprüche erhoben wurden. Diese besondere Form des Reiseberichts definiert sich daher nicht so sehr durch ästhetische Merkmale, sondern vielmehr durch kulturelle und ideologische.[4] Die Darstellung der Lebensbedingungen und der materiellen Lage während der Flucht und der Gefangenschaft wirft dabei Probleme einer geografisch-ideologischen Dreiecksbeziehung auf: Die eigene Heimat, das Land, das sie gefangen genommen hat oder aus dem sie flüchten und die Gastheimat, die sie aufnimmt – alle drei wirken auf diese Flüchtlinge/Gefangene ein, bedingen ihre Weltsicht und machen sie damit zu fundamentalen Figuren der Geschichtsschreibung des Ersten Weltkriegs.

---

2. Alois Hahn, „Die soziale Konstruktion des Fremden", in Walter M. Sprondel (Hrsg.), *Die Objektivität der Ordnungen und ihre kommunikative Konstruktion*, Frankfurt a. M., Suhrkamp, 1994, S. 140-163, hier S. 140.

3. Henri Lefebvre, *La production de l'espace*, Paris, Anthropos, 1974.

4. Darüber hinaus ist der historische Themenkomplex Kriegsgefangenschaft im Ersten Weltkrieg in der wissenschaftlichen Diskussion ein nur selten thematisierter Kontext. Jochen Oltmers weit ausgreifende Studie trägt dem Rechnung: „Das Schicksal der Kriegsgefangenen, das im Krieg und in der unmittelbaren Nachkriegszeit europaweit in der öffentlichen, publizistischen und politischen Diskussion eine zentrale Position einnahm, hatte bereits wenige Jahre nach Kriegsende nicht nur seine politische Brisanz verloren, sondern auch an publizistischer Anziehungskraft und öffentlichem Interesse eingebüßt. Heute kann das Thema als weithin vergessen gelten" (Jochen Oltmer [Hrsg.], *Kriegsgefangene im Europa des Ersten Weltkriegs*, Paderborn/ München/ Wien/ Zürich, Ferdinand Schöningh, 2006, S. 11). Weitere Studien, die das Thema der Kriegsgefangenschaft aus aktueller Sicht wenigstens ansatzweise beleuchten, sind: Uta Hinz, *Gefangen im Großen Krieg. Kriegsgefangenschaft in Deutschland 1914-1921*, Essen, Klartext, 2005; sowie die Spezialnummern 2014/1, 253, und 2014/2, 254, „Prisonniers de la Grande Guerre: victimes ou instruments au service des États belligérants", der Zeitschrift *Guerres mondiales et conflits contemporains*.

Bernhard Birkenfeld: *Meine Erlebnisse in Frankreich und Spanien im Jahr 1914* (1916/1925)

Der Autor tritt im Jahre 1913 „mit großem Vergnügen"[5] eine vierzehntägige Reise nach Paris an. Die Erfahrung ist in jeder Hinsicht positiv: Bauwerke, Museen, Menschen, sogar das religiöse Leben der Stadt machen einen bestechenden Eindruck auf den Kaplan:

> Der Aufenthalt in Paris gefiel uns überaus. Besonders freute uns, dass das religiöse Leben in Paris lange nicht so traurig war, wie es oft in Deutschland geschildert wurde. Schon auf der Rückreise nahmen wir uns vor, im künftigen Herbste Südfrankreich zu bereisen und vor allem längere Zeit in Lourdes zu bleiben.[6]

Die erwähnte Pilgerfahrt wird erst im darauffolgenden Jahr stattfinden. Anlässlich des Eucharistischen Weltkongresses in Lourdes im Juli 1914 reist Birkenfeld erneut nach Frankreich, dieses Mal in Begleitung seiner Schwester. Um die Fahrscheine zu kaufen, müssen sie einen Zwischenaufenthalt in Paris machen, doch erscheint bei dieser Gelegenheit die Stadt in einem gänzlich anderen Licht. Der Weltkrieg ist noch nicht erklärt – die Ereignisse der Julikrise haben gerade erst ihren Anfang genommen –, aber die Beschreibung der Erinnerungen aus der historischen Distanz (1916) verleitet Birkenfeld zu einer wohl unvermeidbar tendenziösen Stellungnahme, und er beruft sich mehrmals auf historische Ereignisse, die die deutsch-französische Feindschaft einerseits und, wie später noch erläutert wird, die deutsch-spanische Freundschaft andererseits belegen sollen.

> [...] dann gingen wir aus, um die Stadt zu besehen: Mont-martre, Notre Dame, Eifelturm, usw. Mir gefiel fast gar nichts mehr. Bei Tisch kam es zu lebhaften Diskussionen. Der Krieg 70 wurde besprochen, in dem die Franzosen sich nur hätten besiegen lassen. Ueber Elsass-Lothringen kam es zu scharfem Wortwechsel. Schließlich begann eine alte französische Dame, die Deutschen zu verspotten, so dass nach Tisch der Wirt zu mir kam, und höflichst um Entschuldigung bat.[7]

Daraufhin beschließen die Geschwister schleunigst weiterzufahren, weil „wir uns in Paris wenig heimisch fühlten"[8]. Die Animosität gegen Frankreich tritt immer deutlicher zutage, auch wenn sie anfangs nur anekdotisch angedeutet wird: Zwei französische Priester, die sich streiten,[9] ein flegelhafter französischer Messdiener[10] und ein habgieriger und hilfsunwilliger französischer Hirte[11] stehen im krassen Gegensatz zu Birkenfelds Wunsch, „doch Spanien einmal sehen zu dürfen, das von so lebhaften Menschen bewohnt ist"[12], oder seiner Achtung

---

5. Bernhard Birkenfeld, *Meine Erlebnisse in Frankreich und Spanien im Jahre 1914*, Madrid, Blass, 1925, S. 3.
6. *Ibid.*, S. 4.
7. *Ibid.*, S. 7 f.
8. *Ibid.*, S. 8.
9. *Ibid.*, S. 12.
10. *Ibid.*
11. *Ibid.* S. 15 f.
12. *Ibid.*, S. 9.

vor diesem „seltsamste[n] und anziehendste[n]"[13] spanischen Volk. Auch
Diffamierungen, die französische Laster und ihre allgemeine Dekadenz belegen
sollen, sind wiederholt zu lesen: „In einem längeren Gespräch mit mir gab er [der
Wirt] zu, dass es mit der sittlichen Kraft des französischen Volkes immer mehr
bergab ginge",[14] während das Benehmen der Spanier als ehrenhaft und ritterlich
gepriesen wird.

In Lourdes angelangt, hat die politische Lage zu einer spürbaren Abnahme
der Besucherzahl geführt, aber Birkenfeld rechnet damit, dass es nach der
Kriegserklärung Österreichs an Serbien „nur zu einem kurzen Balkankrieg"[15]
kommt, und unternimmt eine recht waghalsige Wanderung zu Fuß durch die
Pyrenäen bis nach Spanien. Nach verschiedenen Schikanen und Gefahren
der Bergtour ist Birkenfeld so ergriffen vom ersten geografischen Eindruck
von Spanien, dass der prächtige Anblick sogar einen spirituellen Vergleich in
ihm auslöst:

> Hier war schon aller Nebel entschwunden und der prächtige, tiefblaue spanische Himmel
> wölbte sich über unseren Häuptern. Vieles hatte ich über den blauen Himmel Spaniens
> gehört, aber nie kam er mir so schön vor, wie nach dieser traurigen Wanderung durch die
> tiefen, grauen Nebelwolken. Jetzt folgten wir dem prächtigen, abwechslungsreichen Flusstal.
> So waren wir dem auf uns lauernden Tode glücklich entronnen, hatten Frankreich verlassen,
> was uns Deutschen so feindselig gesinnt war und betraten wie 2 völlig Glückselige den so
> oft ersehnten spanischen Boden. Wie unbeschreiblich gross muss erst die Freude von uns
> armen Erdpilgern sein, wenn wir nach wirklich überstandenem Tode die herrlichen, nie
> gesehenen aber doch so bang ersehnten Himmelhallen betreten werden. Welche Freude zu
> wissen: jetzt gib,s [sic] keine Gefahren mehr, kein Sündenfall kann mich mehr unglücklich
> machen: „Wandeln werde ich auf ewig im Lande der Seligen!"[16]

Mit großer Freude kehren der Priester und seine Schwester zurück nach Frankreich,
doch hier holt die bittere Realität sie ein: Der Weltkrieg ist ausgebrochen und
Birkenfeld erinnert sich: „Welch grosse Schmerzen und Mühen wären uns
erspart geblieben, wenn wir das fälschlich für gut gehaltene Frankreich nicht
wieder betreten hätten."[17] Bei dem Versuch, das Land auf offiziellem Wege zu
verlassen, wird Birkenfeld immer wieder schikaniert, grob behandelt und bedroht.
Der Franzose wird in diesem Kontext als Beispiel der Unkultur, als primitiv,
dumm, hässlich und rachesüchtig dargestellt:

> Dann wurde dem Bahnhofsvorsteher seine so hübsch aufgeklebte Verfügung abgenommen
> und ich selbst von einem uralten Oberst als Spion erklärt. Langsam kamen aus seinem
> zahnlosen Munde die verhängnisvollen Worte: „Vous êtes espion!" Ich wurde in ein kleines
> Zimmer des Bahnhofsgebäudes geführt, wo der stockalte Offizier das erste Verhör mit mir
> vornahm. Er erzählte mir, dass im Kriege 1866 die Oestreicher seinen Bruder über eine
> Woche in Gefangenschaft hätten schmachten lassen. Ich berief mich auf die Verfügung, die
> auf dem Karton verzeichnet stand. Da der alte Herr sie kaum lesen konnte, so musste ich sie
> ihm laut vorlesen.[18]

---

13. *Ibid.*, S. 10.
14. *Ibid.*, S. 8.
15. *Ibid.*, S. 12.
16. *Ibid.*, S. 17.
17. *Ibid.*, S. 18.
18. *Ibid.*, S. 25.

Den Geschwistern bleibt schließlich nichts anderes übrig, als von Biarritz aus zu Fuß nach Spanien zu flüchten, um so der Internierung in ein Konzentrationslager in Frankreich zu entkommen. Auch hier entgehen sie nur knapp dem Feind: „Wie ich nach einigen Tagen in Spanien erfuhr, wurden am Tag nachher in dieser Stadt [San Juan de Luz] 4 Deutsche von der rasenden Menge elend ums Leben gebracht."[19] Schließlich erreichen sie San Sebastián, doch die Hoffnung, bald die Reise nach Deutschland über Barcelona antreten zu können, weicht der ernüchternden Meldung, dass dort bereits Tausende von Deutschen vergebens auf ihre Weiterbeförderung warten. Daraufhin suchen sich die Geschwister Unterkunft bei den „halbfranzösischen Marianisten", die sie aber nur „mit vielen scharfen Bemerkungen" und „nach langem Widerspruch"[20] aufnehmen. Der elsässische Pater Luis sagt ihm ausdrücklich „Sie sind mein Feind"[21], während die spanischen Geistlichen ihn „mit der grössten Freundlichkeit"[22] empfangen und ihm finanziell helfen. Birkenfeld schlägt sich schließlich als Hauslehrer durch, und seine Schwester findet eine Anstellung bei einer spanischen Familie, die ein „deutsches Fräulein" für ihre Kinder sucht. Schließlich wird der Kaplan vom deutschen Konsul nach Madrid geschickt, um dort als Gymnasiallehrer für die Söhne des deutschen Militärattachés zu arbeiten, „ohne zu ahnen, dass ich dort so manches Jahr meines Lebens verbringen sollte"[23]. Hier endet der eigentliche Bericht Birkenfelds, aber 1925 fügt die Schriftleitung der Marienkongregation einen Anhang hinzu, aus dem hervorgeht, dass der Kaplan 1921 für die Gründung der deutschen katholischen Gemeinde, der Marianischen Kongregation im Kloster Maria Reparadora, und des deutschen Marienheims verantwortlich gewesen sei und dieser sich zudem stark für deutsche Flüchtlinge während des Weltkriegs eingesetzt habe: „In seiner Rede führte er aus, wie Anno 1914 der Krieg viele deutsche Mädchen gezwungen habe über die Grenze nach Spanien zu flüchten. Dieses neutrale Land nahm alle Flüchtlinge auf und viele derselben sind jetzt noch hier."[24]

Letztendlich hat die Flucht der Geschwister Birkenfeld von Frankreich nach Spanien dazu beigetragen, aus dem Zufluchtsort eine zweite Heimat zu machen und dort eine Gemeinde aufzubauen, die über viele Jahre mittellose Auslandsdeutsche und Studentinnen unterstützte – und schließt somit auf symbolische Weise den geografischen Kreislauf: Das neue Land wird für den Erzähler nicht nur zum praktischen Zufluchtsort aufgrund der politischen Neutralität, sondern zur emotionalen Heimat.

---

19. *Ibid.*, S. 35.
20. *Ibid.*, S. 43.
21. *Ibid.*, S. 44.
22. *Ibid.*
23. *Ibid.*, S. 48.
24. *Ibid.*, S. 50.

Hans Reupke: *Gefangen in Frankreich, nach Spanien geflüchtet* (1916)

Johannes Karl Eduard Reupke (1892-1942) ist 1914 Jurastudent und Mitglied der Burschenschaft Franconia Freiburg. Ergriffen von der allgemein verbreiteten Kriegsbegeisterung, meldet er sich gleich zu Beginn des Kriegsausbruchs als Freiwilliger, gerät aber bereits im Oktober desselben Jahres nach einem Angriff auf sein Regiment in Ypern (Flandern) an der Westfront in französische Gefangenschaft. Reupke wird daraufhin zusammen mit anderen Verwundeten abtransportiert, und hier beginnt seine Odyssee durch verschiedene Barackenlager, die er in seinem 1916 erschienenen Bericht *Gefangen in Frankreich – nach Spanien geflüchtet. Erlebnisse eines Kriegsfreiwilligen* schildert.

In Dünkirchen entrüstet er sich über das würdelose Benehmen der Franzosen und das „allergemeinste Betragen"[25] der Gefängniswärter. Während des Weitertransports erweist sich auch das Verhalten der zivilen Bevölkerung als moralisch verwerflich:

> Das Verhalten des französischen Volkes – nicht etwa einzelner Rüpel, sondern der gesamten Bevölkerung – gegenüber den Gefangenentransporten ist ein Kapitel für sich. Es schien patriotische Pflicht zu sein, zum mindesten zu schreien: „Capout! Guillaume capout!" und dabei die Gebärde des Halsabschneidens zu machen. Andere brüllten einfach und ließen die Zunge dabei weit aus dem Halse heraushängen. Junge Damen rollten die Augen und ballten die Fäuste [...]. Aber Hunger und Erschöpfung hatten uns derartig abgestumpft, daß wir auf Beleidigungen und Tätlichkeiten kaum mehr reagierten.[26]

Nach einem langen und qualvollen Transport, auf dem die Verwundeten konsequent und auf brutalste Weise vernachlässigt werden, erreichen sie Ende Oktober Belle-Île-en Mer, wo die Franzosen die alte Festung, eine ehemalige Sardinenfabrik und einige Ställe in ein Gefangenenlager umgewandelt haben. Die Abwesenheit von neuen Einrichtungen für Kriegsgefangene zeugt nach Meinung des Verfassers von der Rückständigkeit und den primitiven Verhältnissen des Feindes:

> „Donnerwetter, das ist also eine französische Kaserne!" rief mancher stramme Unteroffizier aus, wenn er die alten Baracken, die mit ihren vorsintflutlichen Einrichtungen von der Bedürfnislosigkeit und geringen Sauberkeit des französischen Soldaten zeugten, in näheren Augenschein genommen hatte.
> „Ne, da hätt ich mir doch die französische Kultur anners vorgestellt. Det liegt ja alles um hundert Jahre zurück!"
> Derlei Urteile konnte man in der ersten Zeit häufig hören.
> Zu den an und für sich ungenügenden Grundlagen kamen nun noch Übelwollen, Schlamperei und Mangel an Organisation.[27]

Die elenden Verhältnisse und die unzureichenden Quartiere waren keineswegs ausschließlich ein französisches Phänomen. Vor allem zu Kriegsbeginn – bevor sich die Lage durch den Bau massiver Gefangenenlager etwas besserte – waren

---

25. Hans Reupke, *Gefangen in Frankreich, nach Spanien geflüchtet. Erlebnisse eines Kriegsfreiwilligen*, Straßburg, Straßburger Druckerei und Verlagsanstalt, 1916, S. 10.
26. *Ibid.*, S. 12 f.
27. *Ibid.*, S. 14 f.

die Schwierigkeiten bei der Unterbringung und Verpflegung von Gefangenen ein enormes Problem für alle am Krieg beteiligten Nationen. Wie Oltmer eingehend analysiert, zeigten sich auch in Deutschland und Österreich-Ungarn „wesentlich gravierendere Kennzeichen einer mangelhaften Massenunterbringung in völlig überbelegten Lagern bei höchst unzureichender Nahrungsmittelversorgung und miserabler hygienisch-sanitärer Situation“[28]. Die Lage der französischen Kriegsgefangenen in Deutschland war mit Sicherheit nicht viel anders, doch der zu Kriegsbeginn in Deutschland herrschende Enthusiasmus erklärt die narzisstischen Vergleiche, die das Eigene stets besser und erhabener darstellen. Im Gegensatz zu dem Feindbild erfolgt die Selbstdarstellung des Deutschen als „williger und fügsamer Gefangener“, der „dem Vorgesetzten Gehorsam ohne Murren“[29] entgegenbringt, darüber hinaus auch respektvoll und anständig ist. Diese Konstruktion des Eigenen in der Fremde beobachtet Heymel ferner bei zahlreichen Berichten deutscher Frontsoldaten, die versuchen, ihre Prinzipien in der Fremde aufrechtzuerhalten und sich dadurch nicht als Zerstörer, sondern viel eher als Kulturträger sehen.[30] Auf ähnliche Weise wird auch häufig die Landschaft als schmutziger und unzivilisierter Raum beschrieben, der im krassen Gegensatz zur deutschen Ordnung und Sauberkeit steht: Was für französische Verhältnisse als „vollkommen ausreichend“ gilt, ist „in Deutsch übersetzt so viel wie: Ganz miserabel!“[31]

Aus dem imperialistischen Klassenverständnis heraus äußert sich Reupke zudem besonders über die niederen Klassen sehr verächtlich: „Ansichten kamen da zutage, deren sich in Deutschland jeder Cretin geschämt hätte. Begünstigt durch die in Frankreich unter den niederen Klassen herrschende Unwissenheit hatte die Presse in den Köpfen der Leute grausame Verheerungen angerichtet.“[32]

Das Konstrukt des Feindbildes nimmt im Laufe des Berichts an Intensität zu. Der Hass auf die Franzosen steigert sich und bringt Reupke zu dem erschreckenden Schluss, es sei schlimmer, in Feindeshand zu geraten, als auf dem Schlachtfeld zu sterben.[33] Zur Rohheit und Unbarmherzigkeit vonseiten der Ärzte, zu Hunger, Kälte und den miserablen Lebensbedingungen bemerkt Reupke weiter:

> Allein über die Grausamkeit und Gleichgültigkeit der französischen Ärzte könnte man Bücher schreiben. [...] Sie haben Hunderte von Toten auf dem Gewissen, die an Vergiftung der Wunde und anderen Krankheiten starben [...].
> Die sanitären Einrichtungen von [der alten Kaserne] Willaumetz waren solche, deren sich jeder Deutsche Verbandsplatz geschämt hätte. [...] Wir waren zweiter Klasse Verwundete.
> Die Nahrung schließlich war vollkommen ungenügend, und wir hungerten buchstäblich Tag und Nacht. [...]
> Das sind wahrhaftig selbst Tiere, die den Menschen so zum Tiere erniedrigen![34]

---

28. Oltmer, *Kriegsgefangene*, S. 18 f.
29. Reupke, *Gefangen in Frankreich*, S. 15.
30. Charlotte Heymel, *Touristen an der Front. Das Kriegserlebnis 1914-1918 als Reiseerfahrung in zeitgenössischen Reiseberichten*, Berlin, LIT, 2007, S. 353.
31. Reupke, *Gefangen in Frankreich*, S. 25.
32. *Ibid.*, S. 56.
33. *Ibid.*, S. 17.
34. *Ibid.*, S. 18 f.

Reupke meldet sich für ein Arbeitskommando und kommt nach Saint-Nazaire, wo er aufgrund seiner Französischkenntnisse neben der harten Hafenarbeit auch häufig als Dolmetscher zum Einsatz gelangt. Hier ersinnt er einen Plan, um auf einem Dampfer nach Spanien zu flüchten, kann aber aus Sicherheitsgründen im Moment der Niederschrift seiner Erfahrungen keine näheren Umstände zur Flucht offenbaren.

In Spanien angekommen, fällt dem Leser als erstes nicht nur die geografische Veränderung auf, sondern auch der emotionale Zustand, den die nicht mehr feindliche Umgebung in Reupke auslöst. Auf neutralen Boden"[35] mutet ihn paradiesisch an:

> Hier herrscht (Juni) allmählich eine Affenhitze, und das häufige Baden wirkt wie eine Erlösung. Wenn man in der Mitte der Bucht im Boot liegt, hat man den wunderherrlichsten Anblick. Rings Hügel und Berge, immer höher hinaufsteigend, unten grün, oben kahl. Am blauen Wasser die Flecken und Dörfer.[36]

Der Schutz, der ihm das Gastland bietet, geht mit einer zunehmenden Selbstsicherheit und einem gewissen Hochmut einher. Das offiziell neutrale Spanien ist Reupke und den Deutschen „allgemein sehr günstig"; nur das "niedrige Volk"[37] hegt Sympathien für Frankreich. Wieder ist es das Klassenverständnis Reupkes, das die Kategorie Freund/Feind definiert. „Vor allem wenden sich die Franzosen mit Vorliebe ans niedere Volk, das sehr erregbar und nicht ohne Einfluß ist. Die Republikaner und Radikalen stehen auf ihrer Seite." Dem gegenüber stehen die konservativen und gehobenen Gesellschaftskreise, „der Klerus, die Gebildeten und die große Mehrzahl der Offiziere, schließlich die Karlisten, deren Führer für uns agitiert, und somit die ganze mächtige katholische und karlistische Presse"[38], die auf deutscher Seite sind.

Die dialektische Kontraposition von Identität und Alterität im Rahmen ideologischer und propagandistischer Strukturen konstituiert sich besonders am Ende des Berichts trichotomisch (Frankreich – Spanien – Deutschland). Die letzten Zeilen sind ein Selbstlob auf die deutsche Nation und die freundschaftlichen Beziehungen zur enthusiastischen Gastheimat.

> Zahlreich sind die Sympathiebeweise von Seiten Einzelner. Es ist nichts Seltenes, daß man von wildfremden Leuten begeistert angesprochen wird: Sind Sie ein Deutscher? Ein tapferes, ein großartiges Volk! Drauf auf die Russen! Drauf auf die Engländer! – oder man bekommt im Kaffee vom Kellner einige Zigaretten überbracht mit einer Karte, die die Aufschrift trägt: „Ein Verehrer Deutschlands, jetzt mehr als je."[39]

---

35. *Ibid.*, S. 59.
36. *Ibid.*, S. 60.
37. *Ibid.*, S. 62.
38. *Ibid.*
39. *Ibid.*, S. 63.

Paul Madsack: *Vae Victis. Meine Erlebnisse in Spanien und Frankreich während des Weltkrieges* (1918)

Paul Madsack (1881-1949) – Jurist, Journalist, Maler und später auch Schriftsteller – reist 1914 mit seiner Familie nach Paris, wo er sich ein Atelier in Montparnasse einrichtet, um dort seiner Neigung zur Malerei ungestört nachgehen zu können. Doch schon gleich zu Beginn seines Berichts mit dem vielsagenden Titel *Vae Victis* (Wehe den Besiegten!) durchläuft ein feindlicher Ton seine Beschreibung von Paris, die doch als Stadt der Künstler bekannt ist und wo er nur ein Jahr zuvor seine Ausbildung als Kunstmaler abgeschlossen hatte.[40] Es erscheint offensichtlich, dass Madsack, wie Birkenfeld, die Ereignisse aus der historischen Distanz schildert, und deshalb die Hauptstadt so negativ dargestellt wird. Seine Erinnerungen sind von der erst später zu erlangenden Erkenntnis geprägt, dass Frankreich kurz darauf den Feind verkörpern wird.

Der Autor reist nach dem Aufenthalt in Paris in die Bretagne, um dort den Sommer mit seiner Familie zu verbringen. Doch der Krieg bringt spezifische Formen der Reiseerfahrung hervor, und Touristenorte der Vorkriegszeit verwandeln sich plötzlich in feindliche Räume, obwohl sich geografisch nichts verändert hat. So wird das idyllische Fischerdorf Ploumanach, in dem Madsack mit seiner Familie eine wunderbar erholsame Zeit verbringt und wo er sich anfangs prächtig mit den Einwohnern versteht, bald zur Hölle. Kein Schutt und keine Trümmer haben die Landschaft verändert, und doch hat sich der touristische Raum in eine Kriegslandschaft verwandelt, in dem der Fremde vom sympathischen Ausländer zum Feind wird.

Die vertraute Form des Reiseberichts bewährt sich hier nicht nur als literarische Form der historischen Bewältigung, sondern auch als ideologische Sinnstiftung mit propagandistischer Wirkung, die politisch beliebig instrumentalisierbar ist. Wird im traditionellen Kriegsreisebericht die Fremdwahrnehmung dem Feindbild gleichgesetzt, so wird in diesen Fluchtberichten das Fremde von seiner Funktion her binär aufgespalten und zwischen einem *überlebensgefährdend*en Feind- und einem *überlebensfördernden* Freundesbild unterschieden.[41] So setzt der kriegsspezifische Kontext neue ideologisch bedingte Maßstäbe bei der Bestimmung des Fremden: Das Fremde wird in Frankreich erst freundlich, dann feindlich empfunden, während auf Spanien Fluchtträume und stilisierte Vorstellungen projiziert werden.

Diese Entwicklung ist deutlich an der zunehmend feindlichen Darstellung der Landschaftsbeschreibungen abzulesen, wobei der erste Eindruck Ploumanachs noch von einer idyllischen und urigen Naturlandschaft spricht:

---

40. Zur knappen Biographie Madsacks siehe Dirk Böttcher, *Hannoversches biographisches Lexikon. Von den Anfängen bis in die Gegenwart*, Hannover, Schlütersche, 2002, S. 242 f.
41. Vgl. Kurt R. und Kati Spillmann, „Feindbilder: Entstehung, Funktion und Möglichkeiten ihres Abbaus", *Züricher Beiträge zur Sicherheitspolitik und Konfliktforschung*, H. 12, 1989, S. 4.

Der sanfte Charakter jener Gegend der Bretagne mit ihren üppigen, lila und roten Mohn- und Artischocken-Feldern, den sauberen Häusern und dem silbernen Badestrande, war ja recht lieblich, aber mich störten die vielen Strandkörbe, die eleganten Frauen und Kinder, kurz das ganze Badeleben. Ich suchte anderes und fand schließlich abseits der Hauptbahnlinie und auch von der Kleinbahnstation aus nur in zwei bis drei Wegstunden mittels eines Wagens, der zurzeit der Flut streckenweise durch das Meer fahren mußte, erreichbar, das Fischerdorf Ploumanach, einen idyllischen, weltfremden Ort. Überall am Strande haushohe, phantastisch geformte Felsen, die gleich urweltlichen erstarrten Riesentieren dalagen und dem wildanstürmenden Meere Trotz boten. Auf dem Hintergrunde der Felsen, die die Häuser überragten, dann das Fischerdorf mit seinen kleinen, aber aus dicken Steinquadern festgefügten und einander vollkommen ähnlichen Fischerhäusern, deren zinnoberrote und indigoblaue Dächer so gut zu der vorgelagerten Heidelandschaft und den vereinzelten fast grünen Fichten stimmten, durch die hindurch man von den vielen kleinen Anhöhen das Meer schäumen und blitzen sah, bis zu den schmalen, langgestreckten, felsigen Inseln, die der Küste vorgelagert waren.[42]

Doch schon bald ändert sich das Empfinden des Erzählers, und die idyllische Landschaft beginnt beunruhigende Aspekte aufzuweisen:

Es war still und ruhig in der Natur und dennoch teilte sich auch mir etwas von dem mit, was zu dieser Stunde die ganze Welt bewegte. Unruhig ging ich hin und her und rauchte eine Zigarre nach der anderen. Was war das nur, daß die Glocken in dem benachbarten Dorfe schon seit einiger Zeit ununterbrochen läuteten? Ich ging um den Hügel herum und hörte jetzt auch von den anderen Dörfern die Glocken läuten. Was hatte das nur zu bedeuten? Kein Lufthauch rührte sich. Das Meer in der Ferne war so ruhig und unbewegt, wie es fast nie in jener Gegend zu sein pflegt.[43]

Die schmerzhaften Erinnerungen der Autors verwandeln die geografische Landschaft in eine emotional aufgeladene Gedächtnislandschaft, und auch die Einwohner, bis vor kurzem noch gutmütige, einfache und naturnahe Dörfler, werden plötzlich zu verwegenen und finsteren Gestalten, deren Benehmen zunehmend kriminell und unmenschlich dargestellt wird:

Konnte ich noch in der ersten Zeit wenigstens aus der Hintertür unseres Hauses heraus auf entlegenen Wegen an den Strand gehen, so mußte ich auch das bald unterlassen, denn unsere Wirtin hinterbrachte mir immer häufiger, dieser oder jener hätte gesagt, er wolle mir den Hals brechen, mich in das Meer werfen oder ähnliche schöne Dinge. Fäuste reckten sich überall, wo wir gesehen wurden, aus den Fenstern der Fischerhäuser, und Schimpfworte wurden hinter uns hergerufen. Die Zustände wurden immer unerträglicher.[44]

Das Moment der Flucht aus Frankreich nach Spanien stellt in dem Bericht überraschenderweise einen narrativen Wendepunkt dar, an dem der Autor plötzlich zum unbeschwerten und nicht kriegskonditionierten Reisenden wird und seine Bemerkungen über Land und Leute notiert, ohne dass der Krieg als militärisches, politisches und soziales Phänomen mit einbezogen wird. Die Flucht wird ab diesem Punkt eindeutig zur Reise.

---

42. Paul Madsack, *Vae Victis. Meine Erlebnisse in Spanien und Frankreich während des Weltkrieges*, Leipzig, Klinkhardt & Biermann, 1918, S. 3 f.
43. *Ibid.*, S. 17.
44. *Ibid.*, S. 25.

Madsacks Weltauffassung ist arrogant – er betrachtet die nordeuropäische Kultur stets als die überlegene, und durch die germanophile Einstellung vieler Spanier fühlt er sich in seiner Überlegenheit gerechtfertigt:

> Während unseres Aufenthalts in Alcalá und während der Reisen, die ich vorher und nachher unternommen, haben wir in Spanien niemals eine Abneigung gegen uns als Deutsche empfunden.[45]
> Die deutsche Sache ist eine gerechte Sache, sagten mir die Mönche, die mit mir zusammen vor dem kostbaren Kleide der Gottesmutter standen.[46]

Doch trotz der Schönheit und Freundlichkeit des Gastlandes nimmt seine Sehnsucht nach Deutschland immer weiter zu.

> Wir hatten alles, was wir brauchten, und waren auch gut aufgehoben, aber dennoch trieb und bohrte etwas in uns mit immer zunehmender Stärke, die Sehnsucht nach der Heimat. Es war ja ganz schön, diese Romantik Andalusiens, die aus den Liedern der heimkehrenden Maultiertreiber tönte, aus den Zitronen- und Apfelsinenhainen und aus dunklen Frauenaugen leuchtete; in den durchbrochenen duftigen Steinen der maurischen Bauten atmete, aber dennoch sehnte ich mich wieder nach hellen, klaren Augen, nach deutschen Tannen und Eichen, nach Schnee und Kälte, nach Heimat und Familie.[47]

Er beschließt schließlich, seine Frau und seine Tochter – die frei reisen dürfen – vorauszuschicken und anschließend nach einer möglichen Überfahrt für sich selbst zu suchen. Die Flucht im Frühjahr 1915 auf einem italienischen Frachtsegler gelingt jedoch nicht, und er kommt zusammen mit sieben anderen Flüchtlingen ins Militärgefängnis in Toulon, wo sie nach Angaben des Verfassers wie Hunde behandelt werden.[48] Nach einem kurzen Aufenthalt auf einer Durchgangs- und Quarantäne-Station in Marseille werden sie ins Konzentrationslager von Uzès in Südfrankreich geschickt. Hier bleibt Madsack eineinhalb Jahre in einer Kaserne, die für ihn nichts anderes als ein Zuchthaus ist, wo zwar relativ milde Umstände herrschen, aber die täglichen Schikanen viele der Häftlinge zu Depressionen oder gar Selbstmord verleiten.[49]

> Das Lager von Uzès war nach allem, was ich erfahren, eines der schlechtesten in ganz Frankreich. Man war hier auf das System der ständigen Schikanen, der täglichen Nadelstiche und fortwährenden Bedrohung verfallen, die auf die Dauer nicht minder unerträglich waren wie jene Grausamkeiten, die aber doch, wenn darüber nach Deutschland berichtet wurde, nicht in ihrer vollen Heuchelei und Kleinlichkeit erkannt werden konnte.[50]

Madsack kämpft zusammen mit anderen Deutschen und Österreichern „gegen Lüge und Bosheit, durch die die Franzosen zwar in Bezug auf das nationale Empfinden nur das Gegenteil von dem erreichten, was sie bezweckten"[51],

---

45. *Ibid.*, S. 95.
46. *Ibid.*, S. 97.
47. *Ibid.*, S. 89.
48. *Ibid.*, S. 135.
49. Zur sogenannten „Stacheldrahtpsychose" vgl. weiterführend Annette Becker, „Paradoxien in der Situation der Kriegsgefangenen 1914-1918" und Bernard Delpal, „Kriegsgefangene in Frankreich 1914-1920", in Oltmer, *Kriegsgefangene*, S. 24-31 und S. 147-164.
50. Madsack, *Vae Victis*, S. 161.
51. *Ibid.*, S. 176.

d. h. die Flüchtlinge wachsen in ihrem nationalen Empfinden und Stolz und fühlen sich insbesondere moralisch dem Feind überlegen. Sowohl die französischen Zivilisten als auch das Militär bezeichnen die Deutschen mit Vorliebe als „Barbaren", doch durch Madsacks Beschreibung geht hervor, dass dies gerade umgekehrt zu verstehen sei.[52] Schließlich wird Madsack nach Ile Longue bei Brest versetzt, wo bedeutend bessere Zustände herrschen, und von dort nach Davos in die Schweiz, wo vornehmlich Herz- und Lungenkranke interniert werden. Hier endet das dreijährige Abenteuer des Autors.

Fazit

Das Feindbild gehört zum Krieg und hat vorerst kaum etwas mit der Realität gemeinsam. Die wissenschaftlichen Erkenntnisse der letzten Jahrzehnte[53] zeigen, dass sich im 19. Jahrhundert ein großer Teil der Bevölkerung – selbst in so modernen Staaten wie Frankreich – noch nicht mit dem Konzept „Nation" identifizierte und sich nicht einmal bewusst war, eine nationale Identität zu besitzen.

Die nationale Identität existiert keineswegs per se, sondern ist ein gesellschaftliches Konstrukt, dessen Ursprung auf die Französische Revolution[54] zurückgeht, wobei die Begriffe Nation und Nationalstaat weder einer durchgehenden noch einer homogenen Vorstellung entsprachen. Die nationalen Werte wurden meist erzieherisch durch prominente Vordenker vermittelt; für das allgemeine Volk diente aber insbesondere die feindliche Abgrenzung von anderen Staaten als Auslöser für die Entstehung eines Nationalbewusstseins. Kriege dienen, wie Langewiesche treffend formuliert, „als zentrales Vehikel zur Schaffung von Nationen und Nationalstaaten"[55], und so gehen die Fremdvorstellungen der meisten deutschen und französischen Soldaten im Ersten Weltkrieg hauptsächlich auf den Deutsch-Französischen Krieg 1870 zurück, der allgemein als Beginn einer jahrzehntelangen deutsch-französischen „Erbfeindschaft" gilt. Dieser nationalistische Topos entstammt der historischen Erinnerung an das etablierte Feindbild des fremden Soldaten und kann als „Katalysator" des Nationalgefühls[56] verstanden werden. Die Truppen kannten

---

52. *Ibid.*, S. 202.
53. Benedict Anderson, *Imagined Communities: Reflections on the Origin and Spread of Nationalism*, London/ New York, Verso, 1983; Ernest Gellner, *Nations and Nationalism*, Oxford, 1983; Anne-Marie Thiesse, *La Création des identités nationales: Europe XVIIIᵉ-XXᵉ siècle*, París, Seuil, 1999; Joep Leerssen, *National Thought in Europe: A Cultural History*, Amsterdam, Amsterdam University Press, 2006; John Breuilly (Hrsg.), *The Oxford Handbook of the History of Nationalism*, Oxford, Oxford University Press, 2013.
54. Vor 1789 bestimmten im Wesentlichen der soziale Status, der jeweilige Beruf und die religiöse Zugehörigkeit die nationale Identität.
55. Dieter Langewiesche, *Nation, Nationalismus, Nationalstaat in Deutschland und Europa*, München, Beck, 2000, S. 75.
56. Michael Jeismann, *Das Vaterland der Feinde. Studien zum nationalen Feindbegriff und Selbstverständnis in Deutschland und Frankreich, 1792–1918*, Stuttgart, Klett-Cotta, 1992, S. 44.

ihren Gegner also nur indirekt, aber die übermittelten Vorstellungen trugen dazu bei, dieses undifferenzierte Feindbild rückblickend aufeinander zu projizieren.

Das zunehmend politische und gegen die feindlichen Truppen gerichtete Bekenntnis zur eigenen Nation entspricht so einer kollektiven mentalen Einstellung, die auf kulturelle, individuelle und soziale Klischeevorstellungen zurückgreift und dazu tendiert, die imaginierte Freund-Feind-Linie auf der Kriegslandkarte rapide zu verschieben. Mit der Kriegssituation findet nicht nur eine Gegenüberstellung des Militärs statt, sondern auch des politischen Status, wobei sich jede Nation für die bessere hält und sich infolgedessen ein erkennbares nationales Selbst- und Fremdbild, gesteigert bis zur Xenophobie, immer stärker herauskristallisiert.

> Die Pariser Blätter gaben den hämischen lügenhaften Ton an, die Provinzblätter verzerrten ihn ins Maßlose, Irrsinnige. Was sich gerade diese Presse geleistet hat und noch leisten wird, gehört gesammelt und als Kulturdenkmal aufbewahrt zu werden. Oft lachten wir über die Artikelschreiber mit dem schäumenden Maul, oft aber verbot der Ekel die weitere Lektüre. Eine Sturmflut von Schmutz ergoß sich über den Namen des Kaisers. In Nantes flatterte uns ein blutrotes Pamphlet in den Zug: Testament de Guillaume le bandit, so ekelhaft, so widerwärtig in den gemeinsten Ausdrücken, wie ich noch keines gelesen habe.
> Als Kuriosum und Denkmal französischen Maulheldentums und französischer Frechheit führe ich die „Zeitung für die deutschen Kriegsgefangenen“ an. [...] Die ungeheuerliche Verlogenheit des militärischen Teils vermochte auch das harmloseste Gemüt nicht mehr zu beunruhigen, die belehrenden Artikel spekulierten in raffiniertester Weise auf die Gesinnung der deutschen Sozialdemokraten. Militarismus und Volksheer, Junkerstaat und Demokratie, monarchische Verdummung und republikanische Aufgeklärtheit wurden in den Aufsätzen einander gegenübergestellt.[57]

Der Hass gegen das Fremde/den Feind und die Stilisierung des Eigenen/Deutschen und des freundschaftlichen Spaniens werden bei militärischen Berichterstattern heftiger als bei zivilen Flüchtlingen, die sich direkten Konfrontationen seltener ausgesetzt sehen, ausgesprochen. Beide verallgemeinern jedoch ihre Erfahrungen, indem sie das Individuelle durch einen Massenbegriff ersetzen und bald keine einzelnen Menschen mehr erkennen, sondern nur noch ein alles übergreifendes Feindkonzept, das das Gefühl der eigenen Gruppenkohäsion stärken soll.

Die Berichte über Gefangenschaft tragen allesamt medienwirksam dazu bei, ein propagandistisches Feindbild zu konstruieren, wobei der Raum für diese Konstruktion von elementarer Bedeutung ist. Der konkrete Ort – die beschriebenen Gefangenenlager – wird zu einem Erinnerungsort, der von geografischen und zeitlichen Grenzen absieht und ein Feindbild enwirft, das durch ideologische Filter wahrgenommen wird, unabhängig von der Nation. Diese „Verräumlichung der Gewalt“[58] führt dazu, dass sich bei französischen Kriegsgefangenen in Deutschland die gleichen Bemerkungen lesen lassen wie bei deutschen Kriegsgefangenen in Frankreich.[59] Die Boshaftigkeit und Grausamkeit, die die

---

57. Reupke, *Gefangen in Frankreich*, S. 38 f.
58. Bernd Hüppauf, „Räume der Destruktion und Konstruktion von Raum. Landschaft, Sehen, Raum und der Erste Weltkrieg“, in *Krieg und Literatur/War and Literature* III, 5/6, 1991, S. 105-123, hier S. 110.
59. Z. B. bei Gaston Riou, *Journal d'un simple soldat, guerre - captivité, 1914-1915*, Paris, Hachette, 1917; oder bei Nicole Dabernat-Poitevin (Hrsg.), *Les Carnets de Captivité de Charles Gueugnier*,

deutschen oder französischen „Barbaren" ausgeübt haben, ist ohne Weiteres austauschbar, denn der neu konstruierte Raum unterscheidet auf manichäistische Weise zwischen Menschen und Barbaren, zwischen Zivilisation und Anarchie, zwischen Moral und Gewalt, zwischen Eigenem und Fremden. Bernd Hüppauf formuliert treffend: „Bedrohung, Identitätsverlust und strukturelle Gewalt, die vor dem Kriegsausbruch als diffuse Elemente der Lebenswelt erfahren worden waren, konnten nun in einem räumlichen Sinn ‚geordnet' und in einen ‚fremden' Raum, nach ‚außen' projiziert werden."[60]

Man geht von gewissen mentalen Vorstellungen aus und passt diese dann der Kriegssituation an. Storm führt noch einmal vor Augen, dass der konstruktivistischen Methode des *Spatial Turn* die Prämisse zugrunde liegt, dass nationale Identitäten soziale Konstrukte sind und daher ständig neu interpretiert und reproduziert werden.[61] Aus der Konstruktion der hier erläuterten Feind- oder Nationenauffassungen lässt sich ein Verständnis der historischen Beziehungen gewinnen, und es ist die kollektive Imagination, die Gedächtnislandschaft, die aus geografischen, materiellen und sozialen Elementen einen neuen Zusammenhang herstellt.

1914-1918, Toulouse, Accord, 1998.
60. Hüppauf, „Räume der Destruktion", S. 110.
61. Eric Storm, *La construcción de identidades regionales en España, Francia y Alemania, 1890-1939*, Madrid, Ediciones Complutense, 2019, S. 19.

Über die Pyrenäen und Spanien in die Freiheit
Die Geflüchteten aus Garaison

Hilda INDERWILDI

Universität Toulouse-Jean Jaurès, CREG (EA 4151), Toulouse, Frankreich

Prolog

Selbst wenn die Geschichte des Ortes anlässlich der Gedenkfeiern zum Ersten Weltkrieg erforscht wurde[1], kennt kaum jemand jenseits der Pyrenäen den abgelegenen französischen Weiler Garaison. Er liegt knappe 150 km südwestlich von Toulouse, an der Kreuzung der Départements Hautes-Pyrénées, Gers und Haute-Garonne, im Schatten des Pic du Midi, unweit der Grenze zu Spanien. Der Ortsname ist vom okzitanischen *garison* („Heilung") abgeleitet und bezeichnet eine Klosteranlage mit Bauernhof – sie macht schon die ganze Siedlung aus –, die um ein Marienheiligtum aus dem 16. Jahrhundert errichtet wurde. Im Jahr 1515 soll die Heilige Jungfrau Maria der jungen Hirtin Anglèze de Sagazan dreimal erschienen sein und ihr folgende Botschaft überbracht haben: „Hier werde ich meine Gaben verteilen. Ich möchte, dass eine Kapelle gebaut wird. Vergessen Sie nicht, Gott für seine Wohltaten zu danken." Infolge dieser Marienerscheinungen wurde neben der Quelle in Garaison eine kleine Kapelle errichtet: Bereits 1540 durch die heutige Kultstätte ersetzt, steht sie seit 1924 unter Denkmalschutz. Als Etappe auf dem Jakobsweg empfing Notre-Dame de Garaison unzählige Pilger und war bis zu jener Jungfrau, die Bernadette Soubirous 1858 in Lourdes erschien, das wichtigste Mariensanktuarium im westlichen Okzitanien.

---

1. Gemeint ist das auf vier Jahre (2016-2020) angelegte CREG-Forschungsprogramm „Patrimoines nomades" (nomadische Hinterlassenschaften), das in Zusammenarbeit mit dem Archiv des Departements Hautes-Pyrénées und der Einrichtung Notre-Dame de Garaison durchgeführt wurde und die Erforschung der Spuren des deutschen und österreichischen Gedächtnisses an und/oder in Frankreich während des Ersten Weltkriegs anhand des Beispiels des Lagers Garaison beabsichtigte. Zusammengefasst verfolgte das Programm drei Hauptziele: Es sollte die Geschichte eines Lagers des Ersten Weltkriegs im Südwesten Frankreichs wieder zu Tage fördern; die Wahrnehmung Frankreichs in seiner exogenen (aus der Sicht von Nichtfranzosen) wie endogenen (aus der Sicht der Menschen vor Ort) Perspektive beleuchten; sich für die Entdeckung oder Wiederentdeckung der materiellen und immateriellen Hinterlassenschaften in den Ursprungsländern derjenigen einsetzen, die sie ausmachten. Die Webseite des Programms ist unter folgendem Link aufrufbar: [https://creg.univ-tlse2.fr/accueil/patrimoines-nomades], Stand: 11. November 2022.

Für die Christen, allen voran für jene der Diözese Tarbes und Lourdes, entspricht Notre-Dame de Garaison auch heute noch einem religiösen Ort von großer Bedeutung. Die Bauten sind nun Stätte einer unter Organisationsvertrag mit dem Staat stehenden privaten und gemischten, gemeinsam mit der Lehrkongregation vom Heiligen Kreuz verwalteten Einrichtung, die Halbpensions- und Internatsschüler der Grundschule, Hauptschule und des allgemeinen, technischen wie berufsbildenden Gymnasiums beherbergt. Der Unterricht stellt seit den Anfängen einen sehr wichtigen Aspekt der Tätigkeit des Klosters dar und hat wesentlichen Anteil an seinem Ansehen. Die ursprüngliche religiöse Musikschule wurde bald durch eine religiöse Schule ersetzt, in der Latein, Grammatik und Buchführung unterrichtet wurden. 1841 gründete Pater Jean-Louis Peydessus, Marianer von der Unbefleckten Empfängnis, ein besonders originelles Gymnasium mit Lehrerräten, Gemeinschaftsversammlungen und Schüler-Lehrer-Treffen, das seiner Zeit voraus schien. Nachdem dieses Gymnasium aufgrund des Gesetzes über die Trennung des Eigentums von Kirche und Staat 1905 geschlossen wurde, dienten die Gemäuer fernab der Front während des Ersten Weltkriegs als Internierungslager für wehrpflichtige Männer und Familien[2] – Frauen, Kinder und über sechzig Jahre alte sowie invalide oder unheilbare Männer.

---

2. Der Historiker Jean-Claude Farcy, dessen Pionierarbeiten Mitte der 1990er Jahre eine Wiederentdeckung der französischen Lager des Ersten Weltkriegs ermöglichten, zeichnet die Etappen der französischen Ausländerpolitik in den ersten Kriegsmonaten nach: Zu Kriegsbeginn war lediglich eine Beseitigung der aus Deutschland und Österreich-Ungarn stammenden Bürger aus der nord-östlichen Region sowie den Städten Paris und Lyon vorgesehen. Ein Dekret vom 2. August 1914 räumte ihnen die Freiheit ein, das Land freiwillig binnen 24 Stunden zu verlassen, oder mit als Passierschein für Ortswechsel geltender Aufenthaltsgenehmigung zu bleiben; vor dem Hintergrund der für die Truppen mobilisierten Züge konnten aber nur wenige Frankreich verlassen; eine Anweisung des Innenministers vom 1. September 1914 legte fest, dass Deutsche und Österreicher in kollektiven Unterkünften untergebracht werden müssten, wo sie überwacht und wirksamer Disziplin unterzogen werden könnten. Rüstige Männer, die für mobilisierbar galten, sollten der Eingliederung in feindliche Armeen entzogen werden. Ab 12. September wurden diese Ausländer in Einrichtungen des Küstengebiets interniert; ein Runderlass vom 15. September schrieb ihre ausnahmslose Evakuierung in Internierungslagern vor. Ein weiterer vom 1. Oktober legte fest, dass dies auch für Frauen, Kinder und Alte bis zu deren Evakuierung in die Schweiz galt. [https://www.revue-quartmonde.org/6028], Stand: 4. Dezember 2022.

Abb. 1 – Außenansicht von Garaison (Etui aus Schlangenleder), wahrsch. 1917
© Vanessa Aab 2018[3]

Vergleicht man aktuelle Fotos von Garaison mit alten Ansichten aus dem angehenden 20. Jahrhundert, so erkennt man auf den ersten Blick, dass die damalige Ortschaft (Abb. 1) der heutigen sehr ähnlich war: ein bildschönes, wenn auch wenig gepflegtes Kloster, Höfe und Alleen mit fast italienischem Charme, eine prächtige Aussicht, majestätische Berge. In ihrem Tagebuchbericht *Drei Monate kriegsgefangen. Erlebnisse einer Deutschen in Frankreich*[4] beschreibt Gertrud Köbner[5], die von 11. September bis 2. November 1914 im Lager Garaison interniert war, den Ort als ein „von der übrigen Welt abgeschnittene[s]

---

3. Der Urgroßvater der Filmemacherin Vanessa Aab, Heinrich Brohm, heiratete 1900 eine Französin in Frankreich, wo das Paar sich niederließ und Kinder bekam, bis es durch den Weltkrieg seine (Wahl)Heimat verlassen musste. Von Beruf war Heinrich Brohm Goldschmied und Juwelier. Unter den Artefakten, die Vanessa Aab zusammentragen konnte, befindet sich das abgebildete aus Schlangenleder gefertigte Etui, „das der Überlieferung nach von einer auf Garaison gefangenen Schlange stammt". Ich bedanke mich herzlich bei Vanessa Aab für die Übermittlung dieses Artefakts und für unseren regen Mailverkehr im April 2018.

   Im Januar 2018 startete das CREG die deutsche Website zu den „Patrimoines nomades" und Garaison, nicht nur, um bereits erlangte Kenntnisse zu archivieren, sondern auch, um eventuelle Nachfahren ausfindig zu machen, ihre Zeitzeugnisse und alles noch Vorhandene zu sammeln, um weitere Teile in das Puzzle der Erinnerung einfügen zu können: [https://blogs.univ-tlse2.fr/garaison/forschungsprogramm/nomadenerbtuemer], Stand: 12. November 2022.

4. Gertrud Köbner, *Drei Monate kriegsgefangen. Erlebnisse einer Deutschen in Frankreich*, Berlin, Kronen-Verlag, 1915.

5. G. Köbner gehörte zu den 641 Frauen (darunter 271 Deutsche, Österreicherinnen oder österreichisch-ungarisch-stämmige Frauen), die zu Kriegsbeginn in Garaison gefangen gehalten wurden. Vgl. Jean-Claude Vimont, „La population du camp d'internement de Garaison (Hautes-Pyrénées), 1914-1919", in André Corvisier, Jean Jacquart (Hrsg.), *Les malheurs de la guerre II. De la guerre réglée à la guerre totale*, Paris, Éditions du CTHS, 1997, S. 93-108. Eine ausführlichere Notiz zu Gertrud Köbner findet sich im Anhang dieses Beitrags.

Dörfchen"[6] an einem „entzückenden Fleckchen französischer Erde"[7], das der
Einbruch des Ersten Weltkriegs aus seinem Dornröschenschlaf[8] weckte. Die
seit 1906 mit ihrer Familie im französischen Neuilly lebende Autorin war sich
zwar inzwischen bewusst geworden, dass sie sich nun „in Feindesland" befand
und „Staatsgefangene"[9] war, dennoch konnte sie diesem im Frühherbst ihrer
Internierung noch bezaubernde Aspekte abgewinnen:

> Wunderbar hebt sich die Kette der Pyrenäen mit dem Pic du Midi vom südlich blauen
> Himmel ab. Dicht unter uns greifen unsere Hände in das Weinlaub und kehren mit herrlichen
> saftigen Trauben schwerbeladen wieder zurück. Überall, wohin das Auge schweift, überreife
> Pfirsiche, die uns mit roten Backen anlachen, Birnbäume, deren Äste sich unter der Last
> beugen, die sich im goldenen Schein der Sonne spiegeln. Es ist ein gottbegnadetes Land und
> ich bin überzeugt, daß die Geistlichkeit sehr unglücklich war, als sie es verlassen mußte.
> Wenn wir hier nicht Gefangene wären, viele von uns würden sicherlich sehr froh sein, ihre
> Ferien an diesem köstlichen Fleckchen Erde zu verbringen. Aber so...[10]

Dies ist nur ein Beispiel für die zahlreichen Schilderungen, die von einer
idyllischen Realität zeugen und im gleichen Atemzug von Entmutigung und
Angst der Internierten, die immer wieder zwischen den Zeilen durchscheinen
oder explizit zum Ausdruck gebracht werden. Trotz aller Unannehmlichkeiten
spiegelt Köbners Bericht jene Zuneigung, die sie ihrer Wahlheimat gegenüber zu
bewahren versucht. Die Autorin verbrachte lediglich drei Monate im Lager und
wurde am 2. November 1914 zusammen mit anderen Frauen, Kindern und älteren
Männern über die Schweiz ausgewiesen. Ihren Bericht veröffentlichte sie bereits
Anfang 1915 unter ihrem Mädchennamen in einem Berliner Verlag. Ihr Mann,
der potenziell noch mobilisierbare Publizist Eduard John, blieb in Garaison.

Unter verschiedenen Bezeichnungen, unter anderem „Konzentrationslager"[11],
„Landwirtschaftskolonie" oder „Geisellager", versammelte Garaison, „fern
von Verdun"[12] zahlreiche zivile Staatsangehörige aller Nationalitäten der
Großmächte, die sich damals im Krieg gegen Frankreich befanden[13]. Es ging

---

6. Köbner, *Drei Monate kriegsgefangen*, S. 189.
7. *Ibid.*, S. 206.
8. Hélène Leclerc, „Diaries of Women in Captivity. The Internment of German and Austrian
   Civilians during the First World War as Depicted in the Testimonies of Gertrud Köbner, Helene
   Schaarschmidt and Helene Fürnkranz", in *Revue Belge de Philologie et d'Histoire* 98.3, 2020,
   S. 649.
9. Köbner, *Drei Monate kriegsgefangen*, S. 22, 177.
10. *Ibid.*, S. 190.
11. Es handelte sich in der Tat um die offizielle Bezeichnung des Internierungslagers in Garaison,
    wo „Konzentration" im ursprünglichen Sinne der „Zusammenführung" verstanden werden
    muss, wie der Historiker Jean-Claude Farcy hervorhebt. Siehe dazu J.-C. Farcy, *Les camps de
    concentration français de la première guerre mondiale*, Paris, Anthropos historiques, 1995.
12. Titel des Dokumentarfilms, den Xavier Delagnes 2015 in Garaison drehte, um den vergessenen
    Internierten eine Stimme zu verleihen und die Spuren der Ereignisse von 1914-1918 in der
    zeitgenössischen kollektiven Erinnerung vor Ort aufzuzeichnen: X. Delagnes, *Loin de Verdun*,
    DVD 52', Koproduktion Garaison/ École Supérieure d'Audiovisuel (ESAV), 2015.
13. Deutsche, Österreicher, österreichisch-ungarisch stämmige Menschen (Ungarn, Tschechen,
    Polen...), Osmanen und nicht zu vergessen Elsässer und Lothringer. Eine Einleitung zu diesem
    Thema findet sich im Werk von José Cubéro, *Le camp de Garaison. Guerre et nationalités
    1914-1919*, Pau, éditions Cairn, 2017. Nach Schätzungen der Lagerleitung wurden in

hauptsächlich darum, wehrpflichtige Männer davon abzuhalten, in ihr Vaterland zurückzukehren, um die Reihen der feindlichen Armeen zu stärken. Viele männliche Inhaftierte – von denen mehrere schon seit geraumer Zeit in Frankreich leben oder gar dort geboren waren – verbrachten über vier Jahre im Lager, das am 7. September 1914 seine Pforten öffnete und erst im Dezember 1919, einige Monate nach der Unterzeichnung des Friedensvertrags von Versailles, schloss. Der beträchtliche Materialbestand, der heute im Archiv des Départements Hautes-Pyrénées in Tarbes[14] aufbewahrt wird, dokumentiert ihre Lebensbedingungen. Der unter der Serie R („Militärische Angelegenheiten 1800-1940"), Unterserie 9 R („Feindliche Kriegsgefangene") registrierte Datenbestand entspricht fast 8 Metern aneinandergereihter Dokumente. Angesichts der kurzen Betriebszeit des Lagers handelt es sich in der Tat um eine ansehnliche Sammlung, die sowohl Informationen über die Organisation des Lagers (Berichte und Briefwechsel des Direktors, Lagerordnung, Disziplinarmaßnahmen, Buchhaltung, Materialverwaltung, Infrastruktur, Einrichtungen wie Schule oder Krankenstation...) als auch über die Internierten (numerisches Verzeichnis nach Nationalität, Namenslisten, personenbezogene Daten, Personalakte, Güterbestand der Internierten, Verlegungen, Überführungen, Versetzungen oder Rückführungen...) liefert. Er zeigt zugleich die Vielfalt der einzelnen Lebenswege und eine Schicksalsgemeinschaft: Alle Internierten waren geplagt von Hunger, Kälte, Langeweile, Einsamkeit, Entrüstung, von der Reue, nicht an der Verteidigung des Vaterlands teilnehmen zu können ... Nicht selten wurde die Triade Pflicht, „Corvée"[15] und Strafe im Laufe des Kriegs immer unerträglicher.

Ab 1916, als das Lager fast nur noch Männer beherbergte, zeugten die Programme des von den Lagerinsassen veranstalteten Musiktheaters hinter dem vordergründigen Illusionismus von einem Drang zur Flucht, der über das einfache Bedürfnis nach Unterhaltung hinausging. Der deutsche Internierte Williams Esser[16], ein Künstlerimpresario, der selbst unter dem Namen Professor Williams als Spiritist und Hypnotiseur auftrat, bot im März und Juli 1916 groß angelegte Zaubernummern mit den vielsagenden Titeln „Mysteriöses Verschwinden eines

---

Garaison von Öffnung bis Schließung des Lagers insgesamt 2130 Internierte, darunter 912 Frauen festgehalten (siehe dazu Jean-Claude Vimont, „La population du camp d'internement de Garaison (Hautes-Pyrénées), 1914-1919", S. 94). Unter diesen Gefangenen befanden sich einige bekannte Persönlichkeiten wie Albert Schweitzer und seine Frau, der österreichische Bildhauer Viktor Frisch, damals persönlicher Assistent von Rodin, der deutsche Generalkonsul in Tunis, Arthur von Bary, der sich zum Zeitpunkt der Kriegserklärung auf Urlaub in Korsika befand... Ob die Internierten belesen waren oder nicht, ob sie reich waren oder arm, zahlreich sind jene, die Zeugenberichte hinterlassen haben, die wir heute über die „Patrimoines nomades" zusammenzutragen versuchen.

14. Als Zivilistenlager fiel Garaison in die Zuständigkeit der Präfektur.

15. Köbner, *Drei Monate kriegsgefangen*, S. 192.

16. Obwohl er für kriegsuntauglich erklärt worden war, gehörte Williams Esser zu jenen Internierten, die in Frankreich bleiben wollten und der Rückkehr nach Deutschland das Lager vorzogen. Die Lagerbehörde äußert sich positiv über ihn, zwei Mitgefangene reichen aber wegen Betrugs eine Beschwerde gegen ihn ein.

angeketteten und in einer Kiste eingesperrten Sträflings" und „Mysteriöse Flucht
eines mit Handschellen angeketteten Sträflings aus einer Kiste"[17]: Hinter dem
Humor bzw. der Selbstironie ist eine wahrhaftige Sehnsucht nach Flucht aus dem
Lager zu spüren. Auch die Operette[18], zu der ihre Internierung in Garaison Helene
Fürnkranz[19] inspirierte und die 1917 auf Autorenkosten erschien, dokumentiert
jene Sehnsucht auf präzise und kontrastreiche Weise. Im letzten Akt organisiert
die 17-jährige Heidi, Enkelin des Baron Hillersperg, die Flucht ihres Verlobten,
des 27-jährigen Ingenieurs Victor Föhren, der nach Deutschland zurückkehren
will, um gegen den französischen Feind zu kämpfen. Zumal die Flucht glückt,
muss Heidi deren Konsequenzen alleine tragen. Obwohl die Operette von Natur
aus auf Unterhaltung und Leichtigkeit abzielt, verschweigt sie keineswegs die
ernsten Probleme, die die Erfahrung eines zum Zeitpunkt der Veröffentlichung
des Textes bereits drei Jahre andauernden Krieges nicht mehr übergehen kann:
die Verzweiflung der noch jungen internierten Männer, ihre manchmal genauso
verzweifelten Fluchtversuche und den Preis, der dafür zu zahlen ist.

Der erste Ausbruch aus Garaison fand am 10. Mai 1915 statt, der letzte
Fluchtversuch am 28. Mai 1919. Zwischen diesen beiden Daten sind 25
Fluchtversuche nach Spanien, dem nächstgelegenen Ausland, verzeichnet. Bei
einem handelte es sich um eine Wiederholungstat und nur 4 waren erfolgreich.
Von den 39 Häftlingen – einer war Osmane, andere waren brasilianischer oder
russischer Nationalität, hatten aber deutsche Wurzeln und waren deutschsprachig
–, die über Spanien aus Garaison ausbrechen wollten, gelang dies nur 6 Männern
(siehe Tabelle unten). Sich für diese Flüchtenden zu interessieren, bedeutet, einen
noch unerforschten Teil der Geschichte Garaisons ins Blickfeld zu rücken, aber
auch Personen denen die „Patrimoines nomades" bis dato noch keine besondere
Aufmerksamkeit geschenkt hatten, sprich neue Spuren des Gedächtnisses zu
verfolgen. Die angewandte Methode bestand – und besteht immer noch – darin,
den vorhandenen Archivbestand (9 R 169 „Einzelne Akten der Entflohenen:
Untersuchungsbericht, Korrespondenz, Notizen") gewissenhaft zu durchforsten.
Diese Arbeit wurde ab 2019 auf Grundlage einer Zusammenarbeit mit Lucas
Laval, einem Masterstudenten in Geschichte, und Cédric Broët[20], dem für den

---

17. 9 R art. 47 „Spectacles et animations : organisation, programmes, correspondances"
    (Aufführungen und Animationen: Organisation, Programme, Korrespondenz).
18. Helene Fürnkranz, *Im Konzentrationslager – Operette in 3 Akten*, Aarau (Schweiz), Selbverlag
    [sic] des Verfassers, 1917. Bibliografische Angaben auf der Originalausgabe ausgewiesen.
    Eine französische Übersetzung ist unter dem Titel *Une opérette à Garaison 1917. Au camp
    de concentration* [H. Inderwildi, H. Leclerc (Hrsg.), Toulouse, Le Pérégrinateur Éditeur, 2019]
    verfügbar.
19. Von 7. September 1914 bis 9. Juni 1915 in Garaison gefangen, hätte Helene Fürnkranz
    zusammen mit ihrem 72-jährigen Vater bereits am 3. November 1914 repatriiert werden können,
    sie entscheidet sich aber, bei Mann und Sohn zu bleiben, und eröffnet im Lager ein Restaurant.
    Vgl. Helene Fürnkranz, *In französischer Kriegsgefangenschaft. Momentaufnahmen aus dem
    Leben einer Austro-Boche-Familie in Paris, Flers (Normandie), Garaison (Pyrenäen)*, Aarau,
    Separatabdruck aus dem Aargauer Tagblatt, 1915. Vgl. Notiz im Anhang.
20. Ich danke ihm für die Aushändigung zahlreicher Personalakte, auf die sich vorliegender Beitrag
    gründet, ebenso wie für die wertvolle Hilfe bei der oft langwierigen Eruierung vergangener
    Ereignisse und Identifizierungen von Personen.

Bestand zuständigen Archivar, durchgeführt: Sie befruchtete die Erstellung einer Zeitleiste der Ausbrüche aus Garaison nach Spanien[21] ebenso wie die nachfolgenden Ausführungen.

Chronologie, Fluchtmodalitäten und ihre Auswirkungen auf das Lagerleben

Die erste Flucht, bzw. der erste Fluchtversuch – für einen der Flüchtlinge –, fand am 10. Mai 1915 statt. Sie ging auf das Konto dreier Internierter, von denen einer, Hermann Gerchtein, gefasst wurde, während es den beiden anderen, Charles Kübler und François Gottlieb, gelang, die Grenze zu überqueren. Den letzten Fluchtversuch unternahmen zwei Zigeuner österreichischer Herkunft, Raymond Held und Joseph Cerny, die 1914 im Lager gelandet waren. Deren mangelhafte Disziplin war bekannt, dennoch pflegten sie mit der Lagerleitung und besonders mit der Garnison eher freundschaftliche Beziehungen. Am 28. Mai 1919, kurz vor der endgültigen Schließung des Lagers, versuchten sie zu entkommen. Der späte Zeitpunkt ihres Ausbruchs lässt sich nur schwer erklären. Sehr wahrscheinlich steht er in Verbindung mit einem vorherigen Ausgang am 13. April, der vom Präfekten hart bestraft wurde, und zwar unter Angabe des Grundes, dass die beiden, begleitet von ein paar Wächtern und Helds junger und extravaganter Gattin Marie-Louise Neuschwander, ein unanständiges, schlimmer noch, ein „bolschewistisches" Verhalten an den Tag gelegt hätten.

Unterscheiden sich die Fluchtmotive – es wird darauf zurückzukommen sein –, so ist die Palette möglicher Fluchtwege, die durch ihre Zugänglichkeit und größere Nähe zu Spanien bestimmt sind, wesentlich geringer. Garaison befindet sich kaum mehr als 60 km von Spanien entfernt, und die Grenze zu diesem Nachbarland war schon immer porös gewesen, was unter anderem erklärt, dass einige der Geistlichen spanischer Staatsbürgerschaft waren. Dies ist etwa der Fall von Frère Guillaume, einem Zeugen der „Leiden von Garaison"[22] zwischen 1903 und 1923. Heute gelangt man, trotz Anstieg des Col du Portillon, per Auto bei idealen Verhältnissen in weniger als 1 Stunde 15 Minuten nach Bausen oder Bossòst. Die Bedingungen zu Beginn des 20. Jahrhunderts, *a fortiori* für Fußflüchtige, waren ganz andere und unterschieden sich wesentlich von

21. Vgl. Lucas Laval, „Évasions du camp d'internement de Garaison, 1914-1919. Frise chronologique", [https://cdn.knightlab.com/libs/timeline3/latest/embed/index.html?source=1 oM371QvOT3hWFGqFPvvdGfeXmuHaOu7-sIGCZK0fzJ8&font=OldStandard&lang=fr&initial_ zoom=2&height=750], Stand: 12. November 2022. Auch Lucas Laval gilt besonderer Dank für seine engagierte Mitarbeit.
22. Titel der 1930 veröffentlichten Erzählung auf Anfrage der Einrichtung von Notre-Dame de Garaison durch den in Tarbes angesiedelten Verlag Lesbordes. Das Werk umfasst mehr als zwanzig fotografische Abbildungen. Einige stammen aus der Zeit des Lagers. Ihre Bildlegenden wie „Cour de récréation devenue village nègre" („Zum Negerdorf gewordener Pausenhof") oder „Cour des apostoliques devenue jardin de plaisance" („Zum Lustgarten gewordener Hof der Apostel") genügen, um das Gräuel spürbar zu machen, das diese Zeit in den Augen von Frère Guillaume darstellte.

jenen, die man in Port-Bou in den niedrigen Höhenlagen der östlichen Pyrenäen kennt. Der von den Flüchtenden aus Garaison bevorzugte Weg führt über Luchon und den Col du Portillon (1293 m) oder über Loudenvielle und den Col de Peyresourde (1569 m, was nicht den 2600 m entspricht, die François Gottlieb in seinen Aufzeichnungen anführt, woran die Abweichung zwischen geografischer Realität und gefühlter Wirklichkeit deutlich wird). In beiden Fällen stellt das Unternehmen eine körperliche Herausforderung dar, selbst wenn es gelingt, sich zu ernähren und nicht denunziert zu werden. Über die persönlichen Grenzen hinaus verhinderten manchmal Orientierungsschwierigkeiten das Fluchtvorhaben, zumal die Gefangenen über keinerlei Ortskenntnisse verfügten, wie es etwa bei Ibrahim Ben Ahmed und Arthur Schreiber der Fall war, die am 3. Juli 1917 festgenommen wurden, nachdem sie sich im Weg geirrt hatten: Die beiden Männer hatten nur einen einfachen Kompass; ursprünglich auf dem Weg nach Luchon, landeten sie in Arreau, im benachbarten Tal. Aber auch der Gefangene Jean Grüber vor ihnen, der bereits im Juli 1915 einen Fluchtversuch unternommen hatte und sich damit brüstete, die Region, aus der seine französische Frau stammte, zu kennen und zu wissen, welchen Weg man einschlagen müsste, um nach Spanien zu gelangen, hatte nicht mehr Erfolg als sie. Man kann zweifellos festhalten, dass die im Winter geplanten Fluchtvorhaben aufgrund meteorologischer Verhältnisse wenig Aussicht auf Erfolg hatten. Erfolg hatten hingegen jene, die in den Monaten Mai, August und September unternommen wurden. Es sei nebenbei angemerkt, dass die Beherrschung der französischen oder spanischen Sprache ebenfalls einen positiven Faktor für den Fluchterfolg darstellte. Davon zeugen unter anderem die Fälle Wolfgang Baetcke, Richard Scholz und Charles Kübler, die jeweils eine der beiden Fremdsprachen fließend sprachen.

Was die Fluchtmodalitäten betrifft, besteht eine der gängigsten darin, von einem genehmigten Ausgang zu profitieren, wie es Frederic Denkmann und Hermann Selicke im Juli 1916 taten. Der eine 50, der andere 30 Jahre alt, der eine aus Ostpreußen, der andere aus Brandenburg, versuchten die beiden Männer am 13. Juli 1916 die Flucht und wurden drei Tage später gefasst: Während der Pflichtarbeit in den Wäldern, beim Schneiden von Heidekraut, versteckten sie sich mit ihrer notdürftigen Verpflegung. Anschließend machten sie sich auf in Richtung Pyrenäen und wichen den Stellen, wo ein Hinterhalt zu erwarten war, über die Berge aus. Als sich jedoch ihr magerer Proviant nach dreitätiger Flucht zu Ende neigte, gaben sie sich selbst am Eingang des Dorfes Nistos als Gefangene zu erkennen. Für manche, seltenere Fälle verzeichnen die Protokolle externe Hilfen wie Autos oder Passierscheine, die eine Fahrt im Nachtzug ermöglichten. Dies ist der Fall bei Georg Poetzsch und Wilhelm Bresiger, die am 26. Mai 1916 erfolgreich flüchteten; und auch bei Eduard John, der am 18. August 1916 nach Spanien gelangte und in dessen Fall die Verwaltung die starke Ähnlichkeit mit der Flucht seiner beiden Vorgänger unterstreicht, die nicht in der Lage gewesen waren, die Grenze zu Fuß zu überqueren. Georg Poetsch (ein 33-jähriger deutscher Händler in Dahomey) und Eduard John (ein 41-jähriger Publizist mit Wohnsitz in Neuilly) waren wohlhabend, der dritte, Wilhelm Bresiger, trat in den Dienst von

Poetzsch. Der vierfache Fluchtversuch der Deutschen Bode, Schmenger, Schaedler und Quint im Oktober 1915 findet diesbezüglich ausführlich Erwähnung in den Archivbeständen. Wird in Aufzeichnungen zu ihrer Person nichts wirklich Originelles festgehalten, ist indessen die Hilfeleistung eines spanischen Bürgers namens Pujol durchaus bemerkenswert. Solche Hilfestellungen waren aber auch interner Natur: Raymond Held und Joseph Cerny gingen mit ihren Wächtern aus und feierten mit ihnen. Auch über Albert Rocza, der am 5. Oktober 1915 in Castres festgenommen wurde, erwähnt eine Notiz freundschaftliche Beziehungen mit einem undisziplinierten und deutschfreundlichen Wächter. Mehrere dieser deutschfreundlichen Wächter, insbesondere ein gewisser Daumas, aber auch solche, die etwas nachsichtiger waren oder mit den Gefangenen sympathisierten, wurden nach dem genannten vierfachen Fluchtversuch entlassen. Die Verhaftung von Bode, Schmenger, Schaedler und Quint führte zu einer Kontroverse bezüglich der auf 25 Francs festgelegten Summe, die den „Geflüchtetenfängern" („*capteurs d'évadés*") zu überweisen wäre. Ebenso hatte der von 5. bis 7. Oktober 1917 unternommene Fluchtversuch von Georg Nicoloff, Carl Gronert und Walter Baak eine Umpositionierung der Wachposten zur Folge, die nun außerhalb des Lagergebietes platziert wurden.

Die zunächst schweren Sanktionen (Kerkerstrafen, Zwangsarbeit, Verlegung in ein Straflager) wurden in den letzten Kriegsmonaten gelockert. Einer der letzten noch in Garaison Gefangenen, Max Pretzfelder[23] (Abb. 2), ein Maler und Zeichner, der hauptsächlich als Kostümschneider von Georg Wilhelm Pabst bekannt wurde, hatte vergebens versucht, aus dem Lager Île Longue in der Bretagne auszubrechen: Nach seiner Flucht in der Nacht vom 30. auf den 31. August wurde er am 2. September 1919 in Hendaye, fast an seinem Zielort angekommen, festgenommen und nach Garaison überstellt. Er berichtet über diese Erfahrung in einer kurzen Novelle mit dem Titel „Flucht". Die erste Nacht im Gefängnis von Hendaye, mit seinen schmierigen Laken und ekligen Gerüchen, war umso „trauriger" als der Gefangene Hosenträger, Schuhriemen und Krawatte ablegen musste, „damit er sich nicht aufhängen konnte". Aber sein Schicksal erwies sich letztlich als eher gütig:

> Als am nächsten Morgen der diensthabende Sergeant die Tür zu Georgs Zelle öffnete und ihn fragte ob er sich etwas zum Frühstück bestellen wolle, da er das Recht habe sich selbst zu beköstigen, hatte Georg sich einigermaßen mit seiner Lage abgefunden. Er bestellte Kaffee, Brot Butter und ein Glas Kognac und fragte den Gensdarm ob er ihm auch ein Gläschen anbieten dürfe. Dies wurde zwar zögernd abgelehnt aber es entspann sich eine kleine Unterhaltung mit dem gemütlichen Mann und Georg der brennend gern aus seiner Zelle in die sonnige Wachstube gegangen wäre verlangte Papier und Bleistift, um den Sergeanten zu zeichnen. Georg verstand es die Sitzung recht lange auszudehnen, das Portrait glückte auch recht gut und trug Georg nicht nur die Simpathie des Sergeanten sondern auch noch ein Päckchen Taback ein. Er wurde an den ablösenden Wachtmeister weiterempfohlen den er auch zeichnete und der ihm sagte, daß man Pariser Befehle abwarten müsse, um zu wissen was weiterhin mit ihm geschehen würde. So verbrachte Georg einige erträgliche Tage bis die Nachricht kam dass er in ein nahe gelegenes Lager in den Hautes Pyrénées zu bringen sei. Mr. Raoul Dupuis, der Wächter, den er zuerst gezeichnet hatte trat mit ihm die Reise in

---

23. Der Künstler wird von 6. September bis 17. Oktober 1919 im Lager interniert.

das neue Lager an, dort wurde er von Mr. Dupuis dem Direktor als zu den *„moins crapules"* gehörigen vorgestellt.[24]

Pretzfelder flüchtete von Île Longue mit dem Ziel Madrid, wo seine ältere Schwester Lilli lebte, wohingegen die in Garaison Internierten generell eher nach Barcelona und dessen Hafen wollten, um von dort aus in ihre Ursprungsländer oder woandershin zu gelangen: Spanien war für sie fast ausnahmslos nur Durchzugsland.

Tabelle der Ausbrüche aus Garaison 1914-1919[25]

• **10. Mai 1915: Charles Kübler & François Gottlieb erreichten Barcelona wahrscheinlich um den 20. Mai 1915**
• 10.-11. Mai 1915: Hermann Gerchtein (aufgegriffen in Tuzaguet)
• 20.-21. Juli 1915: Jean Grüber
• 27. September-5. Oktober 1915: Albert Rocza, verhaftet in Castres
• 10.-14. Oktober 1915: Ernst Bode, Christian Schmenger, Sebastian Schaedler & Peter Quint
• **26. Mai 1916: Georg Poetzsch & Wilhelm Bresiger**
• 5.-10. Juni 1916: Charles Wucke & Jacob Oeke
• 5. Juni 1916: Franz Alsbacher & Anton Strassfeld
• 13.-16. Juli 1916: Frederic Denkmann & Hermann Selicke
• 3.-9. August 1916: Walter Bleyl & Franz Froni, gefangen genommen am Ufer der Neste nach mehrstündiger Verfolgungsjagd durch Wälder und Wiesen zwischen Aventignan und Saint-Laurent-de-Neste
• **18. August 1916: Eduard John**
• 2.-4. Oktober 1916: Alexander Gradl & Erich Weiss, überrascht von einem Hinterhalt der Gendarmen aus Lourdes-Barousse am Pont de Luscan
• 6.- 9. Mai 1917: Georges Brasch, aufgegriffen in den Wäldern der Montagne de Grascoueux

• 29. Juni-3. Juli 1917: Ibrahim Ben Ahmed & Arthur Schreiber, verhaftet, nachdem sie sich im Weg geirrt hatten, gelangten mithilfe eines einfachen Kompasses nach Arreau statt nach Luchon
• 12.-14. Juli 1917: Franz Vollenklee
• 23.- 27. Juli 1917: Daniel Zill, verhaftet von den Zollbeamten an der Grenzstation Tramezaygues
• 5.-9. August 1917: Georg Nicoloff, denunziert von einem Bauern bei Bordères, dann von einem Gastwirt, der ihn bei Avajan bewirtet hatte
• 10.-12 September 1917: Richard Pöschel, aufgegriffen in Auch, 1919 wieder eingegliedert in ein Lager der Fremdenlegion
• **24. September 1917: Wolfgang Baetcke**
• 5.-7. Oktober 1917: Georg Nicoloff, Carl Gronert & Walter Baak
• 1.-10. Januar 1918: Richard Scholz
• 6.-7. Januar 1918: Hubertus van Deem & Joseph Krasser
• 15. März 1918: Oscar Mehle, wahrscheinlich am Lagergelände selbst festgenommen
• 22.-23 März 1918: Henri Rocker, nach eintägiger Flucht aufgegriffen von Gendarmes aus Lourdes-Barousse an der Pont de Luscan
• 28. Mai 1919: Raymond Held & Joseph Cerny

---

24. „Flucht", Novelle von Max Pretzfelder, undatiert, unveröffentlichter Auszug einer Hinzufügung von 1929. Der Text wurde von Frau Ursula Burkert vom Verein Île Longue 14-18 übermittelt. Orthografie und Interpunktion entsprechen dem Originaltext.
25. Die fettgedruckten Daten entsprechen geglückten Fluchtversuchen.

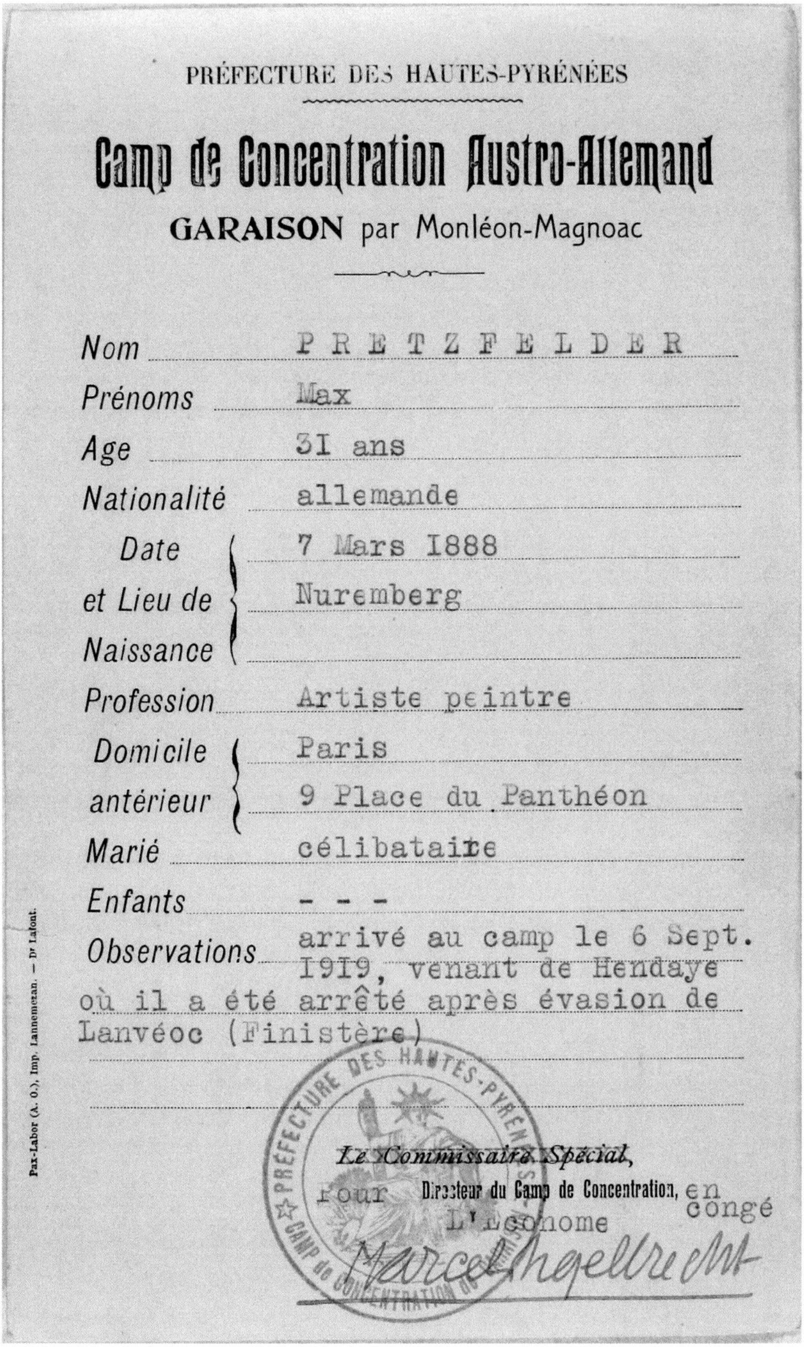

PRÉFECTURE DES HAUTES-PYRÉNÉES

Camp de Concentration Austro-Allemand

GARAISON par Monléon-Magnoac

Nom P R E T Z F E L D E R

Prénoms Max

Age 31 ans

Nationalité allemande

Date et Lieu de Naissance 7 Mars 1888 Nuremberg

Profession Artiste peintre

Domicile antérieur Paris 9 Place du Panthéon

Marié célibataire

Enfants - - -

Observations arrivé au camp le 6 Sept. 1919, venant de Hendaye où il a été arrêté après évasion de Lanvéoc (Finistère)

~~Le Commissaire Spécial,~~

Pour Directeur du Camp de Concentration, en congé L'Econome

Marcel Engelbrecht

Pax-Labor (A. O.), Imp. Lannemezan. — Dr Lafont.

Abb. 2 – Archives départementales des Hautes-Pyrénées, 9 R 90

Versuch einer Typologie der Geflüchteten

Jene Legionäre und Internierte, die aus dem algerischen Lager Berrouaghia überstellt worden waren, bildeten im Lager eine eigene Gruppe. Es ist nicht unbedeutend, dass von den 39 Männern, die zwischen 1915 und 1919 versucht hatten, aus Garaison auszubrechen, elf aus diesem Lager kamen, von dem aus sie nach dessen Schließung Ende Mai 1916 nach Garaison verlegt worden waren. Die Archivbestände weisen darauf hin, dass sie die Urheber einer Reihe schwerwiegender Probleme für die Garnison in Garaison waren, denn die Männer aus Berrouaghia zeichneten sich durch eine starke Abenteurerpersönlichkeit aus. Darunter befanden sich zahlreiche Seemänner in der Blüte ihres Lebens, wie etwa Jacob Oekena, Wilhelm Bresiger, Georg Poetzch, Charles Wucke, Franz Alsbacher, Anton Strassfeld oder Oskar Mehle. Diese Deutschen aus Algerien wurden von den Behörden als zusammengeschweißte Einheit dargestellt, die eine starke Gemeinschaft innerhalb des Lagers bildeten.

Neben diesen freiheitsverliebten Deutschen aus Algerien sind jene zu nennen, die unter der Sammelbezeichnung „Militanten", zumeist Kriegstreiber, zusammengefasst werden können. Gertrud Köbners Ehemann, Eduard John, wurde schließlich auch zu einem solchen. Er blieb wie erwähnt im Lager, zumal er für die deutsche Armee noch mobilisierbar war. Teilte er einst jene pazifistischen Überzeugungen, die seine Frau in ihrem Tagebuchbericht zum Ausdruck brachte, so radikalisierten ihn Krieg und Gefangenschaft zunehmend. Das ihn betreffende Dossier im Archiv des Départements Hautes-Pyrénées (9 R 88) weist ihn als „*intellectuel boche*" aus. Wie sein Freund Georg Poetzsch erwies er sich in der Tat als überzeugter Partisane der „Ideen von 1914", die zu jener Zeit in den intellektuellen Milieus in Mode waren und die Unterstützung des autoritären Regimes als zu bewahrendes Fundament eines „deutschen Weges" rühmten, der von der demokratischen und liberalen westlichen Tradition abwich. Die Dokumente zeugen ebenfalls vom moralischen Druck, der von diesen Intellektuellen auf ihre Landesgenossen mittels Androhung von Repressionen nach Rückkehr in ihre Heimatländer ausgeübt wurde. Ein Druck, der mit jenem zu vergleichen ist, den François Gottlieb auf seine französische Frau Jeanne Bugnon nach seiner Ankunft in Barcelona ausübte. In einem langen Brief beschwor er sie, nach Spanien zu kommen, wobei er die Strapazen hervorhob, die er auf sich nehmen musste – die 2600 Höhenmeter, die er überwinden musste –, um dem „französischen Barbarismus" zu trotzen. Als guter deutscher Patriot und „tollwütiger Frankophob" („*francophobe enragé*"[26]), wurde Gottlieb als Reservist der Luftwaffe als besonders gefährlich eingestuft.

John und Poetzsch profitierten von Komplizen innerhalb des Lagers und wahrscheinlich auch in Spanien. Ihr Vermögen mag dies zwar zu einem großen Teil erklären, aber es ist außerdem sehr wahrscheinlich, dass ihre Überzeugungen

---

26. Vgl. Bericht des Lagerleiters an den Präfekten vom 30. Mai 1915 (9 R 126, 9 R 169).

sie mit Exfiltrationskreisen[27] in Kontakt brachten, wie sie sowohl bei den Kriegstreibern als auch unter den sogenannten „Bolschewisten" existierten. Im Rahmen dieses Beitrags war es allerdings nicht möglich, deren Wege und geheime Abläufe zu klären.

Die dritte Gruppe in dieser Typologie der aus Garaison Geflohenen ist wesentlich weniger einheitlich. Der Drang zur Flucht gründete sich bei ihnen auf familiäre und emotionale Motive, die wenig oder gar nichts mit Deutschland zu tun hatten: Lebensfragen. Wolfgang Baetcke (Abb. 3) ist ein emblematisches Beispiel dafür. Im Archiv von Tarbes gilt dieser Gefangene als das „Aushängeschild" der Sammlung 9 R. In der Tat zeugen die Dokumente von seinem außergewöhnlichen doppelten Werdegang als unvergleichlicher Abenteurer und Familienvater. Geboren in Ostpreußen, wuchs er in Samitten, dann in Rostock auf, bevor er von 1907 bis 1909 seinen Militärdienst in der deutschen Marine ableistete. Anschließend brach er nach Südamerika auf, heiratete eine Paraguayerin, die ihn auf seinen Reisen nach San Francisco, Boston und Papeete begleitete, wo sie sich einige Monate vor Kriegsausbruch als Pflanzer niederließen. Mit ihrem vierjährigen Sohn wurden sie von Lager zu Lager deportiert und kamen schließlich nach Garaison, wo sie am 9. März 1917 nach Aufenthalten in Wellington, Sydney und Marseille landeten. Cayetana Ruiz Diaz und ihr Sohn Rudolf wurden in die Schweiz entlassen. Dort versuchten sie Unterstützung von der Familie Wolfgang Baetckes zu erhalten, die ihnen aber nicht helfen konnte, da sie, so scheint es, selbst in Not war. Es ist gut möglich, dass aufgrund dieser Notlage Baetcke die Flucht versuchte, da er keine andere Möglichkeit hatte, für den Lebensunterhalt seiner Familie zu sorgen. In Barcelona angekommen, schickte er eine Postkarte ins Lager an seinen Freund Richard Haller. Dann setzte er seinen Weg nach Sevilla fort, wo er zumindest bis Kriegsende arbeitete. Seine Affinität für die spanische Sprache und Kultur erleichterten seine Integration.

Das Beispiel Baetcke[28], wie unter anderem auch jenes der Internierten aus Berrouaghia, zeugen von der Legitimität des Vorhabens, eine Geschichte der Migrationen und zirkulierenden „Erbtümer", wie sie aus der Internierung entstehen oder sich in dieser im Zuge des langen 20. Jahrhunderts manifestieren, zu verfassen und dabei die prosopografischen und biografischen Erforschungen zu kreuzen, wie es auf bescheidene Weise in diesem dritten Teil und einer Kategorisierung der Geflüchteten versucht wird. Dieser Geschichtsschreibung vor allem widmet sich die zweite Phase des Forschungsprogramms „Patrimoines nomades" (2020-2024), „Zirkulationsachsen und Transformationsmodelle", die solche Migrationsprozesse mit sich bringen, die mit der Internierung

---

27. Siehe dazu im Kontext des Zweiten Weltkriegs den Beitrag von Diego Gaspar Celaya im vorliegenden Band.

28. Die „Patrimoines nomades" führten zu verschiedenen Kontaktaufnahmen mit Nachfahren von Internierten, die den Lebensweg ihrer Vorfahren rekonstruieren wollten. Darunter Sergio Baetcke, Wolfgang Baetckes Paraguayer Enkel, mit dem der Austausch beschränkt blieb, der aber die Bedeutung der räumlichen Zirkulationen auf transgenerationeller Ebene sichtbar machte: Sie führten zu den geografischen Ursprüngen zurück.

einhergehen oder von dieser in Gang gesetzt werden. Das Kolloquium „Deutsche und Österreicher zwischen Frankreich und Spanien. Zirkulationen, Mobilitäten, Transfers. Die Grenze im Spiegel von Erlebnis und Erinnerung vom 18. Jahrhundert bis heute", ermöglichte es, wenn auch aus anderer Sichtweise, Bausteine dafür zu liefern.

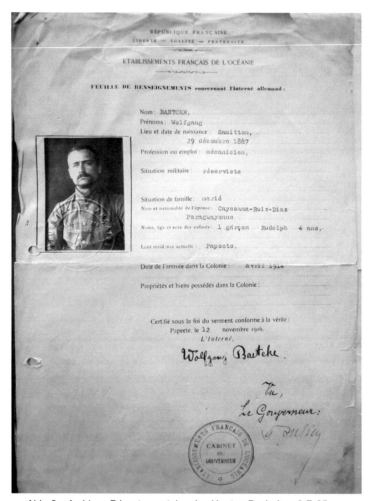

Abb. 3 – Archives Départementales des Hautes-Pyrénées, 9 R 95

Abschließend sei mir erlaubt, die Perspektive, aus der ich diese Zeugnisse betrachte, zu erläutern: Es ist einerseits jene der Germanistin, die sich auf den Dialog zwischen den Künsten und Fragen der Intermedialität spezialisiert hat, andererseits jene der Übersetzerin. Von diesem speziellen Standpunkt aus betrachtet, erscheint das Forschungsprogramm „Patrimoines nomades" hinsichtlich des Humanen als essenziell. Dies gilt zunächst für die Internierten des Ersten Weltkriegs und die besondere Dichte ihrer Lebensgeschichten, deren gewöhnlicher Lauf unterbrochen wurde, durchkreuzt von einem unerhörten Ereignis. Dies gilt aber auch für die Forschenden, die dieses Programm vereint und von „Stücken von Anti-Geschichte" ausgehen – romanhaften, gar fantastischen Stücken, könnte man sagen, auch auf die Gefahr der Unangemessenheit hin –, um „ein fundamentales historisches Ereignis auf sein kleinstes Element, sein elementares Partikel" zurückzuführen: „das Individuum und sein Erlebtes"[29], um die lebendige Geschichte der Welt zu rekonstruieren und daran teilzuhaben, an ihren Vor-und-Zurück-Bewegungen, ganz nahe am Privaten und Menschlichen. Ob Mutter- oder Fremdsprache, die Sprache verkörpert darin stets ein fundamentales Element, nicht nur als kulturelles Objekt und Gegenstand der Historizität, sondern auch als Vektor der Kommunikation, stets auf der Suche nach dem richtigen Maß, zwischen sprachlicher Flüssigkeit und Treue gegenüber der Komplexität der Werke, der Umstände und menschlichen Absichten, auch ihrer originellen Formen, mit dem Versuch, deren Impetus und Geist wiederzugeben.

---

29. Übersetzung d. V., „[ramener] un événement historique majeur à sa plus petite composante, sa particule élémentaire : l'individu et son vécu", Peter Englund, *Vingt destins dans la Grande Guerre. La beauté et la douleur des combats* (2008), trad. du suédois par Rémi Cassaigne. Villeneuve d'Ascq, Éditions Denoël Points (= Coll. „Points histoire"), 2014, S. 10.

Anhang

Folgende Notizen liefern über kurzbiografische Darstellungen genauere Einblicke in die Lebenswege mehrerer in Garaison Internierter und sind als Ergänzung der schematischen Darstellung von Fluchtgründen, -wegen und -mitteln im vorangehenden Beitrag gedacht. Bei den ersten dreien handelt es sich um deutsche Kurzfassungen der Einträge aus dem Nachschlagewerk Le Sud-Ouest de la France et les Pyrénées dans la mémoire du pays de langue allemande[30]. *Diejenigen zu den männlichen Flüchtenden wurden in Zusammenarbeit mit Lucas Laval für diesen Artikel erstellt.*

Gertrud KÖBNER (1879 – ?) war eine deutsche Publizistin, deren Biografie nur lückenhaft nachgezeichnet werden kann. Onlinequellen weisen sie als Gattin des jüdischen deutschen Historikers Richard Koebner aus, es ist jedoch keineswegs belegt, dass sie tatsächlich in zweiter Ehe die Gattin des Historikers Richard Koebner (1885-1958) oder dessen Schwester war. Es ist zudem weder bekannt, ob noch wie die Jüdin den Zweiten Weltkrieg erlebt hat. Köbner war deutscher Herkunft, seit 1906 lebte sie mit ihrem Mann Eduard John (Berlin 1875 – ?) im französischen Neuilly und brachte in Frankreich zwei Mädchen zur Welt. Zu Beginn des Ersten Weltkriegs wurde sie am 11. September im Lager Garaison interniert und verließ dieses am 2. November 1914, als sie in Begleitung ihrer Kinder und ihrer Schwiegermutter in die Schweiz rückgeführt wurde. Der wehrpflichtige Eduard John blieb in Garaison und flüchtete von dort im August 1916. Ein Briefwechsel mit ihrem Mann im September 1916[31] belegt, dass Köbner in der Schweiz geblieben ist.

Der dreimonatigen Internierung widmete sie einen Bericht, den sie kurz nach ihrer Rückführung unter ihrem Mädchennamen veröffentlichte (*Drei Monate kriegsgefangen. Erlebnisse einer Deutschen in Frankreich*, Berlin, Kronen-Verlag, 1915). In den Personenakten, die im November 1914, kurz vor ihrem Abtransport in die Schweiz, von den Befehlshabern des Lagers erstellt wurden, scheint sie als berufslos auf. In ihrem Bericht erwähnt sie jedoch das Verfassen von Modeartikeln, weiters findet man ihren Namen vor dem Krieg in österreichisch-ungarischen Zeitungen, unter anderem im *Prager Tagblatt* oder in der *Czernowitzer Allgemeinen Zeitung*, für die sie Feuilletons schrieb, in denen sie sich auf ihre Pariser Erfahrung berief. Bis Ende der 1920er-Jahre erschienen unter ihrem Namen mehrere Modeartikel in verschiedenen deutschsprachigen Zeitungen.

Der Bericht *Drei Monate kriegsgefangen. Erlebnisse einer Deutschen in Frankreich* fällt (mit 214 Seiten) recht ausführlich aus. Ihr Tagebuchbericht zeigt sie als informierte und kultivierte Beobachterin, die mit der Presse (ihr Ehemann

---

30. Hélène Leclerc (Hrsg.), *Le Sud-Ouest de la France et les Pyrénées dans la mémoire du pays de langue allemande au XXe siècle*, Toulouse, Le Pérégrinateur, 2018, S. 89 f.; S. 72-74; S. 152 f.
31. Nach Eduard Johns Flucht aus Garaison bewahrte die französische Verwaltung die Briefe, die er nach seiner Flucht erhielt, auf. Seine Frau schreibt ihm aus Lenzburg in der Schweiz. Vgl. Ordner 9_R_88 im Archiv des Départements Hautes-Pyrénées.

ist laut Archivdokumenten Publizist) und dem politischen Leben Frankreichs vertraut war: Vor dem Krieg betätigte sie sich aktiv in pazifistischen Bewegungen (im August 1913 nahm sie an der Einweihung des Friedenspalasts in Den Haag teil und setzte ihren Bericht unter die Schirmherrschaft Bertha von Suttners, die sie bereits auf der ersten Seite nennt). Sie war des Französischen mächtig und scheint auch Übersetzungen angefertigt zu haben.

In ihrem Bericht übergeht Köbner keineswegs die Härte und manchmal auch Grausamkeit der Bedingungen ihrer Internierung in einem Land, das sie nach wie vor als ihre zweite Heimat betrachtete. Dennoch ist dieser nicht als kämpferisches Plädoyer für den Frieden zu lesen.

Helene Fürnkranz (Wien 1868 – Mutters Tirol, 1936)[32] war österreichisch-irländischer Herkunft und verbrachte ihre Kindheit in Frankreich: Aus einer kosmopolitischen, dreisprachigen Familie stammend, betrachtete sie sich als Europäerin. Sie war mit ihrem österreichischen Cousin Wilhelm Fürnkranz verheiratet und behielt ihr Patronym lebenslang bei. Das Paar hatte vier Kinder.

Fürnkranz gehörte zu den „österreichisch-deutschen" Zivilpersonen, die zu Beginn des Ersten Weltkriegs in Frankreich lebten und auf Beschluss der französischen Regierung interniert wurden. Wie G. Köbner wurde sie mit ihrem Ehemann, ihren Kindern und ihrem Vater ins Lager Garaison gebracht, wo sie am 7. September 1914 ankam. Der 72-jährige Vater von Helene Fürnkranz wurde am 3. November 1914 repatriiert; Fürnkranz, die mit ihren Töchtern ebenfalls ausgewiesen hätte werden können, entschied sich dafür, bei Mann und Sohn zu bleiben. Sie und ihre Töchter wurden erst am 9. Juni 1915 rückgeführt. Ihr Ehemann und ihr Sohn, beide wehrpflichtig, blieben bis 1917 in Garaison. Fürnkranz ist Autorin eines Textes, der diesen ihm Lager verbrachten Monaten gewidmet ist und den sie unmittelbar nach ihrer Rückkehr in die Schweiz 1915 veröffentlichte: *In französischer Kriegsgefangenschaft. Momentaufnahmen aus dem Leben einer Austro-Boche-Familie in Paris, Flers (Normandie), Garaison (Pyrenäen)*, Aarau, Separatabdruck aus dem Aargauer Tagblatt, 1915. Dieser Bericht wurde im darauffolgenden Jahr in erweiterter Ausgabe neuaufgelegt, was den verlegerischen Erfolg solcher Texte in Deutschland während des Krieges beweist.

Aufgrund ihrer verlängerten Internierung verfügte Fürnkranz über umfassende Kenntnisse des Lagerlebens, in dem sie gewisse Funktionen innehatte (zunächst war sie als Zimmerchefin damit beauftragt, Neuankömmlinge zu registrieren, dann wurde sie *déléguée générale*, Generaldelegierte). Sie eröffnete dort sogar ein Restaurant. Fürnkranz unterstreicht die äußerst persönliche Dimension ihres Berichts, den sie als „Momentaufnahmen" präsentiert, als eine Art Schnappschuss, wobei sie jegliche Kritik an den Franzosen ausklammert. Diese tritt in der objektiv und ausführlich wirken wollenden Beschreibung der Bedingungen und der Dauer

---

32. Die Biografie dieser Internierten ist etwas einfacher zu rekonstruieren, nachdem ihre Enkelin, Linde Rachel, Kontakt zu Garaison und dem CREG aufgenommen hat. Auch bei ihr möchte ich mich besonders bedanken.

der Internierung zum Vorschein. Möglicherweise milderte Fürnkranz ihre Kritik
aus Angst vor Vergeltungsmaßnahmen, die ihren im Lager gebliebenen Mann
und Sohn hätten treffen können. In ihrer Operette, die sie 1917 auf eigene Kosten
veröffentlichte, erfolgt die Zeugenschaft auf anderem Weg, durch Fiktion, was
eine stärkere Denunzierung ermöglichte. Soeben dem Lager entkommen, sicherte
Fürnkranz in der Schweiz die Existenz ihrer Familie, indem sie Malkurse gab
und, etwa bei Stummfilmvorführungen, Klavier spielte. Eine Sammlung irischer
Märchen, ist verloren gegangen.[33]

Max PRETZFELDER (Nürnberg 1888 – Los Angeles 1950) war ein jüdischer
Künstler, Maler und Zeichner, der als Kostümbildner des österreichischen
Filmemachers Georg Wilhelm Pabst in der Zwischenkriegszeit bekannt war.
Während seines Studiums an der Münchner Kunsthochschule freundete er
sich mit dem Dichter Karl Wolfskehl an, der während der Gefangenschaft in
Frankreich 1914-1918 der Hauptadressat seiner Briefe war. Ab 1910 unternahm
Pretzfelder zahlreiche Reisen, vor allem nach Italien, England und in verschiedene
Regionen Frankreichs. Seine ersten Arbeiten erschienen im Februar 1912 in der
Monatszeitschrift *Ost und West*: Der Kunsthistoriker Karl Schwarz lobte seine
Beobachtungsgabe, seinen Sinn für Details und seine Poesie des Alltags. Zum
Zeitpunkt der Kriegserklärung befand sich der Künstler in Paris. Bis Dezember
1917 war er im Lager für Zivilgefangene in Lanvéoc (Finistère) interniert, bevor
er in das Lager Île Longue deportiert wurde, wo sich ein reges kulturelles Leben
entwickelte. G. W. Pabst leitete dort ein Theater mit Leo Primavesi. Pretzfelder
entwarf Umschläge von Programmheften, darunter für *Der Tor und der Tod*,
das kurze Drama von Hofmannsthal, in dem er den Narren spielte. Er beteiligte
sich ebenfalls an den Bildungsaktionen der Lagerbibliothek, entwarf zahlreiche
Skizzen von Internierten und Landschaften und illustrierte seine eigenen Texte.
Sein Gedicht *Armut* ist Franz Werfel gewidmet. *Das undurchdringliche Abenteuer*
erzählt den Albtraum eines Gefangenen, der, zurück im bürgerlichen Leben, die
Erfahrung einer tragischen Diskrepanz macht und sich bei einem Abendessen
in seine Baracke zurückwünscht. Darum bemüht, eine enge Verbindung zum
intellektuellen Deutschland zu wahren, arbeitete Pretzfelder, der auch an der
im Lager herausgegebenen Zeitung *Die Insel-Woche* mitwirkte, mit seinem
Chefredakteur, dem Pastor Friedrich Hommel, an dem Vorhaben einer Chronik,
für die Schriftsteller wie Rainer Maria Rilke herangezogen wurden. Doch wurden
die Umstände immer schlechter: Der Briefverkehr wurde aufgehoben, Zeitungen
wurden verboten, ganz zu schweigen von der neuen Epidemie der Spanischen
Grippe. G. W. Pabst verließ das Lager mit den Nicht-Deutschen im Mai 1919.
Die Unterzeichnung des Versailler Vertrags brachte keinerlei Veränderung für
Pretzfelder, der in der Nacht vom 30. auf 31. August floh, mit dem Ziel, nach
Madrid zu gelangen, wo seine ältere Schwester Lilli lebte. Ein kurzer Text mit
dem Titel *Flucht* erzählt von diesem Versuch. Nach seiner Befreiung begab sich
der Künstler nach Berlin zu seiner Schwester Anna. Er arbeitete vor allem als

---

33. Die Information erhielt ich von ihrer Enkelin, Linde Rachel.

Illustrator, u. a. für Joachim Ringelnatz und Alexander Roda Roda, sowie als Übersetzer aus dem Englischen. Im Zuge wiederholter Aufenthalte auf den Balearen malte er farb- und lichtdurchflutete Landschaften, die die Kritik mit jenen von Joaquin Sorolla verglich. 1925 vertraute ihm G. W. Pabst erneut eine Rolle in seinem Gesellschaftsdrama nach Hugo Bettauers *Die freudlose Gasse* an, in der Folge stellte er ihn zwischen 1931 und 1933 als Kostümbildner ein. Die im Lager Île Longue geknüpfte Freundschaft setzte sich im Briefwechsel bis 1946 fort. Angesichts des aufkommenden Nazismus floh Pretzfelder1932 ins französische Exil, 1935 in die USA. Er wurde US-amerikanischer Staatsbürger (1941-1942), schaffte es aber nicht, Zugang zum Hollywood-Kino zu finden: Nur Fritz Lang und Douglas Sirk nahmen zeitweise seine Dienste in Anspruch. Mit seiner Schwester Anna führte er einen Geschirrladen in Santa Monica.

Charles KÜBLER und François GOTTLIEB waren die ersten, die aus Garaison flüchteten und denen die Überquerung der Pyrenäen gelang. Waren sie zunächst in Begleitung von Hermann Gerchtein, so trennten sie sich offenbar unterwegs von ihm, der in Tuzaguet aufgegriffen wurde. Nach der Überquerung der spanischen Grenze schickte Kübler seinem Freund Raymond Held – mit dessen Schwester er eine intime Beziehung eingegangen war – aus dem Dorf Les (Gemeinde Val d'Aran, Provinz Lérida, Katalonien) eine Postkarte. Der 25-jährige Elsässer gab sich als Kammerdiener aus Neuilly aus. Er war 1914 verhaftet worden, als er versucht hatte, mit seinem Bruder oder Schwager nach Spanien zu fliehen, und saß von da an in der Haftanstalt in Bayonne ein, bevor er am 27. März 1915 nach Garaison überstellt wurde. Er sprach fließend Französisch und Spanisch und fiel, im Gegensatz zu Gottlieb, im Lager niemals wegen Ungehorsam auf, obwohl er sich offensichtlich damit brüstete, an der spanischen Grenze Schmuggel betrieben zu haben.

Kübler und Gottlieb kamen wahrscheinlich um den 20. Mai 1915 in Barcelona an, glaubt man der Datierung der von ihnen gesendeten Postkarten und Briefe, die zum Glück zahlreich waren, sei es an ihre Familien, Freunde oder gar an die Lagerverwaltung selbst – Gottlieb besaß die Dreistigkeit, seine Identitätsausweise einzufordern, die er vor Ort zurückgelassen hatte. Er wurde im rheinländischen Zell geboren. Er war mit der Französin Jeanne Bugnon verheiratet, zu der die Beziehung angespannt schien. Als guter deutscher Patriot, „tollwütiger Frankophob" und Reservist der Luftwaffe wurde er als gefährlich eingestuft. Der Internierte Jean Grüber wusste anscheinend, dass sein Freund Gottlieb gut in Deutschland angekommen war. Aus Barcelona schickte Kübler eine Postkarte an Mathilde Held, in der er seinem Glück, endlich im Meer baden zu können, Ausdruck verleiht und die seine Anwesenheit vor Ort bezeugt.

Der gleichzeitig mit Kübler und Gottlieb geflüchtete Hermann GERCHTEIN war ein Deutscher mit russischen Wurzeln und der Einzige der drei, dem sein Vorhaben nicht gelang. Zweifellos gab er bei Ankunft im Lager ein falsches Alter an – er war wohl eher 28 als 21 Jahre alt – und gab sich während seines gesamten, etwa zwanzigtägigen Aufenthalts als geistig zurückgeblieben aus, bevor er in ein Straflager verlegt wurde. Er arbeitete außerhalb des Lagers mit seinem

Fluchtbegleiter Gottlieb als Zimmermann und wurde von der Lagerverwaltung aufgrund seines Werdegangs verdächtigt, ein Spion oder Deserteur der deutschen Armee zu sein. Nach eigenen Aussagen stammte er aus dem russischen Derzevitza und hätte über Wien und Paris das spanische Valencia erreicht. Seine Papiere seien auf dem Weg abhandengekommen. Während seiner Internierung gab er vor, weder Deutsch noch Französisch zu sprechen.

Georg POETZSCH war ein 33-jähriger deutscher Händler, der zu Kriegsbeginn in Dahomey lebte, bevor er in den Senegal deportiert wurde – zusammen mit seinem Freund Waldemar Schmidt, der ihn später bei seiner Flucht während der Verhöre deckte. Sein weniger wohlhabender Fluchtbegleiter war Matrose an Bord des holländischen Dampfers Schelde, der vor der senegalesischen Küste angehalten wurde. Dort lernten sich die beiden Männer kennen. Wilhelm BRESIGER trat scheinbar in den Dienst von Poetzsch, um für seinen Lebensunterhalt in der Kolonie zu sorgen. Während ihrer Zeit im Lager verkehrte Letzterer in einem Kreis kriegstreiberischer deutscher Intellektueller, zu denen auch Eduard John gehörte. Im Archivbestand finden sich leider keine Details bezüglich des Weges, über den sie nach Spanien geflohen sind; die Dokumente belegen nur die Tatsache, dass es zweifellos Komplizen außerhalb des Lagers gegeben haben musste, die ihnen ihre Flucht mittels Bereitstellung von Autos oder Passierscheinen, die Fahrten im Nachtzug ermöglichten, erleichterten. Die französischen Autoritäten konnten lediglich feststellen, dass sie nach Barcelona gelangt waren.

Ibrahim BEN AHMED war Ottomane, ein 1889 in Beirut geborener Händler. Wie die anderen aus den Kolonien stammenden Internierten kam er Anfang Juni 1916 aus dem Lager Berrouaghia nach Garaison. Sein Wegbegleiter Arthur Schreiber war ein 25-jähriger Österreicher aus dem mährischen Grießbach. Beide wurden verhaftet, nachdem sie, ursprünglich auf dem Weg nach Luchon, der einfache Kompass, den sie zur Verfügung hatten, in Arreau stranden ließ.

Georg NICOLOFF, der einzige Internierte, der zwei Fluchtversuche auf seinem Konto hat, wurde 1889 im bulgarischen Rousse geboren. Vor dem Krieg arbeitete er als Maler in Paris, bevor er nach Périgueux und dann nach Garaison überstellt wurde. So arbeitete er einige Zeit lang als Landarbeiter in Arné. Als er entlassen wurde, versuchte er in seiner Not nach Spanien zu fliehen, wurde aber denunziert – zuerst von einem Kuhhirten, den er bei Bordères nach dem Weg gefragt hatte, dann von einem Gastwirt, der ihn bei Avajan bewirtet hatte.

Richard PÖSCHEL war ein 30-jähriger Deutscher, der vor dem Krieg als Handelsangestellter in Bordeaux gearbeitet hatte, wo er mit seiner Frau und seiner Tochter in der 10 rue Desfourniel wohnte. Der ehemalige Legionär war seinem Gastland gegenüber scheinbar auf positive Weise verbunden, zumal er sogar die Wiedereingliederung in sein altes Regiment beantragte. In seiner Haft sah er einen grausamen Affront, in Anbetracht der Dienste, die er Frankreich geleistet hatte, und sah in seiner Flucht ein Zeichen des Protests. Dies war übrigens nicht sein erster Versuch: Er war bereits aus dem Lager in Libourne, wo er zuvor in Haft gewesen war, geflüchtet, um seine Tochter wiederzusehen.

Jedenfalls bezeugen alle Verwaltungsberichte zu seiner Person gewisse psychische Störungen, unter denen er gelitten habe, was unter anderem der Grund dafür sei, dass er in Gewahrsam blieb. Er wurde am 12. September in Auch aufgegriffen, dann 1919 nach Bordeaux überstellt, wo er wohl in ein Lager der Fremdenlegion eingeliefert wurde.

Die Hamburger Walter BAAK und Carl GRONERT, 37 bzw. 28 Jahre alt, flüchteten in Begleitung des Wiederholungstäters Georg Nicoloff. Baak war vor dem Krieg Mechaniker gewesen und arbeitete vor seinem Transfer nach Garaison wie Richard Scholz in einer Werkstatt in Périgueux. Er, der fließend Französisch, Deutsch, Italienisch und vor allem Spanisch sprach, war in Buenos Aires aufgewachsen, wo seine Eltern lebten. Es ist unbekannt, wie er nach Paris gelangte, wo er anscheinend nur auf Durchreise war. Carl Gronert war vor seiner Verhaftung, zu der es vermutlich während eines Zwischenstopps in einem Hafen unter französischer Kontrolle kam, Händler in Liberia. Der Ausbruch der Männer konnte nachverfolgt werden, was eine Umpositionierung der Wachposten zur Folge hatte, die nun außerhalb des Lagergeländes aufgestellt wurden.

Hubertus VAN DEEM wurde 1889 in Brasilien geboren. Er war Matrose an Bord der Maggie, die im März 1917 in Bordeaux anlegte. Als Sohn holländischer Wanderakrobaten reiste er bis 1902 nach Amerika, danach absolvierte er bis 1907 eine Mechanikerlehre in Norfolk, wo er die amerikanische Staatsbürgerschaft erhielt. Nach eigenen Aussagen hatte er keinerlei Verbindung zu Deutschland, das man ihm bei seiner Ankunft in Frankreich zu Unrecht als Herkunftsland untergeschoben hätte, aus Rache eines seiner Kameraden, der wusste, dass er nebst Englisch, Niederländisch, Flämisch, Dänisch, Norwegisch und Schwedisch auch Deutsch sprach. Übermannt von den neuen Essensvorschriften in der Kolonie, flüchtet er gemeinsam mit dem jungen Österreicher Joseph Krasser, zu dem jegliche Informationen – mit Ausnahme seines Alters, 22 Jahre – fehlen.

Oskar MEHLE, ein 32-jähriger Deutscher aus Leipzig, der bei Kriegsausbruch Händler in Alger gewesen war, kam ebenfalls über das Lager in Berrouaghia am 3. Juni 1916 nach Garaison, wo er sich nach schwierigen Anfängen einen Ruf als „schurkenhafter und heuchlerischer" Mann machte, den es zu überwachen galt. Im Juli 1916 hätte Mehle einen unter seine Aufsicht gestellten Mann dazu veranlasst, den Direktor des Lagers zu schlagen, sollte dieser nicht einer seiner Forderungen stattgeben. Im Lager hatte er die Funktionen des Wäschers und Zimmerchefs inne und verfügte über eine eigene Hütte, die er neben der Hauptküche errichten lassen durfte. Trotz seines Charakters eines manchmal tyrannischen Rudelführers und Unruhestifters scheint er jedoch erst Anfang 1918 das Augenmerk der Autoritäten auf sich zu gezogen zu haben. Davon zeugt seine Strafkartei, in der im Januar desselben Jahres die ersten Einträge verzeichnet sind. Zu seiner Flucht gibt es keine Details, erwähnt wird lediglich, dass er in der Nacht des 15. März 1918 einen Fluchtversuch unternahm. Wahrscheinlich wurde er noch innerhalb des Lagers aufgegriffen.

Mobilités et migrations dans l'entre-deux-guerres

Mobilität und Migration in der Zwischenkriegszeit

L'Aura des Pyrénées
ou Les deux versants de l'Histoire

Michaela ENDERLE-RISTORI

Université de Tours, ICD (EA 6297), Tours, France

Écrits de tous genres, chaînes de livres se classifiant
comme la chaîne même des Pyrénées.
Et que comprennent donc les Pyrénées ?
– des sommets de premier ordre, – d'autres de second,
– des vallées, – des établissements thermaux.

(Henri Beraldi, *Cent ans aux Pyrénées*)

Les descriptions sont d'abord caractéristiques
de celui qui les fait.

(Kurt Tucholsky, *Un livre des Pyrénées*)

« Die Pyrenäen gehn mich überhaupt nichts an[1] » – « Au fond, les Pyrénées, je n'en ai rien à faire » : voici le cri du cœur d'un voyageur allemand parcourant par monts et par vaux les Pyrénées à l'été 1925. Harassé par un long périple, c'est à son carnet de voyage qu'il confie son dépit : « Voici déjà deux mois que je circule à pied ou en voiture d'une localité à l'autre – pourquoi ? À quoi bon tout cela[2] ? » En parfait citadin, notre voyageur – en l'espèce Kurt Tucholsky – était assurément plus familier de l'asphalte que des cimes de montagne et avait même, depuis 1924, délaissé les rues de Berlin pour les boulevards parisiens. Brillant journaliste et écrivain à la plume acérée, pacifiste et socialiste, Kurt Tucholsky avait vu cette année-là sa carrière s'accélérer en devenant le correspondant parisien de deux organes de presse allemands fort renommés, l'hebdomadaire de gauche libérale

---

1. Peter Panter (*i.e.* Kurt Tucholsky), *Ein Pyrenäenbuch*, Berlin, Die Schmiede, 1927, 291 pages et 26 tableaux (33 illustrations), p. 233 ; l'édition suivante publiée par E. Rowohlt (Berlin, 1930, 249 p.) se passe des illustrations de l'édition originale.
2. Kurt Tucholsky, *Un livre des Pyrénées,* trad. Jean Bréjoux, Genève, Éditions Héros-limite, 2020, p. 195 (première édition Toulouse, Privat, 1983, coll. « Le Regard des autres »). Pour la cohésion linguistique, nous donnons toutes les citations du *Pyrenäenbuch* d'après la traduction française, suivies d'un renvoi à l'édition originale allemande.

Die Weltbühne fondé par Siegfried Jacobsohn et le quotidien libéral-démocrate *Vossische Zeitung* alors dirigé par Georg Bernhard. En poste à Paris à une période où les souffrances de la Première Guerre mondiale étaient encore dans tous les esprits, le très francophile Tucholsky – il avait fréquenté le Lycée français de Berlin – s'employa dans son activité journalistique à contrecarrer auprès de ses compatriotes l'image négative d'une France "ennemi héréditaire" de l'Allemagne. Pour autant, les voyages touristiques (en province qui plus est) n'étaient pas chose courante pour un ressortissant allemand en 1925 et il est certain que Tucholsky prêta à ce voyage un intérêt personnel autant que professionnel. Ainsi, du 18 août au 18 octobre, de Bayonne à Perpignan, du Pays basque à la Catalogne, Tucholsky sillonna-t-il la région du nord au sud et d'est en ouest, franchissant à plusieurs reprises les frontières espagnole et andorrane. En résulta un récit de voyage de quelque 300 pages intitulé *Ein Pyrenäenbuch (Un livre des Pyrénées)* lequel parut en mars 1927 chez l'éditeur berlinois au catalogue prestigieux, Die Schmiede[3]. Publié sous le nom de Peter Panter – l'un des nombreux pseudonymes de Tucholsky – en recourant modestement à l'article indéfini, *Un livre des Pyrénées* vint ainsi s'ajouter au nombre déjà considérable de récits que des voyageurs parfois illustres avaient consacrés aux paysages pyrénéens, et l'auteur en avait d'ailleurs lu certains avant même de s'y rendre. En publiant son propre récit, Tucholsky contribua alors à la construction des Pyrénées en tant que paysage littéraire, dotant des espaces et des lieux topographiques réels d'une existence immatérielle car imaginaire. À sa façon, il participa à cette « invention des Pyrénées[4] » commencée quelques deux siècles plus tôt dans le monde des lettres qui devait conférer à ce singulier paysage son aura d'espace de liberté et de nature fabuleuse. *Un livre des Pyrénées* vint ainsi apporter une nouvelle strate textuelle à ce paysage littéraire qui, tel le massif montagneux sur lequel il s'était formé, se profile par des versions successives de récits ayant leur chronologie et leur extension spatiale propres[5]. Afin de saisir la

---

3. Sous la responsabilité de R. Leonhard et W. Landauer, Die Schmiede publia dans les années 1920 des œuvres d'A. Döblin, W. Hasenclever, M. Hermann-Neisse, F. Kafka, H. Mann, J. Roth, E. Weiss, A. Wolfenstein et d'autres encore. Quant au *Livre des Pyrénées*, Tucholsky en avait achevé une première mouture dès le 6 janvier 1926. Avant la parution chez Die Schmiede, trois extraits avaient fait l'objet de prépublications dans la presse berlinoise : « Le Billet de confession » (Der Beichtzettel), *Das Stachelschwein*, le 01/12/1926 ; « Pau », *Vossische Zeitung*, 21/04/1927 ; « Merci à la France » (Dank an Frankreich), *Die Weltbühne*, 01/03/1927, n° 9, p. 339.
4. Nous empruntons ce terme à l'excellent ouvrage de José Cubéro, *L'Invention des Pyrénées*, Pau, éd. Cairn, 2009.
5. Pour la méthodologie en cartographie littéraire et le « topographical turn » à la suite du « spatial turn » initié par Edward W. Soja, voir notamment Denis Cosgrove (*Mappings*, Chicago, Reaktion Books, 1999) et Franco Moretti (*Graphes, cartes et arbres. Modèles abstraits pour une autre histoire de la littérature*, trad. de l'anglais par Etienne Dobenesque, Paris, Les Prairies ordinaires, 2008) ainsi que le survol historique de Jörg Döring, « À propos du *mapping* en critique littéraire. De Nagel à Piatti », in V. Malval, M. Picker, F. Gabaude (dir.), *Cartographie poétique et cartographie littéraire*, Limoges, Pulim, 2012, p. 149-167. Entre différents types de cartes topographiques ou choroplètes, l'utilisation de systèmes d'information géographique (SIG) a ouvert la voie à des projets tels que l'Atlas littéraire de l'Europe [www.literaturatlas.eu], voir notamment Barbara Piatti, « *Mit Karten lesen. Plädoyer für eine visualisierte Geographie der*

particularité du récit de Tucholsky, il conviendra d'en examiner son extension spatio-temporelle en explorant son inscription dans un temps réel ou convoqué, et en mesurant son étendue géographique par la reconstitution d'un itinéraire. Car si tel ou tel endroit emblématique des récits pyrénéens d'avant 1900 a été moins apprécié ou même contourné par ce voyageur allemand de 1925, d'autres lieux en revanche semblent avoir attiré sa curiosité, signe sans doute d'un effacement sous la plume de Tucholsky de l'aura pyrénéenne façonnée par les auteurs romantiques. Davantage qu'aux lieux jadis réputés, notre auteur s'intéressera à des sites décentrés, voire en marge des circuits touristiques traditionnels. Enfin, à peine une décennie plus tard, d'autres voyageurs fréquenteront nombre de lieux visités ou de passages empruntés par Tucholsky : républicains espagnols fuyant les troupes de Franco ou antifascistes allemands et autrichiens fuyant le régime nazi à travers la montagne. Voyageurs malgré eux dont les récits façonneront un autre visage des Pyrénées.

Un livre des Pyrénées… parmi d'autres

« La tâche du voyageur n'est pas de détruire les légendes, c'est d'en créer[6] » : c'est sur cet exergue tiré du roman de voyage *Partir…*, de Roland Dorgelès, que s'ouvre *Un livre des Pyrénées* de Tucholsky. Il pose comme règles du jeu le hiatus entre récit et réalité, le divertissement du lecteur plutôt que l'information vérifiable et ne craint pas le paradoxe : « Le mensonge, c'est le cachet de l'authenticité[7]. » Alternant descriptions impressionnistes et commentaires érudits, observations détaillées et images instantanées, rappels de sources historiques et anecdotes, *Un livre des Pyrénées* revendique sa subjectivité et doit sa cohésion interne à un narrateur autodiégétique, à savoir Kurt Tucholsky alias Peter Panter. Ce dernier étant un pseudonyme bien connu de l'auteur aux *5 PS* (entendez : aux cinq pseudonymes) et l'un des multiples visages de Tucholsky qui s'y voyait incarné en « un homme petit, rond comme une bille et alerte[8] ». Il n'est alors guère surprenant que ce narrateur à l'esprit acéré s'emporte contre la présentation pseudo-factuelle de guides touristiques tel le *Guide bleu* de Hachette :

> C'est un de ces guides touristiques dont on aimerait toujours avoir les auteurs à portée de la main pour leur cogner le nez contre les murs […]. Les cartes y sont très moyennes, les plans de ville bourrés d'erreurs, les indications sur les hôtels rien moins que sûres, les descriptions des chemins à suivre d'une puérilité désarmante – et la table des matières fourmille de coquilles[9].

Literatur », in B. Boothe, P. Bühler *et al.* (dir.), *Textwelt – Lebenswelt*, Würzburg, Königshausen & Neumann, 2012, p. 261-288.

6. Tucholsky, *Un livre des Pyrénées*, p. 9, citant Roland Dorgelès, *Partir…*, Paris, Albin Michel, 1926. Une seconde citation tirée de *Terre bénie*, de Knut Hamsun, soutient l'idée même que des lieux peuvent se transformer en conte.

7. *Ibid.*

8. Kurt Tucholsky, *Mit 5 PS*, Berlin, Rowohlt, 1928, p. 21 (c'est nous qui traduisons).

9. Tucholsky, *Un livre des Pyrénées*, p. 221-222/ *Ein Pyrenäenbuch*, p. 264.

D'un autre côté, à trop verser dans le récit de voyage subjectif, le narrateur
« pourra-t-il encore appeler ça *Voyage à travers les Pyrénées*? Ce serait un
voyage à travers lui-même[10] », donne-t-il à réfléchir. Ni amas de faits bruts ni
miroir de soi : le récit de Tucholsky-Panter se conçoit finalement comme un
artefact littéraire mélangeant impressions personnelles et anecdotes, descriptions
de coutumes et de particularités d'une ville, d'une vallée... pour autant que
lui, l'étranger, soit à même de les saisir[11]. Paré de solides lectures – le *Livre
des Pyrénées* fourmille de références à des ouvrages et récits littéraires sur les
Pyrénées datant de plusieurs époques, de Piquet à Beraldi, de Taine à Francis
Jammes[12]–, Tucholsky redoute alors moins le public allemand que le verdict
du lecteur français, de l'autochtone donc qui, d'un simple « Ce n'est pas ça »
anéantirait son entreprise.

La composition du *Livre des Pyrénées* en 25 chapitres comportant pour la
plupart des indications géographiques nous permet de reconstituer peu ou prou
l'itinéraire emprunté par l'auteur-narrateur qui le conduira de la Côte basque
française et espagnole au pied des Pyrénées-Atlantiques, dans le massif des
Hautes-Pyrénées puis en Ariège et en Andorre jusqu'aux Pyrénées-Orientales.
Nous allons tenter de suivre cet itinéraire sachant que Tucholsky a varié ses
moyens de transport, se déplaçant tantôt en train sur le réseau de la Compagnie
des chemins de fer du Midi – au milieu des années 1920, il existe déjà des lignes
électrifiées à double voie entre Bordeaux et Bayonne, Dax et Toulouse ainsi que
des lignes à voie unique vers nombre de destinations touristiques –, tantôt en
voiture ou en car, et même à cheval ou à dos d'âne et, naturellement, à pied.

---

10. *Ibid.*, p. 214/ *Ein Pyrenäenbuch*, p. 255.
11. Voir *ibid.*, p. 213 où Tucholsky évoque la difficulté pour quiconque venant « de l'autre rive »
    à saisir, puis à communiquer à ses compatriotes les particularités d'une autre culture.
12. Sans qu'il soit toujours possible d'identifier l'édition consultée par Tucholsky, l'auteur mentionne
    ou cite plusieurs classiques de la littérature pyrénéenne dont nous indiquons ici la première
    édition : *Voyages aux Pyrénées françaises et espagnoles*, par J.P.P. [Jean-Pierre Piquet], Paris,
    Delion Deville aîné, 1832 ; Heinrich Heine, *Reisebilder. Tableaux de voyage*, 2 vol., Paris, Eugène
    Renduel, 1834 ; Hippolyte Taine, *Voyage aux Pyrénées*. Avec 56 estampes de G. Doré, Paris,
    Librairie Hachette, 1855 ; Henri Beraldi, *Cent ans aux Pyrénées*, 7 vol., Paris, Imprimerie de
    L. Danel, 1898-1904 ; Pierre Loti, *Ramuntcho*, Paris, Calmann-Lévy, 1892 ; Joris-Karl Huysmans,
    Les Foules de Lourdes, Paris, Stock, 1906 ; Francis Jammes, *Le Roman du lièvre,* Paris, Mercure
    de France, 1903 ; id., *Monsieur le curé d'Ozéron*, Paris, Mercure de France, 1918 ; Raymond
    Escholier, *Cantegril*, Paris, Ferenczi, 1921. Parmi les guides de voyage figurent le *Guide bleu
    Hachette*, un *Guide à travers l'Andorre* que nous n'avons pu identifier, le roman d'Isabelle Sandy,
    Andorra, ou les Hommes d'airain, Paris, Plon-Nourrit, 1923. En revanche, aucune mention
    n'est faite du guide d'Amy Oakley, *Hill-Towns of the Pyrenees*, Londres, 1924 sur lequel il nous
    faudra revenir.

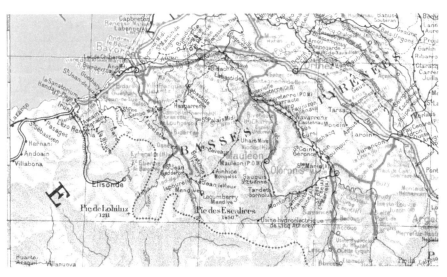

Fig.1 – Extrait de la Carte du réseau des Chemins de fer du Midi, Annexe au Rapport du Conseil d'administration pour l'exercice 1921 © Openarchives SNCF, 2022

Fig. 2 – Extrait de la Carte du réseau des Chemins de fer du Midi, Annexe au Rapport du Conseil d'administration pour l'exercice 1921 © Openarchives SNCF, 2022

Pour avoir étudié cartes et plans avant son départ, Tucholsky réalisa parfaitement la géographie particulière des Pyrénées ainsi que les difficultés qu'elle poserait au voyageur étranger :

> Par-dessus les cimes et les arêtes des Pyrénées court une ligne de petites croix : la frontière. La chose était merveilleusement compliquée : j'habitais Paris et il me fallait faire des démarches auprès de trois puissances : l'Allemagne, la France et l'Espagne. Cela m'a coûté quatre jours de travail et deux cent trente-huit francs. La chose s'est passée en toute bienveillance et amitié : personne ne s'est comporté plus stupidement que ne le lui imposaient les règlements

[...]. Chacun [...] tamponnait, inscrivait, écrivait, rédigeait et faisait signer par des puissances inconnues, trônant derrière des portes cadenassées...[13].

Réfractaire à la bureaucratie et aux identités de papier, rejetant les nationalismes érigés en *ersatz* de religion (il parle de son passeport comme d'un « billet de confession[14] »), Tucholsky, pour pouvoir réaliser son voyage, dut cependant se plier aux formalités administratives et lorsqu'il reçut son passeport, ce fut pour lui, le juif et franc-maçon, presque comme un stigmate[15].

Itinéraire et géographie littéraire

Après un premier trajet en train *via* Bordeaux, l'itinéraire et le sens de circulation d'ouest en est de Tucholsky ressemblent à première vue aux voyages de Flaubert (1840), V. Hugo (1843) et surtout au *Voyage aux Pyrénées* d'Hippolyte Taine (1855) que l'auteur cite à plusieurs reprises, ouvrant ainsi un espace métatextuel que nous ne pourrons signaler ici que par petites touches[16]. Sur cet itinéraire, les "incontournables" Bayonne, Biarritz, Saint-Jean-de-Luz, Fontarabie, Saint-Sébastien, Saint-Jean-Pied-de-Port, Pau, Eaux-Bonnes, Eaux-Chaudes, Lourdes, Gavarnie, Cauterets, Barèges et Bagnères-de-Luchon s'égrènent comme les étapes d'un parcours à la fois sanitaire et touristique bien rôdé auquel Tucholsky, en 1925, ajoutera l'Andorre, Vernet-les-Bains et Cerbère. Mais entre villes d'eaux et sites naturels déjà (trop) connus, il doit aussi satisfaire à la curiosité d'un public allemand désireux de découvrir une image actuelle et vivante des Pyrénées. C'est ainsi que, après une corrida et une partie de pelote basque vues à Bayonne – éléments classiques des récits pyrénéens –, il sacrifiera à la mode en visitant Biarritz et Ciboure[17] dont l'atmosphère mondaine d'ailleurs ne l'inspire guère. Après cette « excursion chez les riches » (comme il intitule ce chapitre), Tucholsky file en voiture avec chauffeur (tout de même !) vers Saint-Jean-de-Luz et Hendaye puis, arrivé sur la Bidassoa, c'est la frontière : « Douaniers, gendarmes, passeports, mains aux képis, je vous en prie, merci – poteau-frontière[18] ». Son incursion en terre espagnole – un « must » des circuits pyrénéens depuis le XIXe siècle –, prend alors une direction plutôt originale puisqu'elle le conduira non pas sur la côte mais à l'intérieur des terres

---

13. Tucholsky, *Un livre des Pyrénées*, p. 12-13/ *Ein Pyrenäenbuch*, p. 9.
14. *Ibid.*, p. 15-16/ *Ibid.*, p. 10-12.
15. À son « billet de confession », il préféra la devise : « Par-dessus les têtes, mon frère, tends-moi la main », référence à la *Bruderlied* de Friedrich Stolze et à la franc-maçonnerie qu'il avait rejointe à Berlin en 1924 puis à Paris. Voir Stephanie Burrows, *Tucholsky and France*, Leeds (U.K.), Modern Humanities Research Association, 2002, p. 67-68.
16. L'inscription de Tucholsky, à partir de cet espace topographique référentiel, dans un métaespace littéraire figuré par ces nombreux auteurs mériterait une analyse approfondie entrecroisant récits et cartographie, laquelle toutefois aurait dépassé le cadre de cette contribution.
17. Après la guerre, la Réserve de Ciboure avec son restaurant et son dancing a attiré une clientèle huppée venue de toute l'Europe, cf. France Favard, *La Réserve de Ciboure – étés fous et années folles*, Ciboure, éd. Arteaz, 2021.
18. Tucholsky, *Un livre des Pyrénées*, p. 38/ *Ein Pyrenäenbuch*, p. 41.

jusqu'à Azpeitia, au sanctuaire d'Ignace de Loyola, centre immuable du pouvoir politique espagnol selon Tucholsky. Autre lieu plus mythique qu'historique, Roncevaux lui semble un moment inaccessible, les Espagnols n'ayant accordé qu'une seule entrée sur leur territoire alors qu'il a déjà regagné le côté français. Mais Tucholsky trouvera la parade d'une façon inattendue et pour le moins cavalière : « 'Je suis une jeune fille comme il faut', s'écriait à Paris la frontière espagnole. Mais quand, ensuite, on y regardait de plus près, ça marchait fort bien[19] ». Plutôt que la métaphore, retenons le sens littéral de l'énoncé puisque c'est à pied, en quelques heures de marche depuis Saint-Jean-Pied-de-Port, que Tucholsky allait franchir une frontière invisible :

> [...] il faut traverser des gorges boisées au-dessus desquelles tournoient des vautours, surveillant les fonds pour voir s'ils ne peuvent pas se payer quelques moutons du troupeau. Le chemin monte en lacets jusqu'à mille mètres environ, puis on franchit un col – c'est là que se dresse l'aimable couvent[20].

Après sa traversée clandestine, Tucholsky sera pourtant déçu par l'endroit : « Roncevaux, mais oui, c'est là où Roland fut tué. On montre encore aujourd'hui les massues avec lesquelles... mais ça n'intéresse plus personne » et de toute manière, juge-t-il, « Roncevaux n'est plus ce qu'il était[21] ».

Ce même regard désenchanté prévaudra pour les nombreuses stations thermales se trouvant sur sa route. Arrivé à Eaux-Bonnes, haut lieu du thermalisme au XIXe siècle, Tucholsky concède que c'est là « une de ces innombrables villes d'eaux des Pyrénées où les malades se baignent, se douchent, gargarisent, inhalent – et, c'est vrai, guérissent assez souvent[22] ». Mais l'auteur remarque surtout l'atmosphère désuète de la ville et quant à « Eaux-Chaudes – *Heisswasser* – écrit-il, c'est encore plus empaillé. Économiquement, c'est aujourd'hui une faillite[23]. » Pour Bagnères-de-Luchon, qui compta jadis hôtels élégants, théâtre et casino, il a cette formule assassine : « Luchon est une grande station thermale – surtout quand il n'y a personne[24]. » Quant à Cauterets enfin, qu'avaient tant apprécié George Sand, Flaubert, Hugo et Taine par exemple, il préférera évoquer l'ours des Pyrénées... en citant les premiers vers d'*Atta Troll*, dont le créateur Heinrich Heine avait séjourné à Cauterets en l'été 1841. Ici encore, si Heine avait invoqué une bourgade élégante, Tucholsky juge : « Cauterets n'est d'ailleurs pas si élégant que ça », ajoutant même « Cauterets se trouve dans une vallée étroite, et les vallées étroites cela pèse sur l'âme[25]. » Comment alors expliquer ce regard critique et cette dépréciation assez systématique de tant de lieux au passé étincelant[26] ? Voici un début de réponse :

---

19. *Ibid.*, p. 44/ *Ein Pyrenäenbuch*, p. 48.
20. *Ibid.*/ *Ibid.*
21. *Ibid.*/ *Ibid.*, p. 48-49.
22. *Ibid.*, p. 89/ *Ibid.*, p. 105.
23. *Ibid.*, p. 91/ *Ibid.*, p. 108.
24. *Ibid.*, p. 190/ *Ibid.*, p. 227.
25. *Ibid.*, p. 162/ *Ibid.*, p. 193.
26. La vision d'un Tucholsky nostalgique d'une France provinciale où il fait bon vivre relativise le cadre géospatial du texte ainsi que sa réflexion au « pyrénéisme » (Michel Vanoosthuyse,

> Curieux comme ces villes d'eaux des Pyrénées font vieillot. La mode d'aller aux Pyrénées
> date environ de 1860 et Napoléon III y a traîné tous les snobs pourris d'argent. Mais ces
> gens-là n'escaladaient pas les montagnes, ils regardaient le spectacle d'en bas, comme on
> regarde un décor de théâtre[27].

Sa critique vise juste, la mode du thermalisme ayant effectivement transformé
des bourgades reculées en lieux mondains pour l'élite européenne, au grand
dam de malades moins fortunés. Mais pour les bourses modestes justement,
restait une autre source miraculeuse, celle de Lourdes. Dans un très long chapitre
couvrant près de 70 pages de l'édition originale, Tucholsky présente avec force
détails la grotte, les pèlerins et la légende de Bernadette Soubirous. Et là encore,
sa critique se révèle implacable :

> Lourdes est un anachronisme.
> Ces cortèges de pèlerins, ces trains à tarifs réduits, cette église éclairée à l'électricité et qui
> ressemble à un lieu de plaisir montmartrois, l'horrible camelote qui règne, non seulement
> dans ces magasins stupides, mais dans les églises elles-mêmes, ces autels, ces coffres, ces
> ornements, ces draperies, ces lampes décorées de façon impie – c'est l'industrie qui a atteint
> ses limites[28].

Car c'est bien la fabrication du sentiment religieux (et non la religion elle-même)
qui se voit ainsi fustigée par l'auteur :

> Dans les boutiques, on entend chanter l'*Ave Maria* – si beau naguère – dans le ventre des
> saintes vierges qu'on peut éclairer de l'intérieur ; les cartes postales, les images, les chapelets
> sont d'une ignominie choisie[29].

À Lourdes, constate Tucholsky, « [l]'art religieux se copie lui-même[30] » dans le
but de répéter et reproduire des objets de dévotion pour le besoin des masses[31].
Une décennie plus tard, Walter Benjamin théorisera les conséquences d'une
reproduction sérielle des œuvres d'art – qu'elles soient d'inspiration religieuse ou
profane –, œuvres détachées de leur tradition cultuelle ou culturelle au bénéfice
d'une diffusion actuelle et massifiée. Avec la perte de leur unicité, gage de leur
authenticité, « [...] ce qui dépérit dans l'œuvre d'art, c'est son aura », dira-t-il.
Mais « ce processus a valeur de symptôme, sa signification dépasse le domaine

---

« Tucholsky voyageur : *Ein Pyrenäenbuch* », *Cahiers d'Études Germaniques* 31 [« Kurt
Tucholsky »], 1996, p. 45-59).

27. Tucholsky, *Un livre des Pyrénées*, p. 90/ *Ein Pyrenäenbuch*, p. 106-107.

28. *Ibid.*, p. 121/ *Ibid.*, p. 145. Ici, nous dévions de la version française qui proposait de traduire
l'allemand « es ist die Industrie, die das nicht mehr leisten kann » par « rien de tout cela n'est
imputable au travail industriel ».

29. *Ibid.*, p. 123/ *Ibid.*, p. 146.

30. *Ibid.*, p. 122/ *Ibid.*

31. Tucholsky reprend ici certaines des critiques de Joris-Karl Huysmans dans *Les Foules de Lourdes*
(Stock, 1906) mais il récuse une prétendue responsabilité des Juifs dans le commerce de la
piété. Son commentaire est cinglant : « Et comme tout, dans notre monde, trouve son symbole
matériel, la basilique a beau étinceler le soir et sa croix rayonner bien haut sur les montagnes,
une autre ligne de feu n'en brille pas moins sur le ciel nocturne, plus éclatante encore : HOTEL
ROYAL. » (*Ibid.*, p. 122/ *Ibid.*, p. 145-146.).

de l'art[32] », précisera-t-il. Ainsi, par le cas emblématique de Lourdes, Tucholsky n'avait-il pas pointé le destin de toutes ces villes d'eaux ayant perdu leur cachet originel pour finir par se copier toutes, avec leurs thermes, leurs hôtels, leurs boutiques de souvenirs et leur cortège de visiteurs ?

Lui restait encore à explorer la nature et ces fières montagnes à l'origine du phénomène qu'il était depuis Ramond convenu d'appeler le « pyrénéisme[33] ». Tucholsky en avait une connaissance livresque assez précise pour avoir étudié, entre autres, le monumental ouvrage d'Henri Beraldi auquel il se réfère à plusieurs reprises[34] :

> Les montagnes, c'était la grossièreté même, fi donc ! On ne pouvait les insérer dans aucun système esthétique, elles fermaient l'horizon, et se montraient arrogantes, grossières, à l'état brut. Ni la clarté ni la raison n'y trouvaient leur compte. Le XVIIIe siècle devait faire justice de tout cela[35].

Depuis, la montagne était devenue romantique, magique, idyllique, héroïque – « autant de descriptions, autant d'extases[36] », remarque-t-il tout en expérimentant pour ses propres excursions le moyen de transport le plus classique à cheval ou à dos d'âne – avec d'ailleurs plus ou moins de succès :

> Une pluie fine tombait du ciel, les ânes, le guide et moi, ce n'est pas une apposition, nous étions déjà trempés lorsque nous sortîmes du village. Nous suivîmes la route pendant une demi-heure, puis nous primes à droite un sentier muletier. Ce n'était pas gai[37].

Ainsi, depuis les douces vallées du pays basque[38] s'engage-t-il dans la haute montagne pour visiter nombre de sites naturels qui jadis provoquèrent enthousiasme et admiration chez George Sand et Victor Hugo : les Gorges de Kakuetta, les cirques de Gavarnie et de Troumouse, les lacs de Gaube, d'Orédon et d'Oo, les grottes de Gèdre et de Gargas ; il montera même le Pic du Midi et le Canigou. Mais visiblement, le plaisir de ces excursions lui est souvent gâché, à l'instar de ces cars transportant leurs « paquets humains vers le Cirque de Gavarnie. Toute la journée, la route est pleine du bruit des moteurs, les restaurants sont

---

32. Walter Benjamin, « L'Œuvre d'art à l'époque de sa reproductibilité technique (première version de 1935) », in *Œuvres III*, trad. de l'allemand par Maurice de Gandillac, Rainer Rochlitz et Pierre Rusch, Paris, Gallimard, 2000, p. 67-113, ici p. 73 ; voir « Das Kunstwerk im Zeitalter seiner technischen Reproduzierbarkeit (1935) », in W. Benjamin, *Gesammelte Schriften* vol. I,2, éd. par R. Tiedemann et H. Schweppenhäuser, Frankfurt a. M., Suhrkamp, 1980, p. 436-469, ici p. 438.
33. Louis Ramond de Carbonnières, *Observations faites dans les Pyrénées pour servir de suite à des observations sur les Alpes*, Paris, Belin, 1789.
34. Henri Beraldi, *Cent ans aux Pyrénées*, 7 vol., Paris, Imprimerie de L. Danel, 1898-1904, que Tucholsky cite notamment dans le chapitre « Du sentiment de la nature », p. 171-172.
35. Tucholsky, *Un livre des Pyrénées*, p. 174/ *Ein Pyrenäenbuch*, p. 207-208.
36. *Ibid./ Ibid.*, p. 208.
37. *Ibid.*, p. 180/ *Ibid.*, p. 215.
38. N'omettons pas de signaler des paysages que Tucholsky visiblement apprécie : « Le Pays basque est doux, agréable, vert et vallonné tant qu'il se trouve encore dans la plaine au pied des Pyrénées. Le pied de ces montagnes est d'ailleurs ce que j'ai vu de plus beau là-bas, presque partout de Bayonne à Perpignan, de l'Atlantique à la Méditerranée. » (*Ibid.*, p. 49/ *Ibid.*, p. 54).

surpeuplés, partout on peut acheter des souvenirs ridicules[39] ». C'est pourquoi, arrivé sur le site qui émerveilla tant George Sand, Tucholsky reste de marbre :

> Les parois rocheuses forment un demi-cercle gigantesque ; en haut brille un peu de neige. L'ensemble est beau à voir, mais c'est tout. Pourquoi fait-on tant de bruit autour de ce site ? Je n'en sais rien[40].

À l'évidence, le tourisme organisé répugne Tucholsky qui s'emporte contre ces voyageurs descendant en masse de leur train[41]. C'est pourquoi, face au cirque voisin de Troumouse, sa réaction sera tout autre : il le trouvera « beaucoup plus beau dans son absolue solitude » et note, ravi : « Le guide me montre, tout là-haut, un sentier muletier à peine visible : c'est par là qu'autrefois les contrebandiers passaient en Espagne[42]. »

Peut-être Tucholsky – que son caractère prédisposait peu au romantisme – espérait-il néanmoins retrouver en pleine montagne le lointain reflet de ces Pyrénées magnifiées par Flaubert et tant d'autres ? « Si vous voulez du grand et du beau, il faut sortir de l'église et gagner la montagne, vous élever des vallées et monter vers la région des neiges », avait écrit ce dernier en 1840, faisant l'éloge de la belle vie des chasseurs d'ours et d'isard dans « le pays des aigles[43] ». Chez Tucholsky, davantage que le chasseur, c'est la figure du contrebandier entraperçue sur une peinture du musée de Bayonne qui incarnera ce rêve de liberté. Transportant leurs marchandises « [d]e nuit, sous la pluie, escaladant les pentes les plus raides, redescendant les plus mauvais versants, pleins de cailloux[44] », ces contrebandiers, soutient Tucholsky, étaient engagés dans un combat loyal avec les gendarmes, les uns traversant et les autres surveillant les frontières, et « [d]es deux côtés, on ne tirait sous aucun prétexte » car « la peine était grande et le gain petit[45] ». Cette idéalisation du contrebandier va se poursuivre jusqu'à son excursion en Andorre quand, au retour, pour rejoindre un car à l'Hospitalet, il devra nuitamment traverser la montagne. Arrivé au poste-frontière, Tucholsky tombe sur deux gendarmes débonnaires « inspect[ant] de leurs lorgnettes les pentes dénudées, mais personne ne vint ». Et comme pour combler cette absence, ce sont les gendarmes eux-mêmes qui lui raconteront « avec bonhomie les plus belles histoires de contrebande[46] ».

Ainsi, pour Tucholsky, les plaisirs de la montagne semblent se condenser dans quelques épisodes confinant au merveilleux, ou dans de rares instants où il se réjouit de choses simples – troupeaux de vaches, sources à l'eau fraîche – comme

---

39. *Ibid.*, p. 155/ *Ibid.*, p. 185.
40. *Ibid.*/ *Ibid.*, p. 186.
41. *Ibid.*/ *Ibid.*, p. 185-186.
42. *Ibid.*, p. 158/ *Ibid.*, p. 189.
43. Gustave Flaubert, *Voyage dans les Pyrénées et en Corse*, préface de Michel Del Castillo, Paris, Éd. Entente, 1983, p. 52.
44. Tucholsky, *Un livre des Pyrénées*, p. 69/ *Ein Pyrenäenbuch*, p. 79.
45. *Ibid.*/ *Ibid.*
46. *Ibid.*, p. 206/ *Ibid.*, p. 246.

lors de son ascension du Canigou : « Et comme je savais que c'était ma dernière excursion dans les Pyrénées, je savourais mon bonheur par tous les chemins[47] ».

Bonheur – le mot semble presque incongru pour ce voyageur allemand alternant moments d'émerveillement et d'ennui, exprimant sentiments de courroux et de solitude[48]. Solitude en apparence car dans son récit, Tucholsky omet de mentionner qu'il effectua ce voyage en compagnie de son épouse, Mary Gerold-Tucholsky. Et pour cause. Selon Michael Hepp, le biographe de Tucholsky, ce voyage fut pour le couple une véritable « catastrophe[49] ». Pour preuve, ce guide touristique, *Hill-Towns of the Pyrenees*[50], d'Amy Oakley, que Tucholsky offrit à son épouse au retour. Sur la carte reproduite en fin d'ouvrage, il avait marqué les étapes de leur voyage par deux types de symboles, l'un signifiant « Malchen beese » (Mary fâchée), l'autre « Malchen sehr beese » (Mary très fâchée). À mille lieues des paysages imaginaires de la Carte de Tendre, ce fut là un parfait mapping du désamour et une façon souterraine pour Tucholsky de pratiquer sa cartographie intime des Pyrénées, à l'abri des regards du public.

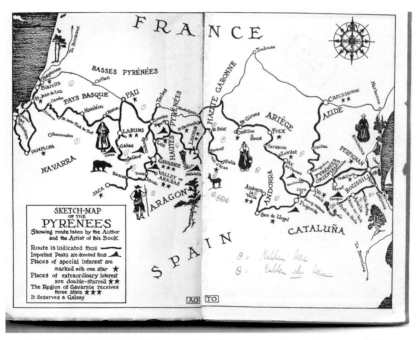

Fig. 3 – Amy OAKLEY, *Hill-Towns of the Pyrenees*, Londres, John Long, 1924, p. 490-491, annotations de la main de K. Tucholsky © Deutsches Literaturarchiv Marbach, Tucholsky-Archiv, 2022

---

47. *Ibid.*, p. 219/ *Ibid.*, p. 261.
48. *Cf.* le chapitre intitulé « Seul », p. 195-197 et p. 233-235 dans l'édition originale allemande (chap. « Allein »).
49. Michael Hepp, *Kurt Tucholsky. Biographische Annäherungen*, Reinbek, Rowohlt, 1993, p. 153.
50. Amy Oakley, *Hill-Towns of the Pyrenees*, illustrated by Thornton Oakley, Londres, John Long, 1924 (éd. originale New York, The Century Co., 1923).

Le voyage pyrénéen de Tucholsky prit fin à Cerbère, d'où il partit en train vers Albi et Toulouse. À cette dernière halte, il put découvrir le tunnel de la voie ferrée reliant Cerbère à l'Espagne et faire le tour du cap avec les pêcheurs du coin. Depuis le bateau, il observe « sur le quai de la gare, les douaniers [qui] vont et viennent et tâtent les valises, les gendarmes vérifient les passeports, ils se montrent très affairés, l'État est entre leurs mains. Le train crache sa fumée[51] ».

Les deux versants de l'Histoire

En 1939, des milliers de voyageurs malgré eux se retrouveront à Cerbère qu'ils ont rejoint en longeant les rails depuis Port-Bou ou par des chemins périlleux à travers la montagne. En quinze jours à peine, de la chute de Barcelone le 26 janvier à l'arrivée aux postes-frontières des troupes franquistes le 13 février, quelque 500 000 Républicains espagnols, des civils mais aussi des militaires, affluent vers une zone géographique située entre le Col d'Arès, celui du Perthus et le Col de Bélitres, principaux itinéraires de fuite depuis que des passages plus à l'ouest sont contrôlés par les franquistes : c'est la lame de fond de la *retirada*[52].

> Sur la route conduisant vers la France, sur les chemins de montagne, avancent des files ininterrompues de dizaines de milliers d'hommes, et d'enfants, de vieillards, d'invalides, qui cherchent à atteindre un havre de paix. [...] Du tunnel de Cerbère, que des journalistes appelleront « le tunnel de l'épouvante », la foule des visages livides sort de l'ombre noire. Sous l'indécise clarté de la gare internationale apparaissent par milliers des figures blafardes[53].

C'est ainsi qu'Arthur London, communiste tchèque et combattant des Brigades Internationales, décrit l'exode des Espagnols restés fidèles à la République. Avec eux, le poète Antonio Machado est jeté sur les routes de l'exil. Parti de Barcelone avec quelques proches, leur convoi se dirige vers Port-Bou car la route du Perthus est saturée par l'afflux de réfugiés[54]. Le 27 janvier au soir, ils traversent Port-Bou sous la pluie, mais bientôt leur convoi ne peut plus avancer dans la foule et c'est à pied que Machado, âgé de 64 ans, cardiaque et asthmatique[55], doit gagner dans la nuit le poste-frontière du col de Bélitres, situé à quelques kilomètres de Cerbère. « Après un exode lamentable, j'ai passé la frontière avec

---

51. Tucholsky, *Un livre des Pyrénées*, p. 230/ *Ein Pyrenäenbuch*, p. 274.

52. Parmi les nombreux ouvrages disponibles sur un sujet longtemps oublié, mentionnons José Cubéro, *Les Républicains espagnols – la Retirada*, Pau, Cairn, 2013 (rééd.) et José Jornet, *Républicains espagnols en Midi-Pyrénées. Exil, histoire et mémoire*, préface de M. Malwy, nouvelle édition revue et augmentée, Toulouse, Presses universitaires du Mirail, 2005.

53. Arthur G. London, *Espagne...*, traduit et adapté du tchèque par Lise Ricol, Paris, Éditeurs français réunis, 1966, p. 392.

54. L'exode des Républicains espagnols par le Col de Perthus a été documenté par Louis Llech et Louis Isambert, *L'Exode d'un peuple. Février 1939*, accompagnement musical (accordéon) de Virgile Goller, Le Club des Amateurs Cinéastes du Roussillon, Copie de la Cinémathèque Euro-Régionale Institut Jean Vigo, 36 minutes, [https://www.youtube.com/watch?v=D-DVuB1nyhE], dernière consultation le 6 novembre 2021.

55. Joaquin Gomez Buron, *Exilio y muerte de Antonio Machado*, Madrid, Ediciones SEMAY, 1975, p. 51.

ma mère, mon frère José et son épouse, dans des conditions qui ne pouvaient pas être pires[56] », écrira-t-il à José Bergamín après son arrivée à Collioure le 29 janvier. Épuisé par le trajet et dépourvu de tout bien – il dut abandonner ses bagages et une mallette pleine de manuscrits (« el famoso maletin[57] ») dans la montagne –, Machado compte s'y reposer avec les siens, sa notoriété lui ayant épargné l'internement dans l'un des camps fraîchement ouverts. Mais il n'aura plus l'occasion d'écrire à Collioure, où il décédera à peine trois semaines après son arrivée[58]. Ironie du sort, en Espagne, au printemps 1938, il avait composé un sonnet en hommage à Enrique Líster, alors commandant des troupes républicaines sur le front de l'Ebre. Évoquant les combats dans « la campagne ibère, à l'odeur de la poudre et du romarin », Machado y avait formulé ce souhait : « Si ma plume valait ton pistolet / de capitaine, je mourrais content[59] ». Peu après la mort du poète, Enrique Líster dut à son tour avec le reste de la 11e division de l'armée républicaine, gagner Cerbère par un sentier qui devait par la suite porter son nom.

L'année suivante, plusieurs milliers de personnes cherchèrent à traverser les Pyrénées depuis leur versant français afin de fuir les troupes allemandes maîtres des deux tiers du pays : exilés allemands, autrichiens ou autres, militants ou simples citoyens menacés de mort car juifs. Walter Benjamin fut l'un d'entre eux. Après avoir fui l'Occupation de Paris, Benjamin se trouva deux mois durant bloqué à Lourdes, dans l'attente d'un visa pour les États-Unis. À la mi-août 1940, il partit à Marseille récupérer son visa américain et le transit pour l'Espagne mais faute d'un visa de sortie – papier délivré par la police de Vichy –, il ne pouvait quitter la France légalement. Il y parviendra clandestinement, grâce à Hans et Lisa Fittko, tous deux exilés et militants socialistes alors installés à Port-Vendres puis à Banyuls. C'est Lisa Fittko qui fera passer un Benjamin cardiaque et physiquement affaibli en territoire espagnol, lui faisant prendre depuis le village de Banyuls et le Puig del Mas ce sentier qu'avait déjà emprunté l'armée de Líster. Parvenu en Espagne mais menacé d'être reconduit en France en l'absence de visa de sortie, Benjamin se donne la mort à Port-Bou le 26 septembre 1940 : « Dans une situation sans issue, je n'ai d'autre choix que d'en finir. C'est dans un petit village dans les Pyrénées où personne ne me connaît [que] ma vie va

56. Antonio Machado, Carta a José Bergamín, 9 février 1939, in *Prosas complétas,* Edición crítica de Oreste Macrí con la colaboración de Gaetano Chiappini, Madrid, Fundación A. Machado, 1989, p. 2302. Nous citons ici la traduction de Bernard Sesé, *Antonio Machado (1875-1939).* *L'Homme, le poète, le penseur,* thèse de doctorat présentée devant l'Université de Paris III le 28 octobre 1977, Université de Lille III, 1980, tome II, p. 851.

57. Joaquin Gomez Buron, *Exilio y muerte de Antonio Machado,* Madrid, Sedmay Ediciones,1975, p. 48 : « Han tenido que abandonar quasi todo el equipaje que llevaban, y con él los papeles y libros del poeta (el famoso maletin) ; pues apenas pueden ya llevarse a si mismos, teniendo que ayudar en la marcha al poeta y a su madre ».

58. Voir à ce propos Jacques Issorel, *Collioure 1939. Les derniers jours d'Antonio Machado,* suivi d'un choix de poèmes écrits en hommage à Machado exilé, Perpignan, Mare nostrum, 2003, coll. « Terra incognita », p. 25-27.

59. Antonio Machado, « A Líster, Jefe en los ejércitos de l'Ebro », in *Poesías complétas I,* Edición crítica de Oreste Macrí con la colaboración de Gaetano Chiappini, Espaca-Calpe, Fundación A. Machado, Madrid, 1989, p. 826-826 ; nous citons ici la traduction de Sybille Léger et Bernard Sesé dans Antonio Machado, *Poésies,* Gallimard, 1973, p. 406-407.

s'achever[60] ». Destins croisés que ceux de Machado et de Benjamin, ressemblance frappante jusqu'au détail d'une sacoche remplie de manuscrits que Benjamin transporta avec lui et qui s'est perdue. Destins emblématiques aussi de la vie et la mort de tant d'exilés antifranquistes et antifascistes pour qui les Pyrénées sont devenues l'ultime frontière[61].

Après Benjamin, des dizaines d'autres réfugiés pourront, grâce aux Fittko, franchir les Pyrénées sur la ‹ Route Lister › dont l'existence leur avait été révélée par Vincent Azéma, le maire socialiste de Banyuls. Car depuis l'Occupation, « les chemins utilisés jusqu'[alors] – on passait par Cerbère, la ville-frontière – étaient [...] étroitement surveillés[62] », obligeant ainsi à « passer plus à l'ouest, et [à] affronter une ascension plus pénible[63] » sur un sentier qui « devenait parallèle à la route des crêtes ‹ officielle › aisément praticable[64] ». Des décennies plus tard, Lisa Fittko a témoigné de son activité clandestine. Dans ses souvenirs, nulle trace d'un quelconque romantisme lié aux Pyrénées ni aux figures légendaires du pays :

> Notre chemin, la route Lister – emprunté de temps immémorial par les contrebandiers – était en contrebas de la route, masqué par les surplombs rocheux et, de la sorte, dérobé aux regards des gardes-frontière français qui patrouillaient là-haut. À certains endroits, cependant, les deux voies se rapprochaient dangereusement et nous devions veiller à ne faire aucun bruit[65].

Ainsi, sous le regard de Fittko, le paysage des Pyrénées est transformé en tronçons plus ou moins dangereux d'un itinéraire n'offrant que peu de marques d'orientation : peut-être une bifurcation, un groupe d'arbres ou un rocher. À l'évidence, cet itinéraire-là ne figure sur aucune carte ni plan officiel, c'est Vincent Azéma qui le lui dessine à la main, puis lui montre le chemin depuis sa fenêtre : du doigt, il lui indique « [...] les points de repère : le plateau aux sept pins, dans le lointain, et quelque part, tout là-haut, la crête que nous devions franchir[66] ». De la sorte, le paysage pyrénéen perd de son aspect panoramique

60. Walter Benjamin, *Dernières lettres*, préface de Jacques-Olivier Bégot, Paris, Payot & Rivages, 2014, p. 235. Avec Benjamin, Lisa Fittko avait fait passer en Espagne la photographe socialiste Henny Gurland et son fils Joseph. Cette dernière lettre de Benjamin adressée à Th. W. Adorno (?) aurait été reconstituée de mémoire par H. Gurland.
61. *Cf. Pyrénées 1940, ultime frontière. Pour Carl Einstein, Walter Benjamin, Wilhelm Friedmann.* Actes du Colloque international du 14 avril 2003, Université de Pau et des pays de l'Adour, Paris, L'Harmattan, 2006.
62. Lisa Fittko, *Le Chemin des Pyrénées. Souvenirs 1940-1941*, trad. par Léa Marcou, Paris, Maren Sell, 1987, p. 146. (*Mein Weg über die Pyrenäen. Erinnerungen 1940-1941*, Munich/ Vienne, Hanser, 1985).
63. *Ibid.*, p. 150 : « L'ancien parcours, longeant le mur d'enceinte du cimetière de Cerbère, est malheureusement devenu trop dangereux. [...] à présent, les gardes mobiles le surveillent de près – probablement sur ordre de la police allemande (la Gestapo a une antenne dans la zone non occupée). Il ne reste qu'un seul trajet encore sûr : la route Lister. Mais cela signifie qu'il faut franchir les Pyrénées plus à l'ouest, et affronter une ascension plus pénible car les crêtes y sont plus élevées. »
64. *Ibid.*, p. 157.
65. *Ibid.*
66. *Ibid.*, p. 152.

pour être décomposé par le regard froid et scrutateur de la passeuse qui n'en perçoit que des éléments épars.

Jusqu'à leur départ forcé de Banyuls le 5 avril 1941 suite à l'interdiction faite aux étrangers de séjourner dans des zones frontalières, les Fittko auront réussi à faire passer une centaine de personnes par la route Líster, qui allait ainsi devenir la ‹ route F › (Fittko) : Heinrich Mann, son épouse et son neveu Golo, Georg Bernhard, Franz et Alma Werfel, Arthur Wolff, pour n'en nommer que les plus connus. Avec la complicité de quelques autochtones – le conducteur de locomotive facilitant le passage du tunnel, les pêcheurs faisant innocemment le tour du cap –, ils ont aussi pu repérer et multiplier les itinéraires de fuite au point de devenir un maillon indispensable de la « filière marseillaise » de l'Américain Varian Fry[67]. Arrivé à Marseille le 4 août 1940 muni d'une liste de 200 personnalités que les États-Unis avaient choisi d'accueillir, c'est sous la couverture d'une organisation caritative, le Centre Américain de Secours, qu'il réussit à monter une filière clandestine, son équipe tissant des liens logistiques avec le "milieu" marseillais comme avec des réseaux de la Résistance pour qui les Pyrénées constituaient une frontière certes dangereuse mais aussi poreuse. Jusqu'à son expulsion en septembre 1941 suivie de la fermeture administrative du Centre en juin 1942, Fry permettra à plus de 2 000 personnes de toutes nationalités, intellectuels, scientifiques, artistes ou militants, de quitter la France par la mer ou par la montagne. Dans le même temps, d'autres passeurs et réseaux d'évasion déploieront leurs activités d'abord sur la côte basque puis dans les Hautes-Pyrénées, contraints avec la fin de la Zone libre à emprunter des chemins de la liberté toujours plus périlleux[68].

En franchissant les Pyrénées clandestinement, toutes ces personnes se frayant un chemin à travers la montagne ne pouvaient guère être sensibles au charme du paysage, à sa singulière « trame d'espace et de temps » : « Suivre du regard, un après-midi d'été, la ligne d'une chaîne de montagne à l'horizon ou une branche qui jette son ombre sur lui, c'est, pour l'homme qui repose, respirer l'aura de ces montagnes ou de cette branche[69] », avait formulé Walter Benjamin en 1935 dans son célèbre essai. Nul ne sait si, en 1940, au cœur des Pyrénées, il s'est rappelé son écrit.

67. Varian Fry, *Surrender on Demand*, New York, Random House, 1945, trad. française *La Liste noire*, trad. de l'anglais (États-Unis) par Édith Ochs, Paris, Plon, 1999 ; voir aussi le témoignage de son collaborateur Daniel Bénédite, *La Filière marseillaise 1940-1942*, Paris, Clancier-Guénaud, 1984 (nouvelle éd. *Un chemin vers la liberté sous l'Occupation*, Marseille, Éd. du Félin, 2016).

68. Voir Émilie Eychenne, *Pyrénées de la liberté. Les évasions par l'Espagne 1939-1945*, Toulouse, Privat, 1998 ainsi que Bartolomé Bennassar, « Le Passage des Pyrénées », *Les Cahiers de la Shoah*, 2001/1, vol. 5, p. 51-70 ; André-Louis Sanguin, « La Fuite des Juifs à travers les Pyrénées pendant la Seconde Guerre mondiale, une géographie de la peur et de la survie », *Annales du Midi, revue archéologique* 126 (287), 2014, p. 297-318 ; Diego Gaspar Celaya, « Une frontière poreuse. La traversée clandestine des Pyrénées entre 1939 et 1945 », in Laurent Dornel (dir.), *Passages et frontières en Aquitaine : Expériences migratoires et lieux de transit*, Pau, Puppa, 2018, p. 81-99 ; Thomas Ferrer, *Passeurs et évadés dans les Pyrénées - Franchir la frontière franco-espagnole durant la Seconde Guerre mondiale*, Pau, Cairn, 2018.

69. Benjamin, « L'Œuvre d'art… » (première version de 1935) », in *Œuvres III*, p. 67-113, ici p. 75/« Das Kunstwerk… », in *Gesammelte Schriften* I,2, p. 440).

Mobilités allemandes et expériences de la frontière franco-espagnole (1920-1947)

Diego GASPAR CELAYA

Université de Saragosse, Saragosse, Espagne

Friedel Stern Weil est née au sein d'une famille juive en Allemagne en 1886. Elle fuira son pays de naissance face à la montée du nazisme au milieu des années 1930. Installée à Milan avec son mari, elle reprit la route avec lui fin 1938, abandonnant cette fois l'Italie de Mussolini. Les lois raciales s'y étaient aussi imposées, stigmatisant la communauté juive. Lors de cette nouvelle fuite, le couple passa par Zurich et Paris, où ils furent arrêtés. Transférés au camp d'internement de Gurs, ils y retrouvèrent des milliers de brigadistes internationaux arrivés en France après l'effondrement de la IIᵉ République en Catalogne. Mais contrairement à ces derniers, Friedel et son mari purent rapidement quitter le camp, traverser les Pyrénées et rejoindre l'Espagne, puis Cuba, et enfin les États-Unis[1].

Comme le souligne l'histoire de Friedel, les expériences d'exil vécues par des millions de personnes tout au long du XXᵉ siècle caractérisent ce siècle. Ces migrations forcées et leurs protagonistes eurent une importance telle que l'historien français Bruno Groppo n'hésita pas à qualifier le XXᵉ siècle de « siècle des réfugiés », tandis que dans l'interprétation que fait Claudena M. Skran du « court XXᵉ siècle » d'Eric Hobsbawm, l'« ère des catastrophes » devient « l'ère des réfugiés[2] ». En analysant cette période et en la mettant en perspective avec la circulation des citoyens allemands entre la France et l'Espagne, cet article propose d'identifier, analyser et relier une série de mouvements relatifs à six groupes différents : les volontaires de guerre, les réfugiés, les hommes politiques, les agents secrets, les soldats et les membres d'autres corps de sécurité du IIIᵉ Reich. Leurs expériences sont ici intimement liées à deux vecteurs et à

---

1. Friedel Stern, « Diary of Friedel Stern Weil : 1886-1970 », ME955, MM II20, 000201423, Leo Baeck Institute/ Center for Jewish History [https://digipres.cjh.org/delivery/DeliveryManagerServlet?dps_pid=IE8269592&], dernière consultation le 17 avril 2022 ; Alejandro Baer, *España y el Holocausto (1939-1945). Historia y testimonios*, Madrid, Cuadernos de Sefarad, 2007, p. 116-120.

2. Bruno Groppo, « Los exilios europeos en el siglo XX », in Pablo Yankelevich (dir.), *México país de refugio: la experiencia de los exilios en el siglo XX*. México D.F., INAH, 2002, p. 19-42 ; Claudena M. Skran. *Refugees in Inter-war Europe: The emergence of a Regime*, Oxford, Oxford University Press, 1995 ; Eric Hobsbawm, *The age of extremes: The short twentieth century, 1914-1991*, London, Michael Joseph, 1994.

un espace concret : le contexte de « guerre civile européenne », le phénomène du volontariat de guerre transnational et la traversée clandestine de la frontière franco-espagnole[3].

Que ces mouvements soient contraints ou non, cet article essaie de démontrer comment ils réaffirment la perméabilité du territoire frontalier ainsi que le lien existant entre des populations d'origines plus éloignées qui utilisèrent cet espace comme lieu de transit. Cette perméabilité révèle donc une nature transnationale de la frontière en soi, lorsqu'elle devint un espace d'échange exceptionnel, un espace parcouru par tous les groupes étudiés qui conservent cependant leurs différences. De fait, la comparaison des exemples de mobilités allemandes retenus dans cet article révèle la prééminence de la voie maritime pour ce qui fut l'arrivée en Espagne des grands contingents de troupes, tandis que la voie terrestre reste liée au passage clandestin de la frontière par des individus ou petits groupes de personnes, dans un sens comme dans l'autre.

Issue d'une méthodologie qui met en relation l'histoire comparative et l'histoire transnationale, cette étude a pour objectif d'évaluer les mobilités suivantes : celle des Allemands qui s'engagèrent dans le *Tercio de Extranjeros* entre 1924 et 1927, celle des soldats de la Légion Condor qui soutinrent Franco lors de la guerre d'Espagne, celle des volontaires allemands des Brigades internationales, celle des réfugiés qui traversèrent les Pyrénées entre 1936 et 1944, celle des forces de sécurité allemandes chargées de la surveillance de cet espace, et finalement celle des « ressortissants de guerre » nazis et collaborateurs qui quittèrent la France libérée en s'évadant par les Pyrénées.

Viva la Muerte !

Le *Tercio de Extranjeros* fut créé avec le *Real Decreto* du 28 janvier 1920 par le ministre de la Guerre José Villalba Riquelme, le commandant José Millán-Astray étant son principal instigateur[4]. L'objectif était d'adapter la structure de défense espagnole aux nouveaux besoins suscités par la guerre du Rif au Maroc, grâce à la création d'un corps de soldats professionnels. Prenant pour modèle la Légion étrangère française[5], le *Tercio* développa une formation qui

---

3. La période 1914-1945 peut être considérée comme une guerre civile européenne dans la mesure où tous les conflits qui ont eu lieu au cours de cette période ont revêtu le caractère de guerres civiles et dans la mesure où il s'agissait de guerres totales affectant la société dans son ensemble. C'est cette guerre civile européenne, définie comme une période de crises, de guerres et de révolutions, qui a créé un cadre hors duquel l'Holocauste et toutes les autres pratiques de répression de masse n'auraient jamais été possibles. Enzo Traverso, *À feu et à sang. De la guerre civile européenne 1914-1945,* Paris, Stock, 2007, p. 82, 150 et 151. Voir aussi Ernst Nolte, *La guerre civile européenne national-socialisme et bolchevisme, 1917-1945,* Paris, Perrin, 2011 ; Ian Kershaw, *L'Europe en enfer (1914-1949),* Paris, Points, 2018.

4. Pour approfondir la création du corps, voir : Luis E. Togores, *Millán Astray, Legionario,* Madrid, La esfera de los libros, 2011.

5. Pour approfondir l'histoire de la Légion étrangère, voir : Douglas Porch, *La Légion étrangère. 1831-1962,* París, Fayard, 1994 ; Pierre Montagnon, *La Légion étrangère. De 1831 à nos jours,*

augmenta la capacité opérationnelle de ses membres, créant une identité de plus en plus forte qui contribua à la cohésion de l'unité[6]. Entre 1920 et 1930, plus de 4 000 étrangers venant de 48 États différents furent recrutés par le *Tercio* sur un total de 24 521 hommes. Parmi eux, plus de 1 000 étaient d'origine allemande : le deuxième groupe étranger le plus nombreux après les Portugais. Leur profil était celui de volontaires âgés de 24 ans, ex-combattants de la Première Guerre mondiale, particulièrement touchés par la démobilisation complexe ayant eu lieu lors de la défaite allemande et par la crise économique de l'après-guerre[7].

En 1921, conscient du potentiel des ressortissants de la Première Guerre mondiale, les autorités espagnoles mirent en œuvre une campagne de propagande visant l'incorporation de volontaires de guerre en Allemagne. Néanmoins, les limites imposées par le Traité de Versailles empêchèrent en août 1921 l'enrôlement d'un grand nombre de volontaires qui s'étaient rendus au consulat d'Espagne à Munich[8].

Alors que la possibilité d'enrôler un grand nombre de volontaires allemands s'éclipsait, les premières incorporations allemandes émanent des individus eux-mêmes : aucune démarche officielle ne fut mise en œuvre pour faciliter le voyage en Espagne des premiers volontaires. Néanmoins, à partir de 1923, le gouvernement de Primo de Rivera, très intéressé par la recherche de volontaires à l'étranger, ordonna à l'attaché militaire de l'ambassade espagnole à Berlin d'organiser un recrutement en Allemagne. Cependant, pour lui enlever tout caractère officiel et éviter toute violation du traité de Versailles, la direction du recrutement incomba à M. Amorós : un immigrant espagnol, propriétaire d'un magasin de meubles à Hambourg et collaborateur du consulat de la ville. L'ambassadeur espagnol à Berlin, Pablo Soler y Guardiola, insista même sur le fait que ce recrutement est toujours resté clandestin[9]. Mais cette nature « cachée » des engagements est aussi confirmée dans les mémoires des volontaires Fran Sehring et Richard Sablotny, tous deux enrôlés début 1924 à Hambourg. Selon Sablotny, la démarche s'est déroulée au consulat et, après avoir passé l'examen médical et signé le contrat, une avance en dollars leur a été versée et ils ont été convoqués à l'embarquement[10]. D'autre part, Sehring souligne qu'Amorós,

---

Paris, Pygmalion, 1999 ; Georges Blond, *Histoire de la Légion étrangère*, Paris, Perrin, 2008 ; André-Paul Comor (dir.), *La Légion étrangère : histoire et dictionnaire*, Paris, R. Laffont/ Ministère de la Défense/ DMPA, 2013. Sur les engagements allemands, voir : Alexis Neviaski, « 1919-1939: le recrutement des légionnaires allemands », *Guerres mondiales et conflits contemporains* 237, 2010/1, p. 39-61.

6. Le Tercio de Extranjeros prit le nom de Légion (espagnole) en 1937 suite à la réduction progressive de l'apport étranger du corps qui représentait à peine les 5 % en 1936.

7. Miguel Ballenilla y García de Gamarra, *La Legión. 1920-1927*, Murcia, Fajardo Bravo, 2010, p. 105-106.

8. *Treaty of peace with Germany (treaty of versailles)*, Part V: Military, naval and air clauses, Section I: Military clauses, Chapter I: Effectives and cadres of the German army, articles 159-163. [https://www.census.gov/history/pdf/treaty_of_versailles-112018.pdf], dernière consultation le 13 mars 2022.

9. Ballenilla y García de Gamarra, *La Legión*, p. 271.

10. Richard Sablotny, *Legionnaire in Morocco*, Los Angeles, Wetzel Publishing Company, 1940, p. 10.

lorsqu'on lui demanda si la recrue appartenait à la Légion, avait déclaré qu'il ne connaissait pas l'unité de destination, ce qui était logique étant donné les limites imposées par Versailles[11].

Contrairement à ceux qui avaient gagné l'Espagne individuellement, généralement en train, ceux qui suivirent Amorós arrivèrent en Espagne en bateau en suivant la route Hambourg-Gijón-Cáceres-Algeciras-Melilla-Ceuta, même si, du fait des nombreux cas d'évasion sur le chemin de Cáceres, les autorités espagnoles modifièrent finalement l'itinéraire des expéditions en passant par Madrid[12].

D'une façon générale le séjour dans le *Tercio* de ces volontaires allemands fut conflictuel. Effectivement, près de la moitié d'entre eux n'étaient pas certains du but de leur engagement. Cela attisa la méfiance et provoqua la suspension du recrutement organisé en Allemagne en août 1925, malgré l'arrivée ininterrompue des demandes d'engagement. Chargée d'y répondre, l'ambassade espagnole à Berlin informa les volontaires des changements intervenus dans le recrutement et des conditions à remplir pour intégrer le groupe : être majeur, faire preuve de robustesse correspondant au travail attendu et faire le voyage menant à l'un des bureaux de recrutement actifs dans la Péninsule à son compte[13].

Les Condor

La Légion Condor fut la force aérienne formée à partir d'effectifs de la *Luftwaffe* qui combattit en Espagne entre juillet 1936 et avril 1939 en soutien aux troupes de Franco. Composée de 5 500 « volontaires » envoyés en Espagne sur ordre du Haut Commandement allemand, environ 19 000 soldats y servirent pendant tout le conflit, auxquels il faut ajouter environ 140 avions, un bataillon de chars de combat de 48 unités et 60 canons antiaériens[14].

Cependant, même si ce recrutement semble avoir eu un caractère officiel, en suivant les expériences de voyages des Condor vers l'Espagne, nous pouvons identifier une certaine culture du secret autour de leur engagement et de leur déplacement. Comme le pilote Adolf Galland le rappelle dans ses mémoires, lui-même ne se présenta pas comme volontaire pour partir en Espagne, il reçut

11. Ballenilla y García de Gamarra, *La Legión,* p. 92.
12. Archivo General Militar de Madrid (AGMM), África, Caja 86, « Oficio de 9 de julio de 1924 de la Comandancia Militar de Gijón solicitando un cambio de itinerario para los reclutas alemanes con destino al Tercio ».
13. Ballenilla y García de Gamarra, *La Legión,* p. 96-98.
14. Julián Casanova, *República y Guerra Civil,* Barcelona – Madrid, Crítica/ Marcial Pons, 2007, p. 278-279 ; Raúl Arias Ramos, *La Legión Cóndor en la Guerra Civil. El apoyo militar alemán a Franco,* Madrid, La Esfera de los libros, 2003. Sur les négociations entre les rebelles de Franco et le IIIᵉ Reich, voir Ángel Viñas, *La Alemania nazi y el 18 de Julio. Antecedentes de la intervención alemana en la Guerra Civil española,* Madrid, Alianza Editorial, 1974, p. 347-474 ; Walther L. Bernecker, « La intervención alemana en la Guerra Civil española », *Espacio, Tiempo y Forma, Serie V. Historia Contemporánea* 5, 1992, p. 77-104 ; Ángel Viñas, *Franco, Hitler y el estallido de la Guerra Civil: antecedentes y consecuencias,* Madrid, Alianza, 2001.

l'ordre de se présenter au Commando W spécial de la Légion Condor qui fut finalement déployée au sud des Pyrénées, tout en gardant secrète cette opération[15].

Les premiers convois des Condor quittèrent Hambourg entre le 7 et le 29 novembre 1936. Ils étaient composés d'une centaine d'avions et de près de 4 000 hommes qui partirent avec des équipes de soutien logistique, fournitures et munitions[16]. Néanmoins, lors de leur voyage en Espagne, les légionnaires devaient s'habiller en civil et, suivant les ordres de leurs supérieurs, ne pas se rendre « en bataillons » au port de Hambourg. Le conseil donné fut qu'il était plus judicieux de se déplacer en groupes spontanés. Le reste des démarches avant de partir fut effectué auprès du ministère de l'Aviation à Berlin et dans la ville de Döberitz, où ils reçurent de faux documents pour leur voyage. Cela corrobore le caractère clandestin et mystérieux de ces premières expéditions[17]. Le secret des opérations fut tel que de nombreux « volontaires » racontent comment, après avoir franchi toutes ces étapes, ils furent au centre de l'attention de leurs compagnons qui leur demandaient : « Que se passe-t-il ? Où t'envoient-ils ? Pourquoi tant de mystère[18] ? ». Des questions auxquelles ils ne pouvaient répondre. Dans le cas contraire, l'atmosphère mystérieuse qui enveloppait leur départ se verrait compromise.

Nourris de cette culture du secret, Galland et ses compagnons, en proie au mal de mer et sans pouvoir monter sur le pont, naviguèrent d'Hambourg à El Ferrol dans un vieux cargo réquisitionné par les rebelles espagnols. Cependant, lors du débarquement, on les équipa tous d'uniformes semblables à ceux des troupes rebelles, de « toile de couleur marron olive ». Il faut toutefois remarquer que les « volontaires » allemands arborèrent « le grade immédiatement supérieur à celui qu'ils avaient dans la *Luftwaffe* », dans le cas de Galland, premier lieutenant en Allemagne, il devint capitaine en Espagne[19].

La quasi-totalité des Condor arrivèrent en Espagne par la mer dans une série de convois qui levèrent l'ancre depuis Hambourg, Emden ou Stettin en direction de la ville de Cadiz. Cependant à partir de l'été 1937, et après la conquête par les rebelles du nord de la péninsule, les expéditions arrivèrent alors à El Ferrol ou à Vigo. L'expérience du voyage dépendait de deux facteurs : les conditions météorologiques et l'état du bateau. En effet, contrairement au groupe de Galland, la première expédition Condor partit de Hambourg le 31 juillet 1936 et eut une traversée tranquille marquée par le beau temps et l'état acceptable de l'Usaramo : un bateau de passagers allemands fabriqué en 1920 dans les chantiers navals de Blohm + Voss (Hambourg). Y voyageait le « Groupe Touristique Union » de l'organisation nazie du Front du Travail : un contingent infiltré de 85 soldats,

15. Adolf Galland, *Los primeros y los últimos*, Barcelona, AHR, 1955, p. 50-51. Titre original : *Die Ersten und die Letzten*, München, Franz Schneekluth Verlag, 1954.
16. Ángel Viñas, *El escudo de la república. El oro de España, la apuesta soviética y los hechos de mayo de 1937*, Barcelona, Crítica, 2007, p. 10.
17. Stefanie Schüler-Springorum, *La guerra como aventura. La Legión Cóndor en la Guerra Civil española, 1936-1939*, Madrid, Alianza, 2014, p. 186-187.
18. *Ibid.*, p. 183
19. Galland, *Los primeros y los últimos*, p. 52.

commandés par le commandant Von Scheele, 16 avions démontés, une batterie de 88 mm, 20 anti-aériens, 3 stations de radio, des médicaments, des munitions et des pièces de rechange[20].

Comme le rappelait Max Hoyos, passager de l'Usaramo, tous finirent la traversée à bord d'un agréable navire, disposant d'un bar, de bonne nourriture et d'un gramophone rendant la traversée bien plus supportable[21]. Un trajet qui se termina le 7 août 1936, c'est-à-dire 18 jours à peine après l'échec du coup d'État rebelle et du début de la guerre en Espagne. La mission avait eu lieu en secret, et après le débarquement, les hommes, les appareils et attirails furent transportés à Séville. Ils commençaient une nouvelle expérience qui n'en laisserait aucun indifférent. Six mois plus tard, la majorité fut relevée. Ainsi ceux qui avaient servi et survécu en Espagne rentrèrent en Allemagne « le visage bronzé et de très bonne humeur ». À leur retour ils racontèrent à leurs amis intimes « dans le plus strict secret », ce qu'ils avaient vécu en Espagne[22].

Pour beaucoup d'entre eux, la guerre d'Espagne s'est transformée en voyage « touristique ». En permission, ils purent profiter de leur temps libre pour visiter différentes villes espagnoles – souvent guidés par des résidents allemands sur place – et faire connaissance des « us et coutumes » espagnols, comme le note le journal des troupes de communication des Condor[23]. D'autre part, pour les périodes plus longues, le Maroc, Santander et Saint Sébastien furent des destinations très appréciées par ces « touristes de guerre » et que les troupes allemandes continuèrent à découvrir en franchissant la frontière entre 1940 et 1944 lors de l'occupation de la France du fait de la proximité de ces villes espagnoles.

Volontaires antifascistes

La frontière des Pyrénées sera traversée dès la fin de juillet 1936 par des milliers de volontaires antifascistes allemands et autrichiens qui, soit de leurs propres moyens, soit avec l'aide de l'Internationale communiste arrivèrent en Espagne, après être passés par la France, pour la plupart par Paris, et traversant les montagnes grâce à l'aide de contrebandiers, de bergers et de guides de montagne. Ce fut le cas de l'étudiant d'architecture berlinois et militant du KPD Ernst Scholz

20. Claude Huan (captián de navio), « La Kriegsmarine y la Guerra de España », *Revista de historia naval* 14, 1986, p. 17-46 ; Raúl Arias Ramos, *La Legión Cóndor en la Guerra Civil*, p. 76-79 ; Jesús Salas Larrazabal, *Guerra Aérea 1936/39. La batalla aérea por Madrid*, Madrid, IHCA. Instituto de Historia y Cultura Aeronáuticas, Tomo I, 1998, p. 112-114 ; Francisco Manuel Vargas Alonso, *La intervención alemana en el País Vasco (1936-1937). Un balance crítico en el contexto de la Guerra Civil española*, Murcia, Comisión Española de Historia de las Relaciones Internacionales, 2012, p. 24-25. Selon Huan y Salas, l'Usaramo transportait seulement six avions de chasse.
21. Schüler-Springorum, *La guerra como aventura*, p. 184.
22. Galland, *Los primeros y los últimos*, p. 51.
23. Journal de troupes et communication des Condor. KTB Ln/88, BA-MA, RL 35/26, hoja 5, cité dans Schüler-Springorum, *La guerra como aventura*, p. 152.

qui après avoir abandonné l'Allemagne en fuyant le nazisme, mais convaincu du besoin de le combattre en Espagne, commença à Prague son voyage vers le sud, en passant par Paris[24].

> [À Prague] quelques jours après mon arrivée, je reçus l'autorisation de partir en Espagne, on m'équipa de nouveaux vêtements : un costume foncé, des chaussures noires, un bon manteau et un chapeau [...] Mon passeport aussi était tout neuf, trop neuf pour être celui d'un commerçant : il me décrivait comme étant un citoyen luxembourgeois et commerçant. [...] Avec un billet de 1ʳᵉ classe je suis monté dans le train qui allait à Paris. J'avais seulement un petit bagage à main et un peu d'argent français. J'avais appris par cœur l'adresse de Paris, le mot de passe, les données et les heures[25].

Bien que la première étape du voyage se fût passée sans encombre, en arrivant à Bâle, il fut découvert, arrêté et emprisonné. Libéré quelques mois plus tard, grâce à la médiation d'un ami d'enfance avocat, il reprit son voyage vers l'Espagne à Noël 1936. Après être passé par Paris, il atteignit Perpignan début 1937, et lorsque « tout fut prêt », des camarades français amenèrent en voiture le groupe de volontaires dont faisait partie Scholz jusqu'à un petit hameau au pied des Pyrénées, le dernier arrêt avant la frontière.

> Quand la nuit tomba, nous sommes sortis avec un sac contenant le strict nécessaire. Le groupe était dirigé par un camarade espagnol [...] Avec lui venait un guide français [...] La marche fut une longue ascension et presque silencieuse. Au début, l'ascension était douce, jusqu'à la vraie montagne. À ce moment-là, notre guide abandonna le chemin. À travers la montagne nous avons grimpé de fortes pentes et nous sommes descendus dans d'étroits ravins pendant quelques heures. Nous n'avons pas su exactement quand nous avons traversé la frontière entre la France et l'Espagne ni à quel endroit. [...] Quand nous sommes arrivés au sommet des montagnes, il commençait à faire jour. [...] Après, nous sommes descendus. Sur une route de montagne avec des camions. Figueres était en bas et on nous y a reçus cordialement dans un vieux fort. [...] Tout était bien organisé[26].

Les Brigades internationales furent créées le 18 septembre 1936 par l'Internationale communiste, une organisation qui réunissait les partis communistes nationaux proches du Parti communiste de l'URSS. Cette création donna une couverture légale et organisationnelle à un phénomène qui avait commencé quelques jours après le début de la guerre : l'arrivée de volontaires de guerre transnationaux décidés à combattre le fascisme en Espagne. Plus de 35 000 furent chargés d'alimenter la nouvelle organisation, bien qu'il n'y eût

24. « Scholz, Ernst » in Munzinger Online/Personen - Internationales Biographisches Archiv [http://www.munzinger.de/document/00000010904] Munzinger-Archiv GmbH, Ravensburg; [https://www.bundesstiftung-aufarbeitung.de/de/recherche/kataloge-datenbanken/biographische-datenbanken/ernst-scholz], dernière consultation le 17 juin 2022. Josie McLellan, *AntiFascism and Memory in East Germany. Remembering the International Brigades 1945-1989*, Oxford, Clarendon Press, 2004, p. 14.

25. María Isabel Esteve Torres, *Recuerdos de brigadistas alemanes de la Guerra de España (1936-39)*, 2, p. 345-368 [https://www.academia.edu/38076005/Recuerdos_de_brigadistas_alemanes_sobre_la_Guerra_de_España_1936_1939_Parte_2_2], dernière consultation le 4 mai 2022. Cette citation provient de la traduction, sélection et élaboration de textes et cartes de souvenirs de brigadistes internationaux allemands conservés aux Archives Fédérales d'Allemagne. (*Bundesarchiv*, Berlin), Sec. SAPMO. Traduction de l'auteur.

26. *Ibid*.

jamais plus de 20 000 volontaires servant en même temps en Espagne, et nous pouvons souligner qu'à partir de 1938, ce nombre fut considérablement réduit. Un total de sept brigades fut créé (XI, XII, XIII, XIV, XV, 129a et 150a), chacune divisée en trois ou quatre bataillons, qui, en général, suivirent une logique linguistique. Les bataillons accueillirent ainsi des volontaires qui parlaient la même langue, principalement au début du conflit, dans le but d'encourager la communication de la troupe et d'éviter des problèmes de compréhension[27].

Près de 3 000 volontaires d'origine allemande combattirent en Espagne, particulièrement dans la XIe Brigade, unité où fut incorporé le bataillon Edgar André (650 membres), et dans la XIIIe, où fut créé le bataillon Thälmann (1 500), ce dernier étant finalement transféré au sein de la XIe fin 1937. De plus, début 1938, la fusion de plusieurs bataillons, les bataillons André et Thälmann également, aboutit à la refondation de la XIe Brigade, connue aussi comme la brigade Thälmann.

Comme indiqué précédemment en ce qui concerne le voyage en Espagne des volontaires allemands, le trajet était habituellement réalisé en deux étapes. La première allait jusqu'à Paris, où différentes organisations politiques leur apportèrent leur aide, et se terminait par un nouveau voyage, cette fois en direction du sud, dans la plupart des cas, vers Perpignan. De fait, c'est là que débute cette seconde étape, qui implique généralement la traversée de la frontière franco-espagnole, normalement *via* Port-Bou, puis Barcelone. Le cas de Scholz, ainsi que celui d'Alfred Berger, illustre parfaitement ce parcours. Exilé en France en 1934, Berger quitta Lille, en direction de Paris, puis de l'Espagne en 1937, grâce à l'aide financière qu'il reçut du Parti communiste. Arrivé à Perpignan en bus, il traversa la frontière à Port-Bou, puis il se rendit à Barcelone en train.

Un autre volontaire germanophone ayant fui le Reich en 1934 fut l'Autrichien Hans Landauer. Ouvrier du textile et membre de groupes de jeunes socialistes, il suivit de près l'évolution du conflit espagnol dans la presse clandestine de gauche, où il trouva la trace du réseau de solidarité antifasciste qu'il utilisa pour se rendre en Espagne au printemps de 1937 via Paris. Partis avec d'autres volontaires de sa région, tous prirent, après avoir passé quelques jours dans la capitale française, la direction de Béziers, où ils restèrent quelques temps avant de continuer vers Perpignan, où les attendait le bus qui les amena jusqu'à la frontière qu'ils traversèrent la nuit, avec l'aide de contrebandiers[28].

Il est bien connu que la lutte des internationaux en Espagne prit officiellement fin en octobre 1938, lorsque les volontaires furent remerciés à Barcelone. Cependant, des milliers d'entre eux n'abandonnèrent pas l'Espagne et continuèrent à se battre jusqu'à leur fuite en France début 1939, passant de

---

27. Sur les Brigades internationales, voir notamment Manuel Espadas Burgos, Manuel Requena Gallego, *La Guerra Civil Española y las Brigadas Internacionales*, Ediciones de la Universidad de Castilla-La Mancha, España,1998 ; Rémi Skoutelsky, *Novedad en el frente. Las Brigadas Internacionales en la Guerra Civil*, Temas de hoy, Madrid, 2006 ; Frank Schauff, *La victoria frustrada. La Unión Soviética, la Internacional Comunista y la Guerra Civil española*, Debate, Barcelona 2008.

28. Témoignage de Landauer in Sofia Moro, *Ellos y nosotros*, Barcelona, Blume, 2006, p. 98-104.

nouveau par les Pyrénées. Ce fut le cas de Scholz ou de Landauer. Ce dernier se rendit à Barcelone pour faire ses adieux à ses camarades. Les Autrichiens devaient prendre un train à la gare de Marçà, mais Landauer ne fit pas partie du groupe. Il resta en Espagne jusqu'à la *Retirada* vers la frontière française, qu'il franchit de nouveau à Port-Bou le 9 février 1939. Lors de cette nouvelle traversée, Landauer et ses compagnons, Scholz faisant lui aussi partie du groupe, furent enfermés dans le camp de Septfonds, puis à Gurs et finalement à Argelès-sur-Mer. Arrêté à Paris en novembre de 1940, Landauer fut déporté à Dachau en 1941, et en fut libéré en avril 1945[29].

De nombreux antifascistes allemands et autrichiens partirent en exil avant que la guerre n'ait commencé en Espagne. Mais nombre d'entre eux retournèrent en exil quand la victoire du fascisme international assit Franco au pouvoir. Dans la plupart des cas, leur participation au conflit espagnol se solda par un enfermement dans les camps d'internement français. Néanmoins, le déclenchement de la Seconde Guerre mondiale aggrava la situation puisque, à l'exception de ceux qui purent fuir de nouveau, nombre d'entre eux restèrent prisonniers en France, pour beaucoup dans le camp de Gurs, situé à 50 kilomètres de la frontière espagnole. Certains, comme Heinz Priess, réussirent à s'évader et à rejoindre la Résistance. Tandis que d'autres, comme Landauer ou Erich Hoffmann, ne purent échapper à la répression et furent déportés dans les camps nazis.

Pyrénées frontière de liberté

Après l'invasion allemande de la France en 1940, et jusqu'à l'été 1944, il suffisait d'un coup d'œil sur une carte pour prendre conscience que les Pyrénées représentaient une des seules portes de sortie de l'Europe occupée. Lisbonne, l'Espagne et Gibraltar en particulier devinrent des enclaves stratégiques à atteindre pour tous ceux fuyant le Service de travail obligatoire (STO) ou la persécution du régime nazi et/ou voulant rejoindre les troupes alliées ou la résistance pour le combattre. Mais traverser les Pyrénées ne fut pas si facile du fait de l'envergure de ces montagnes et de la surveillance qui y existait, au nord par les troupes d'occupation allemandes, au sud par une Espagne franquiste qui créa une zone d'exclusion de 30 kilomètres à l'intérieur du territoire espagnol à partir de la frontière, où la circulation était contrôlée grâce à des passes spéciaux.

Malgré ce double système de surveillance, des milliers de fugitifs réussirent à franchir la frontière individuellement et en groupes, par leurs propres moyens, mais pour la plupart grâce à l'aide des différents réseaux d'évasion alliés qui opéraient dans les Pyrénées. Des dizaines de volontaires allemands, hommes et femmes, contribuèrent au fonctionnement de ces structures de résistance

29. Hans Landauer, Pedro Timón, Erich Hackl, *En lugar de un salud de honor,* Gijón, Museo Juan Barjola, 1996 ; Hans Landauer, Erich Hackl (dir.), *Album Gurs. Ein Fundstück aus dem österreichischen Widerstand*, Wien, Deuticke Verlag, 2002 ; Hans Landauer, Erich Hackl, *Diccionario de los voluntarios austriacos en la España republicana 1936-1939*, Madrid, Asociación de los Amigos de las Brigadas Internacionales, 2005.

transnationales, comme Paula Oettinghaus l'avait fait pour *Pat O'Leary*[30]. Bien que son activité puisse être retracée tout le long de la chaîne de montagnes, à partir de la fin de 1942, l'augmentation des forces de l'ordre chargées d'anticiper et de poursuivre l'activité de ces réseaux rendit plus difficile la traversée clandestine.

Étant donné que le régime de Vichy ne mit pas en place de corps de sécurité spécifiques pour le contrôle frontalier, cette tâche fut assignée aux agents des douanes et de la gendarmerie. Ainsi, entre 1939 et novembre 1942, la traversée des Pyrénées resta un délit qui ne pouvait conduire qu'à une arrestation. Mais, dès la fin 1942, les conditions de passage furent complètement modifiées puisque les douaniers et les gendarmes furent rejoints par une police allemande des frontières spécialisée dans la recherche des passeurs et des évadés, le Corps des Chasseurs Alpins bavarois, la gendarmerie de campagne (*Feldgendarmerie*) et la police de sécurité SIPO (*Sicherheitspolizei*). Au total, plus de 2 000 hommes chargés de fermer les Pyrénées, sans compter les effectifs militaires déjà déployés sur le terrain.

Plus de 80 000 personnes traversèrent les Pyrénées entre 1940 et 1945 fuyant différentes formes de persécution et répression. À partir de la documentation officielle espagnole, les 55 000 personnes détenues par les autorités espagnoles démontrent l'ampleur de ce phénomène[31]. Cependant, avant même le début de la Seconde Guerre mondiale, environ 90 000 Juifs fuirent le territoire du Reich pour se réfugier dans les pays voisins de l'Allemagne. Entre 1939 et 1941, 30 000, la plupart partis de France, furent autorisés à entrer en Espagne pour se rendre au Portugal[32]. Plus encore, jusqu'en 1945, des dizaines de milliers continuèrent à franchir la frontière clandestinement grâce aux réseaux mentionnés plus haut. De fait, il existait des organisations juives qui créèrent leurs propres réseaux d'évasion. Ce fut le cas du journaliste américain Varian Fry qui dirigea l'*Emergency Rescue Committee* depuis Marseille à partir de 1940[33].

Cependant, certains ne purent réussir leur évasion, à l'instar de Jenny Sara Kher Lazarus et de son compagnon Max Regensburger, un couple juif allemand évadé d'un camp d'internement en France. Épuisés par la fuite, ils furent arrêtés par la *Guardia Civil* à Coll de Nargo le 7 octobre 1942. Compte tenu de leur

---

30. Service historique de la Défense, série GR, sous-série 16P. 16 agents allemands furent homologués par les autorités françaises dans l'après-guerre pour les services qu'ils rendirent dans ces réseaux d'information, action et/ou évasion liés à la France combattante et/ou aux services de renseignement alliés.

31. Josep Calvet, *Las montañas de la libertad. El paso de refugiados por los Pirineos durante la Segunda Guerra Mundial 1939-1944*, Madrid, Alianza, 2010.

32. André-Louis Sanguin, « La fuite des Juifs à travers les Pyrénées pendant la Seconde Guerre mondiale, une géographie de la peur et de la survie », in *Annales du Midi* 287, 2014, p. 297-318 ; Voir aussi Josep Calvet, *Huyendo del Holocausto. Judíos evadidos del nazismo a través del Pirineo de Lleida*, Lleida, Milenio, 2015.

33. Sheila Isenberg, *A Hero of Our Town. The Story of Varian Fry,* New York, Random House, 2001 ; Carla K. McClafferty, *In Defiance of Hitler. The Secret Mission of Varian Fry,* New York, Farrar, Strauss & Giroux, 2008. Ce réseau a facilité l'évasion par l'Espagne de l'écrivain autrichien Franz Werfel et de son épouse Alma Mahler. Peter Stephan Jungk, *Franz Werfel : Une vie de Prague à Hollywood*, Paris, Albin Michel, 1990.

état physique, ils furent hébergés à l'Hôtel Mundial à La Seu de Urgell. Mais le lendemain Max fut interné dans la prison de la ville, puis transféré au camp de Miranda de Ebro, tandis que Jenny Sara était transférée à la prison des Corts à Barcelone où elle se suicida[34].

Odessa[35] : « Allemands haineux » en transit

À partir d'août 1944, tandis que les évasions de réfractaires et de résistants français, juifs et militaires alliés prenaient fin, des dizaines de douaniers allemands décidèrent de franchir la frontière pour obtenir la protection du gouvernement de l'Espagne franquiste. Ainsi, les douaniers d'Oloron-Sainte-Marie arrivèrent au pic de la Mina, et puis à Canfranc en Espagne. Interpelés par la *Guardia Civil*, ils furent conduits à Jaca, d'où ils furent transférés au camp de Miranda de Ebro. Cependant, ils furent finalement envoyés à Les, à Figueras et à Irún, trois villes près de la frontière, et afin d'être rapatriés quelques mois plus tard en Allemagne[36].

À la fin de la Seconde Guerre mondiale, et jusque dans les années 1950, de petits groupes de soldats allemands et dirigeants nazis quittèrent l'espace européen en passant par l'Espagne. Parfois, comme nous l'avons vu, ils furent arrêtés. Mais d'autres réussirent à rester en Espagne sous une nouvelle identité, ou à s'enfuir vers un autre pays en utilisant des réseaux d'exfiltration, les *ratlines* en anglais.

Malgré les légendes et les romans faisant état d'une fuite massive des chefs nazis vers l'Espagne franquiste après la chute du IIIe Reich, peu d'entre eux décidèrent de rester en Espagne de manière permanente. De fait, à partir de 1949, le nombre de rapatriés vers la République fédérale allemande augmenta, tandis que ceux que l'on appela les « Allemands haineux » (membres du parti nazi, des SS et des services de renseignement nazis) émigrèrent pour la plupart vers d'autres pays, notamment en Amérique latine, et en particulier en Argentine. Néanmoins, certains choisirent d'aller au Royaume-Uni, au Canada, aux États-Unis, en Australie et au Moyen-Orient. Tous furent le principal objectif de la politique de dénazification des Alliés en Europe occidentale, impulsée par les États-Unis[37].

---

34. Calvet, *Las montañas de la libertad,* p. 100-110.
35. Odessa fait référence à l'acronyme qui fit connaître le groupe planifiant les *ratlines* : l'*Organisation der ehemaligen SS-Angehörigen*. Cette organisation devint célèbre grâce à une œuvre de fiction basée sur certains faits réels : le roman à suspense *The Odessa* de Frederick Forsyth, publié en 1972.
36. Concha Pallarés, José Espinosa de los Monteros, « Miranda, mosaico de nacionalidades: franceses, británicos y alemanes », *Ayer* 57, 2005, p. 153-187.
37. David A. Messenger, « Beyond War Crimes: Denazification, 'Obnoxious' Germans and US Policy in Franco's Spain after the Second World War », *Contemporary European History* 20, 2011, p. 455-478.

Malgré la pression alliée, certains trouvèrent refuge au sud des Pyrénées sous une nouvelle identité, tandis que d'autres réussirent à fuir en Amérique Latine en utilisant la « route ibérique » des *ratlines* décrits auparavant[38]. La collaboration du Vatican, de l'Église catholique espagnole, du Comité International de la Croix Rouge et d'une série de citoyens allemands résidant en Espagne et entretenant d'étroites relations avec le régime de Franco fut essentielle pour leur fonctionnement. Ces derniers aidèrent et rendirent possible le transit de certains de ces fugitifs nazis. Même s'il est vrai que les premiers réseaux d'évasion nazis traversant les Pyrénées (de la France vers l'Espagne) furent exploités par les services secrets allemands, en particulier par le service de renseignement et de maintien de l'ordre de la SS (*Sicherheitsdienst*, SD), sous la direction de Walter Schellenberg[39].

L'Allemande Clara Stauffer, née en Espagne, fille de Conrado Stauffer, ingénieur chimiste arrivé dans la Péninsule en 1889, et responsable de la mise en marche et de la direction de l'usine de bière Mahou à Madrid fut une pièce maîtresse du fonctionnement des réseaux et connexions en Espagne. Secrétaire nationale de la Section féminine de la Phalange, elle fit partie, à l'automne 1945, de la direction du *Hilfsverein*, une organisation d'aide installée à Madrid qui récupérait des vêtements et de la nourriture pour les Allemands retenus dans le camp d'internement espagnol de Sobrón. Cherchant activement des emplois pour les Allemands en Espagne, lors de son interview par le journaliste britannique Sefton Delmer, fin janvier 1945, Clara n'hésita pas à reconnaître qu'elle aidait tout type de réfugiés allemands, à l'exception des communistes. Une aide qu'elle continua à fournir en 1946 en participant à la localisation et l'adaptation de plusieurs cachettes pour des fugitifs allemands dans la région de Santander. Elle fut associée un an plus tard au père José La Boos, chef de la *ratline* ibérique qui permettait la fuite des « haineux » depuis l'Italie vers l'Amérique latine en passant par l'Espagne, *via* Valencia, ville où Boos comptait sur le soutien du gouverneur civil Ramón Laporta Girón[40]. En 1947, le Service de renseignement britannique ajouta le nom de Clara Stauffer aux 104 noms de la liste des nazis les plus recherchés en Espagne, ceux qui, à la demande des alliés, devraient être arrêtés par les autorités de Franco et remis au nouveau gouvernement allemand pour être jugés ultérieurement[41].

Enfin, une dernière liste : celle de ceux qui reçurent le soutien de la *ratline* dirigée par Boos et où figuraient le SS allemand Johannes Bernhardt, les collabos

38. La plupart des ex-militaires et politiques allemands réfugiés en Espagne s'installèrent dans la vie civile et seulement un petit nombre d'officiers fut accepté dans l'armée. José María Faraldo, « Voluntarios y mercenarios germanos en la España Contemporánea », in Enrique García Hernán (coord.), *Presencia germánica en la milicia española*, Madrid, Ministerio de Defensa, 2015, p. 161.

39. Michael Phayer, *Pius XII, the Holocaust and the Cold War*, Bloomington, Indiana University Press, 2008, p. 75-194.

40. Messenger, « Beyond War Crimes », p. 471-473.

41. José María Irujo, *La lista negra: los espías nazis protegidos por Franco y la Iglesia*, Madrid, Aguilar, 2003, p. 140-143.

nazis belges Léon Degrelle, René Lagrou et Pierre Daye, le français Pierre Laval et le fasciste italien, ex-commandant du *Corpo di Truppe Volontarie*, Mario Roatta. Tous se promenèrent librement dans la ville de Madrid d'après-guerre grâce à l'activité de ces réseaux. En effet, la capitale du franquisme, et sous leur protection d'une certaine manière, devint le lieu de rencontre exceptionnel pour des dizaines d'extrémistes de droite entre 1944 et 1947. De fait, comme le fait remarquer Pablo del Hierro, étant donné la taille relativement réduite du centre-ville, il n'est pas étonnant que certains se croisent habituellement, créant ainsi une intéressante et inquiétante interaction[42].

Conclusion

L'étude comparée des cinq mobilités allemandes proposées ici révèle tout d'abord le rôle fondamental joué par le volontariat de guerre dans le contexte de « guerre civile européenne », puis la façon dont les Allemands – volontairement ou non – s'engagèrent dans ce phénomène en soutenant, ou en combattant, le fascisme international sur le théâtre d'opérations espagnol. Nous devons souligner le caractère semi-clandestin, mais toujours assisté, de ce phénomène qui essaya de cacher sa nature officielle pour s'adapter au contexte politique de l'époque, c'est-à-dire aux restrictions du Traité de Versailles, à la « non-intervention », à l'occupation allemande de la France, à la victoire alliée et au programme de rapatriements mis en place par les autorités allemandes en Europe occidentale.

En outre, la comparaison des mobilités étudiées révèle aussi la prééminence de la voie maritime lors de l'arrivée des grands contingents de troupes allemandes en Espagne entre 1920 et 1939. Pour ce qui est de la voie terrestre, notamment liée au passage clandestin des Pyrénées, il s'agit toujours de la traversée de petits groupes de réfugiés ou d'individus en fuite. Mais nous devons aussi souligner le sens bidirectionnel des mobilités allemandes à partir de 1938. De fait, comme nous avons pu le voir, jusqu'à la fin de la guerre d'Espagne, le sens des mobilités allemandes, à l'exception du remplacement des Condor avait été soit Hambourg-Espagne, soit France-Espagne. Mais cette tendance s'est vue modifiée à partir « des adieux » des brigadistes internationaux remerciés à la fin de 1938, d'abord en France, puis rapatriés dans leurs pays d'origine, dans le cas où ce retour était possible en termes de sécurité politique et personnelle.

Ainsi, la fin de la guerre d'Espagne et le début de la Seconde Guerre mondiale inaugurent une nouvelle phase dans notre étude marquée par l'importance des différents mouvements des populations qui franchirent la frontière franco-espagnole entre 1939 et 1945. Ces flux de nature clandestine réussirent à franchir la frontière, dans un sens comme dans l'autre, grâce au soutien des réseaux d'évasion et d'exfiltration que nous avons exposés, même si, du fait de

---

42. Pablo del Hierro, « The Neofascist Network and Madrid, 1945–1953: From City of Refuge to Transnational Hub and Centre of Operations », *Contemporary European History* 31, 2022, p. 171-194.

l'activité des troupes allemandes déployées dans le sud de l'Europe entre 1936 et 1944, nous pouvons également mettre en avant l'existence d'un « tourisme de guerre » allemand en Espagne qui continua à cette période.

Finalement, l'activité des *ratlines* étudiée dans cet article et la protection des « haineux » et collaborateurs au sud des Pyrénées met en évidence que l'Espagne n'appliqua pas de gaîté de cœur la politique de rapatriement demandée par les Alliés au lendemain de la victoire alliée en Europe. De fait, sur la liste initiale de 1 600 « haineux » établie par les ambassades britannique et américaine à Madrid en 1945, seuls 265 furent extradés d'Espagne entre 1945 et 1947. Mais, comme nous l'avons vu, en 1947, dans un dernier effort pour forcer Franco à agir, les Alliés présentèrent une liste de 104 personnes à rapatrier immédiatement, Clara Stauffer y figurait, mais les autorités espagnoles ignorèrent totalement cette liste.

Il fallut encore quelques années de plus à l'Espagne de Franco pour accepter la victoire alliée et rompre définitivement avec le fascisme international. Trois éléments furent fondamentaux pour obtenir ce résultat : la Guerre froide, la nouvelle image que le régime de Franco commença à diffuser à l'extérieur en s'auto-présentant comme l'étendard de la lutte anticommuniste dans le sud-ouest européen, et enfin les accords signés par Franco avec le Vatican et les États-Unis. C'était en 1953, et bien que Franco ait tardé 16 hivers à le reconnaître, tout était « bien ficelé[43] ».

---

43. Discours de Noël de Francisco Franco à la télévision le 30 décembre 1969.

EXIL, FUITE ET INTERNEMENT
AVANT ET PENDANT
LA SECONDE GUERRE MONDIALE

EXIL, FLUCHT UND INTERNIERUNG
IM VORFELD UND WÄHREND
DES ZWEITEN WELTKRIEGS

Betty Rosenfeld: Stuttgart – Murcia – Oloron
Als internationaler Flüchtling des Spanischen Bürgerkriegs „*indésirable*" in Frankreich 1938-1942

Michael UHL
Tübingen, Deutschland

Einführung

Kein anderer Krieg der neueren Geschichte gilt als so symbolträchtig wie der Spanische Bürgerkrieg 1936-1939. Für die Biographien vieler Kriegsteilnehmer war er von konstitutiver Bedeutung.[1] Dies trifft in hohem Maße auf die deutschen Freiwilligen der Internationalen Brigaden zu.[2] An der Seite der Zweiten Spanischen Republik ließ sich neben Franco auch Hitler bekämpfen. Nach der militärischen Niederlage in Spanien konzentrierten sich die persönlichen Hoffnungen der ehemaligen Kombattanten im Durchhaltewillen während ihrer Internierung jenseits der Pyrenäen.

Ein herausragendes, da tragisch endendes Beispiel bildet das Schicksal der Interbrigadistin Betty Rosenfeld.[3] Die Frage, welche Bedeutung der Erfahrung[4] des Spanischen Bürgerkriegs und der anschließenden Zeit ihrer Flucht und Internierung in Frankreich zukommt, soll anhand von unveröffentlichten Lebensdokumenten untersucht werden. Von zentraler Bedeutung für die

---

1. Siehe dazu aus weiblicher Perspektive die Interviews bei Cornelia Lataster-Czisch, *Eigentlich rede ich nicht gern über mich. Lebenserinnerungen von Frauen aus dem Spanischen Bürgerkrieg 1936-1939*, Weimar/ Leipzig, Gustav Kiepenheuer, 1990.
2. Siehe die biografischen Beispiele bei Dustin Stalnaker, *The Long Shadow of Fascism: German Resistance through the Spanish Civil War and its Legacy in West Germany*, Dissertation Rutgers University, New Brunswick, 2021. Siehe auch Michael Uhl, *Mythos Spanien. Das Erbe der Internationalen Brigaden in der DDR*, Bonn, J.H.W. Dietz, 2004. Eine Gesamtübersicht in Form eines biografischen Lexikons bieten Werner Abel, Enrico Hilbert, *„Sie werden nicht durchkommen!" Deutsche an der Seite der Spanischen Republik und der sozialen Revolution. Unter Mitarbeit von Harald Wittstock, Friedrich Villis und Dieter Nelles*, Bd. 1, Lich/ Hessen, AV Verlag, 2015.
3. Folgende Angaben, sofern nicht anders vermerkt, nach Michael Uhl, *Betty Rosenfeld. Zwischen Davidstern und roter Fahne. Biographie*, Stuttgart, Schmetterling Verlag, 2022.
4. Erfahrung verstanden als deutende Aneignung von Wirklichkeit, in Anlehnung an Peter L. Berger, Thomas Luckmann, *Die gesellschaftliche Konstruktion der Wirklichkeit. Eine Theorie der Wissenssoziologie*, Frankfurt a. M., Fischer, 1969.

biografische Rekonstruktion ist eine Sammlung von Briefen, die Betty Rosenfeld 1938-1942 aus Frankreich an ihre in die USA emigrierte jüngere Schwester schrieb. Die ihr Leben betreffenden Hinweise reflektieren sowohl individuelle Erlebnisse als auch kollektive Deutungsmuster, die über die rein biografische Dimension hinausgehen. Zu beleuchten ist die Verfestigung der Kameradschaft der ehemaligen Spanienkämpferinnen in Frankreich, aber auch deren Brüchigkeit bei Konflikten, die auf den Spanischen Bürgerkrieg zurückgingen. Bei der Betrachtung der Zirkulationsebenen sind räumliche wie sprachliche Vorprägungen zu berücksichtigen.

Von Stuttgart nach Jerusalem

Betty Rosenfeld kam am 23. März 1907 in Stuttgart zur Welt, einer Stadt, die zu jener Zeit als weltoffen galt. Ihr Elternhaus war bürgerlich, liberal und jüdisch (assimiliert, aber durchaus religiös). Nach ihrer Berufsausbildung zur Diplom-Krankenschwester gehörte sie in Wiesbaden eine Zeit lang einem Jüdischen Schwesternheim an. Mit zunehmender Lebenserfahrung verloren ihre jüdischen Wurzeln an Bindekraft, ohne jedoch bedeutungslos zu werden. Aus ihrer Religionsgemeinschaft trat sie, selbst als Atheistin, nie aus.

Ein ideologisches Schlüsselerlebnis bildete nach eigenen Angaben ihre Teilnahme an einem Sommerkurs der Internationalen Frauenliga für Frieden und Freiheit 1930 im Elsaß, in Ribeauvillé. Der französische Zweig dieser Frauenliga entfernte sich unter der Leitung von Gabrielle Duchêne von pazifistischen Idealen und näherte sich dem Sozialismus der Sowjetunion an. Am Rande des Kurses lernte Betty Rosenfeld die Reformpädagogin Yvonne Paquet kennen, die als rechte Hand von Madeleine Rolland galt und sich später für baskische Flüchtlingskinder engagierte. Sie schloss auch Freundschaft mit Marcelle Viougeas (Künstlername: „Vioux"), einer damals bekannten Schriftstellerin aus Lyon. Fortan bewegte sich die jüdische Krankenschwester in marxistischen Kreisen. Nach Hitlers Machtübernahme tippte sie in Stuttgart für eine kommunistische Widerstandsgruppe Flugblätter gegen das Regime.

Im Oktober 1935 emigrierte sie auf einem Schiff des Lloyd Triestino nach Palästina. Der mediterran-subtropische Raum des Nahen Ostens dürfte eine klimatische Vorprägung für ihren späteren Aufenthalt an der spanischen Levante gebildet haben.

Krieg in Spanien

Im Sommer 1936 erreichte das Heilige Land die Nachricht von einem Militärputsch in Spanien, der sich gegen eine demokratisch legitimierte Regierung richtete. Betty Rosenfeld war eine (der ersten) von insgesamt rund 250 Freiwilligen aus

Palästina, die der bedrohten Spanischen Republik zur Hilfe eilten.[5] Am 21. Februar 1937 brach sie mit einer kleinen Gruppe Gleichgesinnter in Haifa Richtung Marseille auf. Unter Deck und versteckt in einer großen Tonne (die Schleusung von Kriegsfreiwilligen nach Spanien war auf Grund eines internationalen Abkommens, dem sich Frankreich verpflichtet hatte, illegal) führte die Reise weiter nach Valencia. In Spanien hielt sie per Feldpost Kontakt zu ihrer Familie in Stuttgart. Der direkte Postweg nach Hitler-Deutschland wäre zu gefährlich gewesen.[6] Aus diesem Grund lief ihre Post über einen Umweg nach Auch in der Gascogne, wohin eine Freundin emigriert war. Diese leitete den Inhalt vertraulich weiter nach Stuttgart (wo er nach der Lektüre aus Sicherheitsgründen vernichtet wurde; es sind daher keine Briefe aus Spanien überliefert). Die erste Zirkulationsebene Spanien – Frankreich – Deutschland war im vorliegenden Fall somit postalischer Natur.

Den Begriff „Bürgerkrieg" hätte Betty Rosenfeld nicht in den Mund genommen. Beide Kriegsparteien erhoben Anspruch, die gesamte Nation zu repräsentieren. Die Putschisten sprachen – ähnlich wie 1933 die Nationalsozialisten – von „nationaler Erhebung" *(Alzamiento Nacional)* oder, in Anlehnung an den Bischof von Salamanca, von einem „Kreuzzug" *(Cruzada)*.

Die Republikaner gingen hingegen von einem Abwehrkrieg des spanischen Volkes gegen einen „Invasor" aus. Auf Grund der früh einsetzenden militärischen Intervention Deutschlands und Italiens sowie unverkennbarer Gemeinsamkeiten in der politischen Symbolik hielt man auf republikanischer Seite General Franco für eine Marionette von Hitler und Mussolini. Die zeitgenössischen Vorstellungen der Verteidiger der Spanischen Republik verdichteten sich in dem Gegensatzpaar ‚Freiheit oder Faschismus'. Auch wenn bei heutiger differenzierter Betrachtung Republikaner nicht uneingeschränkt als Demokraten und Franquisten nicht pauschal als Faschisten anzusehen sind, hat sich das griffige Konzept einer globalen Konfrontation in der tendenziell eher prorepublikanisch gesinnten Forschung als tragfähig erwiesen, wie die jüngste Gesamtdarstellung der Geschichte der Internationalen Brigaden unterstreicht.[7]

Die Internationalen Brigaden bildeten eine Freiwilligenarmee, die militärisch dem Generalstab der spanischen Volksarmee unterstand, ideologisch jedoch dem Einfluss und der Kontrolle der Kommunistischen Internationale in Moskau unterlag. Ihre rund 35.000 Zivilfreiwilligen (darunter etwa 2.500 Deutsche und 1.400 Österreicher) kamen aus über 50 verschiedenen Ländern, die Mehrheit aus Frankreich. Französisch war auch die offizielle Sprache der *Brigades Internationales*. Im September 1937 wurde im Zuge einer organisatorischen

---

5. Vgl. Raanan Rein, Inbal Ofer, „Becoming Brigadists: Jewish Volunteers from Palestine in the Spanish Civil War", *European History Quarterly* 1, 2016, S. 92-112. (Betty Rosenfeld, die in Israel noch unbekannt ist, bleibt hier unberücksichtigt.)

6. Zur Militärzensur der Feldpost siehe Werner Abel, „*Salud und* mit Händedruck". *Militärzensur der Internationalen Brigaden in Spanien. Dokumente und Briefe. Teil 1: Dokumente*, Lich/ Hessen, AV Verlag, 2018.

7. Giles Tremlett, *The International Brigades. Fascism, Freedom and the Spanish Civil War*, London, Bloomsbury, 2021.

Hispanisierung Französisch durch Spanisch ersetzt. Die Basis der Internationalen Brigaden befand sich in der Stadt Albacete, die verwaltungsmäßig damals noch zur Region Murcia gehörte.

Die Truppe unterhielt einen eigenen Sanitätsdienst, den *Service Sanitaire International*, kurz SSI.[8] Das größte Sanitätszentrum des SSI lag in der Stadt Murcia. Hier wurde Betty Rosenfeld in zwei verschiedenen Militärkrankenhäusern als Krankenschwester eingesetzt. Zunächst arbeitete sie im chirurgischen Hospital *Casa Roja*. In dem Gebäude mit roter Fassade hatte sich vor dem Krieg ein Hotel befunden. 50 Prozent der Krankenschwestern und 70 Prozent der Ärzte (die Mehrheit stammte aus Osteuropa) des SSI waren jüdischer Herkunft.[9] Intern wurde im SSI deshalb auch Jiddisch gesprochen, so auch von Betty Rosenfelds Chef, dem Argentinier Dr. Juan Goldstray. Zu ihren Kolleginnen am *Casa Roja* zählte ferner die polnische Ärztin Dr. Sonia Ellinger, die später im Internierungslager Brens ihre Barackensprecherin sein würde.

Im Sommer 1937 wechselte Betty Rosenfeld in Murcia an ein kleineres Hospital für innere Krankheiten (insbesondere die Behandlung von Typhus), das ursprünglich eine radiologische Privatklinik gewesen war (und daher anfangs „Radio" genannt wurde). Es erhielt später den Ehrennamen „Paul Vaillant Couturier". Die Oberschwester dieses Spitals war die Österreicherin Eva Korčak, die sich ebenso bei der Pflege von Kontakten mit der einheimischen Zivilbevölkerung hervortat.

In Anbetracht des unaufhaltsamen Vormarschs der Franco-Truppen wurde im April 1938 das Sanitätszentrum Murcia evakuiert und nach Mataró bei Barcelona verlegt, wo in einer beschlagnahmten Klosterschule ein Militärkrankenhaus eingerichtet wurde.

Wie die meisten Freiwilligen der Internationalen Brigaden, fühlte sich Betty Rosenfeld der Sache der Spanischen Republik innig verbunden. Selbst Renegaten des Kommunismus haben sich rückblickend für die hohen Ideale und die Sinnhaftigkeit ihres Einsatzes in Spanien verbürgt. Um dem in der Memoirenliteratur teilweise verbreiteten Eindruck von Kriegsromantik entgegenzuwirken, sei an dieser Stelle hinzugefügt, dass die eigenen Verluste erschreckend, die Übermacht des Gegners erdrückend waren. Der Krieg in Spanien bildete trotz Hochgefühlen internationaler Solidarität auch eine traumatische Erfahrung. Entsprechend hoch war die Zahl der Deserteure. Betty Rosenfeld blieb der Fall eines schwach gewordenen Kompanieführers in Erinnerung. Entgegen der Anordnung, eine Stellung bei Batea am Ebro unbedingt zu halten, war er vor dem feindlichen Ansturm zurückgewichen, wodurch der Feind hatte eindringen und Verluste verursachen können. Daraufhin wurde der Kompanieführer von den

---

8. Siehe Franciso Fuster Ruiz, *El Servicio de Sanidad de las Brigadas Internacionales*, Albacete, Instituto de Estudios Albacetenses, 2018.

9. In der Truppe (außerhalb des SSI) insgesamt etwa zehn Prozent. Siehe ausführlich Gerben Zaagsma, *Jewish Volunteers, the International Brigades and the Spanish Civil War*, London, Bloomsbury, 2018.

eigenen Leuten standrechtlich erschossen. Das Mitleid der ehemaligen Pazifistin aus Stuttgart hielt sich an dieser Stelle in Grenzen.[10]

Im interkulturellen Zugang zeigte Betty Rosenfeld ein relativ hohes Maß an Differenzierung. Durch Folklore ließ sie sich nicht so leicht blenden. So bekam sie während ihres Aufenthaltes in Murcia Flamenco zu sehen, erkannte jedoch den spanischen ‚Nationaltanz' in der Jota, ein Volkstanz mit Wurzeln in Aragón, wie sie ihre Schwester in Amerika brieflich aufklärte.[11]

Als Flüchtling in Frankreich

Am 21. September 1938 verkündete der Ministerpräsident der Spanischen Republik, Juan Negrín, den Abzug der Internationalen Brigaden aus Spanien. Als Betty Rosenfeld vor dem Tunnel von Portbou in einen Sanitätszug stieg, hatte sie für den Grenzübertritt keine regulären Papiere. Ihr deutscher Reisepass war in Valencia verlorengegangen, eine Rückkehr nach Palästina somit unmöglich. Ersatzweise beantragte sie einen sogenannten Nansen-Pass. Der nach einem norwegischen Nobelpreisträger benannte Pass wurde von einer Kommission des Völkerbunds speziell an staatenlose Flüchtlinge für provisorische Zwecke ausgestellt. Es ist nicht bekannt, ob in diesem Fall noch rechtzeitig ein Exemplar ausgestellt wurde.

Nach ihrer Ankunft in Cerbère reiste die Krankenschwester weiter nach Paris, wo sie direkt gegenüber dem Friedhof Père Lachaise ein Zimmer bezog. Die Miete übernahm das *Comité d'Aide internationale du peuple Espagnol* (nach seinem Generalsekretär André Heussler in der Literatur auch „Heussler-Komitee" genannt), das sich im zehnten Arrondissement befand. Ein angeschlossenes *Comité de l'aide aux combattants, aux familles, aux blessés, aux mutilés, aux veuves, aux orphelins* kümmerte sich um die zurückgekehrten ehemaligen Kriegsfreiwilligen. Ab September 1938 existierte im selben Gebäude, Raum 47, auch ein eigenes Hilfskomitee für die ehemaligen deutschen und österreichischen Kämpfer in der spanischen Volksarmee. Der Vorsitzende war (bis zu seiner Verhaftung und Internierung) der ehemalige Kommandeur der XI. Internationalen Brigade Heinrich Rau. Einer seiner Sekretäre war Hans Schaul, dessen zukünftige Ehefrau Betty Rosenfeld später im Lager Rieucros kennenlernte.[12] In Paris half Betty Rosenfeld dem Komitee bei der Betreuung von kranken Kameraden.

Ende 1938 begann sich in der deutschen Exilpresse in Frankreich und auch in der Selbstperzeption der Veteranen der Begriff „Spanienkämpfer" durchzusetzen. Während des militärischen Konfliktes in Spanien war meistens

10. Uhl, *Betty Rosenfeld*, S. 348 und 626, Anm. 24. Der Beschreibung nach handelt es sich bei dem füsilierten Kompanieführer wahrscheinlich um den saarländischen Freiwilligen Norbert Rauschenberger.

11. Schreiben Betty Rosenfeld an Ilse Rosenfeld aus dem Lager Rieucros, ohne Datum (1940), Nachlass Ilse Weinberg-Rosenfeld, Privatarchiv, Kalifornien.

12. Zu Dora Schaul siehe die biografische Skizze bei Mechthild Gilzmer, *Fraueninternierungslager in Südfrankreich. Rieucros und Brens 1939-1944*, Berlin, Orlanda Frauenverlag, 1994, S. 211.

nur von „Freiwilligen" die Rede gewesen.[13] Wann das weibliche Pendant
„Spanienkämpferin" zum ersten Mal selbständig in den Quellen auftaucht, ist
nicht genau belegt. In Betty Rosenfelds Briefen sucht man danach vergeblich.
Hier erscheinen Frauen als „Kameradinnen", während männliche Kameraden
synonym auch als „Kämpfer" vorgestellt werden. In einem Fragebogen, den
Betty Rosenfeld in Mataró auszufüllen hatte, schrieb sie bescheiden über sich
selbst, dass sie nach Spanien gekommen sei, um gegen den Faschismus zu
‚arbeiten'. Selbst bei gleicher militärischer Ranghöhe (beispielsweise Leutnant
im Falle einer Ärztin bzw. eines Arztes des SSI) stand die Leistung der Frauen
im Schatten der Aktivitäten der Männer.[14] Nach heutigem Verständnis gelten die
weiblichen Angehörigen des Sanitätsdienstes wie bewaffnete Milizionärinnen als
„Kämpferinnen", ebenso Frauen, die für Träger der Spanischen Republik freiwillig
zivile Dienste verrichteten, etwa in der Verwaltung oder beim Rundfunk. Von der
Pariser Fremdenpolizei wurden alle ohne Unterscheidung unter der Kategorie
„*ex-miliciennes d'Espagne*" registriert.

Im Gebäude der *Préfecture de police* Paris machte Betty Rosenfeld erstmals
die Erfahrung, auf Grund ihrer illegalen Einreise bei den Behörden kraft Artikel 2
des *loi-décret sur la police des étrangers* vom 2. Mai 1938 als unerwünschte
Ausländerin zu gelten. Ihre Unerwünschtheit würde mit dem Beginn des Zweiten
Weltkriegs wegen ihrer deutschen Staatsangehörigkeit zunehmen. Ehemalige
Spanienkämpfer gehörten zu den Personen, die potentiell als gefährlich und
verdächtig eingestuft wurden. Die französische Spionage-Abwehr ließ auch
die Krankenschwester aus Stuttgart beschatten, wie eine Karteikarte aus einem
Dossier der Sûreté belegt.[15] Kein anderes Land hatte zwischen den beiden
Weltkriegen so viele Flüchtlinge aufgenommen wie Frankreich. Auf Grund innen-
wie außenpolitischer Faktoren kam es unter der Regierung Daladier nun zu einer
Verschärfung der Aufenthaltsbestimmungen. Betty Rosenfeld differenzierte
zwischen dem Gesetz und den Menschen, die das Gesetz ausführten. In ihren
Briefen erscheinen französische Polizisten in aller Regel als höflich, korrekt
und freundlich, was sie von den Beamten in Deutschland ihren eigenen Worten
zufolge nicht behaupten konnte. Als sie einmal im Winter bei Kälte und ohne
Mantel von der um ihre Gesundheit besorgten Polizei auf der Straße angehalten
wurde, kamen ihr die Gesetzeshüter der Französischen Republik gar vor wie
Kavaliere: „Gestern hat sich die Polizei mächtig aufgeregt, weil ich den Mantel
auf dem Arm vergnügt durch die Strasse rannte. Bei der Witterung! Wäre das
zuhause je einem Polizisten eingefallen?"[16] Bemerkenswerterweise lächelt sie auf
einem erhaltenen Polizeifoto freundlich, während ihre männlichen Weggefährten

---

13. Zur Begriffsgeschichte vgl. Uhl, *Mythos Spanien*, S. 171.
14. Vgl. Renée Lugschitz, *Spanienkämpferinnen. Ausländische Frauen im Spanischen Bürgerkrieg
    1936-1939*, Münster, LIT Verlag, 2012, S. 9 und 86-92.
15. Archives nationales, 19940508-1806. Abgebildet bei Uhl, *Betty Rosenfeld*, Anhang, Farbbild-
    strecke, S. 21. Zur Beschattung ehemaliger Spanienkämpfer durch die Polizei in Paris siehe die
    Erinnerungen von Lisa Gavrić, *Die Straße der Wirklichkeit*, Berlin, Verlag Neues Leben, 1984,
    S. 233 f.
16. Uhl, *Betty Rosenfeld*, S. 411.

im entscheidenden Moment vor der Kamera einen neutralen oder reservierten Gesichtsausdruck vorgezogen haben.

Abb. 1 – Polizeifoto von Betty Rosenfeld, aufgenommen Anfang Dezember 1938 in Rodez, kurz vor ihrer Ankunft in Millau © Archives départementales de l'Aveyron, 4M731

Anfang Dezember 1938 wurde sie zusammen mit sechs Kameraden von der Pariser Polizei auf der Eisenbahn in das *département* Aveyron abgeschoben. Unterwegs beobachtete sie die nebelverhüllte okzitanische Hügellandschaft, in der auch im Winter Rinder weideten. Während der Fahrt lernte sie Sally Wittelson kennen, einen jüdischen Kommunisten aus Leipzig. Die beiden wurden ein Paar. In der Arbeiterstadt Millau erfuhr ihre Gruppe Hilfe von französischen Sympathisanten. Schwieriger gestaltete sich ihre anschließende Lage auf dem Land in Sévérac-le-Château, wo es im ganzen Ort nur zwei Kommunisten gab. Angesichts der aggressiven deutschen Außenpolitik waren deutsche Flüchtlinge hier nicht sonderlich willkommen. Um den Einheimischen die Existenz eines ‚anderen Deutschland' zu beweisen, versuchten Betty Rosenfeld und ihre Kameraden ihr antifaschistisches Engagement in Spanien argumentativ vorzubringen, was offenbar wenig Eindruck hinterließ. Als im Frühjahr 1939 in der *Dêpeche* von Toulouse ein Artikel erschien, in dem Deutschland mit Hitler gleichgesetzt wurde, schrieb Betty Rosenfeld verärgert einen Leserbrief an die Redaktion, um darauf hinzuweisen, dass es auch Deutsche gab, die von den Nazis verfolgt wurden. Ihr Beitrag wurde nicht abgedruckt.[17]

Am 10. Juni 1939 wurden die sechs Männer der Gruppe in Sévérac-le-Château verhaftet und in das Lager Gurs überführt. Nach der Niederlage der Spanischen Republik versuchte die französische Regierung den massenhaften Zustrom spanischer Flüchtlinge zu regulieren, indem sie ehemalige Kombattanten – spanische wie internationale – kraft eines Dekrets vom 12. November 1938 betreffend unerwünschte Ausländer hinter Stacheldraht internierte. Betty Rosenfeld hielt sich mit einer kleinen Gruppe ehemaliger Spanienkämpferinnen, deren Männer ebenfalls interniert waren, im wenige Kilometer entfernten Ort

---

17. *Ibid.*, S. 417 f.

Oloron-Sainte-Marie auf. Zu ihren Kameradinnen gehörte die Österreicherin
Auguste Guttmann, der sie sich später in den Lagern Rieucros und Brens
kameradschaftlich sehr verbunden fühlen würde. Drei Mal in der Woche fuhren die
Frauen der Gruppe von Oloron als Anhalterinnen zum Lager auf Männerbesuch.

Ausgerechnet am Jahrestag des Militärputsches in Spanien führte direkt vor
dem Lager Gurs auf einer Landstraße die 33. Tour de France in Richtung Toulouse
vorbei. Das Sport-Spektakel gewann an diesem Streckenabschnitt politische
Bedeutung. Die Lagerleitung erlaubte den internierten Spanienkämpfern bis
an den ersten Stacheldraht vorzurücken. Auf der anderen Seite der Landstraße
positionierten sich ihre Frauen als Zuschauerinnen. Betty Rosenfelds
Augenzeugenbericht zufolge trug im Lager die deutsch-österreichische Gruppe
der Interbrigadisten ein Transparent mit der Aufschrift „Aushalten ist Sieg", in
Anspielung an die eigene Situation und zurückliegende Erfahrungen in Spanien.
Als ein Auto der sozialistischen Zeitung *Le Populaire* vorbeifuhr und aus einem
Lautsprecher die Hymne der Spanischen Republik *(Himno del Riego)* ertönte,
jubelten die Frauen und Männer. Ein ohrenbetäubendes Pfeifkonzert brach
wenige Sekunden später aus, als ein weiterer Autofahrer, der offenbar mit Franco
sympathisierte, provokativ seinen Arm aus dem Fenster zum faschistischen
Gruß streckte.[18]

Neben der Tour de France bildet der 150. Jahrestag der Französischen Revolution
ein Beispiel dafür, wie aus aktuellen Anlässen historische Kontinuitätslinien
zum Spanischen Bürgerkrieg gezogen wurden. In Oloron wurde der Jahrestag
offiziell mit einem Feuerwerk eingeleitet und in den Feierlichkeiten in Form
einer chronologischen Gegenüberstellung an die Kanonade von Valmy sowie den
Sieg der französischen Armee im Ersten Weltkrieg erinnert. Bei Betty Rosenfeld
stieß die Verknüpfung 1792-1918 auf Ablehnung, da 1918 im marxistisch-
leninistischen Sinn als imperialistischer Krieg interpretiert wurde. Diesem wurde
der Krieg in Spanien entgegengesetzt, der positiv-emanzipatorisch bewertet und
mit dem Sturm auf die Bastille verbunden wurde.[19] Die Verbindung 1789-1939
fanden die Frauen wenige Monate später eingemeißelt in einem Gedenkstein auf
dem Gelände des Lagers Rieucros wieder.[20]

Während ihres Aufenthaltes in Oloron-Sainte-Marie war Bettys Frauengruppe
zusammen mit spanischen Flüchtlingsfrauen in der ehemaligen Wollwäscherei
usine Michon notdürftig untergebracht. Diese befand sich an der rue Labarraque
vor einer Brücke direkt am Ufer des Gave. Wie bereits in Millau und Séverac-
le Château der Fall, übersetzte und dolmetschte Betty Rosenfeld für spanische
Flüchtlinge (von denen viele Analphabeten waren) gegenüber der Polizei ins
Französische. Französisch war während ihrer Schulzeit, wie an höheren deutschen
Schulen zu jener Zeit üblich, die erste Fremdsprache gewesen. Spanisch hatte sie

---

18. *Ibid.*, S. 437.
19. Schreiben Betty Rosenfeld an Ilse Rosenfeld, 20.7.1939, Nachlass Ilse Weinberg-Rosenfeld,
    Privatarchiv, Kalifornien.
20. Abgebildet bei Gilzmer, *Fraueninternierungslager*, S. 24.

beim SSI gelernt. In Murcia hatte sie für die Wandaushänge ihres Spitals bereits Übersetzungen verfasst.

Ihre Gruppe in der *usine* Michon setzte sich aus rund 15 ehemaligen internationalen Spanienkämpferinnen aus Deutschland, Österreich, Polen, Rumänien und Bulgarien zusammen. Alle waren stramme Kommunistinnen. Zwei von ihnen, Elisabeth Kühnen und Klara Hamburger, vertraten in Oloron das Pariser Hilfskomitee für deutsche und österreichische Spanienkämpfer. Sie fungierten in der Fabrikhalle als Ansprechpartnerinnen für die Weiterleitung von Ausreisegesuchen und zahlten an die Frauen Beihilfen des Komitees aus.

Ein wenig ins Abseits geriet in der *usine* Michon eine Randgruppe, die von Betty Rosenfeld spöttisch (in Anführungszeichen) als ‚revolutionär' bezeichnet wurde. An dieser Stelle muss ein wenig ausgeholt werden: Vor dem Hintergrund der Schauprozesse in Moskau hatte Stalin während des Bürgerkriegs in Spanien Anhänger der revolutionär-linkssozialistischen Partei *POUM (Partido Obrero de Unificación Marxista)* als ‚Trotzkisten' und ‚Agenten' verhaften und verfolgen lassen.[21] Leidtragende dieser Verfolgung, zu denen sich weitere internierte Veteranen gesellten, die in Spanien auf unterschiedliche Weise negative Erfahrungen mit Stalinismus gemacht hatten, formierten sich nun im Lager Gurs in einer nach ihrem Quartier „9. Kompanie" benannten Gruppe.[22] Ihr gehörten 110 deutsche und 11 österreichische Spanienkämpfer an. Ihre Gruppe distanzierte sich im Lager von den Kaderkommunisten.

Die Spaltung der Männer übertrug sich auf die Frauen der *usine* Michon. Da war Wally Dill, die Betty Rosenfeld aus Murcia kannte. Sie war in Barcelona verhaftet worden, weil sie anarchistischen Barrikadenkämpfern Essen gebracht hatte. Die österreichische Medizinstudentin Angelina Wassermann hatte der Miliz des POUM angehört. Sie würde später in einem Brief aus dem *camp* de Rieucros klagen, dass „Gegnerinnen" – eine Anspielung auf die moskauhörigen Frauen, zu denen Betty Rosenfeld gehörte – ihr im Lager das Leben schwermachen würden.[23] Ihre Lagerkameradin Margot Tietz, die in Spanien unter absurde Spionagevorwürfe geraten war, dürfte diese Erfahrung geteilt haben, ebenso Sita Thalheimer, eine Frau aus der *usine* Michon, deren Geliebter (der Übersetzer Rudolf Selke) im Lager Gurs ebenfalls zur „9. Kompanie" zählte.

Zu den „Lehren aus Spanien" gehörte nach orthodox-kommunistischer Auffassung die Forderung nach Einheit. Verlangt wurde aber auch Wachsamkeit

21. Vgl. Reiner Tosstorff, *„Ein Moskauer Prozeß in Barcelona". Die Verfolgung der POUM und ihre internationale Bedeutung*, in Hermann Weber, Dietrich Staritz (Hrsg.), *Kommunisten verfolgen Kommunisten. Stalinistischer Terror und „Säuberungen" in den kommunistischen Parteien Europas seit den dreißiger Jahren*, Berlin, Akademie Verlag, 1993, S. 193-216. Zum Stalinismus in den Internationalen Brigaden siehe Peter Huber, Michael Uhl, „Die Internationalen Brigaden. Politische Überwachung und Repression nach Sichtung der russischen und westlichen Archivakten", *Ebre 38. Revista Internacional de la Guerra Civil*, 2. Dezember 2004, S. 11-34.
22. Vgl. Dieter Nelles, „Die Unabhängige Antifaschistische Gruppe 9. Kompanie im Lager Gurs", in Helga Grebing, Christl Wickert (Hrsg.), *Das „andere Deutschland" im Widerstand gegen den Nationalsozialismus*, Essen, Klartext, 1994, S. 56-85.
23. Schreiben Angelina Wassermann an Albert Lévy, 14.6.1941, Centre de documentation juive contemporaine (Mémorial de la Shoah), Fonds Communauté israélite de Vichy (CMLV) 8.

gegenüber der „5. Kolonne", womit vermeintliche Agenten und Feinde in den eigenen Reihen gemeint waren. So setzte sich in der französischen Internierung fort, was in Spanien begonnen hatte. Wir wissen nicht, welche Dimension der Anpassungsdruck in der *usine* Michon annahm. In Betty Rosenfelds Buchregal in ihrem Elternhaus in Stuttgart stand noch eine Autobiographie von Leon Trotzki, von dem sie sich in Oloron scharf distanzierte.

Nach ihrer im Herbst 1939 einsetzenden Internierung, zuerst im Frauenlager Rieucros, ab Februar 1942 dann im Frauenlager Brens, gingen die internationalen Spanienkämpferinnen (von der Lagergemeinschaft wurden sie intern nur „Internationale" genannt) in der Masse aller „Politischen" auf. Sie formierten sich nicht mehr als eigenständige Gruppe, dafür war ihre Anzahl wohl zu gering.[24] Ihre Kameradschaft lebte in den Lagern aber in persönlichen Kontakten fort. In Betty Rosenfelds Briefen finden sich einschlägige Parolen und Grußformeln aus Spanien wie *„pasaremos"* oder *„salud"*, die offenbar auf die Verhältnisse der Internierung in Frankreich übertragen wurden. Eine spanische Vokabel, die sie häufiger benutzte war *„bulo"* für Gerücht, etwa in der Formulierung „Es bulot wieder im Lager". Dazu zählte auch ein Lagerbesuch des mexikanischen Gesandten aus Marseille, der im Rahmen des französisch-mexikanischen Abkommens vom 22. August 1940 allen Spanienkämpfern voreilig Asyl in Mexiko versprach. Die spanische Kriegserfahrung blieb während der Zeit der Internierung in Frankreich als sinnstiftendes Element präsent, geriet im Zuge der deutschen Okkupation und der drohenden Gefahr einer Auslieferung durch das Vichy-Régime an Hitler-Deutschland jedoch zunehmend in den Hintergrund. Ende 1941 wurde Betty Rosenfelds ältere Schwester von Stuttgart „Richtung Osten" deportiert. Spätestens nach der Massenrazzia im Juli 1942 in Paris wurde den internierten Frauen in Südfrankreich bewusst, dass jüdische Wurzeln nun schwerer wogen als politische Überzeugungen.

Nach statistischen Angaben einer Studie der Universidad Autónoma de Madrid wurden 17 jüdische Angehörige des SSI vom Vichy-Régime an Nazi-Deutschland ausgeliefert und über das Sammellager Drancy nach Auschwitz deportiert, darunter drei Deutsche und eine Österreicherin (die erwähnte Auguste Guttmann).[25] In Betty Rosenfelds Fall erfolgte die Deportation zusammen mit ihrem Verlobten Sally Wittelson, den sie nach dreijähriger räumlicher Trennung im Lager Drancy wiedersah, am 7. September 1942 mit dem Transport 29. Wenige Tage zuvor hatte sie während einer kurzen Zwangsetappe im Lager Gurs

---

24. Ehemalige Spanienkämpferinnen, die zusammen mit Betty Rosenfeld in Südfrankreich interniert waren (Auflistung unvollständig): Fina (Enta) Braunstein, Helena Brzustowska, Wally Dill, Sonia (Zofia) Ellinger, Olla Ewert, Aida Glickmann, Auguste Groel, Auguste Guttmann, Klara Hamburger, Mira Kugler-Levy, Elisabeth Kühnen, Teresa („Estella") Longo-Noce, Marina Strasde, Margot Tietz, Pauline Taurinya-Marty, Wiesława Toruńczyk, Angelina Wassermann, Traiana Alexieva Wradlowska, Sonia Zajdorf.

25. Esteban González López, Rosa Ríos Cortés, „Brigadistas sanitarios en la guerra de España. De la solidaridad internacional a los campos nazis", in Eduardo Higueras Castañeda, Ángel Luis López Villaverde, Sergio Nieves Chaves (Hrsg.), *El pasado que no pasa: la Guerra Civil Española a los ochenta años de su finalización*, Cuenca, Ediciones de la Universidad de Castilla-La Mancha, 2020, S. 423-433, hier S. 428-431.

auf einem Zettel noch eine Abschiedsbotschaft an ihre Schwester in Amerika
geschrieben:

Ilse Rosenfeld, 469 Perrystreet Ap. 5
Oakland, California

Liebes Schwesterlein!
  Nun gehts also zu Lotte. Hoffentlich
bleibt Sally. Schreib ihm! Seid sehr tapfer!
Grüsse, Dank Allen. Auf ein frohes
Wiedersehn:
                        Betty

Aus der „unerwünschten" Spanienkämpferin wurde ein Opfer der Shoah.

Eine transnationale Geschichte der Internierung von Frauen in Frankreich

Mechthild GILZMER

Universität des Saarlandes, Saarbrücken, Deutschland

Südwestfrankreich als Transitraum zwischen Deutschland, Frankreich und Spanien

Flucht und Vertreibung sind kein neues Phänomen in Europa. Allein im 20. Jahrhundert verließen Millionen Menschen zwangsweise ihre Heimat innerhalb Europas, um Armut, Ausgrenzung und Verfolgung zu entgehen. Die Zwischenkriegszeit setzte zahlreiche Bewegungen und Grenzüberschreitungen in Europa in Gang. Die politische, soziale und wirtschaftliche Entwicklung und die damit einhergehende Ausgrenzung und Verfolgung von bestimmten Bevölkerungsgruppen (Linken und Juden) lösten ab 1933 diverse Flucht- und Migrationsbewegungen aus. Für viele Flüchtende führte der Weg nach Frankreich. Insgesamt eine halbe Million Deutsche suchten in den Jahren ab 1933 hier Zuflucht.

Die Pyrenäen und die Grenze zwischen Frankreich und Spanien bildeten ein Epizentrum dieser Entwicklung, ein Terrain, auf dem sich viele Flucht- und Verfolgungswege bündelten und kreuzten. Toulouse und andere Städte des Südwestens wurden zu Knotenpunkten der Migration in beide Richtungen, zu zentralen Orten des Transits. Ab Januar 1939 entstanden in der Region zahlreiche Lager zur Aufnahme, Kontrolle und Überwachung von Menschen, die sich im Exil oder auf der Flucht befanden.

War es zunächst ein Ausgangspunkt für Deutsche und Österreicher, die sich im Spanischen Bürgerkrieg engagiert hatten, so wurde Südwestfrankreich ab 1939 zum Zufluchtsort von Republikflüchtlingen und zu einem Sammelbecken für versprengte Antifaschisten. In Frankreich galten sie als Gefahr für die innere Sicherheit und wurden überwacht, wenn nicht sogar in Internierungslager gesteckt. Unter ihnen befanden sich auch zahlreiche deutsche und österreichische Frauen, die sich als Krankenschwestern, Ärztinnen oder Journalistinnen in den Internationalen Brigaden engagiert hatten. Eine Reihe der Frauen wurde ab Oktober 1939 im Lager Rieucros bei Mende im Departement Lozère interniert, das als „repressives Frauenlager" geführt wurde, analog zum repressiven Männerlager

Le Vernet in den Pyrenäen. Einige der Frauen waren in den 1930er Jahren zunächst nach Frankreich emigriert, für andere führte der Weg direkt von Deutschland aus nach Spanien. In beiden Fällen bedeutete dies nicht nur das Überschreiten einer geografischen Grenze, sondern auch das Erproben einer anderen Lebensform, das Heraustreten aus einem vorgegebenen Lebensweg und einer mit der Geschlechtszugehörigkeit verbundenen Rolle. Diese Frauen schufen sich Freiräume und erlebten damit verbundene Unabhängigkeit. Sie machten – zumindest teilweise – die Erfahrung, als Akteurinnen und gleichberechtigte Partnerinnen zu handeln und als solche wahrgenommen zu werden. Der in der Zwischenkriegszeit verheißene Aufbruch in eine neue Zeit, in der Freiheit und Gleichheit auch für Frauen gelten könnte, wurde von diesen Frauen gelebt, in die Tat umgesetzt. In ihrer Studie über Frauen im Spanischen Bürgerkrieg schreibt Renée Lugschitz dazu:

> Un grand nombre de femmes volontaires sont venues seules, de leur propre décision et pour des raisons politiques, [...] elles ont opposé une résistance en tant qu'interprètes, reporters, miliciens, administrateurs et surtout en tant qu'infirmières et médecins, à la fois dans l'arrière-pays et au front, avec des risques personnels élevés. Bien que les dirigeants des Brigades internationales aient entretenu une image traditionnelle des femmes et que les femmes volontaires n'aient pas eu les mêmes chances que les hommes, pour de nombreuses « Spanienkämpferinnen », l'engagement dans la guerre civile est devenu le moment le plus important de leur vie.[1]

Mit dem Überschreiten der Ländergrenzen waren zwangsläufig auch die Begegnung und der Austausch mit Menschen aus anderen Kulturen verbunden. Es bildete sich ein Netzwerk von Betroffenen und Gleichgesinnten, die sich auf den Schauplätzen der Geschichte begegneten: in der Emigration, im Spanischen Bürgerkrieg, in den Internierungslagern, im Widerstand und schließlich in deutschen KZs. Dies sei an einem Beispiel veranschaulicht: In Spanien kreuzte sich der Weg von Lise Ricol-London, der in Frankreich geborenen Tochter eines spanischen Migranten, mit dem von Teresa Noce, die in den 1920er Jahren aus Italien nach Frankreich emigriert war, und dem der Deutschen Elisabeth Kühnen, die aus Deutschland nach Frankreich fliehen musste. Allen gemeinsam waren die Zugehörigkeit zur kommunistischen Partei und ihr Engagement im Spanischen Bürgerkrieg. Das politische Engagement der Frauen und die damit verbundenen Konsequenzen bestimmten ihren weiteren Weg fast zwangsläufig: Rückkehr nach Frankreich, Internierung in einem Fraueninternierungslager, Flucht aus dem Lager, aktive Teilnahme am Widerstand und Verhaftung. Am Ende stand für alle drei die Deportation von Frankreich nach Deutschland in das Frauen-KZ Ravensbrück. Würde man die Wege dieser Frauen als feine Linien auf einer Europa-Karte verzeichnen, so ergäben sich viele Kreuzungspunkte im Südwesten Frankreichs, der zum zentralen Ort des Transits, der Begegnungen und des Austauschs zwischen Deutschland, Frankreich und Spanien wurde.

---

1. Renée Lugschitz, „Collègues, égales et camarades. Les volontaires étrangères dans la guerre civile espagnole (1936-1939)", *Cahiers d'Histoire, revue d'histoire critique,* 141, 2019, übersetzt von Michelle Duma, S. 19-36, hier S. 19.

Es fragt sich nun, welchen Einfluss die doppelte Grenzüberschreitung auf das Leben dieser Frauen hatte und wie sich die damit verbundene Begegnung auswirkte: Welcher Austausch und in welcher Form fand unter diesen Frauen unterschiedlicher sozialer und nationaler Herkunft statt? In welcher Weise wurden soziale und kulturelle Prägungen, Vorerfahrungen und Wissen ausgetauscht und mit welchem Ziel? Welche Positionen kamen dabei zum Ausdruck und welche Veränderungen fanden statt?

Um diese Fragen beantworten zu können, möchte ich in zwei Schritten vorgehen. Zunächst werde ich die Umstände und Bedingungen der Internierung von Frauen präzisieren und kontextualisieren. In einem zweiten Schritt werde ich die Interaktion der Frauen im Lager Rieucros in den Blick nehmen und analysieren. Im Zentrum steht dabei die Frage, welche Formen des Austauschs, der Vermittlung und des Transfers unter den Frauen stattfanden. Dies wird verbunden mit einer Analyse, die der Bedeutung der Geschlechtszugehörigkeit auf Erfahrung, Wahrnehmung und Deutung der Akteure Rechnung trägt.

Rieucros und Brens – zwei „repressive Lager" für Frauen verschiedener nationaler Herkunft (1939-1944)[2]

Zwischen Oktober 1939 und Juni 1944 existierten in Südfrankreich zwei Lager, Rieucros und Brens, in denen ausschließlich Frauen interniert waren. Im Unterschied zum Lager Gurs, wo eine Zeitlang zwar hauptsächlich, jedoch nie ausschließlich Frauen interniert waren, wurden Rieucros und später Brens explizit als reine Frauenlager für besonders „gefährliche" Frauen eingerichtet. Auch wenn die geografische und soziale Herkunft der Frauen unterschiedlicher nicht hätte sein können, so galt doch für alle gleichermaßen, dass sie – aus noch näher zu betrachtenden Gründen – als besonders gefährlich für die innere Sicherheit Frankreichs angesehen wurden. Aus der Einordnung als *camp répressif* ergaben sich theoretisch eine schärfere Überwachung und härtere Lebensbedingungen. Während dies für das Männerlager Le Vernet zutraf, war es für Rieucros nicht so eindeutig. Im Gegenteil: Die überschaubare Größe von Rieucros, der Zusammenhalt und die gemeinsamen Aktionen der relativ homogenen Gruppe der dort internierten Frauen erleichterten das Leben in Rieucros in gewisser Weise. Die ausschließliche Internierung von Frauen in spezifischen Lagern gehört zu den lange vernachlässigten Kapiteln der deutsch-französischen Geschichte des Zweiten Weltkriegs. Die Spezifik dieser Internierung, die Tatsache, dass die französischen Behörden eine Trennung der Geschlechter im Rahmen ihrer sonst eher chaotischen Internierungspolitik für notwendig erachteten, ist ebenso auffällig wie aufschlussreich, und sie liefert uns den schlagenden Beweis für die Notwendigkeit, die Geschlechtszugehörigkeit als zentrale Kategorie bei der wissenschaftlichen Betrachtung der Internierung zugrunde zu legen.

---

2. Weiterführende Informationen finden sich in Mechthild Gilzmer, *Fraueninternierungslager in Südfrankreich. Rieucros und Brens 1939-1944*, Berlin, Orlanda-Frauenverlag, 1994.

Entgegen einer weit verbreiteten Ansicht setzt die Einrichtung von Lagern in Frankreich nicht erst mit dem Ausbruch des Krieges ein. Es handelt sich dabei auch nicht – wie häufig vermutet wird – um eine Maßnahme, die mit der Besatzung Frankreichs durch die Deutschen zusammenhängt. Die Internierung ist eine rein französische Angelegenheit, deren Durchführung und Organisation ausschließlich von der französischen Administration getragen wurde. Bereits im Januar 1939 wurde das Lager Rieucros bei Mende, der Hauptstadt von Lozère, dem kleinsten Departements Frankreichs, eingerichtet – also noch während der III. Republik und lange vor Kriegsausbruch. Die gesetzlichen Grundlagen für diese Maßnahme waren im Mai und November 1938 gelegt worden und bildeten den Höhepunkt einer restriktiven Politik gegen Ausländer, die in zahlreichen Artikeln – vor allem in der rechtsgerichteten Presse – für die wirtschaftliche und soziale Krise verantwortlich gemacht wurden. Um ihre Handlungsfähigkeit zu beweisen und bei den Wählern als Garanten für die innere Sicherheit zu erscheinen, übernahmen so manche Politiker den fremdenfeindlichen und antisemitischen Diskurs.

Unter den ersten in Rieucros Internierten – und auch das wird häufig vergessen – befanden sich Anfang 1939 zahlreiche spanische Frauen und Kinder, die in den ersten Monaten des Jahres 1939 mit Flüchtlingskonvois über die Pyrenäen gekommen und in Südwestfrankreich gestrandet waren. Ihre Internierung zeigt die Irrationalität der französischen Internierungspolitik, bei der die Grenzen zwischen der Bewältigung eines Flüchtlingsproblems einerseits und der Kontrolle politisch Missliebiger oft fließend waren. In ihrer Dissertation über das Schicksal der spanischen Frauen und Kinder weist Maëlle Maugendre[3] darauf hin, dass die Frauen zwar einerseits als unschuldige Opfer einer kriegerischen Auseinandersetzung angesehen wurden, andererseits unterzog der französische Staat sie jedoch einer willkürlichen Behandlung und Kontrolle, bei der ihre Geschlechtszugehörigkeit und die damit verbundenen Stereotypen und Klischees eine zentrale Rolle spielten.

Bei dem Versuch, die Geschichte der Internierung dieser „verdächtigen Frauen" zu rekonstruieren, sind drei Etappen zu unterscheiden, in denen sich Funktion und Umstände der Internierung veränderten und jeweils anderen Gesetzmäßigkeiten gehorchten. Grundsätzlich gilt, dass die konkreten Bedingungen der Inhaftierung sich im Verlauf der Zeit verschärften und vor allem für die jüdischen Frauen immer bedrohlicher wurden. Ebenso verschlechterte sich auch die gesundheitliche Verfassung und die Versorgungslage der Frauen in Rieucros, so dass sie am 15. Februar 1942 in das südlicher, 60 km nordöstlich von Toulouse und unweit von Albi gelegene Lager Brens gebracht wurden. Viele der jüdischen Frauen wurden von hier aus in den folgenden Jahren deportiert. Am 3. Juni 1944 beschlagnahmten die Deutschen das Lager und verbrachten die noch verbliebenen 151 Frauen in das Lager Gurs nahe der Pyrenäen, das am 25. August 1944 offiziell aufgelöst wurde.

---

3. Maëlle Maugendre, *Les réfugiées espagnoles en France (1939-1942) : des femmes entre assujettissements et résistances*, Tours, Presses universitaires François-Rabelais, 2019.

Die Internierten

Die Zusammensetzung der Lagerpopulation hätte nicht gemischter sein können. Die Archivunterlagen belegen die Präsenz von über 20 verschiedenen Nationalitäten, wobei die Deutschen und die Spanierinnen zunächst die größte Gruppe bildeten. Mit Verordnung vom 18. November 1939 war die Überwachung und Kontrolle von „Verdächtigen" auch auf Franzosen und Französinnen ausgeweitet worden – unter Hinweis auf die von ihnen ausgehende Gefahr für die innere Sicherheit und öffentliche Ordnung. Sie konnten ohne weiteres Verfahren „aus dem Verkehr gezogen" werden – eine Maßnahme, die mit dem Kriegsausbruch begründet wurde. Wie aus den Lagerarchiven hervorgeht, wurden tatsächlich bereits ab Dezember 1939 auch Französinnen in Rieucros interniert.[4] Insgesamt waren nie mehr als rund 500 Frauen gleichzeitig im Lager, wobei die größte Zahl im Sommer 1940 zu verzeichnen ist. Die für Frankreich fatale Kriegsentwicklung löste eine Internierungswelle aus, die auch eine auffällige Zunahme der in Rieucros internierten Frauen mit sich brachte. Im Juli 1940 erreichte ihre Zahl mit 570 Internierten den Höchststand. Die im Waffenstillstandsabkommen vorgesehene Rückführung von Deutschen wurde von zahlreichen Frauen genutzt, so dass die Anzahl der Internierten innerhalb eines Monats auf 405 (darunter 9 Kinder) sank. Wie aus den offiziellen Lagerstatistiken für das Jahr 1941 hervorgeht, waren durchschnittlich rund 80 Spanierinnen, 70 Polinnen, 50 Deutsche und 40 Französinnen interniert. Bis Ende 1941 stieg der Anteil der internierten Französinnen kontinuierlich, während die Zahl der Deutschen und der Spanierinnen sich halbierte. In der ersten Hälfte des Jahres 1941 verließ monatlich rund ein Dutzend Frauen das Lager und sie emigrierten über Marseille aus Europa. Einige von ihnen nutzten diese Gelegenheit, um sich in den Untergrund zu begeben und dem Widerstand anzuschließen.

Die Internierungsgründe

Wie häufig im Fall der Disziplinierung, Diskriminierung und Stigmatisierung von Frauen wurde die vermeintliche Gefahr, die von den Frauen ausging, mit ihrem Körper verbunden und begründet. Offiziell ging es darum, die öffentliche Ordnung und den Staat zu schützen. Die Internierung galt Frauen, die als *„dangereux [!] pour l'ordre public"* oder *„suspect [!] au point de vue national"* angesehen wurden. Damit war der politische Gegner gemeint. Nach dem Hitler-Stalin Pakt im August 1939 bezog sich dies auf die Kommunist*innen. Sie galt jedoch politisch engagierten Frauen ganz allgemein und wurde willkürlich angewandt. Ein Blick auf die Statistiken belegt: Die Frauen, die aufgrund sogenannter „anderer Motive" interniert wurden, bilden bis zur Auflösung des Lagers Rieucros und dem Transfer nach Brens immer die größte Gruppe. Diese Kategorie bot die Möglichkeit für

---

4. Archives départementales de Lozère, Mende, 2 W 2603. Falls nicht anders vermerkt, stammen die Übersetzungen von der Verfasserin.

willkürliche Internierungen. „Verdächtig wegen ihrer zahlreichen Reisen nach Deutschland", „gefährlich für die öffentliche Gesundheit", „fällt durch heftige und bösartige Reaktionen auf"[5], so oder ähnlich grotesk lauten die Kommentare, mit denen diese Internierungen gerechtfertigt wurden. Gleichzeitig betrieb man mit dem Vorwurf des leichten Lebenswandels aber auch Etikettenschwindel. Viele politisch aktive Emigrantinnen wurden offiziell nicht wegen ihrer Ideologie und ihrer Aktivitäten interniert, sondern wegen *galanterie*, womit im Klartext Prostitution gemeint war. Die Tatsache, dass in Rieucros tatsächlich auch Prostituierte zusammen mit den „Politischen" interniert wurden, verstärkte diese Ambiguität. Sie verweist auf einen spezifischen Aspekt bei der Internierung von Frauen, den es näher zu betrachten gilt. Die Tatsache, dass die von den Frauen ausgehende Gefahr mit ihrem „Lebenswandel" und nicht mit ihrem politischen Engagement begründet wurde, stellt eine Minimierung der Bedeutung der Frauen dar, die sich doch gerade als politische Wesen verstanden. Gleichzeitig wird darin deutlich, dass die den Internierungsprozess anordnende Institution im Falle der Frauen nicht nur deren Ideen, sondern immer auch ihren Körper, ihr Geschlecht thematisieren. In Brens sollte diese Mischung noch flagranter sein, da die Prostituierten im April 1943 ein Drittel der Lagerpopulation darstellten. Die relativ hohe Zahl der Prostituierten, die sich im Laufe des Jahres 1943 zum Arbeitsdienst nach Deutschland meldeten, lässt vermuten, dass man ihnen diese Lösung – mehr oder weniger nachdrücklich – nahegelegt hatte.

Das Frauenlager Rieucros als Ort der Grenzüberschreitung und des transnationalen Transfers

Die Grenzüberschreitung der Frauen, die sich ab Ende 1939 im Fraueninternierungslager Rieucros befanden, kann sowohl ganz konkret als auch im übertragenen Sinn verstanden werden. Die Mehrheit von ihnen hatte bereits mindestens eine Landesgrenze überschritten, um sich vor Verfolgung, Krieg und Gewalt in Sicherheit zu bringen. Neben den Entbehrungen und der Tragik der Situation war dies für die Frauen paradoxerweise mit für sie ungewohnten, neuen Erfahrungsräumen und der Erweiterung von Handlungsmöglichkeiten verbunden. Für die Frauen, die freiwillig am Spanischen Bürgerkrieg teilgenommen hatten, bedeutete dies neben vielem anderem auch die Erfahrung von Anerkennung und Wertschätzung:

> Pour beaucoup de femmes, l'Espagne est devenue l'expérience la plus importante de leur vie, pour certaines « la plus belle ». Ce sentiment est particulièrement fort chez les femmes volontaires du personnel paramédical. Elles étaient conscientes que l'on avait absolument besoin d'elles : « C'est le seul véritable temps où les gens me respectaient vraiment pour ce que j'ai fait. La meilleure partie de ma vie fut quand j'étais en Espagne », a déclaré la volontaire afro-américaine Salaria Kea. « L'Espagne a peut-être été la meilleure période de ma vie... J'étais sûre de faire ce qui était bien », disait la Polonaise Liza Hollender.[6]

---

5. Archives départementales du Tarn, Albi, 1238 W 1-25.
6. Lugschitz, „Collègues, égales et camarades", S. 36.

Die Ausnahmesituation und der Bruch mit der üblichen Normalität hielten neben den negativen bis dramatischen Erfahrungen auch Chancen für die Frauen bereit. Festzuhalten ist zunächst, dass es sich bei dem zwangsweisen Aufenthalt mit vielen anderen ihnen unbekannten Menschen um eine für die Frauen ungewöhnliche Erfahrung handelt. Während Männer bei ihrer militärischen Ausbildung und als Soldaten die Erfahrung von erzwungenem Zusammenleben auf engstem Raum machten, galt dies für Frauen nicht vergleichbar.

Abb. 1 – V.l.n.r.: Käthe Nekvasilová, Ursula Katzenstein, Anni Haas, Annemarie Günther, Lenka Reinerová, Magda Stern, Gertrud Rast, Foto © Annemarie Günther

Die lässige Haltung, mit der die Tschechin Käthe Nekvasilova auf diesem Foto posiert, die Selbstverständlichkeit, mit der sie in der rechten Hand eine Zigarette hält, die ausschließliche Präsenz von Frauen, der offene Blick der Frauen in die Kamera: All das zeugt von dieser ungewöhnlichen Situation.

Aus den zahlreichen vorhandenen Quellen (autobiografische Aufzeichnungen, Archivunterlagen, Fotos, Tagebuchaufzeichnungen und Briefen) geht hervor, dass dieser „Extremfall des Sozialen" wie die Soziologin Maja Suderland es bezeichnet hat[7], auch in Rieucros ein intensives „gesellschaftliches Zusammenleben" bewirkte und dass die grundlegenden Prinzipien von Gesellschaft ihre Wirkung entfalteten. Dazu gehörte auch der Rückgriff auf die eigenen sozialen und kulturellen Ressourcen.[8]

---

7. Maja Suderland, *Ein Extremfall des Sozialen. Die Häftlingsgesellschaft in den nationalsozialistischen Konzentrationslagern*, Campus, Frankfurt a. M./ New York, 2009.
8. Maja Suderland, *Territorien des Selbst. Kulturelle Identität als Ressource für das tägliche Überleben im Konzentrationslager*, Campus, Frankfurt a. M./ New York, 2004.

Bei der folgenden Analyse der sozialen Beziehungen und der Interaktion der Frauen gehe ich von einem erweiterten Mittlerbegriff aus, so wie er in der Erforschung der deutsch-französischen Kulturbeziehungen von Colin/Umlauf entwickelt wurde.[9] Dabei werden auch nichtintentionale Akteure und Prozesse in die Betrachtung miteinbezogen, die auf komplexe Weise das Verhältnis zwischen Angehörigen verschiedener Kulturen beeinflusst haben. Um dies zu rekonstruieren, ist es sinnvoll, die Transfers als Bildung von Netzwerken in den Blick zu nehmen: Freundschaften, Beziehung zwischen mehreren Personen, Wissenszirkulation, die sich auf die gemeinsamen Aktionen auswirkt, etc. Betrachtet man das Lager als ein von solchen Netzwerken durchzogenes System, so sind eine Reihe von Transferbewegungen und -momenten zwischen den Frauen der verschiedenen sozialen und nationalen Herkunft erkennbar.

Das Lager als Ort der Mobilisierung politischer Identität und transnationaler Werte

Dafür ist es zunächst notwendig, sich vor Augen zu führen, dass die Besonderheit der internierten „Zielgruppe" in Rieucros, die Tatsache, dass sich in ihr zahlreiche politisch sehr aktive und teilweise in der Untergrundarbeit erfahrene „prominente" Frauen befanden, Einfluss auf das Zusammenleben und die Aktivitäten der Frauen hatte. Dazu gehörten neben Kadern der französischen kommunistischen Partei auch deutsche Kommunistinnen und Sozialdemokratinnen. Einige von ihnen hatten erst in der Emigration ein politisches Bewusstsein entwickelt, andere waren schon seit langem Mitglied der KPD oder einer anderen Linkspartei und konnten auf langjährige Erfahrungen als Partei- oder Gewerkschaftsfunktionärin zurückgreifen. Wie bereits erwähnt, hatten zahlreiche Insassinnen am Spanischen Bürgerkrieg teilgenommen. Für die Französinnen, die ab Dezember 1939 mit dem Hinweis auf ihre Gefahr für die innere Sicherheit in Rieucros präventiv interniert wurden, gilt, dass sie ihre politischen Überzeugungen sehr direkt und offensiv durch Aktionen der Selbstbehauptung und des Widerstands vertraten. Bei einem Treffen aller Lagerkommandanten der freien Zone im September 1941 betonte der Lagerkommandant von Rieucros die intensive politische Aktivität der Frauen in seinem Lager. „Eine kleine Gruppe von Internierten (speziell einige Frauen von ebenfalls aus politischen Gründen internierten Männern) machen aktive Propaganda in diesem Lager, in dem keinerlei Möglichkeit besteht, die verschiedenen Internierten getrennt unterzubringen."[10] Neben Mathilde Péri, der Ehefrau des bekannten Kommunistenführers Gabriel Péri, der im Dezember 1941 von den Deutschen erschossen wurde, kam im Rahmen der zunehmenden Widerstandsbekämpfung eine kontinuierlich steigende Zahl von Französinnen

---

9. Nicole Colin, Joachim Umlauf, „Eine Frage des Selbstverständnisses? Akteure im deutsch-französischen champ culturel. Plädoyer für einen erweiterten Mittlerbegriff", in Nicole Colin, Corine Defrance, Ulrich Pfeil, Joachim Umlauf (Hrsg.), *Lexikon der deutsch-französischen Kulturbeziehungen nach 1945*, 2. Aufl., Tübingen, Narr, 2015.

10. Archives Departementales Lozère, Mende, 2 W 2603.

nach Rieucros. Zur politischen Prominenz des Lagers gehörte neben den spanischen Anarchistinnen auch die Italienerin Teresa Noce. 1921 war sie unter den Gründern der Kommunistischen Partei Italiens. Vom faschistischen Regime verfolgt, ging sie gemeinsam mit ihrem Ehemann Luigi Longo ins Exil – zunächst nach Moskau, dann nach Paris. Nach dem Einmarsch der Wehrmacht in Frankreich wurde sie mit anderen politisch engagierten Frauen im Internierungslager Rieucros inhaftiert. Ihr gelang die Flucht. In Marseille schloss sie sich dem lokalen Zweig der FTP-MOI[11] an, einer von Ausländern gebildeten Widerstandsgruppe innerhalb der kommunistischen Gewerkschaft. 1943 von der Gestapo verhaftet, wurde sie 1944 ins KZ Ravensbrück deportiert, das sie überlebte.

Für diese politisch geschulten und erfahrenen Frauen war der Rückgriff auf die politische Identität als Ressource für das tägliche Überleben selbstverständlich. Sie strukturierten den Alltag und organisierten verschiedene kulturelle Aktivitäten: Sprachkurse, ein Kurs zur Geschichte der kommunistischen Partei und sogenannte „bunte Abende", bei denen die Frauen sangen, Gedichte rezitierten, Sketche oder Theaterstücke spielten. Schon bald nach ihrer Ankunft in Rieucros begannen die Frauen mit szenischen Darbietungen. Als Anlässe dafür wurden Jahrestage gewählt, wie der 8. März, der Internationale Frauentag, der 1. Mai, der französische Nationalfeiertag oder auch der Jahrestag der russischen Oktoberrevolution. Damit zeigten die Frauen ihre Verbundenheit mit revolutionärem Gedankengut und der Tradition der Arbeiterbewegung. Als erstes Datum für eine solche Aufführung nennt Steffie Spira Weihnachten 1939:

> Mit einigen Frauen studierte ich ein paar Kurzszenen ein. Genannt „Le petit instant", der kleine, kurze Augenblick – die Redensart aller Polizisten, die uns in Paris verhaftet hatten. [...] Eine Szene zeigte auf dem Bahnhof den Abtransport ins Ungewisse. Eine andere unsere Ankunft in Rieucros.[12]

Am 8. März 1940 wurde der Internationale Frauentag zum Anlass für einen „bunten, literarischen Abend"[13]. Die Aufführungen fanden sowohl im großen Rahmen in einer eigens dafür hergerichteten Baracke statt, wie dies etwa für die Feier zum 8. März überliefert ist, als auch mit beschränkten Mitteln und improvisiertem Charakter für eine kleinere Gruppe in einer bewohnten Baracke. Ein wesentliches Merkmal bestand in der kollektiven Vorbereitung und der Mischung der vorgebrachten Genres und Sprachen. Am 10. November 1940 – Anlass ist der Jahrestag der russischen Oktoberrevolution – fand wieder ein Fest statt, bei dem neben dem szenischen Spiel, Tänzen und Liedern auch Wiegenlieder in den jeweiligen im Lager vertretenen Sprachen gesungen wurde. In den Erinnerungen der Internierten nimmt dieses Ereignis einen zentralen Platz ein:

---

11. FTP-MOI steht für *Franc Tireur et Partisan* (Freischärler) - *Main d'Œuvre Immigrée* (in der kommunistischen Gewerkschaft organisierte ausländische Arbeiter).
12. Steffie Spira-Ruschin, *Trab der Schaukelpferde*, Berlin/ Weimar, Aufbau, 1984, S. 157.
13. Gertrud Rast, *Allein bist du nicht. Kämpfe und Schicksale in schwerer Zeit*, Frankfurt a. M., 1972, S. 20.

> In einer leeren Baracke hatten wir eine provisorische Bühne errichtet, auf der nahezu alle
> vertretenen Nationen etwas darboten. Besonders deutlich steht die Szene vor mir, in der
> nacheinander je eine Frau aus verschiedenen Völkern an eine von uns zusammengebastelte
> Wiege herantrat und dem imaginären Kindchen darin ein Wiegenlied ihres Volkes und in
> ihrer Sprache sang.[14]

Die Schauspielerin Steffie Spira schreibt in ihren Erinnerungen:

> Ich hatte die Idee, die Frauen der verschiedenen Nationen, die in unserer Baracke waren,
> und auch die spanischen Frauen in der Nachbarbaracke zu bitten, Wiegenlieder auszusuchen
> und jeweils eine Frau, die das entsprechende Lied singen würde. Wir kamen aus elf Ländern
> Europas [...]. Sylta und Ursula Katzenstein, die „Tischlerin", zauberten aus Brettern und
> Papier eine Wiege, bunt bemalt. Jede der Frauen legte zu ihrem Gesang wenigstens ein
> besonderes Kleidungsstück ihrer Nationalität an, Tuch oder Gürtel oder Kopfbedeckung.[15]

Das Ziel dieser Aktion war die Forderung der Befreiung der Mütter: „Zum
Abschluss sangen wir gemeinsam das französische Wiegenlied ‚Sonne lächle
meinem Kind!' und dann riefen wir im Chor: ‚Befreit die Mütter'."[16] Die
thematische Einbindung des Festes in den revolutionären Zusammenhang wird
mit der kämpferischen Aktion bestätigt. Mit der Forderung auf Freilassung der
internierten Mütter gehen sie strategisch geschickt vor. Mit dem Verweis auf die
Mutterschaft der internierten Frauen zielten sie auf das damals vorherrschende
Frauenbild, das die Frauen auf die Rolle der Ehefrau und Mutter reduzierte
und sie der männlichen Autorität unterstellte. Mit der Betonung genau dieser
Eigenschaft wenden die Frauen diese ideologischen Grundlagen in ihrem Sinn
an und nutzen sie subversiv.

Das Lager als Ort des Austauschs und der Wissensvermittlung

Das Zusammenleben der Frauen unterschiedlicher nationaler Zugehörigkeit
und Prägung gestaltete sich verständlicherweise nicht ohne Konflikte.
Die deutschsprachigen Frauen stellten zunächst neben den Spanierinnen
zahlenmäßig und ideologisch eine dominante Gruppe dar. Der Spanische
Bürgerkrieg bildete einen gemeinsamen Erfahrungshorizont (zumindest für einen
Teil der deutschsprachigen Frauen) und einen politischen Referenzrahmen. Die
„Politischen" fühlten sich der spanischen Republik verbunden und damit auch
den geflüchteten und internierten Spanierinnen und ihren Kindern.

Unter den Flüchtlingen waren viele junge Mädchen und Frauen mit
Kindern. Sie kamen durchweg aus ganz einfachen Verhältnissen, viele waren
Analphabetinnen. Die Kinder hatten in ihrem Leben noch keine Schule besucht.
Gegen den anfänglichen Widerstand der Mütter lernten sie in Rieucros Lesen und
Schreiben. Der Unterricht der im Lager internierten Kinder blieb den Frauen selbst
überlassen. Verschiedene Zeugnisse verweisen auf die spezifische Beziehung

---

14. *Ibid.*
15. Steffie Spira, *Trab der Schaukelpferde*, S. 159.
16. Dora Schaul, in Philippe Joutard, Jacques Poujol, Patrick Cabanal, *Cévennes, Terre de refuge,
    1940-1944*, Montpellier, Presses du Languedoc, 1987, S. 66.

zwischen den spanischen Kindern und den deutschen Frauen. Diese nahmen sich besonders der spanischen Kinder an, gaben ihnen Unterricht und bemühten sich, sie mit Unterricht und Spiel sinnvoll zu beschäftigen und für Abwechslung zu sorgen. Dabei halfen den ehemaligen Spanienkämpferinnen möglicherweise auch die während des Spanienaufenthaltes erworbenen Sprachkenntnisse.

Abb. 2 – V.l.n.r.: Cläre Quast-Muth, eine unbekannte Frau und Dora Schaul mit spanischen Kindern, Foto © Dora Schaul

Daneben zeugen einige mit liebevollen Widmungen versehene Fotos oder Glückwunschkarten von der Präsenz der Spanierinnen im Lager und von ihrer zum Teil engen und freundschaftlichen Beziehung zu den deutschen Antifaschistinnen. Zwischen der deutschen Kommunistin Ursula (Pacyna) Katzenstein (1916-1998), die im Lager als Tischlerin arbeitete, und der jungen Spanierin Dina Gonzalez entwickelte sich beispielsweise eine enge Freundschaft. Deren Bedeutung lässt sich daran ablesen, dass Ursula Katzenstein mehrere Erinnerungsstücke von Dina, ein Foto und eine Geburtstagskarte aus dem Lager aufbewahrt hat. Am 27. März schickt Dina Ursula diese Karte, auf deren Rückseite Rosen abgebildet sind:

Durch diese Rosen schicke ich dir in aller Aufrichtigkeit die Zuneigung und die Wertschätzung einer treuen Kameradin.
Es ist wenig, aber du verstehst, unsere traurige Situation, doch macht dies nichts, es ist aufrichtig und kommt von ganzem Herzen.
Herzliche Glückwunsche
Dina, 27. März 1940

Abb. 3 – Geburtstagskarte von Dina Gonzalez für Ursula Katzenstein 27. März 1940
© Ursula Katzenstein

Ursula Katzenstein (1916-1998), die im Lager ein Tagebuch führte, charakterisiert die junge Freundin darin sehr ausführlich:

> Dina 18 Jahre. Am letzten Tag des spanischen Krieges nach Frankreich gekommen. Sehr selbstbewusst, manchmal wohl ein wenig arrogant. Klug und fähig. Ein Kind und ein Erwachsener in einem. Durch den Krieg umgehender schnell und außergewöhnlich entwickelt und seit einem Jahr völlig aus der Bahn geworfen ohne Zukunft und Entwicklungsmöglichkeiten. Leidet schwer darunter. Tochter eines asturischen Topfdrehers und einer Geschirrmalerin. Älteste von 7 Kindern. 15 Jahre alt, wie der Krieg ausbrach, geht sie von zuhause weg an die Front. Am Abend vor ihrer Flucht aus Asturien sieht sie ein letztes Mal ihren Vater, dem die Flucht nicht gelingt. 5 ihrer Geschwister sind drüben. Sie gerät in fasch. Gefangenschaft, wird davon befreit, landet in Frankreich, durch Zufall von ihrer Mutter gefunden. Sie hat Nervenkrämpfe nach großer Aufregung, fällt um.[17]

Diese präzise Beschreibung, die sich wie eine ärztliche Diagnose liest, verweist auf die zukünftige Karriere von Ursula P. Katzenstein als Therapeutin. Nach dem Krieg und ihrer Rückkehr aus dem amerikanischen Exil (1954) wurde sie Begründerin der Werkstätten für Rehabilitation in der DDR. Sie setzte eine völlig neue Herangehensweise in der Arbeit mit psychisch Kranken, körperlich und geistig beeinträchtigten Menschen durch. Ursprünglich hatte sie eine Lehre als Schreinerin absolviert. Möglicherweise haben die Beobachtungen und Erfahrungen, die sie im Internierungslager bei den Mitinternierten machte, diese berufliche Umorientierung bewirkt. Auch wenn der Weg von Ursula Katzenstein nicht als repräsentativ angesehen werden kann, so zeigt sich doch an ihrem Beispiel, dass die Ausnahmesituation der Internierung neben allem anderen auch Chancen und Möglichkeiten für unerwartete Effekte und Transfers bot. Das trifft in besonderer Weise auch auf das folgende Beispiel zu.

---

17. Unveröffentliche Tagebuchaufzeichnungen von Ursula Katzenstein. Kopie im Besitz der Verfasserin.

Das Lager als Chance und Impuls für künstlerisches Schaffen

Die Kostümbildnerin Sylta Busse kam im Lager zum ersten Mal in ihrem Leben in engeren Kontakt mit dieser (Halb-)Welt und sah darin sofort eine Chance für ihre künstlerische Entwicklung. Unmittelbar nach ihrer Ankunft schrieb sie ihrem Ehemann:

> Bitte überstürze nichts wegen meines Aufenthaltes hier. So unendlich grotesk es klingt, ich möchte noch nicht *so* schnell weg. Ich muß erst richtig bei voller Gesundheit *2 Monate* gearbeitet haben, mindestens, damit ich was Entscheidendes mitkriege, verstehst Du, aus Vergnügungssucht geschieht es nicht!![18]

Bedenkt man die Situation, in der diese Zeilen entstanden, so wirkt die Bitte in der Tat grotesk. Sylta Busse formulierte diesen ungewöhnlichen Wunsch einige Wochen nach ihrer Ankunft im Lager Rieucros in einem Brief an ihren in Paris verbliebenen Ehemann, den ungarischen Fotografen Janos Reismann. Obwohl die Umstände der Internierung, die schlechte Versorgungslage und die mangelhafte Ernährung ihre schöpferischen Möglichkeiten stark einschränkten und Sylta Busse nach sechswöchigem Lageraufenthalt wegen einer schwerwiegenden Erkrankung in das Krankenhaus der nahegelegenen Stadt Mende eingeliefert werden musste, verzichtete sie diesen Widrigkeiten zum Trotz nicht auf ihre „Zeichnerei", die Weiterentwicklung der eigenen künstlerischen Fähigkeiten und Techniken. Alle ihre Briefe kreisen um dieses Ziel: Sie wollte die Zeit und die Vielzahl der weiblichen Modelle nutzen, von denen sie sich eine Vervollkommnung ihres Könnens versprach. Ihre bevorzugten Modelle waren neben den Spanierinnen die Prostituierten, die sie anlässlich der Feier zum 8. März 1940 anwarb. „Mein Zweck [...] wurde erreicht, ich bin an die feinen Damen herangekommen, die bereit sind mir zu posieren. Ich bin sehr froh darüber."[19] Sie war wie besessen von der Idee, die vielen außergewöhnlichen Frauentypen, die im Lager zusammengepfercht waren, auf dem Papier festzuhalten. So schrieb sie bereits zwei Wochen nach ihrer Ankunft:

> Gestern im Bett habe ich meine erste Federzeichnung von den um mich herumsitzenden Mädchen gemacht. Ich glaube, es kann werden. Manchmal habe ich das Gefühl, mit der Fülle des Materials nicht fertig werden zu können. Die Gelegenheit ist so einzigartig, dass ich traurig wäre, könnte ich nicht ausgiebig davon profitieren.[20]

In der Arbeit mit diesen Modellen sah Sylta Busse eine besondere Chance und Herausforderung im Hinblick auf ihre künstlerische Entwicklung. Für die Künstlerin boten die Frauen aus verschiedenen gesellschaftlichen Schichten und vor allem aus den Randgruppen der Gesellschaft ein faszinierendes Studienfeld.

---

18. Sylta Busse, Brief vom 31. März 1940, Akademie der Künste, Berlin-Brandenburg, Sylta Busse-Schmückle-Archiv. Busse-Schmückle 56.
19. Sylta Busse, Brief vom 10. März 1940, Akademie der Künste, Berlin-Brandenburg, Sylta Busse-Schmückle-Archiv. Busse-Schmückle 56.
20. *Ibid.*

Komischerweise ist es gar nicht langweilig, d. h. bei so vielen Frauentypen passiert immerzu etwas. Studien kann man hier machen, einfach toll!! Meine Baracke ist besonders gemischt, aber viele nette Frauen dabei neben recht unangenehmen; ich komme aber mit allen recht gut aus. Am nettesten sind die kleinen Spanierinnen.[21]

Um zu verstehen, worin die besondere Chance dieser Situation für die Künstlerin lag, muss man sich die Beschränkungen vor Augen führen, denen Frauen bei ihrer Ausbildung zur Künstlerin begegneten. Während Künstler seit Jahrhunderten an Kunstakademien eine professionelle und umfassende Ausbildung erhalten konnten, blieben die Akademien in Deutschland für Frauen, von wenigen Ausnahmen abgesehen, bis in das 20. Jahrhundert hinein verschlossen. Erst 1919 – durch die Weimarer Verfassung und die darin festgelegte Gleichstellung von Mann und Frau – änderte sich diese Situation: Die Akademien nahmen nun auch Frauen auf. Doch ab 1933 wurden die Möglichkeiten für Frauen wieder eingeschränkt. Frauen mussten auf ein Kunststudium im Ausland ausweichen oder eine Ausbildung im Kunstgewerbe oder zur Zeichenlehrerin machen. Genau diesen Weg war auch Sylta Busse gegangen. Sie hatte zunächst in den zwanziger Jahren die Vereinigten Staatsschulen für freie und angewandte Kunst in Berlin besucht und dort eine Lehre als Buchbinderin absolviert, die sie mit der Gesellenprüfung abschloss. Im Exil in Paris hatte sie dann eine der wenigen Kunstakademien, die Akademie Colarossi, besucht, an der Frauen wie Männer zugelassen waren. Der Besuch einer Kunstakademie ermöglichte jedoch erst das differenzierte Studium der menschlichen Anatomie an verschiedenen Studienobjekten und bot damit die Möglichkeit, durch Anschauung, Üben und die Korrektur eines Lehrers wichtige Techniken für die Darstellung der menschlichen Anatomie und die unterschiedlichen menschlichen Physiognomien zu erwerben. Vor diesem Hintergrund erklärt sich die Begeisterung von Sylta Busse über die Vielfalt der Frauen im Lager und ihre Euphorie, wenn sie in ihren Briefen schwärmte:

Meine spanischen Chicas hatten mich Sonntag zur Schokolade eingeladen, der ersten für sie seit drei Jahren!! Sie sind besonders reizend in ihrem Wesen, wie ganz saubere frische Quellen und von verehrungswürdiger Freude, wenn ich sie zeichne, alle putzen sich wie die Kätzchen und strahlen mich aus brennend schwarzen Augen an![22]

---

21. Sylta Busse, Brief vom 7. März 1940, Akademie der Künste, Berlin-Brandenburg, Sylta Busse-Schmückle-Archiv. Busse-Schmückle 56.
22. Sylta Busse, Brief vom 29. Februar 1940, Akademie der Künste, Berlin-Brandenburg, Sylta Busse-Schmückle-Archiv, Busse-Schmückle 56.

Abb. 4 – Akademie der Künste Berlin-Brandenburg, Stiftung Archiv,
Sylta Busse-Schmückle Archiv, Skizzenserie 189-192 © Josef Mayer

In den folgenden Wochen sollte sie eine Vielzahl von Porträts der Frauen im
Lager anfertigen. Indem sie die Porträts häufig mit Namen versah, verlieh sie
den größtenteils anonym gebliebenen Frauen eine, wenn auch nur flüchtige
Identität: Sie hießen Marie und Sonja, Antonia und Mercedes und vor allem
Betty, „ihr Leib- und Magenmodell".

Abb. 5: Akademie der Künste Berlin-Brandenburg, Stiftung Archiv, Sylta Busse-Schmückle
Archiv, Skizzenserie 189-192 © Josef Mayer

Fazit

Es sollte an dieser Stelle kein unkritisch-idealisierendes Bild der Realität gegeben werden. Tatsache ist, dass viele der Frauen in den stereotypen Vorstellungen ihrer Zeit verhaftet waren. Ob berechtigt oder nicht, es gab starke Vorbehalte und Vorurteile gegenüber bestimmten nationalen Gruppen und stigmatisierten Gruppen (u. a. den vermeintlichen und realen Prostituierten und den „gewöhnlichen Kriminellen"). Das Zusammenleben brachte hier keine Veränderung. Und auch die politischen Differenzen wurden nicht beigelegt, sondern verschärften sich eher noch. Durchbrochen wurde dies eher auf individueller Ebene oder wenn es um den gemeinsamen Kampf gegen den Feind ging, etwa bei konkreten Aktionen im Widerstand. Wie nachhaltig und dauerhaft diese Begegnungen waren und ob sie nach dem Krieg fortgeführt wurden, ist nur schwer zu ermitteln. Einige Freundschaften, die im Lager entstanden, blieben nach dem Krieg bestehen. Doch gab es letztlich keine transnationale Erzählung über die Frage, wie die Begegnungen mit den Angehörigen anderer Nationen erfahren worden waren, was sie ausgelöst hatten. Die transnationale Erfahrung wurde nach dem Krieg lange Zeit auf eine rein nationale Erzählung reduziert. Manchmal wird bei der Begegnung mit Zeitzeug*innen der Einfluss dieser Erfahrung/Vergangenheit an der Präsenz Frankreichs oder auch Spaniens in ihrem Leben spürbar. Aber die Spuren ihrer „Mobilität" sind gerade für die Frauen nur sehr schwer zu rekonstruieren.

Topographies franco-espagnoles dans l'œuvre de Lenka Reinerová

Hélène LECLERC

Université Toulouse-Jean Jaurès, CREG (EA 4151), Toulouse, France

En dépit du long parcours d'exilée qui l'a conduite de Prague au Mexique en passant par la France et le Maroc, la journaliste et écrivaine tchèque de langue allemande Lenka Reinerová (1916-2008) ne s'est jamais rendue en Espagne ni même auprès de la frontière franco-espagnole. La présente contribution n'aurait donc pas sa place dans ce volume consacré aux « Allemands et Autrichiens entre France et Espagne ». Pourtant, l'Espagne, et en particulier la guerre d'Espagne, sont très présentes dans sa biographie, son œuvre et son imaginaire d'écrivaine, et sa vision de l'Espagne et de son histoire s'est notamment nourrie de l'expérience de l'internement subi en France au camp de Rieucros en Lozère de février 1940 jusqu'au printemps 1941[1]. On peut ainsi considérer que la thématique espagnole constitue une manière de fil rouge dans une œuvre qui se caractérise par de multiples phénomènes de réécritures et de retours sur son parcours et les épreuves traversées. Pour le démontrer, on évaluera tout d'abord la place de l'Espagne et de la France dans la biographie de Lenka Reinerová avant d'examiner l'ampleur et les significations de cette thématique dans l'œuvre de l'écrivaine en se concentrant ensuite sur le motif de la frontière franco-espagnole. La dernière partie de cette contribution montrera que ces topographies franco-espagnoles résultent d'une expérience médiatisée par laquelle s'opère *in fine* une circulation de la mémoire de la guerre d'Espagne, de l'Espagne à la Tchécoslovaquie et à l'Allemagne – si l'on tient compte du fait que l'œuvre de l'auteure est d'abord publiée en Allemagne (Verlag Neues Leben à Berlin-Est, puis Aufbau à partir de 1983) et qu'écrite en allemand, elle s'adresse à un public germanophone – *via* la France, ou plus exactement *via* l'expérience de l'internement en France.

---

1. Sur le camp de Rieucros, voir l'étude récente de Michèle Descolonges, *Un camp d'internement en Lozère : Rieucros 1938-1942*, Toulouse, PUM, 2022. Sur Reinerová à Rieucros, voir : Hélène Leclerc, « Lenka Reinerová im südfranzösischen Frauenlager Rieucros », *brücken. Germanistisches Jahrbuch Tschechien – Slowakei*, Neue Folge 17, 2009, p. 47-67.

L'Espagne et la France dans la biographie de Lenka Reinerová

D'origine juive, née en 1916 dans un milieu modeste, à la fois tchécophone et germanophone, des faubourgs ouvriers de Prague, Lenka Reinerová adhère au Parti communiste tchécoslovaque (PCT) en 1934 et débute sa carrière de journaliste au sein du *Arbeiter Illustrierte Zeitung*, en exil à Prague depuis 1933. Elle reprend ensuite la rédaction d'un autre journal d'émigrés, *Der Gegen-Angriff* (futur *Deutsche Volkszeitung*). En reportage en Roumanie au moment de l'entrée des troupes hitlériennes à Prague, elle renonce à rentrer et gagne Paris. Elle ne reverra jamais sa famille, qui fut assassinée à Auschwitz. À Paris, elle retrouve l'écrivain et journaliste pragois Egon Erwin Kisch et son épouse Gisl. Le 18 septembre 1939, elle est arrêtée ; la France venant d'entrer en guerre, Lenka Reinerová fait désormais partie de ces étrangers jugés suspects et indésirables. Elle passe alors six mois dans la prison de la Petite Roquette avant d'être transférée en février 1940 au camp de Rieucros. Grâce à l'intercession de F. C. Weiskopf auprès de la *League of American Writers* et au consul mexicain à Marseille, Gilberto Bosques, elle obtient un visa pour le Mexique et un billet pour le bateau. Après une escale forcée à Casablanca, puis un séjour dans un camp de la Légion étrangère en plein Sahara, elle atteint enfin le Mexique en décembre 1941 où elle demeure jusqu'à la fin de la guerre. Elle y poursuit son activité de journaliste, participe activement au club Heinrich Heine, club des émigrés de langue allemande, contribue au « livre noir de la terreur nazie en Europe » édité par la maison d'édition *El libro libre* et publie régulièrement dans la revue des émigrés allemands antifascistes *Freies Deutschland*. Elle travaille également comme secrétaire de la représentation du gouvernement tchécoslovaque en exil. Ayant rapidement acquis la maîtrise de la langue espagnole, elle rédige par ailleurs, avec Kisch et André Simone (Otto Katz), un journal en espagnol, *El Checoslovaco en México* [Le Tchécoslovaque au Mexique].

C'est au Mexique que Lenka Reinerová épouse Theodor Balk (1900-1974), médecin et écrivain yougoslave de langue allemande, qui s'était engagé en janvier 1937 dans les Brigades internationales en Espagne où il avait été affecté comme médecin au sein de la Quatorzième brigade, francophone, baptisée *La Marseillaise* en octobre 1937. Lenka Reinerová et Theodor Balk s'étaient rencontrés à Prague au milieu des années 1930 ; la journaliste débutante avait pris l'initiative d'entamer une correspondance avec Balk quand elle apprit son départ pour l'Espagne[2]. Le lien de Reinerová avec l'Espagne était du reste bien plus intime puisqu'elle était alors fiancée à un jeune Tchèque engagé en Espagne et tombé là-bas[3]. Après son expérience dans les Brigades internationales, Balk

---

2. Lenka Reinerová dénonce les rumeurs circulant à Prague autour du départ de Balk qui se serait engagé pour mourir avec les honneurs et fuir la désillusion provoquée par les procès staliniens des années 1930. Voir Lenka Reinerová, « So alt wie das Jahrhundert », in Theodor Balk, *Wen die Kugel vor Madrid nicht traf. Tagebuch-Roman über den Spanischen Bürgerkrieg und das Los der Spanienkämpfer*, St. Ingbert, Röhrig Verlag, 1996, p. 5-29, ici p. 10-11.

3. Voir Anna Fodorová, *Lenka Reinerová. Abschied von meiner Mutter*, aus dem Tschechischen von Christina Frankenberg, München, btb, 2022, p. 123. Ce fait est mentionné brièvement dans

fut lui aussi interné en France, d'abord au camp du Vernet, au pied des Pyrénées, puis au camp des Milles, avant de pouvoir gagner le Mexique. Balk a tenu un journal en Espagne entre 1937 et 1939, qu'il remaniera au début des années 1970 en un « roman-journal », publié 21 ans après sa mort, accompagné d'une préface de Reinerová. Dans cet ouvrage, il fait alterner extraits de son journal et réflexions suscitées notamment par les événements du Printemps de Prague[4].

Le couple regagne l'Europe dès la fin de la guerre, plus précisément Belgrade, où naît leur fille en 1946. À la suite de la rupture titiste, ils s'installent à Prague et Lenka commence à travailler auprès de la radio tchécoslovaque. Au printemps 1952, elle est arrêtée. S'ensuivent quinze mois en prison dans le sillage des purges au sein du PCT et du procès Slánský[5]. Reléguée en province à sa sortie de prison, elle peut regagner Prague en 1955 et devient rédactrice en chef adjointe de la revue *Im Herzen Europas* lancée en janvier 1958[6]. Elle réintègre le Parti communiste au 1er septembre 1958, mais sa réhabilitation n'intervient réellement qu'en 1964. À la suite de l'écrasement du Printemps de Prague, Reinerová perd de nouveau son emploi ; elle est exclue du PCT et frappée d'interdiction de publier, cette fois jusqu'en 1989. Ses premières nouvelles, dont le sujet est le plus souvent autobiographique, peuvent cependant paraître en 1983 chez Aufbau à Berlin.

L'Espagne dans l'œuvre de Lenka Reinerová

En 2012 est paru un ouvrage posthume de Lenka Reinerová, édité en tchèque d'après un manuscrit rédigé en allemand, et consacré à la guerre d'Espagne. *Adiós, Španělsko*[7] [Adieu, Espagne] est un récit d'une cinquantaine de pages sur lequel l'écrivaine travaillait au soir de sa vie. Découvrant ce texte, nous nous sommes demandé pourquoi ce sujet avait occupé et préoccupé l'auteure à la fin de sa vie. À sa lecture, il est pourtant apparu qu'il ne s'agit pas d'un

---

la note éditoriale qui clôt l'ouvrage : Lenka Reinerová, *Adiós, Španělsko*, traduit du manuscrit allemand par Olga Wallo et Viera Glosíková, Praha, Labyrint, 2012.

4. Balk, *Wen die Kugel*. Sur ce roman-journal, voir : Hélène Leclerc, « Le « roman-journal » de la guerre d'Espagne de Theodor Balk (1900-1974) : les mémoires d'un brigadiste international », in Alain Cozic, Hilda Inderwildi, Catherine Mazellier (dir.), *Du texte à l'image. Appropriations du passé et engagements au présent*, Collection *Le texte et l'idée*, Nancy, 2010, p. 181-189.

5. Rudolf Slánský était le secrétaire général du PCT ; il fut exécuté en 1952. Sur ce procès, voir Karel Kaplan, *Procès politiques à Prague*, Bruxelles, Éditions Complexe, 1990. Lenka Reinerová publie dès 1969 un récit, en tchèque, consacré à cette expérience (*Barva slunce a noci* [La couleur du soleil et de la nuit]). La parution de ce texte est rendue possible par la brèche ouverte par les réformes de 1968, bien vite colmatée cependant. En 2003, elle publie un nouveau récit, en allemand, sur cette même période : *Alle Farben der Sonne und der Nacht*. Pour une comparaison entre les deux textes, voir Gudrun Salmhofer, „*Was einst gewesen ist, bleibt in uns*" *Erinnerung und Identität im erzählerischen Werk Lenka Reinerovás*, Innsbruck, StudienVerlag, 2009, p. 95-97.

6. Sur cette revue, voir Hélène Leclerc, *Lenka Reinerová und die Zeitschrift „Im Herzen Europas"*. *Internationale Kulturbeziehungen während des Prager Frühlings*, Köln/ Wien, Böhlau, 2022.

7. Cf. note 3.

récit totalement inédit, mais, comme bien souvent chez Lenka Reinerová, de la réécriture d'un récit antérieur, publié en 1962, en allemand, dans le recueil de nouvelles *Ein für allemal*, sous un titre qui ne laisse nullement soupçonner le sujet abordé, à savoir *Der Beweis*[8]. Si l'on relit l'ensemble de l'œuvre de Lenka Reinerová à l'aune de la thématique espagnole, on constate du reste que la guerre d'Espagne constitue un leitmotiv qui réapparaît très régulièrement sous forme d'allusions, de brefs souvenirs ou de suggestions et qu'on peut tout à fait insérer l'Espagne dans la topographie reinerovienne aux côtés de Rieucros, du Mexique ou de Prague, même si ces derniers lieux prédominent. Ces évocations, même furtives, de la guerre d'Espagne sont présentes dans presque tous les récits de Reinerová[9] et surgissent souvent là où on ne s'y attendrait pas, comme dans le récit *Das Geheimnis der nächsten Minuten* dans lequel la narratrice réfléchit aux différents moments de sa vie où elle a été confrontée à l'attente. Elle donne ainsi l'exemple d'une file d'attente devant une agence de voyage dans la Prague communiste, où elle entame une conversation avec une jeune étudiante :

> „Mein Vater war auch in Frankreich und vorher Spanien, in der tschechoslowakischen Internationalen Brigade. Den Krieg hat er in der französischen Résistance überlebt und ist dann mit meiner Mutter, die Spanierin ist, zurückgekommen." Dabei seufzte sie ein wenig und machte eine unsichere Handbewegung. „Ist es ihm nach dem Krieg zu Hause schlecht ergangen?" fragte nun auch ich leise. „Vielen Interbrigadisten ist das in den fünfziger Jahren passiert. Mein Mann war in Spanien Arzt der französischen Brigade. Aber eingesperrt haben sie mich[10]."

Le motif de la guerre d'Espagne apparaît de façon récurrente dès lors que l'auteure ou la narratrice se livre à une réflexion sur son propre engagement politique, comme dans son échange avec la communiste tchèque Marie Vobecká dans les années 1930 qu'elle retranscrit dans le récit autobiographique *Alle Farben der Sonne und der Nacht*, où il ressort que l'évocation de la guerre d'Espagne permet de relier la réflexion sur l'engagement communiste qui traverse l'œuvre de Reinerová, l'hommage qu'elle veut rendre aux membres des Brigades internationales et le parallèle esquissé entre le destin de la République espagnole et celui de la Tchécoslovaquie de la fin des années 1930. Le premier engagement politique concret de l'auteure consista en effet à collecter de l'argent pour les enfants espagnols[11]. La guerre d'Espagne, qualifiée de « guerre

---

8. Lenka Reinerová, *Der Beweis,* in Lenka Reinerová, *Ein für allemal*, Berlin, Verlag Neues Leben, 1962, p. 114-145. Les traductrices et éditrices de *Adiós, Španělsko* ne font pas mention de ce récit antérieur.

9. Parmi les textes non consacrés directement à la guerre d'Espagne, où le thème apparaît cependant, on peut citer, chronologiquement : *Es begann in der Melantrichgasse. Erinnerungen an Weiskopf, Kisch, Uhse und die Seghers*, Berlin, Aufbau, 1985 (Aufbau Taschenbuch Verlag, 2006, p. 68, 110, 116, 123, 131, 141) ; *Zu Hause in Prag manchmal auch anderswo. Erzählungen*, Berlin, Aufbau, 2000 (Aufbau Taschenbuch Verlag, 2003, p. 47-48, 51, 67, 95), recueil qui contient la nouvelle *Die Schiffskarte* où le motif espagnol surgit également (p. 107 et 154) ; *Alle Farben der Sonne und der Nacht*, Berlin, Aufbau, 2003 (Aufbau Taschenbuch Verlag, 2005, p. 39-40-41, 78, 87-88, 99, 108, 114, 132-135, 146, 151) ; *Das Geheimnis der nächsten Minuten*, Berlin, Aufbau-Verlag, 2007, p. 37, 68, 88.

10. Reinerová, *Das Geheimnis*, p. 88.

11. Reinerová, *Alle Farben*, p. 40.

antifasciste[12] », devient le symbole du combat antifasciste par excellence auquel s'identifie l'auteure :

> [A]uch hier zeigte man Verständnis für die schwergeprüfte und kämpfende Spanische Republik, verband ihren Widerstand mit den bedrohlichen Aussichten des eigenen Landes. [...] Heroische Generation? Ach, Unsinn! Auch die jungen Männer, die auf komplizierten Umwegen zu den Internationalen Brigaden nach Spanien eilten, unternahmen diesen waghalsigen Schritt aus tiefster antifaschistischer Überzeugung[13].

Les Brigadistes internationaux incarnent, sous la plume de Reinerová, le modèle de l'engagement pur et désintéressé, et partant, peut-être une manière de sauver les idéaux communistes mis à mal par le stalinisme et la dictature. Tel semble en effet le sens de la démarche entreprise par l'écrivaine dans son dernier récit, dans lequel elle cherche à comprendre comment de très jeunes gens purent tout sacrifier pour partir combattre dans un pays étranger et lointain. *Adiós, Španělsko* décrit ainsi le départ d'un jeune Tchèque, Heinl, pour Albacete, *via* Paris ; à Prague, il laisse sa petite amie Elsa (prénommée Erna dans le récit de 1962). Celle-ci lui a confié son écharpe grise à pois bleus qui, dans les deux récits, fait figure de leitmotiv doté de surcroît d'une fonction dramatique d'accessoire notifiant la dimension du sacrifice sentimental consenti. Heinl conserve cette écharpe autour de son cou pendant tout son périple espagnol et c'est ce vêtement, tâché de sang, qui clôt les deux textes et suggère, dans un procédé qui n'est pas sans rappeler le dernier vers du « Dormeur du val » de Rimbaud, la mort du jeune Heinl lors de la chute de Barcelone :

> Dans sa poitrine, l'oiseau effrayé déploie encore une fois ses ailes noires. Mais Heinl est plus fort que jamais. Il resserre la jugulaire de son casque sous son menton et se glisse prudemment hors du trou humide. Enfin parvenu à l'extérieur, il respire profondément l'air parfumé du printemps, il contemple les couleurs rouges du matin qui s'éveille lentement, et il se dirige à grands pas vers le quartier général.
> Une balle siffle de quelque part.
> Une grande pierre blanche bouge sur le chemin. Elle se transforme en un rocher écrasant et roule inexorablement vers l'avant. Le soleil levant faiblit. Soudain, cela sent comme le pavé frais des quais de la Vltava à Prague. La musique calme de la chambre de Peter se répand dans le monde. Au milieu des pierres fraîches, le châle gris à pois bleus devient lentement rouge sang[14].

---

12. Reinerová, *Adiós Španělsko*, p. 21.
13. Reinerová, *Alle Farben*, p. 40.
14. « Vyplašený pták v jeho hrudi ještě jednou roztáhne černá křídla. Ale Heinl je teď silnější než kdy jindy. Utáhne si pod bradou řemínek helmy a opatrně se vyplíží z vlhké díry. Konečně je nahoře, nadechne se zhluboka vzduchu provoněného jarem, pohlédne na zvolné se probouzející ranní červánky a vykročí směrem k velitelství. Odněkud hvízdne kulka. Velký bílý kámen na pěšině se pohne. Promění se v drtivou skálu a nezadržitelně se sune kupředu. Váhavě vycházející slunce zakolísá. Najednou to tu voní chladnou dlažbou jako v Praze na vltavských nábřežích. Do celého světa se line tichá hudba z Peterova pokoje. Šedý šál s modrými puntíky se mezi chladnými kameny pozvolna zbarvuje do krvavě rudé. », Reinerová, *Adiós Španělsko*, p. 59. Le récit de 1962 se termine de la même manière, à quelques détails près. Le cadre limité de cet article ne permet cependant pas de proposer une comparaison exhaustive des deux textes ; nous nous contenterons de relever les faits les plus saillants et pertinents pour notre analyse. L'auteure tient à remercier ici Lucia Schmidt pour la relecture des traductions depuis le tchèque. Le « trou humide » fait écho également au « trou de verdure » du poème de Rimbaud.

Les synesthésies et réminiscences dont le personnage fait ici l'expérience peuvent également rappeler la fin du roman *L'Espoir* – Malraux est du reste une référence que Reinerová convoque à plusieurs reprises[15] – où le héros communiste, Manuel, qui ne meurt certes pas, entend trois pianos au loin et le narrateur souligne l'importance de la musique qui « donnait toute sa force au passé[16] ».

Dans ce récit fictionnel écrit à la troisième personne, Reinerová insère des souvenirs de sa propre vie et de celle de son époux, retranscrits à la première personne. Il s'agit de la différence la plus notable avec la nouvelle *Der Beweis* de 1962, d'où le « je » est absent[17]. Les interventions de la narratrice constituent des pauses dans le récit fictionnel, dont le texte de 1962 était dépourvu. Sur le fond, l'insertion de ces commentaires de la narratrice dans le texte publié en 2012 nourrit la réflexion qu'elle propose sur le sens de l'engagement[18]. Dans le récit de 1962, on pouvait lire :

> Er lief im Zimmer hin und her, blieb dann wieder am Fenster stehen und fügte eindringlich hinzu: „Aber das ist etwas anderes, Petr. Ich muß nach Spanien, weil es freiwillig ist. Kannst du das nicht verstehen?"
> „Doch. Und du ärgere dich nicht und versuch einmal, mich zu verstehen, wenn ich dir jetzt noch etwas sage: Unsere Pflicht ist es zu kämpfen, nicht zu sterben. Das merk dir bitte. Ich wollte es dir schon das letztemal sagen."
> „Danke." Heinl wurde bis über die Ohren rot. „Du bist ein wirklicher Freund, Petr."[19]

Ce passage est peu ou prou conservé dans la version de 2012[20], mais la narratrice a auparavant ajouté quelques lignes évoquant les doutes de Heinl, une question qui ne pouvait faire débat en 1962 dans le contexte du réalisme socialiste :

---

15. Voir notamment les citations associées aux notes 22 et 36.
16. André Malraux, *L'Espoir*, Paris, Gallimard, 1992 [1937], p. 589. D'autres rapprochements entre ce roman de Malraux et l'œuvre de Reinerová seraient sans doute à approfondir, tel le passage où le narrateur évoque « pour la première fois au monde, les hommes de toutes nations mêlés en formation de combat [qui] chantaient l'Internationale » (p. 325) et auquel semble faire écho le chœur des femmes internées à Rieucros chantant « la chanson du Premier Mai » dans *Alle Farben* (p. 146), ou encore les procédés relevant d'une écriture cinématographique, conjuguant pittoresque et saturation du champ visuel ou du champ auditif ou bien le surgissement de l'incongru qui submerge l'imaginaire du lecteur/spectateur, comme le châle gris à pois bleus dans l'extrait précédent. Rappelons que Reinerová était en charge, au sein de la revue *Im Herzen Europas*, des critiques de films tchèques et slovaques et qu'elle en a rédigé quelque 52 entre 1958 et 1968. Voir Leclerc, *Lenka Reinerová und die Zeitschrift „Im Herzen Europas"*, p. 343-344. Ces réflexions sur Malraux doivent beaucoup au cours de Khâgne de M. Pierre Campion, professeur de Lettres au Lycée Chateaubriand (Rennes), que l'auteure de cet article a eu le bonheur de suivre en 1995-1996 ; qu'il soit ici remercié pour l'excellence de son enseignement et la passion qu'il a su transmettre.
17. M. Theresia Wittemann note à propos du recueil *Ein für allemal* : „Hier wie in den meisten erzählerischen Texten während der kommunistischen Diktatur vermeidet Lenka Reinerová einen Ich-Erzähler und verfremdet bewußt manches autobiographisches Detail", M. Theresia Wittemann, „Einladung zu einer Reise ins 20. Jahrhundert: Hommage an Lenka Reinerová", *Stifter-Jahrbuch*, vol. 21, 2007, p. 119-147, ici p. 124.
18. C'est ici encore un thème qu'on trouve dans le roman de Malraux, qui est traversé par la question de savoir pourquoi un homme prend un fusil (*L'Espoir*, p. 581), la question du choix et de l'acte libre.
19. Reinerová, *Der Beweis*, p. 129.
20. Reinerová, *Adiós, Španělsko*, p. 33.

Nous nous trouvons encore avec Heinl dans les monts de la belle région de la Šumava, au tout début de son parcours compliqué. Il s'appuie pensivement contre un étal en bois, où l'on vend des boissons en été, et ferme les yeux. Est-il vraiment honnête avec lui-même? Pourquoi s'est-il engagé dans les Brigades internationales en Espagne? À cause d'un amour malheureux? Ou parce qu'il est de petite taille et que, par conséquent, tout le monde suppose qu'il ne se lancerait jamais dans une telle entreprise? Et ne le pense-t-il pas lui-même? « Ne dis pas de bêtises », avait dit Peter avec colère lorsqu'il lui avait récemment confié ses craintes et ses doutes. « En t'écoutant, on pourrait finir par se demander pourquoi tu n'es pas employé dans une compagnie d'assurance ou dans les chemins de fer, où tu aurais une pension sûre, plutôt que d'être le rédacteur en chef d'un journal antifasciste. Quelqu'un t'a-t-il forcé à faire cela? S'agit-il d'un poste tranquille et financièrement intéressant où tu te sentirais comme un poisson dans l'eau? Tu es par ailleurs un homme juste, mais tu es impitoyablement injuste envers toi-même. »
Bientôt on saurait qui avait raison, Peter, capable de se montrer si compréhensif, ou lui avec sa méfiance et Elsa avec son anxiété[21].

Au-delà du cas individuel de son personnage, Lenka Reinerová élargit son interrogation à l'ensemble de cette génération partie en Espagne :

Si l'on se penche sur ces années certes lointaines, mais encore à portée de notre compréhension, de nombreuses questions restent ouvertes. Qu'est-ce qui a pu pousser des hommes et des femmes de différents pays d'Europe, mais aussi des États-Unis, du Canada et d'Amérique latine, à se précipiter au secours du peuple espagnol? Les atrocités de la dictature fasciste dans leur brutalité nue n'ont été révélées que plus tard[22]. Les volontaires des Brigades internationales avaient-ils la moindre idée de la misère de millions de personnes qu'ils auraient pu éviter si leur aide avait réussi, s'ils avaient détruit l'avant-garde de ces forces impitoyables et obsédées par le pouvoir, dotées d'un appétit sans limite de conquête et de destruction?
J'aurais aimé qu'ils le sachent. Ce ne sont pas seulement des volontaires inconnus qui ont pris le parti des Espagnols combattant avec détermination et les armes à la main; des personnalités connues et hautement estimées dans le monde ont suivi le même chemin. Orson Welles et Gustav Regler, Ernest Hemingway et André Malraux, Anna Seghers et Pablo Neruda, Egon Erwin Kisch et bien d'autres voulurent être là pour exprimer leur solidarité. Beaucoup d'entre eux sont partis au front (Theodor Balk, Bodo Uhse), certains sont tombés entre les mains des Franquistes (Regler)[23].

---

21. « Ještě se nalézáme s Heinlem na krásné Šumavě, na samém počátku jeho komplikované cesty. Zamyšleně se opírá o stánek stlučený z prken, v němž se v létě prodávají nápoje, a zavírá oči. Jedná vůbec čestně? Proč se přihlásil k internacionálním brigádám ve Španělsku? Kvůli nešťastné lásce? Nebo proto, že je malého vzrůstu, a každý by proto předpokládal, že se do něčeho takové nikdy nepustí? A nemyslí si to náhodou on sám? „Nemluv nesmysly," rozhněval se Peter, když mu nedávno svěroval své obavy a pochybnosti. „Když tě tak člověk poslouchá, pomalu by se divil, proč nejsi úředníkem v nějaké pojišťovně nebo na dráze, kde bys měl jistou penzi, že jsi místo toho redaktor antifašistických novin. Nutil tě k tomu někdo? Je to snad klidné a finančně zajímavé postavení, kde by ses cítil jako ryba ve vodě? Ty jsi jinak spravedlivý člověk, ale trestuhodně nespravedlivý sám k sobě." Brzy se ukáže, kdo měl pravdu, zda Peter, který je vůči němu tak shovívavý, nebo on se svou nedůverou a Elsa se svou úzkostí. », ibid., p. 22.
22. Dès 1937 cependant, dans *Les grands cimetières sous la lune,* Georges Bernanos, pourtant issu du camp de la droite monarchiste française, avait dénoncé les crimes franquistes.
23. « Když se dnes člověk ohlédne zpátky na ta vzdálená, ale ještě zachytitelná léta, zůstávají mnohé otázky otevřené. Co pohánělo muže a ženy z různých zemí Evropy, ale také ze Spojených států, Kanady a Latinské Ameriky, aby spěchali na pomoc španělskému lidu? Krutosti fašistické diktatury ve své úplně nahé brutalitě vypluly na povrch až později. Tušili dobrovolníci z internacionálních brigád, jakému neštěstí milionů lidí by mohli zabránit, kdyby jejich pomoc uspěla, kdyby učinili přítrž předvoji těch bezohledných a mocí posedlých sil, s jejich bezbřehou chutí dobývat a ničit? Kéž by to tušili. Na stranu bojujících Španělů se stavěli odhodlaně a se zbraní v ruce nejen neznámí dobrovolníci; stejnou cestou se ubíraly i proslulé a ve světě vysoce ceněné osobnosti. Orson Welles

Le motif de la frontière franco-espagnole

Le franchissement de la frontière, ou plus exactement des frontières par Heinl, car comme il est rappelé dans le texte de 1962, le personnage doit franchir illégalement trois frontières avant de parvenir en France[24], est l'occasion d'une réflexion particulière sur le sens de cet engagement. Lenka Reinerová emploie une expression récurrente pour caractériser le périple des brigadistes accourus en Espagne depuis toute l'Europe, celle de « parcours/ détour compliqué ». Nous l'avons déjà rencontrée dans deux citations[25]. Il s'agit bien sûr à la fois d'un périple géographique difficile mais aussi d'un parcours personnel compliqué, impliquant de lourds sacrifices, une transgression, car il faut quitter les siens et surmonter sa peur. Les textes de 1962 et 2012 insistent tous deux sur le moment du passage de la frontière franco-espagnole par Heinl. Nous ne citons ici que la version à la plus récente, qui est aussi la plus étoffée :

> Qu'est-ce que la guerre ? Le bruit hideux des combats, les nuits sans sommeil, la mort, la douleur et le chagrin, la faim et la misère. C'est ce que disent les livres d'histoire. Au fil du temps, bien des nouveautés et abominations se sont ajoutées. De tout cela, Heinl n'a que très peu fait l'expérience.
>
> Le train s'arrête quelque part près de la frontière franco-espagnole.
>
> « Tout le monde descend ! » ordonne Pierre. Rien que la nuit tout autour. Peut-être fait-il froid, peut-être des myriades d'étoiles brillent-elles dans l'obscurité du ciel, peut-être y a-t-il l'odeur de la terre qui repose. Rien de tout cela n'est perceptible pour ces hommes. Tout ce qu'ils savent, c'est qu'ils doivent rapidement quitter le train et le bâtiment de la gare. La colline devant eux est couverte de fourrés denses, et plusieurs bus attendent.
>
> Ils nous attendent, les hommes le savent. Heinl le sait aussi. Dans le premier véhicule, quelqu'un, probablement le conducteur, leur fait signe depuis la porte ouverte et les salue d'un tranquille « Salud ! ».
>
> Les bus s'en vont. Quand passeront-ils la frontière ? Il fait encore nuit tout autour, les hommes dans les bus ne le savent pas. Pierre le sait peut-être. Ses camarades lui font confiance, ils ne posent pas de questions.
>
> Heinl essaie de scruter le paysage paisible des deux côtés de la route. Combien d'articles a-t-il écrits ces dernières semaines sur la détermination et la bravoure des habitants de ce pays, combien de fois a-t-il rendu compte de cela ? Et maintenant il est ici, en Espagne, seul, et demain, peut-être demain déjà, on lui remettra à lui aussi une arme pour qu'il aide à défendre la jeune république. Heinl frissonne un peu. Est-ce de joie ? De peur ? Plus probablement parce que son esprit est en proie à une incroyable agitation, d'où émerge, de façon hésitante mais persistante, quelque chose comme du soulagement et de l'anticipation, voire une étincelle de fierté. Il est venu et il y arrivera. Il a pris sa décision, et c'était la bonne chose à faire. Un nouveau chapitre de sa vie ? Quelque chose comme cela est facile à écrire. La réalité exige davantage.
>
> Dehors, un nouveau jour se lève lentement et avec lui les villages environnants et leurs habitants. Quand ils entendent le bruit des bus, ils courent sur la route. Les soldats sont les premiers à apparaître. Puis des enfants. Ils agitent leurs mains, poings levés en guise de

---

a Gustav Regler, Ernest Hemingway a André Malraux, Anna Seghersová a Pablo Neruda, Egon Erwin Kisch a mnozí jiní chtěli být u toho, vyjadřovali tak svou solidaritu. Mnozí z nich šli na frontu (Theodor Balk, Bodo Uhse), někteří padli do rukou frankistů (Regler). », Reinerová, *Adiós, Španělsko*, p. 47-48.

24. Reinerová, *Der Beweis*, p. 122. Le motif de la frontière occupe dans l'œuvre de l'auteure qui s'est retrouvée internée en France en 1940 et a dû fuir l'Europe en 1941 une place importante, à commencer par son premier roman *Grenze geschlossen* (Berlin, Verlag Neues Leben, 1958).

25. Voir citations correspondant aux notes 13 et 21.

salut. Des femmes. L'une d'elles est devenue depuis la légendaire Pasionaria. Des oliviers, un bosquet entier de fines feuilles argentées. Un groupe de jeunes soldats passe devant eux, parmi lesquels plusieurs très belles filles. Tu peux tout toucher, tout est là. Peu vraisemblable, mais néanmoins réel. Heinl regarde et regarde encore, le souffle coupé, comme enchanté. Il est en Espagne, à l'autre bout de l'Europe. L'Espagne qui combattra le fascisme. C'est bon et juste, et il a réussi[26].

La narratrice s'attarde sur les sentiments du personnage, sur ses motivations profondes. Le fait qu'elle évoque ce moment dans les deux récits montre l'intensité dramatique qu'elle lui confère. Il s'agit d'un moment-clef, d'une péripétie comme essence du dramatique ; l'engagement prend tout son sens au moment de l'entrée en terre d'Espagne. La frontière est non seulement lieu de passage entre France et Espagne, mais aussi lieu de transgression (le passage est clandestin, il s'effectue de nuit), métamorphose et émancipation du personnage (appuyées par la métaphore du jour nouveau) et révélation de la vérité et de la justesse de la cause embrassée. Le passage cité n'est pas exempt des stéréotypes associés à la représentation de l'Espagne et par la reprise de cette couleur locale et d'un pathos de la guerre d'Espagne, Reinerová s'insère à son tour dans le sillon creusé par les écrivains acteurs de cette guerre[27].

---

26. « Co s sebou nese válka? Odporný rámus boje, bezesné noci, smrt, bolest a žal, hlad a bídu. Tak to stojí v historických knížkách. Během času se k tomu přidalo ještě hodně nového a ošklivého. Z toho všeho zakoušel Heinl zatím pravda jen málo.

   Vlak zastaví kdesi u francouzsko-španělských hranic.

   „Vystupovat!" zavelí Pierre. Kolem nic než noc. Možná je chladná, možná září na tmavém nebi nesčetné hvězdy, možná že voní odpočívající zem. Nic z toho muži nevnímají. Vědí jen, že musí rychle opustit vlak i nádražní budovu. Svah před nimi je porostlý hustým houštím, čeká tu několik autobusů.

   Čekají na nás, vědí muži. Heinl už to ví taky. Z prvního vozu na ně někdo, patrně řidič, kyne z otevřených dvířek a zdraví tichým: „Salud!"

   Autobusy se rozjedou. Kdy překročí hranice? Kolem je ještě tma, muži v autobusech to nevědí. Pierre to snad ví. Kamarádi mu důvěřují, na nic se neptají.

   Heinl se snaží pohledem proniknout poklidnou krajinu na obou stranách cesty. Kolik příspěvků o odhodlanosti a statečnosti lidu téhle země napsal v posledních týdnech, jak často o tom referoval. A teď je sám tady, ve Španělsku, a zítra, možná už zítra mu také vtisknou do ruky zbraň, aby pomáhal bránit mladou republiku. Heinl se trochu chvěje. Radostí? Strachem? Spíše proto, že má v hlavě neuvěřitelný zmatek, z něhož se váhavě sice, als vytrvale vynořuje cosi jako ulehčení a očekávání, dokonce i jiskřička hrdosti. Přijel a dokáže to. Odhodlal se a bylo to správné. Nová kapitola jeho života? Něco podobného si snadno napíše. Skutečnost si žádá víc.

   Venku se pomalu probouzí nový den a s ním se budí okolní vesnice a jejich obyvatelé. Když zaslechnou hluk autobusů, vybíhají na silnici. První se ukazují vojáci. A děti. Mávající ruce, k pozdravu pozdvižené pěsti. Ženy. Z jedné z nich se mezitím stala legendární Pasionaria. Olivy, celý háj s úzkými stříbřitými listy. Míjí je skupina mladých vojáků, mezi nimi několik velmi krásných dívek. Všeho se můžeš dotknout, je to tady. Nepravděpodobné, ale přesto pravé. Heinl hledí a hledí, bez dechu, jako očarovaný. Je ve Španělsku, na druhém konci Evropy. Ve Španělsku, které bude bojovat proti fašismu. Je to dobré a správné, a on to dokázal. », Reinerová, *Adiós, Španělsko*, p. 46-47. Dans *Der Beweis*, l'extrait se trouve p. 138.

27. Voir notamment l'article qu'Evelyne Schmitt a consacré au roman *Grüne Oliven und nackte Berge* d'Eduard Claudius : « Eduard Claudius, volontaire des Brigades internationales, écrivain de la RDA : la quête d'un *pays habitable* », in Anita Gonzalez-Raymond, Lucien Calvié (dir.), *Chroniques allemandes* 6 : « Germania-Hispania. Monde germanique/Monde hispanique : relations, images, transferts », 1997, p. 87-94.

Une mémoire médiatisée

Dans la mesure où Reinerová n'a pas directement vécu la guerre d'Espagne, l'évocation qu'elle en fait se produit en effet par le biais de références et d'emprunts à d'autres récits ou témoignages. Il peut s'agir de références littéraires françaises (Malraux, ou Rimbaud pour la représentation de la guerre en soi) comme dans *Der Beweis* et *Adiós, Španělsko*, mais l'expérience des combattants d'Espagne et le récit qu'ils en ont produit jouent un rôle fondamental, notamment parce qu'ils fondent et consolident l'engagement communiste de l'auteure. Ainsi n'est-ce pas un hasard si la mémoire de la guerre d'Espagne se trouve convoquée chez Reinerová à des moments où ses convictions, soumises à l'épreuve de l'internement ou de la dictature, pourraient vaciller. C'est par exemple le cas dans le récit de son incarcération à l'époque des purges du début des années 1950 au sein du PCT où une Espagne re-créée à partir de récits d'autrui vient servir non plus seulement une stratégie mémorielle mais bien une stratégie de survie dans l'isolement carcéral. Avec sa codétenue Dana, la narratrice de *Alle Farben der Sonne und der Nacht* a en effet institué un « jeu » consistant à se narrer leurs expériences respectives :

> Es gab auch Spielregeln, die uns ermöglichen sollten, uns von dem Ort, an den wir gefesselt waren, tunlichst loszulösen. Deshalb gaben wir Begebenheiten den Vorrang, die in einem fremden Land stattfanden, und sie sollten auch mit möglichst vielen Einzelheiten geschildert werden[28].

De cette narration, l'Espagne n'est pas absente, et de façon emblématique, elle est convoquée au travers du récit de l'expérience française, de l'internement à Rieucros. C'est en effet dans ce camp que Lenka Reinerová a côtoyé des internées espagnoles, réfugiées de la guerre d'Espagne, et appréhendé plus concrètement la réalité de ce drame. Elle évoque ainsi Pepita ou Antonia, qui a perdu son mari près de Las Rosas[29], ou encore la jeune Dinah :

> [...] ein kleines mageres Mädchen mit tiefschwarzen Augen im schmalen Gesicht, war etwa fünfzehn Jahre alt. Sie schien die jüngste „erwachsene" Internierte unter den Spanierinnen zu sein, die beim Zusammenbruch *ihrer* Republik [nous soulignons] in Frankreich Zuflucht suchten, in der törichten Hoffnung, in dem klassischen Asylland eine sichere Unterkunft zu finden – und die in den elenden Baracken von Rieucros landeten[30].

Une fois encore, le parallèle est esquissé – certes implicitement ici – entre le destin de la république espagnole et celui de la Tchécoslovaquie ; l'adjectif possessif, en identifiant les réfugiées internées à leur république, instaure une communauté de destin, voire une solidarité entre toutes ces femmes exilées et persécutées : toutes avaient cru trouver refuge dans une France qui a trahi ses principes. Lenka Reinerová est du reste globalement sévère avec la France, et l'image qu'elle en diffuse dans son œuvre n'est guère positive, jusque dans *Adiós, Španělsko où* elle

---

28. Reinerová, *Alle Farben*, p. 87.
29. *Ibid.*, p. 146.
30. *Ibid.*, p. 151.

emploie de manière répétée et avec ironie l'expression de « douce France[31] » :
« La frontière de la douce France... Le diable sait dans quel poème il a lu cette
expression et pourquoi elle s'est si fermement enracinée dans sa mémoire. Cela
ne correspond décidément pas aux représentations habituelles de ce pays[32] ».

À Rieucros, la narratrice se place sous la protection symbolique des
combattants espagnols qui lui permet non seulement de retrouver une identité de
femme et d'éprouver sa sensualité[33], mais également de renouer avec l'écriture :

> Ehe man dazu übergegangen war, in dieser öden Gegend Ausländerinnen zu internieren, hatte
> es hier ein Arbeitslager für Spanier gegeben, die nach der Niederlage ihrer Republik nach
> Frankreich geflüchtet waren. Die hatten uns (wußten sie, daß Frauen in ihre Behausungen
> einziehen würden?) ein Symbol zurückgelassen: In dem hellen Sandstein waren zwei große
> Männerhände eingemeißelt, fest verbunden in kräftigem freundschaftlichem Druck. Er
> wirkte tröstend, war solidarisch, dieser Händedruck im Felsen über unseren Baracken. So
> deutete ich ihn mir wenigstens, und deshalb pilgerte ich gern zu ihm hinauf, hatte beinahe
> das Gefühl, von diesen Männerhänden gestreichelt zu werden.
> Auf einem Felsbrocken hockend, schrieb ich in dem Steinbruch in die Hefte, die ich aus
> der Petite Roquette mitgebracht hatte; für mich selbst Märchen, in denen immer Gut über
> Böse siegte, daneben auch lustige Liedertexte über die Misere und komische Seiten des
> Lagerlebens, die dann bei Geburtstagsfeiern und ähnlichen Anlässen in unserer Baracke zum
> Vortrag kamen. Wenn sie die Frauen erheiterten, wenn die dann lachten, war ich froh. Daß
> mir die unverwischbaren schützenden Männerhände dabei halfen, wußte nur ich[34].

Les combattants d'Espagne sont donc constamment, symboliquement ou
concrètement, associés à l'aide qu'ils apportent à la narratrice qui s'attache à leur
rendre hommage. Dans le récit autobiographique *Zu Hause in Prag, manchmal
auch anderswo*, elle leur rend grâce de l'aide matérielle reçue pour pouvoir se
vêtir afin de se rendre, depuis Rieucros, au consulat de Marseille[35] ; dans la
nouvelle *Die Schiffskarte*, c'est grâce au groupe d'anciens brigadistes rencontrés
à Marseille que le protagoniste reprend pied et s'engage dans la résistance :

> Einige von uns waren auf seiten der spanischen Republik in den Internationalen Brigaden.
> Deshalb ist Spanisch neben unperfektem Französisch unsere gemeinsame Hauptsprache.
> Ein paar andere sind emeritierte Zuchthäusler oder KZ-Häftlinge. Zu denen zählen z.B.

---

31. Voir dans ce volume la contribution de Primavera Diessen Gruber.
32. « Hranice sladké Francie... Čert ví, ve které básni to četl a proč právě tenhle obrat zapustil tak
    pevné kořeny v jeho paměti. Rozhodně nejde dohromady s obvyklými představami o této zemi. »,
    Reinerová, *Adiós, Španělsko*, p. 36. Reinerová songe peut-être à la *Chanson de Roland* où Roland
    mourant regarde l'Espagne et se souvient de la « douce France ». Dans ce poème, le poète
    s'adresse aux pèlerins de Saint-Jacques qui, le soir, pensent « au pays qu'ils ont quitté, où la vie
    était peut-être dure, mais où elle apparaît si 'douce' à travers les nostalgies, maintenant qu'on
    a bien des périls devant soi, et peu de chances de revenir. », Albert Thibaudet, *Réflexions sur
    la littérature,* édition établie et annotée par Antoine Compagnon et Christophe Pradeau, Paris,
    Gallimard, 2007 [1936], p. 809. On aurait ici encore une résonance littéraire française.
33. Sur la question du genre et de l'internement, voir Mechthild Gilzmer, *Fraueninternierungslager
    in Südfrankreich. Rieucros und Brens 1939-1944*, Berlin, Orlanda Frauenverlag, 1994.
34. Reinerová, *Zu Hause in Prag*, p. 47-48. Le rocher sculpté de Rieucros a certes été attribué à des
    Espagnols, mais l'auteur est sans doute plus vraisemblablement un Allemand du nom de Walter
    Gierke. Voir Descolonges, *Un camp d'internement en Lozère*, p. 79.
35. *Ibid.*, p. 48.

> Darinka und hier Pastor Jan. Kurz, lauter sogenannte gefährliche und zugleich gefährdete Elemente[36].

Outre les figures d'internées et d'interbrigadistes, c'est également à travers l'hommage rendu à diverses figures tutélaires que Lenka Reinerová réactive la mémoire de la guerre d'Espagne. Ainsi le recueil *Es begann in der Melantrichgasse*, dans lequel elle évoque successivement Franz Carl Weiskopf, Egon Erwin Kisch, Bodo Uhse et Anna Seghers, insiste-t-il dans les textes consacrés aux trois derniers noms sur leurs liens avec l'Espagne : Kisch avait participé en 1937 au Congrès international des écrivains antifascistes à Valencia et Madrid et publié entre autres le reportage *Soldaten am Meeresstrand* consacré à l'hôpital des Brigades internationales de Benicasim dirigé par son frère Friedrich, ainsi que le reportage intitulé *Drei Kühe* portant sur un jeune Autrichien qui vendit ses trois vaches pour financer son départ pour l'Espagne[37], un thème – celui de l'engagement de la jeunesse – qui est celui d'*Adiós, Španělsko*. Le passage consacré à Seghers, qui rappelle également sa participation au Congrès international des écrivains antifascistes, montre la médiation qui s'opère, pour l'Espagne, par la photographie, tandis que l'expérience est directe pour la Tchécoslovaquie :

> In den deutschsprachigen Grenzdörfern der Tschechoslowakei wurde damals auch schon ab und zu geschossen, freilich nicht aus Geschützen, sondern nur mit Gewehren und Pistolen, die heimlich aus Deutschland herübergeschmuggelt wurden. Ich habe solche Schüsse *aus unmittelbarer Nähe* gehört, habe auch manche dieser beschlagnahmten Waffen gesehen. Und in der Redaktion der AIZ, der Arbeiter-Illustrierten-Zeitung in Prag, *sah ich* Fotos aus Spanien. Verwundete Menschen, tote Menschen, Kinderleichen aus Guernica. Aber auch Fotos von dem Schriftsteller und Flieger André Malraux, dem Schriftsteller und Stabschef der XI. Internationalen Brigade, Ludwig Renn, dem männlich robusten Ernest Hemingway, der zarten Schönheit der Anna Seghers.[38]

Le destin des deux pays est de nouveau comparé. On retrouve dans ce passage les noms traditionnellement associés à la guerre d'Espagne, mais dans *Der Beweis* ou *Adiós, Španělsko*, Reinerová cite deux noms de brigadistes plus inattendus. D'abord celui de Gustav Regler (1898-1963), qui était devenu pour les communistes la figure du renégat et qui avait été attaqué tout particulièrement par Anna Seghers ; à rebours de cette image, Reinerová procède à une sorte de réhabilitation de Regler après avoir souligné l'amitié et l'admiration qu'il vouait à Balk :

> Ich weiß bis heute nicht genau, was damals in Le Vernet wirklich geschehen ist und den schlimmen Bruch herbeigeführt hat. Ich weiß nur, daß auch nachher, in Mexiko, in diesem Zusammenhang viel Übles gesagt und leider auch geschrieben wurde. Von beiden Seiten[39].

Le nom de Regler réapparaît dans le récit *Adiós, Španělsko*[40], comme une confirmation de cette réhabilitation. L'autre figure est celle du communiste

---

36. Reinerová, *Die Schiffskarte,* in *Zu Hause in Prag,* p. 110-160, ici p. 154.
37. Reinerová, *Es begann,* p. 68.
38. *Ibid.,* p. 123. Les passages en italique sont soulignés par nous.
39. Reinerová, « So alt wie das Jahrhundert », in Balk, *Wen die Kugel,* p. 18-19.
40. Voir citation note 22.

František Kriegel[41] (1908-1979) qui fut le seul membre de la délégation tchécoslovaque convoquée à Moscou après l'invasion du 21 août 1968 à refuser de signer les Protocoles de Moscou mettant fin au processus de réformes à Prague. Comme dans le roman-journal de Balk, la mémoire de la guerre d'Espagne se trouve reliée à celle du Printemps de Prague, à travers des figures incarnant l'honneur et la résistance.

Conclusion

Les stratégies mémorielles mises en œuvre par Lenka Reinerová impliquent des circulations et des transferts où les mémoires se rejoignent : celle de la guerre d'Espagne, des récits produits sur cette période, celle de l'internement en France et celle du Printemps de Prague. Les frontières entre ces mémoires s'estompent ; le passage de la frontière franco-espagnole lui-même devient symbole d'un engagement universel pour une cause perçue comme juste. Cette circulation de la mémoire s'accomplit également au sein même de l'œuvre de l'auteure qui procède constamment à une relecture, réinterprétation, réécriture des événements directement ou indirectement vécus, à l'aune de l'expérience historique. On a pu reprocher à Reinerová une absence de réflexion critique sur le communisme et le stalinisme, ou du moins d'avoir amorcé tardivement cette réflexion[42], mais peut-être faut-il voir dans ces nombreuses réécritures de récits antérieurs la volonté, plus subtile, de corriger les erreurs du passé, de ne pas laisser ces textes passer tels quels à la postérité.

---

41. Reinerová, *Adiós, Španělsko*, p. 20-21.
42. Voir notamment Steffen Höhne, « Lenka Reinerovás Reflexion über kommunistische Politik », in *brücken. Germanistisches Jahrbuch Tschechien – Slowakei*, N.F. 17, 1-2, 2009, p. 145-162, ici p. 152.

Jenseits der Sprachgrenzen
Transnationale Kontakte in südfranzösischen Internierungslagern

Georg PICHLER
Universidad de Alcalá, Madrid, Spanien

Abb. 1 – Ludwig Beer, Viktor Völkl, Hans Landauer und Egon Steiner im Lager Gurs
© DÖW/Spanienarchiv

Ein Foto aus dem Lager Gurs, 1939 oder 1940 aufgenommen. Es ist Sommer und vier junge, auf den ersten Blick sorgenlose Männer gehen bloßfüßig und mit nacktem Oberkörper neben einer Bahnanlage, deren Schwellen nicht sehr sorgfältig verlegt sind. Im Hintergrund sieht man hohe Strommasten und ein paar Menschen, neben den Vieren ein dichtes Gewirr von Drähten und Pfosten, es handelt sich wohl um den Stacheldrahtzaun, der das *îlot de représailles*, die Strafbaracke, vom restlichen Lager abtrennte. Die abgebildeten Personen sind die Österreicher Ludwig Beer, Viktor Völkl, Hans Landauer und Egon Steiner, die am sogenannten „Goldexpress"[1] entlangspazierten, an den Gleisen der Kleinbahn, mit der die Exkremente der Insassen des Lagers Gurs abtransportiert wurden. Bei diesen Spaziergängen memorierten sie „täglich fünfzehn spanische Vokabel"[2], wie Hans Landauer sechs Jahrzehnte später in dem von ihm und Erich Hackl herausgegebenen *Album Gurs* festhalten sollte. Alle vier waren in den Internationalen Brigaden im Spanienkrieg gewesen und wollten die dort erfahrene internationale Solidarität weiterleben – daher lernten sie lieber Spanisch als Französisch, das zu dieser Zeit sicher praktischer gewesen wäre. Beer und Völkl starben 1944 in Dachau, Steiner und Landauer überlebten ihre Haft in nationalsozialistischen Konzentrationslagern, Steiner in Auschwitz, Landauer in Dachau. Hans Landauer konnte die in Gurs gelernten Vokabeln noch lange verwenden, denn nach seiner Pensionierung gründete er 1983 das Spanienarchiv am Dokumentationsarchiv des österreichischen Widerstandes und war, als der wohl beste Hüter der Erinnerung an die 1.400 österreichischen Interbrigadistinnen und Interbrigadisten, immer wieder in Spanien, um Material für das Archiv zu sammeln und über seine Erfahrungen zu berichten.[3]

Aber wie so vieles, was mit den französischen Lagern in Zusammenhang steht, wirft auch dieses Foto Fragen auf. Ab April 1939 waren mehr als 20.000 Angehörige der republikanischen Armee, zu denen an die 6.000 Mitglieder der Internationalen Brigaden gehörten,[4] von den küstennahen Lagern Argelès-sur-Mer, Le Barcarès oder Saint-Cyprien in das rasch errichtete Camp de Gurs transportiert worden, unter ihnen rund 700 Deutsche und zwischen 500 und 550 Österreicher. In Gurs wurden sie in 400 Baracken untergebracht, die in *îlots*, „Inselchen", zu je 25 Baracken für jeweils 60 Personen untergliedert waren.[5]

---

1. Erich Hackl, Hans Landauer (Hrsg.), *Album Gurs. Ein Fundstück aus dem Widerstand*, Wien, Deuticke, 2000, S. 30. Das im Sommer 1939 von Hand geschriebene und gemalte Album aus Gurs war ein Geschenk der österreichischen Internierten des Lagers an eine Gruppe von österreichischen Hausgehilfinnen, die „die Patenschaft über die Männer von Baracke 17 übernommen hatten" (Erich Hackl, „Ein Album und seine Geschichte", *ibid.*, S. 5-18, hier S. 12) und sie mit Lebensmitteln und dem Nötigsten für den Lageralltag versorgten.

2. Hackl, Landauer (Hrsg.), *Album Gurs*, S. 30.

3. So etwa im April 1999 in Albacete im Centro de Estudios y Documentación de las Brigadas Internacionales (CEDOBI) auf Spanisch [https://www.archivodelapalabra.iealbacetenses.com/Hans-Landauer_es_4_14_0_2.html] Stand: 23. August 2022.

4. Claude Laharie, *Le camp de Gurs. Un aspect méconnu de l'histoire du Béarn*, Pau, Infocamp, 1985, S. 104.

5. Zu Gurs siehe: Barbara Vormeier, „Dokumentation zur französischen Emigrantenpolitik (1933-1944). Ein Beitrag", in Hanna Schramm, *Menschen in Gurs. Erinnerungen an ein französisches Internierungslager (1940-1941)*, Worms, Heintz, 1977, S. 157–384; *Gurs. Ein Internierungslager in Südfrankreich 1939-1943. Zeichnungen, Aquarelle, Fotografien. Sammlung Elsbeth Kasser*, Herning, Skovgaard Museets Forlag, 1989; Michael Philipp (Hrsg.), *Gurs – ein Internierungslager in Südfrankreich 1939-1943. Literarische Zeugnisse. Briefe. Berichte*, Hamburg, Hamburger Institut für Sozialforschung, 1991; Gabriele Mittag, *„Es gibt Verdammte nur in Gurs". Literatur, Kultur und Alltag in einem südfranzösischen Internierungslager 1940–1942*, Tübingen, Attempto, 1996; Claude Laharie, *Gurs: 1939-1945. Un camp d'internement en Béarn*, Biarritz, atlantica, 2005; Landeszentrale für politische Bildung Baden-Württemberg (Hrsg.), *„Es war ein Ort, an dem alles grau war …" Die Deportation der badischen Jüdinnen und Juden nach Gurs im Oktober 1940*, Stuttgart, Landeszentrale für politische Bildung Baden-Württemberg, 2020; siehe auch die Seite der

Die Österreicher teilten sich aus Platzgründen[6] mit kubanischen Spanienkämpfern *îlot* I.[7] Die Zahl der Gefangenen mit spanischer Muttersprache war in Gurs sehr hoch, denn zu den republikanischen Soldaten kamen rund 4.000 Basken und an die 200 Brigadisten aus Lateinamerika.[8] Somit scheint es zumindest befremdlich, dass die vier Österreicher miteinander spanische Vokabel lernten und das Idiom nicht mit ihren muttersprachlichen Leidensgenossen praktizierten, wobei dies natürlich nicht auszuschließen ist. Dass Hans Landauer im Lager Dachau, in dem er von Juni 1941 bis zur Befreiung am 29. April 1945 inhaftiert war, sehr wohl den Kontakt zu vielen der insgesamt 650 dort internierten spanischen Mithäftlingen[9] suchte, beweist ein kleines, selbstgemachtes Heft, das ihm diese mit einer Widmung und ihren Unterschriften zum Abschied schenkten.

Abb. 2 – Selbstgemachtes Heft, das spanische KZ-Häftlinge in Dachau nach der Befreiung für Hans Landauer zur Erinnerung anfertigten © Erich Hackl

Gedenk- und Bildungsstätte Haus der Wannsee-Konferenz „Gurs 1940" [https://www.gurs1940.de], Stand: 23. August 2022.

6. Gespräch mit Hans Landauer, geführt von Georg Pichler, 3. August 2012.

7. Hackl, Landauer, *Album Gurs*, S. 20.

8. Lahaire, *Gurs*, S. 79 f., 104.

9. Siehe dazu Johannes Meerwald, *Spanische Häftlinge in Dachau. Bürgerkrieg, KZ-Haft und Exil*, Göttingen, Wallstein, 2022.

Und genau dies ist der Punkt: Es gab ganz offensichtlich viele, sehr viele Kontakte zwischen den Häftlingen verschiedenster Nationen in den Lagern, doch sind die Spuren, die diese Kontakte hinterlassen haben, in den Büchern, Erinnerungen und Interviews meist nur noch in Andeutungen und in gleichsam nebenbei getanen Äußerungen zu finden. Das Zusammenleben mit Menschen aus anderen Nationen, anderen Kulturkreisen und mit anderen Muttersprachen schien damals ebenso wie eine als normal gelebte Mehrsprachigkeit weitaus weniger erwähnenswert zu sein als heute. Diese Koexistenz dürfte auch viel selbstverständlicher vor sich gegangen sein, als man annehmen sollte, waren doch zu dieser Zeit sowohl die Mobilität als auch die Interkonnektivität weitaus beschränkter, war die demografische Durchmischung ungleich geringer als in der Gegenwart. Dies soll nun am Beispiel von autobiografischen Texten und Erinnerungen an die Lager von Le Vernet und Gurs, sowie mit einem kurzen Abstecher nach Rieucros untersucht werden.

Die französischen Behörden unterschieden zwischen drei Typen von Lagern: Die erste Kategorie waren die *camps de rassemblement*, *centres d'hébergement*, *camps d'accueil*, die vor allem für die Flüchtlingsströme der Spanier nach dem Fall Kataloniens und dem Ende des Bürgerkriegs eingerichtet wurden, meist improvisierte, rudimentär ausgestattete Unterkünfte.[10] Die zweite waren die *camps semi-répressifs*, die für die Mitglieder der Internationalen Brigaden erbaut wurden und später oft zur Deportation von Juden und politischen Häftlingen nach Deutschland dienten. Die *camps répressifs* waren schließlich die dritte und strengste Kategorie für politisch „gefährliche Elemente". In den drei Lagertypen herrschten unterschiedliche Voraussetzungen. In den ersten beiden Kategorien wurden die Gefangenen meist nach Nationalitäten eingeteilt, so dass ein Zusammentreffen von Personen unterschiedlicher Herkunft zwar schwieriger und seltener, jedoch keineswegs ausgeschlossen war. In den *camps répressifs* hingegen waren nationale Gruppenbildungen ebenso explizit verboten wie politische Zusammenschlüsse – auch wenn sie sich de facto binnen kurzer Zeit herauszubilden begannen. Im Männerlager von Gurs, ein *camp semi-répressif*, wurden die Insassen nach nationalen Kriterien in den bereits erwähnten *îlots* untergebracht. Le Vernet hingegen, ein *camp répressif*, war gerade von der nationalen Durchmischung der Gefangenen bestimmt. Im Oktober 1939 waren dort „Angehörige von 30 Nationen bzw. Staaten interniert"[11], 85 Prozent von ihnen kamen aus Deutschland bzw. aus dem ‚angeschlossenen' Österreich, aus Spanien, Italien, Polen, Ungarn und der Sowjetunion – bei diesen handelte es sich zumeist um Weißrussen. Der österreichische Journalist und Schriftsteller Bruno Frei, der mit *Die Männer von Vernet* (1950) den wohl umfassendsten Augenzeugenbericht über das Lager verfasst hat, stellte fest, dass in der Baracke

10. Vgl. zu den verschiedenen Kategorien Georg Pichler, „Eingesperrt und ausgeschlossen. Die Erfahrung der französischen Konzentrationslager aus spanischer und österreichischer Sicht", *Zwischenwelt* 27, August 2010, H. 1-2, S. 22-27, sowie die dort genannte Literatur.

11. Sibylle Hinze, *Antifaschisten im Camp Le Vernet. Abriß der Geschichte des Konzentrationslagers Le Vernet 1939 bis 1944*, Berlin, Militärverlag der Deutschen Demokratischen Republik, 1988, S. 48.

Nummer 6 des Quartiers B die „drei zahlenmäßig stärksten nationalen Gruppen Spanier, Italiener und Deutsche"[12] waren. Die internationale – und auch politisch und sozial bunt durcheinandergewürfelte – Zusammensetzung des Lagers beschrieb Frei so:

> Serbische Nationalisten, deutsche Kommunisten, italienische Antifaschisten, spanische Armeekommandeure, katalanische Anarchisten, russische Monarchisten, rumänische Bauernführer, ungarische, österreichische, tschechische, polnische Spanienkämpfer, griechische Republikaner, albanische Bandenführer, freiheitliche Schriftsteller und Journalisten aller Zungen – und dazwischen eingestreut einzelne Nazis, Berufsspione, Hochstapler, Trotzkisten, Provokateure – die ganze politische Dynamik Europas auf einem winzigen Raum konzentriert, in wenige Baracken zusammengepresst – dies war das Quartier B. Keine nationale, keine politische Gruppierung war erlaubt. Wie es der Zufall wollte, lag ein ukrainischer Kommunist neben einem mazedonischen Revolutionär, ein jüdischer Hausierer neben einem katalanischen Minister.[13]

Ähnliches berichten Arthur Koestler und Gustav Regler in ihren autobiografischen Texten, die beide im Zeichen der Abkehr der zwei Autoren von der Kommunistischen Partei stehen. In der Baracke 34 von Arthur Koestler gehörten die „hundertfünfzig Männer, die in dem Loch zusammengepfercht waren, [...] dreiundzwanzig Nationen an; neben einem Chinesen gab es einen Senegalesen und eine sechsköpfige Familie aus Georgien [...], die den schönen Namen Eligulaschwily trug. Es war wie beim Turmbau von Babel!"[14] Gustav Regler, Delegierter der Baracke 33, schildert die internationale Zusammensetzung der Unterkunft fast idyllisch-melancholisch und leicht paternalistisch:

> Wenn ich am Abend durch die Baracke ging und allen gute Nacht wünschte und aus den schwarzen Löchern in allen Sprachen die Antwort gekommen war: „bonne nuit, camerade [sic], gute Nacht, Gustav, spakolni nodc, buenas noches, buona notte", dann dachte ich an Europa. Man hatte uns einfach vergessen.[15]

Trotz dieser noch ganz im Zeichen des kommunistischen oder sozialistischen Internationalismus getanen Äußerungen spielte das Problem des Nationalen mit all seinen kulturellen und sprachlichen Konnotationen kaum eine Rolle. Gustav Regler beschreibt aufgrund ihrer außereuropäischen Herkunft nur drei Häftlinge etwas genauer, nämlich als Exoten: den „Neger" Moia, den Araber Hassan und den Chinesen Sun-Sun.[16] Gemeinhin werden die Personen in den Texten mit ihren Berufen oder persönlichen Merkmalen vorgestellt, denen die Nationalität zugeordnet ist. So etwa kommen bei Bruno Frei „Jurwitsch, der jugoslawische

---

12. Bruno Frei, *Die Männer von Vernet. Ein Tatsachenbericht*, Berlin, Dietz, 1950, S. 161.
13. Frei, *Die Männer von Vernet*, S. 69; ähnlich, wenn auch mit bedeutsamen Änderungen in Bruno Frei, *Der Papiersäbel. Autobiographie*, Frankfurt a. M., Fischer, 1972, S. 219.
14. Arthur Koestler, *Abschaum der Erde. Autobiographische Schriften*, Bd. 2, aus dem Engl. von Franziska Becker und Heike Kurtze, Frankfurt a. M./ Wien, Büchergilde Gutenberg, 1993, S. 310.
15. Gustav Regler, *Das Ohr des Malchus. Eine Lebensgeschichte*, hrsg. von Gerhard Schmidt-Henkel und Hermann Gätje, Frankfurt a. M./ Basel, Stroemfeld (Werke, 10), 2007, S. 548 f.
16. *Ibid.*, S. 564-570; ebenso in Gustav Regler, *Sohn aus Niemandsland. Tagebücher 1940-1943*, hrsg. von Günter Scholdt und Hermann Gätje, Basel/ Frankfurt a. M., Stroemfeld (Werke, 6), 1994, S. 172-179; sie kommen auch bei Koestler, *Abschaum der Erde,* S. 310, vor.

Geiger", oder „Barna, ein tschechischer Schriftsteller"[17] vor, bei Regler ein gewisser „Hoffmann, der Ungar mit dem Christusbart"[18], bei Koestler taucht ein namenloser „türkischer Jude"[19] auf, wobei das Jüdische wichtiger schien als das Heimatland. Tiefer gehende Ausführungen zu nationalen oder kulturellen Implikationen ihrer Herkunft bleiben aber aus, die Nationalität der Personen ist nicht viel mehr als ein Adjektiv, das den Flüchtenden beigestellt wird. Oder sie wird, wohl im marxistischen Sinn, ihrem Beruf gleichgesetzt, wie man in einem der unzähligen Gedichte über den Alltag in Le Vernet sehen kann, die Rudolf Leonhard während seines Aufenthalts im Lager verfasst hat:

> Die Handwerker
> Wie weit und bunt sie kamen,
> sie kennen einander schnell,
> sie sehen einander hell
> und grüßen mit dem Stammesnamen
> und rufen mit dem Beruf.
>
> „Guten Morgen, Armenier", „Schneider, hör zu."
> Amerikaner, gib mir den Hammer."
> Sie sagen alle einander Du [...].[20]

Von ähnlich geringer Bedeutung waren Fragen der Nationalität auch für Lenka Reinerová in ihren Erinnerungen an die Zeit im einzigen *camp répressif* für Frauen, Rieucros[21], in der Nähe von Mende (Lozère) gelegen, in dem „Politische" mit „Frauen von leichtem Lebenswandel" gemeinsam untergebracht waren: Reinerová war aus dem Pariser Gefängnis Petite Roquette ins Lager gekommen und daher erst einmal den „Kriminellen" zugeordnet worden, wohl zu ihrem Leidwesen, da sie von den „nicht ganz ungefährlich[en]"[22] Streitereien zwischen ihren Mithäftlingen berichtet, deren sich die Politischen oft schwer erwehren konnten. Auch sie geht nur peripher auf die Herkunft der „dreißig bis vierzig" Frauen ein, mit denen sie eine Holzbaracke teilte, sehr wohl aber auf die Tätigkeiten, die diese vor ihrer Gefangenschaft ausgeübt hatten:

> Auf der Pritsche über mir schlief die Zigeunerin Kali, meine Nachbarinnen rechts und links waren Ladendiebinnen, Prostituierte, eine Geldfälscherin. Eine Zuhälterin, die ihren Kunden nichtsahnende Dienstmädchen zuführte. Alle waren Ausländerinnen, viele unter ihnen

17. Frei, *Die Männer von Vernet*, S. 354 f.
18. Regler, *Sohn aus Niemandsland*, S. 184.
19. Koestler, *Abschaum der Erde*, S. 352.
20. Rudolf Leonhard, *Le Vernet. Gedichte*, Berlin, Verlag der Nation (Ausgew. Werke in Einzelausgaben, 1), 1961, S. 197.
21. Zu Rieucros siehe Mechthild Gilzmer, *Fraueninternierungslager in Südfrankreich. Rieucros und Brens 1939-1944*, Berlin, Orlanda Frauenverlag, 1994; Pnina Rosenberg, „Gender and Exile: Graphic Novels by German Women Inmates in Rieucros Camp, France", in Irene Messinger, Katharina Prager (Hrsg.), *Doing Gender in Exile. Geschlechterverhältnisse, Konstruktionen und Netzwerke in Bewegung*, Münster, Westfälisches Dampfboot, 2019, S. 63-79, sowie den Beitrag von Mechthild Gilzmer in der vorliegenden Nummer.
22. Lenka Reinerová, *Zu Hause in Prag – manchmal auch anderswo. Erzählungen*, Berlin, Aufbau, 2000, S. 45. Zu Reinerovás Aufenthalt in Rieucros siehe die Beiträge von Hélène Leclerc und Mechthild Gilzmer in der vorliegenden Nummer.

Töchter arbeits- und brotlos gewordener polnischer, in Frankreich ansässig gewordener Bergleute.[23]

In der Zusammenschau der Erinnerungstexte ist auch erstaunlich, dass in ihnen kaum je Probleme sprachlicher Natur thematisiert werden, die zweifelsohne vorhanden waren und in dieser Ausnahmesituation oft existentielle Bedeutung hatten. Einer der Gründe dafür dürfte wohl sein, dass sehr viele Insassen der Lager bereits zuvor im Exil in Frankreich gelebt hatten und des Französischen mehr oder weniger mächtig waren oder die Sprache sogar perfekt beherrschten. Das Sprachengemisch, das in den Lagern herrschte, wird jedoch nur äußerst selten erwähnt. So spricht der Dramatiker und Arzt Friedrich Wolf einmal kurz von einem „Wortwechsel in einem unmöglichen Deutsch-Polnisch-Französisch"[24] in Le Vernet, Bruno Frei erwähnt nebenbei, dass in diesem Lager die Behörden über „Dolmetscher" verfügten und es für die Neuankömmlinge eine mehrsprachige Einweisung gab: „In Französisch, Spanisch, Italienisch, Deutsch, Russisch, Polnisch hörten wir die Ankündigung, die Rechtsgrundlage unseres neuen Lebens."[25] Doch man erfährt in keinem Text, in welcher Sprache sich die internationalen Gefangenen unterhielten, ob Französisch die *lingua franca* des Lagers war oder eine bzw. mehrere andere Sprachen, wie gut die oft aus den unteren Klassen stammenden Häftlinge Französisch oder weitere Fremdsprachen tatsächlich beherrschten oder ob es zu Missverständnissen linguistischer Natur kam. All dies scheint weder in der damaligen Situation noch in der Rückschau große Bedeutung gehabt zu haben und wurde wohl als selbstverständliches Alltagsproblem hingenommen.

Weitaus wichtiger als Fragen der Staatszugehörigkeit oder der Verständigung waren politische Aspekte, waren die Versuche, Kontakt zu Verwandten, Freunden, Parteien oder internationalen Hilfsorganisationen aufzunehmen, waren Anstrengungen, ein Visum für ein Drittland zu bekommen, war die Planung von meist gescheiterten Fluchtversuchen, aber auch die Kulturarbeit und vor allem das Überleben unter den immer prekärer werdenden Umständen: die Beschaffung von zusätzlicher Nahrung zur kargen, nährstoffarmen und eintönigen Lagerkost, da sich erst durch den Krieg, dann durch die deutsche Besatzung die Versorgung ab Mai 1940 rapide verschlechterte.[26] Die Ernährung stand oft im Mittelpunkt und wurde immer wieder mit Kultur kombiniert. So fand am Sonntag, dem 3. November 1940[27], ein Bankett der Baracke 6 des Lagers Gurs statt, bei dem

---

23. *Ibid.*, S. 44 f.
24. Friedrich Wolf, „Jules", in Friedrich Wolf, *Erzählungen 1941-1953*, Berlin, Aufbau (Gesammelte Werke, 16), 1963, S. 67-105, hier S. 70.
25. Frei, *Die Männer von Vernet*, S. 70, 40.
26. Siehe dazu Georg Pichler, „Im Lager (über-)leben. Formen der Wirtschaft in den französischen Internierungslagern", in Ursula Seeber, Veronika Zwerger, Claus-Dieter Krohn (Hrsg.), *Kometen des Geldes. Ökonomie und Exil, Exilforschung* 33, 2015, S. 199-212, sowie die dort genannte Literatur.
27. Vier Tage später, am 7. November, feierten im Lager „die politischen Quartiere die Geburt der Sowjetmacht" und es gab „Morgenappell im Festgewand, Festbankett in der leerstehenden Baracke 23, Reden, die keine sein durften, Massengesang, intime Feiern in den Kojen" (Frei, *Die Männer von Vernet*, S. 210). Ob das Bankett vom 3. November mit diesem Datum in Zusammenhang stand, lässt sich nicht mehr eruieren.

zum italienisch-französischen Menu ein internationales Musikprogramm aufgeboten wurde. Auf der Vorderseite des Programms ist eine fast idyllisch anmutende Zeichnung der umzäunten Baracke samt der daneben zum Trocknen aufgehängten Wäsche zu sehen, freilich auch eine altersschiefe Mülltonne mit einer Ratte davor. Auf der linken Innenseite wird das Menü aufgelistet: „Pasta asciutta, Viande sauce tomate, Gateau à La Vernet, Café avec pain grillé, Vin rouge". Auf der rechten steht das musikalische Programm, unterlegt mit der Zeichnung eines linkshändigen Gitarristen:

1. Choeur Espagnol
2. Manzanera : Flamengo
3. Alvarez : Melodies Espagnoles
4. Choeur Ucrainien: Vié Vitier (Le vent souffle)
5. Musina : Sonate Italienne accompagné
　　　　　par Koturovic[28]

Kulinarische Aspekte konnten aber auch transnationale und interkulturelle Probleme aufwerfen. Wie bereits erwähnt, waren in Gurs Österreicher und Kubaner im selben *îlot* untergebracht. Da das Lageressen sehr eintönig, kalorienarm und geschmacklos war, erreichten die Insassen nach langen Protesten die Zusage der Lagerleitung, selbst kochen zu können, eine Woche die Österreicher, die nächste Woche eine andere Nation. Und so kam es, wie der Spanienkämpfer Erich Wolf Jahrzehnte später in einem Interview erzählte, zu einer „lustige[n] Begebenheit". Eines Tages hatten die Österreicher „Semmelknödel mit irgendeiner Sauce" gekocht:

> Und wir sind da gerade beim Essen – auf einmal reißt einer die Barackentür auf und schreit herein: „Herst, die Kubaner hauen die Knödel beim Fenster hinaus!" Wir sind sofort hinausgerannt. Die haben tatsächlich die Knödel hinausgehaut – die haben ihnen nicht behagt. Wir haben die Knödel zusammengeklaubt.[29]

Umgekehrt hatten die Österreicher Probleme mit den von den Kubanern zubereiteten Gerichten: „Die Kubaner wieder waren begeisterte Bacalao-Esser. Dieser gesalzene und getrocknete Stockfisch muss tagelang im Wasser aufbereitet werden und schmeckt dann immer noch total versalzen", erzählt der Spanienkämpfer Gert Hoffmann in seiner Autobiografie. Doch blieben diese kulinarischen Divergenzen schlussendlich ohne Folgen für das Zusammenleben, denn Hoffmann fährt fort: „Diese Essensprobleme hinderten uns nicht daran, miteinander beste Freundschaft zu pflegen."[30]

Anderer Natur waren die interkulturellen und transnationalen Beziehungen im Frauenlager von Gurs. Der Bau des Lagers begann im Mai 1940. Aufgrund des

---

28. Dokumentationsarchiv des österreichischen Widerstandes, Sammlung Bruno Frei (1897-1988), 20126/E4. Hier wird die originale, fehlerhafte Schreibweise wiedergegeben.
29. Dokumentationsarchiv des österreichischen Widerstandes (Hrsg.), *Für Spaniens Freiheit. Österreicher an der Seite der Spanischen Republik 1936-1939. Eine Dokumentation*, Wien, Österreichischer Bundesverlag, 1986, S. 306.
30. Gert Hoffmann, *Barcelona – Gurs – Managua. Auf holprigen Straßen durch das 20. Jahrhundert*, Berlin, Dietz, 2009, S. 87.

Überfalls der deutschen Wehrmacht und der darauffolgenden raschen Besetzung des Nordteils Frankreichs wurden, wie bereits Anfang September 1939, alle feindlichen Ausländer interniert, diesmal aber auch Frauen, die, aus welchen Gründen immer, den Behörden als gefährlich galten. 9.283 Frauen und Kinder kamen in diesen Monaten ins Lager Gurs, unter ihnen 7.112 aus Deutschland, der Rest aus Österreich, der Tschechoslowakei, Polen, Jugoslawien, Bulgarien und anderen Ländern.[31] Eine von ihnen war Lisa Fittko, die ab dem Sommer 1940 gemeinsam mit ihrem Mann Hans Flüchtlinge über die Pyrenäengrenze nach Spanien schleußen sollte; der bekannteste unter ihnen war wohl Walter Benjamin. Lisa Fittko erinnert sich, dass in Gurs „alle praktischen Arbeiten [...] von den Spaniern verrichtet"[32] wurden, die bereits ein Jahr dort verbracht hatten. Man setzte sie zu Reparaturarbeiten auch im Frauenlager ein, wenngleich jeglicher Kontakt streng verboten war, selbst das Sprechen. Doch eines Tages, als Fittko zufällig an einem Spanier vorbeiging, der gerade einen Zaun flickte, sah sie in dessen Werkzeugkasten etwas blitzen:

> Nägel! Ich sah den Spanier an und er sah mich an, und ich war sicher, dass wir uns verstanden hatten. Ich schaute mich schnell um – keine Aufseherin, kein Soldat. Dann schlenderte ich weiter. Eine Kniebeuge im Gehen und ich hatte eine Handvoll Nägel und Schrauben! Der Spanier sah einer Wolke nach. Seitdem stellt er seinen Kasten jeden Tag um dieselbe Zeit an denselben Ort und ich habe schon mehrere Baracken mit meiner Beute versorgt. Ich habe nie gewusst, dass einem das Stehlen so viel Freude machen kann. Ihm scheint es auch zu gefallen und er schaut nicht mehr den Wolken nach.[33]

Auch die deutsche Journalistin Gertrud Isolani erwähnt in ihrem autobiografisch inspirierten, manchmal etwas reißerisch geschriebenen Roman *Stadt ohne Männer* (1945), der im Frauenlager von Gurs angesiedelt ist, transnationale Kontakte zwischen Männern und Frauen, doch gehörten in diesem Fall die Männer dem Wachpersonal oder der Lagerleitung an. Die Beziehungen waren weder freiwillig noch im geringsten Sinn amourös, sondern geschahen aus Verzweiflung: Unter den „vielen tausend Flüchtlingsfrauen aus Belgien, Luxemburg und Holland [...], [den] armen Mädchen aus Paris und Nizza, Reims und Grenoble, Bordeaux und Marseille"[34] gaben sich viele den Männern hin, um Vergünstigungen zu erhalten oder freigelassen zu werden.

Die deutsche Lehrerin Hanna Schramm hingegen berichtet, möglicherweise etwas idyllisch, in ihren Erinnerungen *Menschen in Gurs* (1977) über tatsächliche Liebesgeschichten zwischen den Lagerinsassen verschiedener Nationalitäten. Zu Wartungsarbeiten waren jeder „Baracke [...] zwei Spanier zugeteilt, und jede Baracke war begeistert von „ihren" Spaniern"[35].

31. Laharie, *Le camp de Gurs,* S. 143 f.
32. Hanna Schramm, *Menschen in Gurs. Erinnerungen an ein französisches Internierungslager (1940-1941)*, mit einem dok. Beitrag zur französischen Emigrantenpolitik (1933-1944) von Barbara Vormeier, Worms, Heintz, 1977, S. 22.
33. Lisa Fittko, *Mein Weg über die Pyrenäen. Erinnerungen 1940/41,* München, dtv, 2004 [1985], S. 41.
34. Gertrud Isolani, *Stadt ohne Männer. Roman,* Basel, Buchverlag Basler Zeitung, 1979 [1945], S. 277.
35. Schramm, *Menschen in Gurs,* S. 23.

> Sie kamen zu uns als Kameraden, stets bereit zu helfen, stets bereit, das Unmögliche zu stehlen, um uns nützlich zu sein, aber nie nahmen sie ein Entgelt an, nicht einmal eine Schachtel Zigaretten. Wir konnten sie einladen, mit uns eine Tasse Kaffee zu trinken, eine Zigarette zu rauchen, das war alles. [...] Ihre heitere Würde hat etwas Adeliges, wir fühlten uns bei ihnen wie geborgen.[36]

Bald bildeten sich erste Beziehungen zwischen den Frauen und Männern heraus:

> So ziemlich jedes einigermaßen hübsche, junge Mädchen hatte „seinen" Spanier. Er brachte ihr, was er an Eßbarem auftreiben konnte, saß stundenlang neben ihr und hielt zärtlich ihre Hand [...] und zimmerte ihr ein Bettgestell für den Strohsack [...]. Es war kein Flirt, es war etwas Rührendes, Inniges, dem man den Namen Minne hätte geben können.[37]

Eine Minne jedoch, die oft ein sehr handfestes Ziel hatte, denn das „Bedürfnis, sich mit Worten zu verständigen, war auf der deutschen Seite weitaus stärker als auf der spanischen, wo alles mehr im Vegetativen blieb"[38]. Das Resultat dieser Minne waren denn auch „viele reizende Kinderchen, die unsere Mädchen zur Welt brachten". War der Kindesvater noch im Lager, „war er als Vater ebenso zärtlich, wie er es als Liebender gewesen war. War er jedoch fort, so kamen zuerst noch ein paar Briefe, dann hörte man nichts mehr."[39]

Selten, aber doch kommen Spannungen zwischen den nationalen Gruppen zu Wort. Hanna Schramm erzählt von Problemen des Zusammenlebens mit frommen Jüdinnen aus Polen, für die alle, die sich nicht „an die Gesetze" hielten, „Risches-Goiten"[40] waren, also ihnen feindlich gesinnte, antisemitische Nichtjüdinnen. Da diese Frauen zudem in einer ihr unverständlichen Sprache unentwegt sehr laut sprachen oder sogar schrien, „daß man dachte, sie wollten einander umbringen"[41], begegnete Schramm ihnen anfangs sehr ablehnend. Im Lauf der Zeit begann sie jedoch „diese so völlig fremde Welt"[42] der Frauen zu verstehen, lernte einzelne Personen kennen und kam ihnen näher, so dass die anfängliche gegenseitige Ablehnung in Respekt und Freundschaft umschlug – ein von Hanna Schramm sehr eingänglich beschriebenes Beispiel von kultureller Apperzeption unter extremen Lebensumständen.

Die durch die Umstände angestauten Frustrationen, Ängste und Aggressionen machten sich in vielgestaltiger Form Luft, wie immer wieder berichtet wird. Und so kam es auch, naturgemäß, möchte man sagen, zu nationalen Spannungen zwischen Deutschen und Österreichern. Zwar scheinen diese in den südfranzösischen Lagern nicht so groß gewesen zu sein wie vor den Toren des Pariser Colombes-Stadiums, wo sich Deutsche und Österreicher gegenseitig die Schuld am Aufstieg Hitler lauthals zuschoben.[43] Doch weist

---

36. *Ibid.*, S. 24.
37. *Ibid.*
38. *Ibid.*
39. *Ibid.*, S. 25.
40. *Ibid.*, S. 33 f.; *risches* bedeutet auf Jiddisch „antisemitisch".
41. *Ibid.*, S. 34.
42. *Ibid.*
43. „[...] schrien die Deutschen, die Österreicher wären an allem schuld, denn Hitler komme doch aus Österreich. Die Österreicher [...] erwiderten aggressiv, daß es Hitler aber in Deutschland zum

der österreichische Spanienkämpfer Paul Jellinek auf die Tatsache hin, dass Deutsche und Österreicher in Gurs getrennt untergebracht waren, wodurch deutlich zum Ausdruck kam, dass „die Österreicher von den Franzosen als eigene Nation betrachtet wurden"[44], eine wichtige Selbstvergewisserung in Zeiten der allgemeinen Unsicherheit. Und eine Erfahrung, die in großem Gegensatz zu dem stand, was dem Interbrigadisten Otto Dorfer widerfuhr, als er mit seiner Einheit im Lager Gurs ankam. Alle Österreicher wurden von den Mitgliedern des Deuxième Bureau als Deutsche registriert. Als Dorfer dieses, wie ihm schien, Missverständnis aufklären wollte und sich als „*autrichien*" auswies, fuhr ihn der Beamte abfällig an: „Ah, un autre chien"[45]. Zwei Seiten derselben Medaille.

Wie relativ die Bedeutung nationaler Zuschreibungen aber war, zeigt sich unter anderem daran, dass der große Chronist des Lagers Gurs, Claude Laharie, in seine grundlegende, informationsreiche Studie *Le camp de Gurs* (2005) ein Foto aufgenommen hat, auf dem ihm zufolge das „baskische Orchester"[46] des Lagers zu sehen ist. Tatsächlich sind darauf aber die österreichischen „Schmalzbrotmusikanten" abgebildet, so genannt, „weil sie auch für andere nationale Gruppen sangen und spielten und dafür eine Mahlzeit und darüber hinaus Brot, Polenta und Speiseöl erhielten"[47].

Kanzler gebracht habe und die Piefkes sowieso immer nur Krieg führen wollten." Leon Askin, *Der Mann mit den 99 Gesichtern. Autobiographie*, Wien/ Köln/ Weimar, Böhlau, 1998, S. 192. Siehe auch Soma Morgenstern, *Flucht in Frankreich. Ein Romanbericht*, hrsg. und mit einem Nachw. von Ingolf Schulte, Lüneburg, zu Klampen, 1998, S. 146 f.; vgl. dazu Georg Pichler, „Hinter Stacheldraht. Österreichische Exilantinnen und Exilanten in den französischen Lagern", in Evelyn Adunka, Primavera Driessen Gruber, Simon Usaty (Hrsg.), *Exilforschung: Österreich. Leistungen, Defizite & Perspektiven*, Wien, Mandelbaum, 2018, S. 19-36, hier S. 31 f.

44. Franz Richard Reiter (Hrsg.), *Unser Kampf. In Frankreich für Österreich. Interviews mit Widerstandskämpfern*, Wien/ Köln/ Graz, Böhlau, 1984, S. 172.

45. Hackl, „Ein Album und seine Geschichte", S. 9.

46. Laharie, *Le camp de Gurs*, S. 99.

47. *Österreicher im Spanischen Bürgerkrieg. Interbrigadisten berichten über ihre Erlebnisse 1936 bis 1945*, hrsg. von der Vereinigung österreichischer Freiwilliger in der spanischen Republik 1936 bis 1939 und der Freunde des demokratischen Spanien, Wien, Österreichischer Bundesverlag, 1986, S. 249. Die Mitglieder der Kapelle wurden von Hans Landauer identifiziert. Siehe zum Foto die Bildunterschrift auf der Homepage des Spanienarchivs [https://www.doew.at/erinnern/biographien/spanienarchiv-online/spanienfreiwillige-h/hubmann-erich] Stand: 23. August 2022.

Abb. 3 – Die österreichische Lagerkapelle, die „Schmalzbrotmusikanten".
Von links nach rechts, stehend: Max Kurnik, unbekannt, Hans Pattermann,
Friedrich Zahradka, Josef Armer, Rudolf Schnederle, Franz Sloboda, Rudolf Kubasek,
unbekannt, Erich Hubmann, Josef Hubmann; sitzend: Herbert Lenhart, Eduard Buchgraber,
Friedrich Weissenbeck © DÖW/Spanienarchiv

Über den prinzipiellen Widersinn nationaler Zuschreibungen (nicht nur) in Zeiten
eines Weltkriegs hat der spanische Autor Max Aub, der zweimal in Le Vernet
interniert war,[48] eine kleine Vignette verfasst. In dem wohl originellsten Buch
über das Lager, *Manuscrito cuervo* (1955), das bislang noch nicht ins Deutsche
übersetzte „Rabenmanuskript", schildert er den Lageralltag aus der Perspektive
des Raben Jacobo, einem wirklich im Lager lebenden Raben nachempfunden, der
– gleichsam als transkulturelles Lagersymbol – unter mehreren Namen Eingang
in zahlreiche Erinnerungstexte gefunden hat.[49] In Anbetracht der ihm absurd

---

48. Max Aub, *Manuscrito cuervo. Historia de Jacobo*, hrsg. von José Antonio Pérez Bowie, Nachw. von
    José María Naharro-Calderón, Segorbe, Fundación Max Aub; Alcalá de Henares, Universidad de
    Alcalá (Biblioteca Max Aub, Narrativa, 7), [1955] 1999, S. 204, 208 f.
49. Arthur Koestler erwähnt die „zahme Dohle" (Koestler, *Abschaum der Erde*, S. 361), Gustav Regler
    macht den Raben Jakob zweimal zum Protagonisten einer Szene der Sehnsucht (Regler, *Das Ohr
    des Malchus*, S. 556-558, Regler, *Sohn aus Niemandsland*, S. 168-170), und Friedrich Wolf schreibt
    in einem Brief über den Raben, der „klüger als mancher Mensch" sei (Friedrich Wolf, *Briefe. Eine
    Auswahl*, Berlin, Weimar, Aufbau, 1969, S. 176); vgl. dazu Georg Pichler, „Le Vernet – Versionen
    eines Lagers", in Marisa Siguan *et al.* (Hrsg.), *Kreuzwege, Neuwege. Literatur und Begegnung*

scheinenden nationalen Klassifikationen, Bestimmungen und Restriktionen macht sich Jacobo Gedanken über die menschliche Idee der „Nationalität":

> Manchmal wechseln die Internierten ihre Nationalität, einfach so. Sie schlafen als Polen ein und wachen als Russen auf. Sie gehen als Rumänen zu Bett und stehen als Sowjetbürger auf. Am Abend waren sie Internierte, am Morgen sind sie frei. Sie hatten keinen Pass und können ihn jetzt haben. Mysterium der Grenzen und der Pakte. Nikolai und Alexei Tirsanof, zwei Brüder, die in zwei, zehn Kilometer voneinander entfernt gelegenen polnischen Dörfern geboren wurden, wachen heute Morgen auf, der eine in Freiheit, der andere in Gefangenschaft, wegen einer neuen Grenze. Zauber der Vorstellungskraft.[50]

Sind bei Max Aub die geografischen Grenzen ein symbolisches Produkt der Fiktion, das schwerwiegende Folgen für die Exilierten hat, nähert sich Edward W. Said in seinen „Reflexionen über das Exil" historisch-soziologisch dem Ort der Verbannten, wenn er schreibt, „the interplay between nationalism and exile is like Hegel's dialectic of servant and master, opposites informing and constituting each other"[51]. Denn jenseits der Grenze zwischen dem "Wir" und „denen draußen" befindet sich das gefahrvolle Terrain des „not-belonging"[52], der Nicht-Zugehörigkeit, auf dem die Exilanten ungeschützt der Willkür des Staates und der Behörden ausgesetzt sind. Zugleich jedoch, könnte man den dialektischen Gedanken Saids fortführen, wird man durch seine Exilexistenz immer wieder auf seine eigene Herkunft zurückgeworfen, auf jenes Land, aus dem man verstoßen wurde oder geflüchtet ist. Denn im Exilland wird man nach Kategorien der Herkunft oder der nationalen Zugehörigkeit behandelt, wie es denn auch in unserem Kontext geschah: Die vor den Nationalsozialisten Geflüchteten wurden nach der Invasion Frankreichs durch das nationalsozialistische Deutschland als „Feinde" in Lager weg- und eingesperrt, obwohl sie denselben „Feind" hatten wie Frankreich. War diese Kategorisierung nach Nationalitäten für den französischen Staat und seine Vertreter von entscheidender Bedeutung und entschied über Lagerhaft oder Freiheit, so zeigen die erwähnten Beispiele, dass dies für die Exilierten nicht der Fall war. Fragen der Nationalität, des transkulturellen Austausches oder sprachlicher Natur waren zwar durchaus präsent, aber offenbar selbstverständlich und kaum der Rede wert, da sie nur am Rande Eingang in die Erinnerungstexte, biografischen Berichte und historiografischen Forschungen gefunden haben.

---

im deutschen und spanischen Exil, Würzburg, Königshausen & Neumann, 2014, S. 193-209, hier S. 202 f.

50. „De la nacionalidad. A veces los internados cambian de nacionalidad sin comerlo ni beberlo. Se duermen polacos y se despiertan rusos. Se acuestan rumanos y se levanten soviéticos. Por la noche, internos; por la mañana, libres. No tenían pasaporte y ahora lo pueden tener. Misterios de las fronteras y de los pactos. Nicolai y Alexei Tirsanof, dos hermanos, nacidos en dos aldeas polacas, distantes entre ellas de diez kilómetros, se despiertan esta mañana, el uno libre y el otro preso, debido a una nueva frontera. Maleficios de la imaginación." Aub, *Manuscrito cuervo*, S. 136. Aus dem Spanischen vom Verf.

51. Edward W. Said, „Reflections on Exile", in Edward W. Said, *Reflections on Exile and Other Essays*, London, Granta, 2000, S. 180-192, hier S. 182.

52. *Ibid.*, S. 183.

RÉSEAUX CULTURELS ET PRODUCTIONS
LITTÉRAIRES ET ARTISTIQUES

KULTURELLE NETZWERKE
UND LITERARISCH-KÜNSTLERISCHE
AUSEINANDERSETZUNG

Une « communauté de destin »
Les Républicains espagnols dans les nouvelles, le journal et les poèmes de Rudolf Leonhard

Catherine MAZELLIER-LAJARRIGE

Université Toulouse-Jean Jaurès, CREG (EA 4151), Toulouse, France

Né à Lissa (Lezsno), en Pologne, en 1889, Rudolf Leonhard reste un écrivain méconnu, alors qu'il fut un intellectuel de premier plan dans la République de Weimar, que sa pièce *Segel am Horizont* connut un grand succès dans la mise en scène de Piscator et qu'il figure encore parmi les 35 écrivains les plus cités dans la presse d'après-guerre, si l'on s'en réfère à l'étude de Gerhard Roloff, *Exil und Exilliteratur in der deutschen Presse 1945-1949*[1]. Malgré une activité intellectuelle incessante de conférencier, d'essayiste et de traducteur, et malgré son amitié avec Henri Barbusse, Romain Rolland, Jean Giraudoux ou encore Roger Martin du Gard, Rudolf Leonhard peine à obtenir la reconnaissance méritée ou souhaitée, tant en France, où il a fait œuvre de résistance, qu'en RDA, où il s'installe à partir de 1950, très affaibli par la maladie : son long séjour français contribue à le rendre suspect aux yeux du régime est-allemand. Il meurt en 1953, dans la misère et l'amertume. Maximilian Scheer, son exécuteur testamentaire et éditeur de ses œuvres, a résumé ce destin empêché par la formule suivante : « C'était un semeur qui aura répandu à pleines poignées son meilleur grain sans engranger de récolte[2]. » En France, c'est avant tout Gilbert Badia qui a ravivé le souvenir de l'écrivain-résistant, avant qu'il ne retombe dans un relatif oubli[3].

Blessé lors de la bataille des lacs de Mazurie, pendant la Première Guerre mondiale, Rudolf Leonhard devient pacifiste[4]. Il quitte Berlin en 1928 pour

---

1. Sur ce classement, dans lequel Thomas Mann occupe la première place, cf. Gerhard Roloff, *Exil und Exilliteratur in der deutschen Presse 1945-1949*, Worms, Georg Heintz, 1976, p. 66.
2. Maximilian Scheer, préface à *Rudolf Leonhard erzählt*, Auswahl und Einleitung von Maximilian Scheer, Berlin, Verlag der Nation, 1955, p. 23 : « Er war ein Sämann gewesen, der sein bestes Korn mit vollen Händen ausstreute und die Ernte nicht einbrachte. »
3. Gilbert Badia *et al.*, *Exilés en France : souvenirs d'antifascistes allemands émigrés (1933-1945)*, Paris, François Maspéro, 1982, p. 247-261. Cf. aussi Irene Selle, « Rudolf Leonhard, poète de la Résistance », in Roland Pfefferkorn (dir.), *La résistance allemande contre le nazisme*, Strasbourg, Association nationale des anciens combattants de la Résistance, comité régional Alsace, 1998, p. 74-85.
4. Sur la biographie de l'écrivain, cf. la thèse de Bettina Giersberg, *Die Arbeit des Schriftstellers Rudolf Leonhard im französischen Exil 1933 bis 1945*, Diss., Berlin, 2005, ainsi que la notice « Rudolf Leonhard » rédigée par Alfred Prédhumeau, in Hélène Leclerc (dir.), *Le Sud-Ouest de la*

s'installer à Clamart, où il est hébergé chez son ami Walter Hasenclever. Dès 1933, il ne cesse de s'engager en faveur de la paix et contre l'idéologie national-socialiste par le biais de conférences, d'articles et d'essais. Il participe à la fondation du *Comité d'aide aux victimes du fascisme hitlérien*, qui publie le *Livre brun* sur l'incendie du Reichstag, édite l'hebdomadaire d'opposition au national-socialisme *Die Aktion*, et prend la tête, en octobre 1933, de l'Association des écrivains allemands en exil (*Schutzverband Deutscher Schriftsteller im Ausland*, abrégé en SDS), née à son initiative. En mars 1934, déchu de la nationalité allemande, Rudolf Leonhard devient un émigré apatride au regard des autorités françaises. Il soutient la formation du Front populaire espagnol dès ses débuts, puis la République lorsqu'éclate le soulèvement dit « nationaliste » mené par le général Franco, les 17 et 18 juillet 1936. Allemand exilé en France, très préoccupé par la défense de la cause républicaine en Espagne, pour laquelle il s'engage par sa plume, interné en octobre 1939 au camp du Vernet d'Ariège avec des Républicains espagnols qu'il considère comme ses frères, Rudolf Leonhard accorde une place particulière à l'Espagne et en défend une certaine représentation qu'il s'agira de préciser ici. Depuis l'exil français, ses écrits veulent toucher un public de langue allemande pour l'éclairer sur les exactions commises par les troupes franquistes en Espagne et prendre la défense du camp républicain contre le « fascisme ».

Lorsque se forment à Paris le 31 juillet 1936, en réaction à la politique officielle de non-intervention du gouvernement Blum et du Royaume-Uni, le comité d'aide à l'Espagne, notamment à l'initiative d'André Malraux, puis, deux semaines plus tard, le Comité international de coordination et d'information pour l'aide à l'Espagne républicaine (CICIAER), Paris devient un centre rassemblant les volontaires prêts à soutenir l'Espagne. Leur engagement se concrétise à travers la création des Brigades Internationales, formées et administrées à partir d'octobre 1936 depuis Albacete. Les exilés allemands regroupés dans le SDS, d'orientation communiste[5], y sont largement associés, et une grande partie de ses membres se rend en Espagne[6]. Selon un rapport paru en décembre 1938 dans le mensuel *Das Wort* – revue de l'exil, publiée à Moscou –, quinze des membres du SDS ont rejoint l'armée populaire de la République en tant que soldats, officiers, commissaires ou médecins[7]. Rudolf Leonhard, quant à lui, ne combat pas par les armes, pour des raisons de santé, mais il se rend en Espagne en 1937. Son engagement par la plume s'exprime essentiellement à travers

---

France et les Pyrénées dans la mémoire des pays de langue allemande au XXe siècle, Toulouse, Le Pérégrinateur éditeur, 2018, p. 109-111.

5. Proche des idées communistes, voire défenseur du stalinisme, Leonhard n'a jamais été officiellement membre du Parti communiste allemand. Dieter Schiller le qualifie de « communiste non dogmatique » : Dieter Schiller, « Rudolf Leonhard und sein Tagebuch aus Hyères », in Daniel Azuélos (dir.), *Lion Feuchtwanger und die deutschsprachigen Emigranten in Frankreich von 1933 bis 1941*, Bern *et al.*, Peter Lang, 2006, p. 421 (« undogmatischer Kommunist »).

6. Citons ainsi Egon Erwin Kisch, Alfred Kantorowicz, Albert Müller, Gustav Regler, Ludwig Renn.

7. Cité dans *Kunst und Literatur im antifaschistischen Exil 1939-1945*, t. 7 : Dieter Schiller, Karlheinz Pech, Regine Herrmann, Manfred Hahn (dir.), *Exil in Frankreich*, Frankfurt a. M., Röderberg, 1981, p. 253. Cf. également t. 6 : *Exil in den Niederlanden und in Spanien*.

différents genres littéraires, avec des degrés divers de fictionnalisation, qui correspondent aussi à trois formes de rencontre ou de mobilité : le récit, sur la base de faits réels largement fictionnalisés, sorte de voyage immobile ; le journal, qui consigne des observations, des rencontres et des réflexions entrecoupées de poèmes, et vient se substituer pour Leonhard au combat armé ; la poésie, enfin, qui documente l'internement au camp du Vernet, dans un espace frontalier ayant valeur d'espace symbolique, entre France et Espagne.

On peut ainsi se demander si l'expérience de l'internement confirme ou infléchit les représentations que Rudolf Leonhard s'est forgées par ses lectures et par ses rencontres lors du voyage en Espagne, et si son écriture témoigne d'une évolution. À travers l'évocation de ces trois formes, il s'agira ainsi de préciser la signification que revêt l'Espagne au fil des étapes successives dans le parcours de l'écrivain allemand exilé.

Le voyage immobile : fictionnalisation de la guerre d'Espagne dans le recueil *Der Tod des Don Quijote*

Avant même de se rendre en Espagne en août 1937, Rudolf Leonhard rédige des récits consacrés à la guerre civile espagnole. Le recueil a paru en 1938 à Zurich chez l'éditeur Stauffacher[8], éditeur proche du Parti communiste suisse, ainsi qu'à Moscou en 1939 (sous le titre *El Hel, Wolf Wolff*), mais la vingtaine de récits qui composent ce volume sous-titré « Geschichten aus dem spanischen Bürgerkrieg » est prête en juillet 1937, selon une lettre adressée à Maximilian Scheer[9]. Leonhard rédige ces récits depuis Hyères, où il s'est établi, des difficultés financières l'ayant contraint à quitter Paris. Son journal, conservé dans le fonds Leonhard[10], et les souvenirs rassemblés par Maximilian Scheer dans son ouvrage *So war es in Paris* nous éclairent sur le contexte d'écriture et les nombreuses difficultés rencontrées pour faire publier *Der Tod des Don Quijote*[11].

Le recueil se nourrit de la lecture des journaux, des récits de témoins oculaires et des informations que Leonhard reçoit grâce à ses activités au sein des organisations d'aide à l'Espagne républicaine autour de Willi Münzenberg. Pour autant, le style de ces nouvelles n'est pas documentaire, ce qui explique sans doute en partie le refus qu'essuie l'auteur lorsqu'il soumet le manuscrit aux éditions du Carrefour, dirigées par Münzenberg et sa femme, Babette Gross. Cette dernière n'aurait pas apprécié le caractère trop peu documentaire des récits, apprend-il par l'entremise de Maximilian Scheer. De fait, Leonhard fictionnalise

8. Rudolf Leonhard, *Der Tod des Don Quijote. Geschichten aus dem spanischen Bürgerkrieg,* 2 tomes, Zürich, Stauffacher, 1938.
9. Maximilian Scheer, *So war es in Paris,* Berlin, Verlag der Nation, 1964, p. 221. En janvier 1937, Leonhard a déjà rédigé 17 nouvelles (*ibid.*, p. 218). Celle qui ouvre le recueil, « El Hel », est d'abord publiée dans la revue *Das Wort* en novembre 1936.
10. Le fonds est conservé à l'Akademie der Künste de Berlin (cote RLA 762 pour le journal).
11. Maximilian Scheer, *So war es in Paris,* p. 219-227. Sur le journal de 1937, année de crise pour l'émigration allemande, cf. Schiller, « Rudolf Leonhard und sein Tagebuch aus Hyères ».

des épisodes de la guerre d'Espagne autour de trajectoires individuelles saisies dans un moment décisif. On découvre ainsi Carmen, bien loin de la cigarière de Bizet et des remparts de Séville. Elle aussi est ouvrière dans une manufacture de tabac, mais à Terravieja, au bord de la mer ; Leonhard décrit son quotidien difficile, la poussière de tabac qui lui brûle les poumons, sa difficulté à élever le reste de la fratrie, suite au décès du père, lui-même ouvrier dans le tabac, et l'engagement auprès des Républicains de son jeune cousin José dont elle s'éprend, qu'elle décide d'approvisionner en munitions et qui agonise au combat à ses côtés, tandis qu'elle reprend son arme. Gravement blessée, Carmen est conduite à l'hôpital de Terravieja avec « deux douzaines de balles dans le ventre[12] ».

On suit aussi, dans « Antonins Weinberg », le revirement du viticulteur Antonin qui hésite d'abord à s'engager, finit par prendre les armes après avoir entendu l'allocution du général Queipo de Llano à la radio et, après moult tribulations au sein des milices républicaines où il expérimente la fraternité[13], finit par se retrouver aux abords de son vignoble et l'arracher aux phalangistes à la force de son arme.

Mais le recueil contient aussi des récits qui s'apparentent davantage à des comptes rendus journalistiques, comme « Stärker als Buster Keaton » ou celui intitulé « Radioskandal », dont le narrateur est un journaliste hollandais, rapportant le scandale d'un garde qui ose dénoncer, par sa maîtrise de la ventriloquie, les mensonges du général Queipo de Llano lors de son allocution radiophonique à Séville. Le récit « Das Schloß in der Gironde » relève également de cette catégorie[14].

Si la perspective narrative varie selon les récits, on constate toutefois des dénominateurs communs, dans les thématiques et dans la forme. Les sujets choisis manifestent tous une volonté d'opposer aux clichés sur l'Espagne des individus agissant ici et maintenant. « Car il y a effectivement des cigarières, il y a beaucoup de Carmens en Espagne », écrit Leonhard, mais ce qu'il veut évoquer dans son récit « est bien différent[15] ». Dans sa préface à l'édition de 1951, Ludwig Renn met précisément l'accent sur cette démythification : « Les femmes qui aidaient au combat, voire combattaient elles-mêmes, n'étaient pas non plus les Espagnoles au regard de braise dont l'étranger aime à penser qu'elles sont à sa disposition[16] ». Des similitudes formelles relient également les textes du recueil : la perspective narrative est auctoriale, parfois dédoublée à travers un personnage

---

12. Le recueil sera cité dans l'édition *Der Tod des Don Quijote*, Berlin, Dietz Verlag, 1951, abrégée sous la forme DQ, suivie du numéro de page. DQ, p. 73 : « Sie hatte mehr als zwei Dutzend Kugeln im Leibe [...] ».

13. DQ, p. 50 : « Sie waren ganz seine Kameraden, wie er ganz und vorbehaltlos ihr Kamerad war ».

14. Ce récit figure dans l'anthologie d'Erich Hackl, *So weit uns Spaniens Hoffnung trug. Erzählungen und Berichte aus dem Spanischen Bürgerkrieg*, Zürich, Rotpunktverlag, 2016, p. 288-296.

15. DQ, p. 66 : « Denn in der Tat gibt es Zigarrenarbeiterinnen, gibt es viele Carmens in Spanien; nur – –
– – nur ist das eben alles ganz anders. »

16. DQ, p. 6 : « Die Frauen, die im Kampfe halfen und sogar mitkämpften, waren auch nicht die glutäugigen Spanierinnen, von denen der Ausländer gern meint, sie stünden ihm zur Verfügung. »

d'observateur – souvent un journaliste, caution fictive de l'authenticité des faits racontés – et ponctuée de fréquents commentaires généraux sur le déroulement complexe de la guerre. El Hel est ainsi un toponyme imaginaire, mais présenté comme authentique, derrière lequel il faut sans doute reconnaître, outre le terme anglais « hell », le village d'El Mazuco, où les troupes de l'armée populaire asturienne résistèrent à l'avance franquiste avant d'être défaites. Dans le récit éponyme « El Hel », on peut lire ce commentaire :

> Aber auch diese Situation war nicht endgültig, wie überhaupt in diesem sonderbaren, in diesem atemlosen, verschleppten, nervenspannenden Bürgerkriege, in diesem Guerillabürgerkriege lange Zeit nichts endgültig war, außer dem unscheinbar eisernen Willen und der bluthohen Begeisterung der spanischen Massen[17].

D'autre part, on observe une prédilection pour les périodes hypotaxiques, l'hyperbole, l'accumulation et le style pathétique. Ainsi, c'est sur une période soucieuse de précision et pleine de suspense que s'ouvre « Antonins Weinberg » :

> Als die Faschisten den Aufstand entfesselten, der nur zu einem Putsche wurde und aus dem dann doch ein langwieriger Bürgerkrieg entstand, ja mehr, ein Krieg: weil dann die deutschen und italienischen Faschisten, gegen das Versprechen ungeheurer Vorteile, ihre Ideologien auf spanischem Boden gegen das spanische Volk und gegen seinen Willen zu Recht und Freiheit zu verteidigen begannen, als die spanischen Nationalisten ihr Land an Mauren und Deutsche und Italiener und an internationales Verbrechergesindel verrieten, während die spanischen Internationalisten ihr Land und ihr Volk und ihres Landes und ihres Volkes Freiheit leidenschaftlich zu verteidigen begannen, da hatte Antonin zunächst nicht Stellung genommen[18].

Le style pathétique caractérise la fin de « Carmen », lorsque ses collègues ouvrières lui rendent visite à l'hôpital, pour un dernier hommage :

> Fast lächelte Carmen; sie wollte ihnen was sagen, ihnen danken, ihnen was versprechen, und da sang sie, Carmen; keine Opernarie, nicht ein Lied, das sie von früher kannte, sondern ein Lied, das sie auf dem Marsche und in der Linie gehört und gelernt hatte, [...] das spanische Freiheitslied des Generals Riego, die Revolutionshymne[19].

À plusieurs reprises, le pathos tend à la description sanglante avec force détails macabres qui confinent à l'impudicité, comme dans le récit « Jagd mit Handgranaten ». Lorsque le jeune Républicain Manuel est assailli et qu'il n'a plus de grenade pour se défendre, il doit le faire à mains nues et tue son assaillant en l'étranglant :

> [...] er drückte, er würgte, er sah die blanken Augen aufquellen und dann trüb werden, der Kopf in seinen Händen fiel zurück, als ob er abbräche, er hatte den Feind erwürgt, aber so groß war seine Erregung und sein Ekel über die klebende weiche Haut und die schneidend, berstend gespannten Sehnen in seinen pressenden Händen, daß er sich schmerzhaft über der diesen Händen entsinkenden Leiche erbrach. Er fiel in die Knie[20].

---

17. DQ, p. 10. Cette nouvelle présente des ressemblances avec le récit de Bodo Uhse sur le siège de Madrid (cf. *Exil in Frankreich*, p. 254).
18. DQ, p. 47.
19. DQ, p. 74.
20. DQ, p. 90.

L'écriture, extrêmement dense, se veut au plus près de l'intensité de son objet, au risque de manquer son but. Cette monstration de la violence et des actes sanglants est, plus généralement, une caractéristique fréquente chez les écrivains qui n'ont pas participé directement aux combats, comme le rappelle Georg Pichler à propos de la prose fictionnelle sur la guerre d'Espagne[21]. La prose des combattants est généralement plus sobre.

Enfin, conformément au genre de la nouvelle, certains récits se terminent par des pointes, qui sont également des leçons, sur un ton apodictique qu'affectionne Leonhard. Ainsi, « Antonins Weinberg » s'achève sur la sentence : « seul celui qui combat pour sa cause peut / sait bien combattre[22] ». Ou encore, lorsque le journaliste hollandais reçoit une balle perdue dans la tête, à la fin du récit « Der Radioskandal » : « Voilà ce qu'on obtient, à être neutre. Vraiment, à la vôtre[23]. »

Il est intéressant de constater que la portée des nouvelles ne se limite pas au contexte de la guerre d'Espagne : elles paraissent de nouveau en 1951, chez l'éditeur est-allemand Dietz, à une période où des grèves générales à Madrid et Barcelone montrent la continuité d'une lutte contre le franquisme. La quatrième de couverture les mentionne, tout en les reliant à une autre actualité : celle de la guerre de Corée[24]. Le titre du recueil veut souligner la portée symbolique du propos. Don Quichotte, le « chevalier à la triste figure », est un emblème identitaire de l'Espagne[25]. Dans la préface de 1937, Leonhard y voit le symbole d'une Espagne dépassée, en train d'être reléguée aux oubliettes par les forces républicaines : à travers Don Quichotte, à la triste figure, c'est une Espagne du passé qui est morte ; la lutte républicaine signifie l'émergence d'un nouveau Don Quichotte, un « chevalier à la figure ardente[26] », plus proche du réel, plus proche du peuple, plus proche d'un Sancho Pança. Le titre choisi met donc l'accent sur la fiction, mais aussi sur une certaine représentation de l'Espagne, identifiée par Leonhard aux forces républicaines : « son » Espagne, c'est la matrice de la lutte antifasciste et l'incarnation d'un idéal de fraternité.

---

21. Georg Pichler, *Der spanische Bürgerkrieg (1936-1939) im deutschsprachigen Roman. Eine Darstellung,* Frankfurt a. M. *et al.*, Peter Lang, 1991, p. 142.
22. DQ 55 : « gut kann nur kämpfen, wer für seine Sache kämpft ».
23. DQ 63 : « Das hat man nun davon, daß man neutral ist. Ja, prosit. »
24. Cf. Silvia Schlenstedt, « Spanienkrieg in der Literatur de DDR. Überblick und Beispiele », in Wolfgang Ascholt, Rüdiger Reinecke, Susanne Schlünder (dir.), *Der Spanische Bürgerkrieg in der DDR. Strategien intermedialer Erinnerungsbilder,* Frankfurt a. M., Vervuert Verlag, 2009, p. 57-73, ici p. 62. Quelques-uns des récits sont repris également dans Scheer, *Rudolf Leonhard erzählt,* et dans le tome 4 (« Der Weg und das Ziel ») des œuvres de Leonhard chez l'éditeur Verlag der Nation.
25. La revue satirique *L'Assiette au beurre* l'utilise par exemple dans son numéro du 14 août 1909, avec la légende « Don Quichotte s'en va t-en guerre » pour illustrer la guerre de Melilla, dans le nord du Maroc, alors contrôlé par l'Espagne.
26. Leonhard explicite le titre choisi dans sa préface achevée en juillet 1937, pour la première édition du recueil. Elle est citée dans Dietrich Schiller, « Das Spanien-Thema bei Rudolf Leonhard (1937) », in *Spanien 1937 – Bündnis und Literatur,* Redaktion Carmen Giese, Berlin, Akademie der Wissenschaften der DDR, 1987, p. 81 : « als Ritter von der feurigen Gestalt ». L'évolution historique explique la disparition de cette préface dans l'édition de 1951.

Par ce recueil au titre engagé, Leonhard espère mobiliser les forces de résistance au « fascisme » incarné par Franco et ses troupes. Comme plus tard avec sa pièce *Geiseln*, Leonhard ne veut pas se contenter de témoigner : son livre doit absolument avoir un effet, explique-t-il à Scheer dans ses tentatives pour trouver un éditeur[27].

Une autre occasion lui est donnée lorsqu'il part en Espagne en août 1937 avec une délégation du Comité international de coordination et d'information pour l'aide, à l'Espagne républicaine, en compagnie de la députée communiste Madeleine Braun.

Le journal et les poèmes issus du séjour en Espagne

Durant ce voyage de 10 jours, du 8 au 18 août 1937, Rudolf Leonhard consigne dans son journal les nombreuses rencontres – par exemple avec le président de la République Manuel Azaña, le chef du gouvernement Juan Negrín –, une réunion au siège des Brigades Internationales, l'évocation du front à Madrid, mais aussi des poèmes qui lui sont inspirés par les combats[28]. Le journal est remanié pour être publié à Paris en 1938, aux éditions Prométhée, dans une collection dédiée à la lutte républicaine. Pour la publication, Leonhard élimine des aspects anecdotiques, condense les expériences, mais perd aussi la fraîcheur et le point de vue du diariste, ainsi que l'a montré Dieter Schiller dans un article de 1987[29]. L'ouvrage figure sur la liste Otto des « ouvrages littéraires français non désirables ».

À la lecture du journal, on est frappé par la volonté de l'écrivain de valoriser son témoignage direct, d'être un témoin engagé, à la manière de Goya, dont il cite en exergue l'eau-forte « Je l'ai vu » (« Das habe ich gesehn! »), tirée des *Désastres de la guerre*. Par ailleurs, la mise en page pour la publication met délibérément en valeur les poèmes : ils sont cités en premier dans le titre et occupent les 25 premières pages, soit près de la moitié du volume, la transition vers le journal étant constituée par le poème « Flug über die Pyrenäen ». Contrairement au manuscrit, les poèmes rédigés pendant le voyage sont donc sortis de leur contexte d'écriture et mêlés à d'autres poèmes, écrits indépendamment du voyage. Ils invitent à la lutte armée comme seule voie pour établir la paix.

---

27. « Außerdem muss das Buch doch wirken, als Historie kann es später immer noch gelten, zum Teufel! » : lettre citée in Scheer, *So war es in Paris*, p. 220. Sur la pièce *Geiseln*, cf. Catherine Mazellier-Lajarrige, « Figurations de la résistance à la dictature : la tragédie *Geiseln*, de Rudolf Leonhard », in Jean-François Candoni, Elisabeth Kargl, Ingrid Lacheny (dir.), *Figurations de la dictature dans les arts de la scène. Regards sur l'espace germanophone du XIXᵉ siècle à nos jours*, Rennes, Presses universitaires de Rennes, 2023, p. 187-198.

28. Huit de ces poèmes sont repris dans le tome 4 (« Ein Leben im Gedicht ») des œuvres publiées au Verlag der Nation, au début des années 1960.

29. Schiller, « Das Spanien-Thema ». L'article est republié en 1989 sous une forme légèrement remaniée : « Ein poetisches Dokument der Solidarität. Spanien im Werk Rudolf Leonhards », in *Neue deutsche Literatur* 10 (1989), nᵒ 37, p. 113-123. Le manuscrit du journal espagnol, qui comprend 152 pages, se trouve dans le fonds Leonhard, RLA 762.

« Spanien », le sonnet qui ouvre le volume, donne le ton. À travers le « je »
qui s'exprime dans le premier quatrain et par le biais d'un chiasme, Leonhard
proclame l'inflexion de son pacifisme hérité de la Première Guerre mondiale et
justifie le désir de s'engager dans le conflit par les armes :

> Wär ich in Spanien, hätt ich ein Gewehr,
> mit allen meinen spanischen Genossen;
> das wäre mir nicht wie im Weltkrieg schwer,
> nicht wie im Weltkrieg schwer trüg ich es verdrossen[30].

Dans sa thèse consacrée à la poésie de langue allemande sur la guerre civile
espagnole, Elke Bleier-Staudt souligne, à propos des « poèmes espagnols » de
Rudolf Leonhard[31], qu'ils sont marqués par le sentiment de culpabilité dont le
poème « Irun » témoigne tout particulièrement, à propos des Républicains tombés
au combat :

> Unsre Mitschuld ist ihr Vermächtnis;
> Wann stürzt Europa ein?
> Treibt uns nicht ihr Gedächtnis –
> Verflucht sollen wir sein[32]!

Cet appel au combat et à la responsabilité morale, face à la non-intervention de
l'Europe démocratique, est fréquent dans la littérature sur la guerre d'Espagne.
Le combat populaire pour la défense de la République y est érigé en modèle,
comme c'est aussi le cas dans la dernière strophe du sonnet de Leonhard, « Licht
im Westen » :

> Erstlich und endlich nach brutalen Kriegen
> sahn Freiheit wir Partei sein, kämpfen, siegen;
> und das, das bleibt bestehn: Freiheit und Volk[33].

Un autre trait caractéristique, relevé par Elke Bleier-Staudt, est l'inscription, dans
la tradition du pathos révolutionnaire, de la veine « O Mensch », telle qu'elle se
manifeste dans la poésie ouvrière de la République de Weimar, en particulier chez
les activistes, et plus généralement chez les poètes expressionnistes. L'anaphore
y est une figure de style récurrente[34] et le sonnet une forme privilégiée.

  La place à part de la poésie dans le volume, hors contexte, dénote une
volonté de dépasser le factuel et l'épisodique pour essentialiser la lutte et la
condenser dans l'espace du poème. Ce faisant, Leonhard pointe une double
dichotomie : l'Espagne des généraux franquistes n'est pas l'Espagne, de même
que l'Allemagne hitlérienne n'est pas l'Allemagne, puisque « ce qui est allemand,

---

30. Ce poème fait songer au poème « Spanien » de Ludwig Renn. Rudolf Leonhard, *Spanische
    Gedichte und Tagebuchblätter*, Paris, éditions Prométhée, 1938, p. 3. L'ouvrage sera cité sous la
    forme SGT, suivie du numéro de page.
31. Elke Bleier-Staudt, *Die deutschsprachige Lyrik des Spanischen Bürgerkriegs. Eine Untersuchung
    der Lebensform und lyrischen Sprache*, Diss., Tübingen, 1983, p. 171.
32. SGT, p. 8.
33. *Ibid.*, p. 27.
34. Le poème « Die Welt muss wissen » en est un bon exemple : SGT, p. 23-24.

amis espagnols, est à vos côtés[35] ! » Cette double affirmation est développée dans l'un des discours, non daté, de Rudolf Leonhard sur l'Espagne. L'écrivain y oppose les deux Allemagnes dans leur rapport à l'Espagne : l'Allemagne hitlérienne et « l'Allemagne véritable », celle de tous les Allemands qui aiment la liberté et de ceux contraints de vivre en dehors de l'Allemagne, ajoutant :

> ich kenne manchen, der schamvoll darunter gelitten hat, daß äußere Umstände und die verwickelten Verhältnisse der Gegenwart es ihm nicht erlaubt haben, einfach seinem Herzen zu folgen, nach Spanien zu fahren und den spanischen Freunden zu sagen: Hier bin ich, seht was ich tun kann, ich tue alles, was ich kann. [...] Wir helfen nicht, wir machen keine Geschenke, die spanischen Freunde haben uns nicht zu danken: wie kämpfen für uns selbst wie für sie, wir kämpfen solidarisch, für die gemeinsame Sache[36].

Cette défense d'une cause commune crée ce que Leonhard nomme une « communauté de destin » : ses camarades espagnols sont davantage que des amis, davantage que des frères et sœurs, ils sont devenus des « frères de sang[37] ».

Expérience interculturelle et transnationale dans les poèmes du Vernet

Après la chute de Barcelone, le 26 janvier 1939, débute la *Retirada* : plus de 450 000 Espagnols passent la frontière française, ouverte aux civils le 28 janvier et aux soldats républicains le 5 février. Un décret-loi du gouvernement Daladier, édicté dès le 12 novembre 1938, prévoit l'internement administratif des étrangers "indésirables", ceux qui pourraient constituer une menace pour l'ordre public. Le camp du Vernet d'Ariège, nommé « camp de concentration » par l'administration de la IIIᵉ République, est ouvert en février 1939 pour recevoir les Républicains espagnols. Lorsque la guerre est déclarée à l'Allemagne, le 3 septembre 1939, le Vernet devient un camp répressif destiné à enfermer les étrangers "indésirables" : des volontaires des Brigades Internationales qui ont combattu en Espagne contre Franco, opposants politiques aux régimes d'Hitler, de Mussolini et de Pétain, membres de la Résistance, entre autres. À partir de 1942, il sert aussi à l'internement de transit pour les juifs raflés en Ariège et dans le Gers, avant leur déportation. De 1939 à 1944, 30 000 à 40 000 personnes d'une soixantaine de nationalités y ont été enfermées[38]. Le récit d'Arthur Koestler, *La Lie de la terre*, témoigne des conditions d'internement éprouvantes dans ce camp répressif. Arrêté au début de la guerre, Rudolf Leonhard est conduit au

---

35. Le poème « Sprecht nicht von Deutschen » s'achève sur cette affirmation : « was deutsch ist, Spanierfreunde, steht zu Euch! » (SGT, p. 20).

36. Il s'agit du discours dactylographié « Rede 2 » dans le dossier MSA 1118 du fonds Scheer à l'Akademie der Künste, p. 1-3 : « Vom ersten Tage an aber galt auch die heiße Sympathie aller freiheitsliebenden Deutschen und die der Deutschen, die außerhalb Deutschlands leben müssen heute, der großen Sache des spanischen Volkes. »

37. SGT, p. 62 (« Schicksalsgemeinschaft ») et 63 (« Blutsbrüder »).

38. Cf. le site très documenté de l'Amicale du camp de concentration du Vernet d'Ariège : [https://www.campduvernet.eu/pages/internement.html], dernière consultation le 2 août 2022.

camp du Vernet d'Ariège, où il arrive le 12 octobre 1939. Il y séjourne jusqu'en novembre 1940, date de son transfert au Camp des Milles, dont il s'échappe pour tenter de gagner le Mexique, mais il est arrêté sur le cargo et ramené au Vernet en mai 1941. Son nom est le premier cité sur la liste des « réfugiés politiques » internés dans le Quartier B du Vernet, qui mentionne ses codétenus Friedrich Wolf, Franz Dahlem, Paul Merker, Siegfried Rädel, Gerhard Eisler, Heinrich Rau et bien d'autres[39]. Ils y côtoient des interbrigadistes et des Espagnols qui ont dû fuir leur pays.

Les écrits de Leonhard pendant l'internement, en particulier les quelque 600 poèmes[40], sont un témoignage précieux sur les conditions d'internement et la vie quotidienne dans le camp, également au centre de l'ouvrage de Bruno Frei, *Les hommes du Vernet*[41].

L'un des poèmes, « Die Reise nach St. Domingo », évoque le parcours d'exil de dix-sept jeunes Espagnols, si mal accueillis par la France :

> Frankreich war die Hoffnung,
> Freiheit, Paradies – – –
> und sie sahen Frankreich:
> freilich nicht Paris,
>
> Nicht Burgunderhügel,
> Küsten von Azur,
> nein, sie sahn von Frankreich
> Draht und Lager nur.
>
> St. Cypriens Sandland,
> Gurs und Argelès,
> Le Vernet am Ende,
> ja, sie kennen es.
>
> Sahn vom großen Frankreich,
> die drei Lager nur
> und das harte Zuchthaus
> im Felsen von Collioure[42].

Les poèmes sont rédigés d'une écriture serrée dans des carnets de petit format. Comme beaucoup de poèmes de l'exil, ils ont une facture classique et sont généralement rimés : la rime fournit un cadre, ordonne le chaos, *a fortiori* dans

---

39. Liste d'octobre 1941 conservée aux Archives départementales de l'Ariège et reproduite *in* Jonny Granzow, *Der Ausbruch aus dem Gefängnis in Castres. Eine historische Reportage*, traduit par Fernand Nohr, edition bodoni, 2012, p. 235. Les Archives départementales conservent également la fiche d'internement de R. Leonhard.
40. Rudolf Leonhard, *Ausgewählte Werke in Einzelausgaben*, mit einem Vorwort von Maximilian Scheer, t. I (*Le Vernet. Gedichte*), Berlin, Verlag der Nation, 1961 et t. III (*Ein Leben im Gedicht*), Berlin, Verlag der Nation, 1964. On trouvera une sélection de textes de cette période dans Rudolf Leonhard, *Le feu aux barbelés*, textes traduits, présentés et annotés par Catherine Mazellier-Lajarrige et Jacques Lajarrige, Toulouse, Le Pérégrinateur, 2020, p. 107-131.
41. Bruno Frei, *Männer von Vernet. Ein Tatsachenbericht*, Berlin, Deutscher Militärverlag, 1961 ; *Les hommes du Vernet*, traduit par Georges Dimon, Le Vernet d'Ariège, Les éditions du camp du Vernet, ²2019.
42. Leonhard, *Le Vernet*, p. 113 ; trad. *Le feu aux barbelés*, p. 20-21.

les formes contraintes que sont le sonnet ou les quatrains du *Volkslied*, comme c'est le cas pour « Die Reise nach St. Domingo ».

Alors que la tonalité générale des poèmes de l'internement est sombre, les vers deviennent plus lumineux lorsqu'il est question des codétenus espagnols et que retentit, lors d'une représentation, le chant des Catalans :

> Darunter waren,
> gedrängt in warmem, klingendem Reigen,
> mit dunklen Haaren
> die hart und schön geformten Köpfe
> der singenden Katalanen[43].

Leonhard commémore la naissance de la seconde République espagnole – proclamée le 14 avril 1931 – dans un poème intitulé « Spanien ». Contrairement au poème portant le même titre dans le journal de 1937, il ne s'agit plus d'appeler à prendre les armes pour défendre la République, puisqu'elle a été défaite, mais Leonhard prolonge l'équation entre l'Espagne et la République en déclarant éternelle la République espagnole :

> Dies ist der Feiertag
> der spanischen Republik;
> die fiel vor einem Jahre,
> da trafen mit schwerem Schlag
> Verräter sie ins Genick.
>
> Die ist nicht untergegangen
> und kann nicht untergehn;
> da braucht ihr nur das klare
> Gesicht der Spanier, die hier gefangen
> sind, anzusehn.
>
> Die feiern hier im stillen
> und kleinen mit Leidenschaft,
> und nicht an einer Bahre;
> die haben republikanischen Willen
> und republikanische Kraft,
>
> da feiern auch mit ihnen
> die Männer aus jedem Land:
> der Deutsche, Pole, Bulgare
> hat feste Feiermienen
> und gibt den Spaniern die Hand.
>
> Denn unser aller Sache
> ist jede Republik:
> gemeinsam sind die Gefahren,
> sind Hoffnungen und Lachen,
> gemeinsam ist der Sieg[44].

---

43. *Ibid.*, p. 89 ; trad. *Le feu aux barbelés*, p. 18.
44. *Ibid.*, p. 151 ; trad. *Le feu aux barbelés*, p. 22.

Ce poème, manifestement rédigé en avril 1940, puisqu'il est fait allusion à la République tombée « un an plus tôt[45] », soustrait au temps les valeurs républicaines. Il transcende le cours de l'Histoire en célébrant la volonté inflexible et la fraternité entre les peuples, ferments d'un monde plus juste dont l'avènement est espéré, voire déjà affirmé par l'usage de l'indicatif présent dans la dernière strophe. La multitude des nationalités représentées dans le camp[46] fait allusion au caractère international, voire transnational de la guerre d'Espagne, du fait de l'engagement volontaire de combattants de tous les pays[47]. Dans cet espace clos au pied des Pyrénées, où des mobilités choisies se sont muées en immobilité contrainte, la volonté, la connaissance et l'expérience sont partagées entre les « camarades » comme autant de nourritures essentielles :

> Hier sind gehäuft nationenweis
> Wille, Kenntnis, Erfahrung;
> Wir geben sie gern einander preis
> Wie Speise und Trank, als Nahrung[48].

De fait, l'internement n'empêche pas une autre forme de mobilité : les savoirs circulent, notamment à travers des cours dispensés[49] ou l'échange de journaux, lorsque cela est permis. La présence des Républicains devient pour l'écrivain exilé une source d'inspiration. Il leur rend hommage dans le poème « Spanische Jugend », empreint de pathos révolutionnaire :

> Ihr lebtet stärker, Ihr lebtet schneller
> als andere, in Euern Kämpfen und Leiden;
> Proletarier oder Intellektueller,
> bei Euch war das nicht mehr zu unterscheiden.
>
> [...]
>
> Wir konnten, wir mußten viel von Euch lernen,
> Wir wollen Euch wieder Freundschaft schwören,
> Ob Ozeane uns trennen und Fernen,
> wir wollen noch viel voneinander hören[50].

Ce que Leonhard expérimente dans le camp et que reflètent certains de ses poèmes, c'est un prolongement de la fraternité transnationale qui s'est incarnée au sein des Brigades internationales et que l'écrivain n'a pu concrétiser par un

---

45. La fin de la guerre est proclamée par Franco le 1er avril 1939 dans son communiqué de l'*último parte*.
46. Plus de 70 nationalités étaient représentées dans le camp du Vernet.
47. Cf. Pichler, *Der Spanische Bürgerkrieg*, p. 11 : « Selten erreichte die internationale Solidarität unzähliger einzelner ähnlich große Ausmaße wie hier; selten war die „Weltöffentlichkeit" so polarisiert und gleichzeitig so tatenlos [...]. » Parmi les quelque 35 000 volontaires des Brigades internationales qui ont combattu sur le sol espagnol figuraient environ 5 000 Allemands et Autrichiens.
48. Leonhard, *Le Vernet*, « Die Kameraden », p. 101.
49. *Ibid.*, p. 90 ; trad. *Le feu aux barbelés*, p. 19.
50. *Ibid.*, p. 172. L'intérêt de ce poème réside davantage dans sa valeur programmatique que dans ses qualités esthétiques.

engagement physique sur le terrain. Il se sent trahi par la France, plus encore par la France de Vichy, comme en témoigne cette strophe du poème « Gefängnis » :

Das ist in diesen Jahren
die Diktaturmusik
der ehmals großen und wunderbaren
französischen Republik[51].

Contrairement à la France, l'Espagne ne l'a pas déçu et continue, jusque dans l'internement, d'être le symbole de ses aspirations : identifiée aux valeurs républicaines, elle constitue pour Leonhard un idéologème, un espace mental et un refuge face à l'image abîmée de la France de Vichy. Et le poème apparaît alors comme un genre propice pour dire l'expérience quotidienne et l'intime au cœur de valeurs universelles.

Du recueil *Der Tod des Don Quijote* aux poèmes du Vernet, en passant par le journal et les poèmes espagnols, Rudolf Leonhard place les valeurs républicaines de liberté, de justice et de fraternité au cœur de son écriture. Le combat des Républicains espagnols y acquiert une valeur matricielle que la défaite ne remet pas en cause. Bien au contraire, l'écrivain résistant souhaite ardemment que cette expérience de fraternité transnationale, prolongée jusque dans l'internement au pied des Pyrénées, puisse vaincre le fascisme et permettre d'établir une Europe portée par les valeurs humanistes qu'il défend.

Par-delà cette constante, au fur et à mesure que l'auteur expérimente la violence et la répression dans sa propre chair, l'écriture devient moins grandiloquente[52] : alors que les récits fictionnels affichent une prétention documentaire empreinte de pathos, encore sensible dans le journal et les poèmes espagnols, l'écriture poétique dans le camp du Vernet atteint paradoxalement à plus de réalisme, tout en nourrissant l'utopie. Elle continue de témoigner d'une sensibilité particulière aux destins individuels et d'une attention aux détails symboliques, aux objets caractéristiques à valeur métonymique : les chaussures trouées, la maigre pitance, le vent glacial et la silhouette des Pyrénées, qui se dessinent « avec autant de netteté et de précision que si elles étaient toutes proches et que l'on pouvait sauter de l'autre côté[53]. »

L'écriture aide Leonhard à survivre et à ne pas perdre espoir. Elle documente et soutient. C'est là sa raison première, ce qui explique la qualité esthétique inégale de cette production poétique.

---

51. *Ibid.*, p. 162.

52. La pièce *Geiseln*, dont le sujet poignant et les conditions d'écriture donnent matière à des dialogues empreints de pathos, constitue une exception notable à cet égard. C'est sans doute l'une des raisons qui expliquent que sa traduction par Antoine Vitez (1953), pourtant remaniée dans un souci d'adapter la pièce au public français, n'ait jamais été publiée à ce jour. Cf. Catherine Mazellier-Lajarrige, « *Geiseln / Les Otages* de Rudolf Leonhard ou la médiation empêchée », in Florence Baillet, Nicole Colin (dir.), *L'Arche Éditeur. Le théâtre à une échelle transnationale*, Aix Marseille Université, Presses Universitaires de Provence, 2021, p. 209-220.

53. Leonhard, *Le Vernet*, « Die Pyrenäen », p. 59 : « Der Gipfelkamm und die Abhänge sind so scharf und genau / gezeichnet, als wären sie ganz nah und als könnten wir rüberspringen. »

Le 18 décembre 1941, il est transféré à la Prison secrète de Castres avec d'autres détenus politiques, avec la perspective d'être livré à la Gestapo. Il continue de rédiger des poèmes et des récits de rêves, mêlant subjectivité et considérations philosophiques et politiques qui lui permettent de supporter sa condition[54].

Un symbole de ce fragile espoir est cette graine d'acacia qui a poussé entre les pavés de la prison de Castres et ne sait si elle fleurira, mais qui, confiante et sûre de sa sève, élève ses minces tiges vers le ciel[55]. Parvenu à s'enfuir de Castres lors d'une évasion collective en septembre 1943, Rudolf Leonhard continue d'être actif, depuis sa cachette marseillaise. Il s'engage en faveur des Espagnols internés en France, dans des articles encore portés par cette vision matricielle du paradigme républicain. Dans l'un d'entre eux, « Les Espagnols », paru dans la *Tribune de l'Immigration* le 24 septembre 1944, il soutient la pétition des Espagnols pour la suppression des camps et ajoute : « Amoureux de la liberté, aguerris dans la dure guerre d'Espagne, ils furent les meilleurs artisans de la victoire[56]. »

Après la guerre, la mobilité retrouvée est avant tout intellectuelle : outre la rédaction d'essais et de poèmes, Rudolf Leonhard continue d'être un passeur entre les cultures ; il traduit en allemand des poèmes d'Eugène Guillevic et transpose en sonnets rimés, restés inédits, les *Chimères* de Nerval – dont le poème « El desdichado » – et les *Trente-trois sonnets composés au secret* de Jean Cassou[57]. Affaibli par la maladie, délaissé par ses amis intellectuels, plongé dans une grande précarité, Leonhard ne trouve pas sa place dans la France de l'après-guerre, dont il espérait quelque reconnaissance. Son installation à Berlin, dans la République démocratique allemande nouvellement fondée, ne parviendra pas à dissiper son désespoir ni le sentiment d'une réalité politique bien loin de l'idéal inlassablement poursuivi.

---

54. Cf. Rudolf Leonhard, *In derselben Nacht. Das Traumbuch des Exils*, Berlin, Aufbau-Verlag, 2001. On trouvera le travail préparatoire à ce « livre des rêves de l'exil » dans Rudolf Leonhard, *Man träumt, was man ist. Entwürfe für das* Traumbuch des Exils, hrsg. und mit einem Essay von Andrea Allerkamp, Wien, Turia + Kant, 2022.

55. Leonhard, *Ein Leben im Gedicht*, « Akazie », p. 237 ; trad. *Le feu aux barbelés*, p. 38.

56. Fonds Leonhard, RLA 491. Cf. aussi l'article « L'Espagne dans la guerre », RLA 470.

57. Fonds Leonhard, RLA 28 ; 29 ; 30.

Douce France? revisited
Das NS-Exil österreichischer Musikschaffender in Südfrankreich und Spanien

Primavera DRIESSEN GRUBER
Wien, Österreich

Einleitung

Mit der Veröffentlichung des zweisprachigen Tagungsbandes *Douce France? Musik-Exil in Frankreich 1933-1945/ Musiciens en exil en France 1933-1945*[1] im Jahr 2008 wurde erstmals die Rolle Frankreichs als Exil- und Durchgangsland für Musikschaffende aus Österreich thematisiert. Recherchen im Rahmen des *Orpheus Trust – Verein zur Erforschung und Veröffentlichung vertriebener und vergessener Kunst* für das gleichnamige Frankreich-Festival des von der Autorin gegründeten und geleiteten Vereins im Jahr 2004 hatten ergeben, dass Frankreich ab 1933 nicht nur ein Zentrum des politischen und literarischen Exils, sondern – weit mehr als bisher angenommen – ein wichtiger Zufluchtsort auch für NS-verfolgte Musikschaffende aus Österreich war. Damals waren 338 Namen von vertriebenen Musikschaffenden mit einem österreichischen Hintergrund, die in Frankreich Zuflucht gesucht hatten, bekannt. Der Band konnte mit Schlaglichtern auf einzelne Lebenswege, Übersichtsartikeln zu den politischen, sozial- und kulturhistorischen Entwicklungen der Jahre 1933 bis 1945 sowie zu den Internierungs- und Konzentrationslagern in Frankreich einen ersten Einblick in die Bedingungen bieten, mit denen die Protagonist*innen des österreichischen Musik-Exils in Frankreich konfrontiert waren – unabhängig davon, ob Frankreich sich für sie nur als vorübergehendes Zufluchts- oder als endgültiges Exilland herausstellen sollte.

In diesem Beitrag wird an Hand neuerer Forschungsergebnisse ein spezielles Augenmerk auf die Exilwege von Musik-Exilant*innen in Südfrankreich und Spanien gelegt. Der Beitrag ist in vier Teile gegliedert. Im ersten Teil wird der heutige Forschungsstand beschrieben. Der zweite Teil befasst sich mit Südfrankreich, der dritte Teil mit Spanien. In beiden Teilen werden wechselseitige

---

1. Michel Cullin, Primavera Driessen Gruber (Hrsg.), *Douce France? Musik-Exil in Frankreich 1933-1945/ Musiciens en exil en France 1933-1945*, Wien/ Köln/ Weimar, Böhlau, 2008.

Grenzüberschreitungen und Passagen, Verflechtungen und Kulturtransfers thematisiert. Im letzten Teil wird der Frage nachgegangen, ob die Exilforschung als abgeschlossenes Projekt zu betrachten ist und inwiefern sie als Grundlage einer *histoire croisée* (nach Bénédicte Zimmermann und Michael Werner)[2] dienen kann.

Zur Forschungslage

Heute, fast fünfzehn Jahre nach dem Erscheinen von *Douce France?*, stellt sich die Forschungslage besser dar. Bereits im Jahr 2001 war *La Vie musicale sous Vichy*[3], herausgegeben von Myriam Chimènes, erschienen, gefolgt von zahlreichen weiteren Veröffentlichungen zum französischen Musikleben während der deutschen Besatzung von ihrer Hand bzw. als (Mit-)Herausgeberin.[4] Obwohl das deutschsprachige Exil in diesen Werken mit wenigen Ausnahmen nur gestreift oder indirekt thematisiert wird, bieten sie die so wichtige französische Perspektive als Kontextualisierung und Grundlage für weitere Recherchen. Die bedeutendste Arbeit der letzten Jahre stammt von Anna Langenbruch mit ihrer 2014 erschienenen Dissertation unter dem Titel *Topographien musikalischen Handelns im Pariser Exil*.[5] Die Ergebnisse ihrer Untersuchung, die sie in diversen Buchbeiträgen und Artikeln weiter ausgeführt hat, basieren auf einer umfassenden Analyse der Pariser Fremdenpolizeiakten und Medien der 1930er Jahre. Dabei konnte sie für die Jahre 1933 bis 1939 169 deutschsprachige Musik-Exilant*innen im Pariser Exil namhaft machen.[6] Auch zu anderen „Räumen musikalischen Handelns", Institutionen oder Personen, zu transnationalen Bewegungen und Verflechtungen in Zusammenhang mit dem österreichischen Musik-Exil gibt es neuere Studien. So sind zu dem Komponisten Joseph Beer (1908 Chodorow – 1987 Nizza), der als U-Boot in Nizza überlebte, an der Universität Wien zwei Abschlussarbeiten erschienen.[7] Milena Amann-

---

2. Vgl. Hélène Roussel, Lutz Winckler, „Exil in Frankreich. Selbstbehauptung, Akkulturation, Exklusion – über einige Themen der Forschung". Mit einem Exkurs von Michael Werner, „Kulturtransfer und Verflechtung – das Exil als Sammelpunkt soziokultureller Interaktionen", in Claus-Dieter Krohn, Lutz Winckler *et al.* (Hrsg.), *Exilforschungen im historischen Prozess*, München, edition text + kritik, 2012 (Exilforschung, 30/2012), S. 166-182, Exkurs S. 180-182; Michael Werner, Bénédicte Zimmermann, „Vergleich, Transfer, Verflechtung. Der Ansatz der *histoire croisée* und die Herausforderung des Transnationalen", in *Geschichte und Gesellschaft* 28, 2002/4, S. 607-636.
3. Myriam Chimènes (Hrsg.), *La Vie musicale sous Vichy*, Bruxelles, Editions Complexe, 2001.
4. So z. B. Myriam Chimènes, Yannick Simon (Hrsg.), *La Musique à Paris sous l'Occupation*, Paris, Fayard/ Cité de la Musique, 2013.
5. Anna Langenbruch, *Topographien musikalischen Handelns im Pariser Exil. Eine Histoire croisée des Exils deutschsprachiger Musikerinnen und Musiker in Paris 1933-1939*, Hildesheim/ Zürich/ New York, Olms, 2014.
6. *Ibid.*, S. 15.
7. Patrick Lang, „*Lieber Freund, jetzt ist's vorbei. Aus ist's mit der Liebelei.*" Joseph Beer und die Operette. Diplomarbeit Universität Wien, 2013; Henriette Engelke, „*Operetten schreibe ich längst nicht mehr.*" Neue Erkenntnisse über das Leben Joseph Beers. Masterarbeit Universität Wien, 2016.

Rauter hat an der Universität für Musik und darstellende Kunst Wien und an der Universität Oldenburg eine Dissertation vorgelegt mit dem Titel „*Avec mon arme, la musique“: Politisches Engagement exilierter Musikerinnen und Musiker im Kontext des Front Populaire,* die sich u. a. mit Paul Arma (1904 Budapest – 1987 Antony), Hanns Eisler (1898 Leipzig – 1962 Berlin) und Joseph Kosma (1905 Budapest – 1969 La Roche-Guyon) befasst.[8]

Zur Frage, wie sich der heutige Forschungsstand zum Musik-Exil in Frankreich darstellt, ist ein kleiner Exkurs zu Ziel und Umfang der Arbeit der Autorin erforderlich. Sie forscht seit über zwanzig Jahren zu NS-verfolgten Musikschaffenden mit einem (alt-)österreichischen Hintergrund. Als Aufnahmekriterien gelten Geburt, Ausbildung oder professionelles Wirken auf dem Gebiet der Musik in der ehemaligen Habsburgermonarchie bzw. nach 1918 in der Republik Österreich, nicht jedoch die österreichische Staatsbürgerschaft. Ziel dieser umfassenden Grundlagenforschung ist eine möglichst vollständige Übersichtsdarstellung des österreichischen Musik-Exils während der NS-Zeit, die in Form eines mehrteiligen biographischen Lexikons in einigen Jahren erscheinen wird. Nach zahlreichen Forschungsaufenthalten im Ausland lag der Schwerpunkt der Recherchen der Autorin zuletzt auf der systematischen Sichtung archivalischer Materialien in Österreich. Aktenbestände der österreichischen Musikausbildungsstätten,[9] die sog. ‚Auswanderungsakten‘ der Israelitischen Kultusgemeinde Wien[10] und die ‚Hilfsfondsakten‘ (Ansuchen an den *Fonds zur Hilfeleistung an politisch Verfolgte, die ihren Wohnsitz und ständigen Aufenthalt im Ausland haben*) im Archiv der Republik im Österreichischen Staatsarchiv standen dabei im Mittelpunkt. Dank der Erfassung in einer Datenbank können Daten zu einzelnen Exilländern und –wegen sowie zum Wirken der einzelnen Personen, zu ihren Werkverzeichnissen und Auftritten, zum Repertoire, zur Bibliografie, Filmografie und Diskografie, zu beruflichen und politischen Netzwerken, wie auch zu Internierung und Deportation abgerufen werden. Die Datenbank umfasst zurzeit 7.110 Musikschaffende mit einem österreichischen Hintergrund, die während des Nationalsozialismus verfolgt wurden. Von dieser Gruppe sind – nach heutigem Forschungsstand – 1.105 Personen von den Nationalsozialisten ermordet worden. Das wichtigste Exilland für österreichische Musikschaffende waren die USA. Mit großem Abstand folgen Großbritannien, das britische Mandatsge-

---

8. Milena Amann-Rauter, „Dissertationsprojekt: Zwischen Musik und Politik: ExilmusikerInnen im antifaschistischen Kampf des Front Populaire“, in *mdw-Magazin*, März-April 2021, S. 64 f.; E-Mail-Nachricht Anna Langenbruch, 14. Oktober 2022.

9. Primavera Driessen Gruber, „(Vor)Schule der Geläufigkeit. Annäherung an eine erste Bestandsaufnahme der NS-verfolgten Studierenden des Neuen Wiener Konservatoriums, des Volkskonservatoriums und des Konservatoriums für volkstümliche Musikpflege“, in Susana Zapke, Oliver Rathkolb, Kathrin Raminger *et al.* (Hrsg.), *Die Musikschule der Stadt Wien im Nationalsozialismus. Eine „ideologische Lehr- und Lerngemeinschaft“*, Wien, Hollitzer, 2020, S. 207-232.

10. Primavera Driessen Gruber, „‚Gar kein Verdienst, wirtschaftliche Lage fürchterlich‘. Bericht über die erste Sichtung der Fragebögen der Auswanderungsabteilung in der Fürsorge-Zentrale der Israelitischen Kultusgemeinde Wien 1938-1940“, in *Österreich in Geschichte und Literatur (ÖGL)*, 2009/3, S. 313-322.

biet Palästina und Shanghai. Frankreich als Exilland liegt an fünfter Stelle. Zu Frankreich hat sich der Wissensstand der Autorin seit der Veröffentlichung von *Douce France?* verdoppelt. Nach ihrem heutigen Wissenstand war das Land für 685 österreichische Musikschaffende Transitland oder Exilziel. Für 201 Personen aus dieser Gruppe wurde das Land zur Endstation – sei es, dass sie dort den Krieg überleben konnten, sei es, dass sie von Frankreich aus in die deutschen Vernichtungslager deportiert wurden. Mindestens 137 aus Österreich geflohene Musikschaffende wurden in französischen Lagern interniert. 65 Musik-Exilant*innen sind von Frankreich aus in die NS-Vernichtungslager deportiert worden und dort umgekommen.

Wenn wir uns nun speziell Südfrankreich zuwenden, fällt es weitaus schwerer, genaue Zahlen zu nennen, da nicht bei allen Personen Informationen zu den jeweiligen Aufenthaltsorten vorliegen. Mit Hilfe der Datenbank konnten bisher allerdings 165 NS-verfolgte Musikschaffende, die sich im Süden Frankreichs aufgehalten haben, namhaft gemacht werden. Zu Spanien als Transit- oder Exilland enthält die Datenbank (vorerst) nur 61 Namen NS-verfolgter Musikschaffender.

Südfrankreich

Die wechselseitigen Verbindungen von österreichischen Musikschaffenden zu Frankreich und Spanien vor und während des Zweiten Weltkriegs, ihre Exilwege, Grenzüberquerungen, Verflechtungen und Transfers fanden unter unterschiedlichen politischen Bedingungen statt. Sie sollten daher unter der Perspektive dieser wechselnden zeitlichen und räumlichen Bedingungen betrachtet werden. Dazu sei zunächst auf die grundlegende Literatur zum NS-Exil in Frankreich verwiesen.[11]

---

11. Zum deutschsprachigen Exil in Frankreich vgl. neben den zuvor genannten Werken u. a. Dokumentationsarchiv des österreichischen Widerstandes (Hrsg.), *Österreicher im Exil. Frankreich 1933-1945. Eine Dokumentation*, Wien, ÖBV und Wien/ München, Jugend und Volk, 1984; Barbara Vormeier, „Frankreich", in Claus Dieter Krohn, Patrik von zur Mühlen, Gerhard Paul *et al.* (Hrsg.), *Handbuch der deutschsprachigen Emigration 1933-1945*, Darmstadt, Primus Verlag, 1998, Sp. 213-250. Zur Internierung in Frankreich siehe u. a. Anne Grynberg, *Les camps de la honte. Les internés juifs des camps français*, Paris, La Découverte, 1991; Denis Pechanski, *La France des Camps. L'internement, 1938-1946*, Paris, Gallimard, 2002; Georg Pichler, „Hinter Stacheldraht. Österreichische Exilantinnen und Exilanten in den französischen Lagern", in Evelyn Adunka, Primavera Driessen Gruber, Simon Usaty (Hrsg.), *Exilforschung: Österreich. Leistungen, Defizite und Perspektiven*, Wien, Mandelbaum, 2018, S. 19-36; Georg Pichler, „Das System der französischen Lager", sowie Friedrich Stepanek, „Hunger, nichts als Hunger, den ganzen Tag immer Hunger…'. Die Internierung österreichischer Spanienkämpfer in Frankreich 1939 – 1941. Der Fall Hans Wielander", in Gabriele Anderl (Hrsg.), *Hinter verschlossenen Toren – die Internierung von Geflüchteten von den 1930er Jahren bis in die Gegenwart*, Wien, Verlag der Theodor Kramer Gesellschaft, 2023 (i.V.). Zu Exil und Internierung von Frauen vgl. die Pionierarbeit von Mechtild Gilzmer, *Camps de femmes. Chronique d'internées. Rieucros et Brens 1939-1944*, Paris, Éditions autrement, 2000; aus dem Blickwinkel der ‚Gender studies' siehe auch Pnina Rosenberg, „Gender and Exile: Graphic Novels by German Women Inmates in Rieucros Camp, France", in Irene Messinger, Katharina Prager (Hrsg.), *Doing Gender in Exile*.

In ‚*Douce France?*' waren weibliche Musikschaffende nur marginal vertreten. Frauen bildeten im französischen Exil – im Vergleich zur gesamten Gruppe der NS-verfolgten Musikschaffenden, in welcher Frauen etwas mehr als ein Drittel ausmachen – nur zwanzig Prozent des Musik-Exils. Es stellt sich die Frage, ob der geringere Anteil von Frauen den blinden Flecken der bisherigen Exilforschung geschuldet ist, ob Frankreich von weiblichen Musikschaffenden tatsächlich als weniger attraktiv empfunden wurde, oder ob auch andere Ursachen für dieses Ungleichgewicht auszumachen sind. An dieser Stelle kann nur auf ein weiteres Forschungsdesiderat hingewiesen werden.[12] Zum Ausgleich werden im Folgenden einige Exilschicksale von Frauen in Südfrankreich präsentiert.

Zu Werk und Leben der unehelichen Tochter des Pianisten und Komponisten Artur Schnabel (1882 Lipnik – 1951 Axenstein), Elisabeth Herold Rostra (1899 Wien – 1995 Glion?),[13] die selbst ebenfalls komponierte, ist noch viel unerforscht, aber die wenigen Lebensdaten enthalten Hinweise auf untersuchungswürdige kulturelle Transfers. Herold Rostra war 1939 von Berlin aus nach Frankreich geflohen. Nach der Invasion der deutschen Truppen konnte sie versteckt in einem Nonnenkloster in Südfrankreich überleben. Nach der Befreiung emigrierte sie zunächst nach Kanada, wo sie u. a. Vorlesungen über Kunst und Moralprobleme hielt. Neben Musik für einen Schabbath-Gottesdienst sind von ihr Choräle für die christliche Liturgie überliefert.

Das Exil der Tänzerin Lea/ Liane Schubert (1926 Wien – 1999 Hudene)[14] ist wesentlich ausführlicher dokumentiert. Auch für sie bildete ein Kloster im Süden Frankreichs eine (vorübergehende) Rettung. Sie war 1938 mit ihrer Familie über Zagreb, wo sie an der Oper Tanz studiert hatte, nach Paris gekommen. Sie konnte ihre Ausbildung am *Conservatoire National de Paris* fortsetzen, bis sie 1942 als Jüdin von der Schule relegiert wurde. Auf der Flucht durch Südfrankreich wurde sie in das Lager Vénissieux bei Lyon interniert. In der Nacht vor der Deportation, der berühmt-berüchtigten ‚Nacht von Vénissieux' wurde sie mit anderen Kindern und Jugendlichen von jüdischen und christlichen Widerstandskämpfern in dem Kreis um den zum Katholizismus konvertierten Abbé Glasberg befreit, der, 1902 in Schytomir geboren, in Wien studiert hatte. Mit eingebunden in

---

Geschlechterverhältnisse, Konstruktionen und Netzwerke in Bewegung, Münster, Westfälisches Dampfboot, 2019, S. 63-79.

12. Vgl. dazu auch Aleida Assmann, „Geschlecht und kulturelles Gedächtnis", in *Freiburger FrauenStudien*, 2006/19, S. 29-46. Zur Frage der Biographiewürdigkeit von Musikerinnen siehe auch Melanie Unseld, *Biographie und Musikgeschichte. Wandlungen biographischer Konzepte in Musikkultur und Musikhistoriographie*, Wien, Köln, Weimar, Boehlau, 2014, S. 437 f.

13. Werner Grünzweig im Auftrag der Stiftung Archiv der Akademie der Künste (Hrsg.), *Artur Schnabel. Musiker - Musician. 1882-1951*, Hofheim, Wolke, 2001, S. 113, 204; Werner Grünzweig, Lynn Matheson, Anicia Timberlake (Hrsg.), *Artur Schnabel: Walking Freely on Firm Ground. Letters to Mary Virginia Foreman 1935-1951*, Hofheim, Wolke, 2014; e-mail-Auskunft Werner Grünzweig 10. Oktober 2022.

14. Lilian Karina, Marion Kant, *Hitlers Dancers: German Modern Dance and the Third Reich*, New York/ Oxford, Berghahn Books, 2003; Ilse Korotin (Hrsg.), *biografiA, Lexikon österreichischer Frauen*, Wien/ Köln/ Weimar, Böhlau, 2016, Bd. 3, S. 2985; Anna Ångström, *Lia Schubert (-van den Bergen)*, [https://sok.riksarkivet.se/sbl/Presentation.aspx?id=6407], Stand: 10. Oktober 2022.

diese Rettungsaktionen waren u. a. der OSE (*Œuvre de Secours aux Enfants*) und die EIF (*Éclaireurs Israélites de France*);[15] unterstützt wurden sie durch den französischen Quäker Gilbert Lesage, in der Folge auch von den (Erz-)Bischöfen von Lyon, Montauban und Toulouse.[16] Liane Schubert wurde in einem Kloster versteckt, begab sich aber gegen den Rat der Geistlichen und ausgestattet mit falschen Papieren nach Marseille, wo sie sich am Widerstand beteiligte und als *Koryphée* im Opernballett auftrat. Als die Gestapo sie verhaften wollte, wurde sie von Kolleg*innen an der Oper neuerlich gerettet. Sie kehrte illegal nach Paris zurück, wo ihr früherer Lehrer, der russische Tanzpädagoge und Choreograph Victor Gsovsky, der in Berlin bei der UFA tätig gewesen war und in Paris dem kommunistischen Widerstand angehörte, ihr eine Untertauchadresse verschaffte. Ihre Eltern und ihr Bruder waren zu diesem Zeitpunkt bereits deportiert und getötet worden. Sie selbst emigrierte nach Kriegsende nach Schweden. Dort wie auch in Israel, wo sie von 1968 bis 1981 arbeitete, genoss sie höchstes Ansehen als Choreographin und Tanzpädagogin.

Die Opern- und Konzertsängerin Jella (Gabriella) Braun-Fernwald (1894 Wien – 1965 Baden b. Wien),[17] die langjährige Geliebte des Musikpublizisten Paul Stefan (1879 Brünn – 1943 New York), hatte Gesang an der Akademie für Musik und darstellende Kunst Wien studiert. 1938 wurde sie ob ihrer jüdischen Vorfahren aus dem Verband der Wiener Volksoper entlassen. Sie hatte 1929 bei der Republik-Feier im Wiener Konzerthaus und an der Wiener Erstaufführung von Brechts Dreigroschenoper mitgewirkt. Seit diesem Sommer trat sie regelmäßig bei den Salzburger Festspielen auf. Zuletzt war sie dort 1936 als Solistin in Mozarts *Missa Solemnis* und Pergolesis *Stabat Mater* zu hören gewesen.[18] In Paul Stefans Roman *Das war der letzte Sommer,*[19] geschrieben im amerikanischen Exil, hat der Autor ihr in verschlüsselter Form ein Denkmal gesetzt. Stefan war wegen eines Artikels gegen den Nationalsozialismus in der Boulevardzeitung *Die Stunde* besonders gefährdet, weswegen er sich bereits am 3. März 1938 in die Schweiz begeben hatte. Knapp vor dem ,Anschluss' folgte Jella Braun-Fernwald ihm nach. Von dort aus kam das Paar 1939 nach Paris, wo sie sich im

---

15. Vgl. Valérie Portheret, *Vous n'aurez pas les enfants*, préfaces de Serge Klarsfeld et Boris Cyrulnik, Paris, éditions XO, 2020; Catherine Lewertowski, *Les enfants de Moissac 1939-1945*, Paris, Éditions Flammarion, 2003, S. 183-202. Zum jüdischen Widerstand vgl. auch Leni Yahil, „The Jewish Leadership of France", in Yisrael Gutman, Cynthia J. Haft (Hrsg.), *Patterns of Jewish leadership in Nazi Europe 1933-1945. Proceedings of the Third Yad Vashem International Historical Conference – April 1977*, Jerusalem, Yad Vashem, 1979, S. 317-333. Zu Gilbert Lesage vgl. Gilzmer, *Camps de femmes,* S. 89.

16. Saul Friedländer, *Die Jahre der Vernichtung. Das Dritte Reich und die Juden 1939-1945,* München, C. H. Beck, 2006, S. 447-449.

17. Horst Weber, Stefan Drees (Hrsg.), *Quellen zur Geschichte emigrierter Musiker/ Sources relating to the History of Emigré Musicians 1933-1950,* Bd. II, New York/ München, K. G. Saur, 2005, S. 222, 259; ÖStA/ AdR, Hilfsfonds 13.517 (Gabriella Stefan).

18. Josef Kaut, *Die Salzburger Festspiele 1920-1981,* Salzburg, Residenz, 1982, S. 404.

19. Paul Stefan, *Das war der letzte Sommer,* neu hrsg. und mit einem Nachw. von Robert Streibel, Wien, Löcker, 2021; vgl. auch Primavera Driessen Gruber, „Paul Stefans letzter Sommer bei den Salzburger Festspielen", in *Zwischenwelt,* 2022/1-2, S. 89-90.

Umkreis der österreichischen Legitimisten bewegten.[20] Beide waren in Paris als Musikredakteure für den Österreichischen Freiheitssender im britischen Sender Fécamps tätig. Auch ein Konzept für Sendungen auf Radio Toulouse und Radio Bordeaux für die *Ligue autrichienne* dürfte auf ihre Initiative zurückgehen.[21] Braun-Fernwald war von Mai bis Juli 1940 in Gurs interniert, während Stefan ob seines fortgeschrittenen Alters von einer Internierung ausgenommen blieb. Im November fand in Montauban vor Bischof Mgr. Théas ihre Eheschließung statt, wohl auch in Hinblick auf die Einreiseformalitäten nach Spanien und Übersee.[22] Braun-Fernwald war bereits seit 1929 geschieden; Stefan hatte erst 1938 die Scheidung von seiner ersten Frau erreicht. Im Dezember versuchte das Paar den illegalen Grenzübertritt über die Pyrenäen. Sie wurden aber an der Grenze aufgehalten und zurückgeschickt. Erst bei einem zweiten Versuch gelang es, die spanische Grenze zu überqueren. Über Portugal erreichten sie am 25. April 1941 New York. Stefan verstarb bereits zwei Jahre später. Seine Witwe kehrte 1959 nach Österreich zurück.

Die Pianistin Tosca Marmor (geb. 1901 Podwoloczyska als Antoinette Rosenhauch – 1993 Paris)[23] hatte nach der Flucht aus der ehemaligen Habsburgermonarchie in Wien ebenfalls die Akademie für Musik und darstellende Kunst absolviert. Zusätzlich erhielt sie von Hanns Eisler Privatunterricht. Sie war bereits 1925 mit ihrem Gatten nach Paris gezogen, wo sie sich zu einer gesuchten Korrepetitorin entwickelte, Klavierunterricht erteilte und live im staatlichen Rundfunksender Radio Tour Eiffel zu hören war.[24] Als sie am 13. Juni 1943 vor den deutschen Truppen in den Süden fliehen musste, wurde sie in Toulouse von der befreundeten Familie Roux in der rue des Trois-Banquets aufgenommen. Während ihr Sohn Alexis sein Cellostudium am Conservatoire de Toulouse fortsetzen konnte, wurde Tosca von der Witwe des Bildhauers Jules-Jacques Labatut mit der jungen ungarischen Sängerin Magda Fonay bekannt gemacht, die sie vor der Abschiebung schützen konnte und zu einer Gesangskarriere verhalf. Von Toulouse aus flohen sie weiter nach Nizza, wo sie Teil eines Widerstandsnetzwerkes wurden. In ihrem Klavier wurden gefälschte Personalausweise und andere Dokumente für die Résistance verwahrt. Als ihr Sohn am 1. April 1944 verhaftet wurde, stellte sich heraus, dass die Gruppe bereits

---

20. Bei Paul Stefan lässt sich ein interessantes Schwanken zwischen seinem sozialdemokratischen Hintergrund und seiner Annäherung an die legitimistische und katholische Exil-Community mit ihrem zutiefst konservativen ‚Österreich-Bild' beobachten. Vgl. dazu auch Michael P. Steinberg, „Die katholische Kultur der österreichischen Juden in der Moderne des Fin de Siècle", in Marcus G. Patka, Sabine Fellner im Auftrag des Jüdischen Museum Wien (Hrsg.), *Jedermanns Juden, 100 Jahre Salzburger Festspiele*, Salzburg, Residenz, 2021, S. 18-35.
21. Langenbruch, *Topographien*, S. 154.
22. Zu den Asylnetzwerken zur Rettung von politischen Flüchtlingen aus dem linken politischen Spektrum vgl. Anne Klein, „Politische Verantwortung. Transatlantische und lokale Asylnetzwerke des österreichischen Exils, 1940-42", in Adunka, Driessen Gruber, Usaty (Hrsg.), *Exilforschung: Österreich*, S. 459-478; speziell zu Montauban S. 469-472.
23. Tosca Marmor, *Le piano rouge. Souvenirs,* Paris, Fayard, 1990.
24. Oral history-Interview Winfried Schneider mit Frédéric Lenoir und Monica Rapetti, 14. Juni 2001, Paris, Orpheus-Archiv im Archiv der Künste Berlin.

länger beobachtet worden war. Alexis wurde über Drancy nach Kovno deportiert und ermordet; Tosca Marmor überlebte Auschwitz-Birkenau, Auschwitz I und Ravensbrück. Sie kehrte nach Paris zurück, wo sie als Sängercoach für Stars des französischen Chansons wie Sylvie Vartan, Sacha Distel und Mireille Darc wirkte.

Abschließend soll noch eine Gruppe von (klassisch ausgebildeten) Musikschaffenden aus dem Bereich der Unterhaltungsmusik, die bisher keine Aufnahme in den ‚Exilkanon‛ gefunden haben, vorgestellt werden.

Der ehemalige Student der Rechtswissenschaften, Pianist, Akkordeonist, Trompeter, Gitarrist und Sänger Friedrich/ Fritz Steissel (1919 Wien – 1996 Manosque)[25] war 1939 mit einem Korb voller Instrumente über die Schweiz nach Frankreich gekommen. Er spielte zunächst im Orchester seines über die Niederlande nach Frankreich geflohenen Freundes, des Geigers und Kapellmeisters Rudolf/ Rudi Laufer (1904 Wien – 1991 Amsterdam)[26] in Monte Carlo. Laufer hatte vor dem ‚Anschluss‛ eine eigene Kapelle geleitet, Schallplattenaufnahmen gemacht und war im Berliner Hotel Adlon und im Hotel Bristol in Wien aufgetreten. In Frankreich begann eine Lagerodyssee, zuerst in Blois, dann in Meslay-du-Maine, in Villesmalard und Bellac und zuletzt in Egletons, Corrèze. Fritz Steissel begleitete seinen Freund auf dessen Leidensweg durch die Lager. In Soudeilles bei Brive-la-Gaillarde wurden die beiden Musiker als Mitglied einer Équipe Artistique des Groupes de travailleurs étrangers (GTE) zwangsverpflichtet.[27] Zu ihrer Kapelle gehörte auch der Cellist und Gitarrist Carl Schifferes (1894 Wien – 1942 Auschwitz),[28] der als Substitut in der Wiener Staatsoper aufgetreten war und 1939 über Tunis, wohin ihn ein Engagement mit der Jazzkapelle Bert Silving (1887 Wien – 1948 New York) geführt hatte, nach Frankreich eingewandert war. Auch der Pianist Kurt Weininger (1912 Wien – 1943? Majdanek)[29] war Teil des Ensembles, das im Rahmen der GTE in der Corrèze, Dordogne und in Haute-Vienne auftrat und österreichische und spanische Sänger*innen und Tänzer*innen begleitete. Steissel konnte im August 1942 fliehen und schloss sich einer *Organisation spéciale* der *Franc-tireurs et partisans francaises* (F.T.P.F.) an. Bereits nach zwei Wochen wurde er wieder verhaftet und mit Laufer und Schifferes über Drancy auf Transport nach Auschwitz gestellt. Carl Schifferes wurde sofort nach der Ankunft getötet, Kurt Weininger wurde nach Sobibor deportiert und ist in einem Vernichtungslager umgekommen. Laufer und Steissel überlebten nach Auschwitz die deutschen Konzentrationslager Anhalt,

25. ÖStA/ AdR, Hilfsfonds, 16.905 und GZ 38.439; Oral history-Interview Primavera Driessen Gruber mit Jacqueline Nestler, 10. April 2019, Alland.
26. ÖStA/ AdR Hilfsfonds GZ 39.174; Pip de P. James, „Rudolf ‚Rudi‛ Laufer", [https://www.geni.com/people/Rudolf-Rudi-Laufer], Stand: 6. Juli 2022.
27. Mouny Estrade-Szwarckopf, Paul Estrade, *Un camps de juifs oublié. Soudeilles (1941-1942)*, 3. Aufl., Brive-La Gaillarde, Éditions Les Monédières, 2015, S. 218; Mouny Estrade-Szwarckopf, Paul Estrade, „Les ‚Douze‛ de Corrèze", in *Journal l'Humanité*, 14. Februar 2000.
28. Randy Schoenberg, „Karl (Carl) Schifferes", [https://www.geni.com/people/Karl-Carl-Schifferes], Stand: 6. Juli 2022.
29. Historische Meldeunterlagen der Stadt Wien, D-Antiquariat, enthält Verweis auf Todeserklärung des Landesgerichts für Zivilrechtssachen Wien v. 23. August 1954 - 48 T 1605/53; Beate et Serge Klarsfeld, *Le Mémorial de la Déportation des Juifs de France*, Paris, Klarsfeld, 1978.

Fürstengrube, Gräditz, Faulbrück und Langenbielau/ Bielawa (ein Außenlager von Groß-Rosen). Rudi Laufer zog nach der Befreiung nach Amsterdam, wo er als Textilkaufmann tätig war; Fritz Steissel blieb nach der Befreiung in Frankreich. Er arbeitete zunächst im Orchester von Jean Ségurel in Paris und machte später eine erfolgreiche Karriere als Unterhaltungsmusiker in Restaurants und Nachtklubs in Südfrankreich.

Spanien

Auch zur zeitlichen und politischen Gliederung der Asylpolitik Spaniens vor dem und im zweiten Weltkrieg und zu den wechselnden Bedingungen, mit denen die Exilant*innen konfrontiert waren, sei auf die vorhandene Literatur zum Exil in Spanien verwiesen.[30]

Paloma Ortiz-de-Urbina hat in dem Sammelband *1938. España y Austria/ Österreich und Spanien*[31] Arnold Schönbergs Aufenthalt in Barcelona zwischen Oktober 1931 und Mai 1932 sowie die Rezeption der Musik seiner Wiener Schule in Spanien beschrieben. Dieser wurde von seinem Schüler Roberto Gerhard (1896 Valls, geb. als Robert Oettenwalder – 1970 Cambridge), dem Sohn eines deutschschweizer Weinimporteurs eingefädelt. Gerhard spielte mit einigen seiner Kolleg*innen der Künstlergruppe *Generación del 27* und dem Cellisten Pablo Casals auch noch während des Bürgerkriegs eine wichtige Vermittlerrolle für die Rezeption der Wiener Schule in Spanien. Schönberg ging bereits 1933 über Paris in die USA ins Exil; Gerhard, der bis 1938 Direktor der Musikabteilung der *Biblioteca de Catalunya* und Berater im Kulturministerium der katalanischen Regierung gewesen war, konnte 1939 über Paris nach Oxford fliehen, wo er Fellow am King's College wurde. Ob der Aufenthalt des Schönberg-Schülers Max Deutsch (1892 Wien – 1982 Paris),[32] der bereits 1924 aufgrund eines Zerwürfnisses mit seinem Lehrer nach Paris gekommen war und ab 1932/1933 in Madrid eine Lehrstelle an der Universität Madrid und die Leitung der Filmgesellschaft *Casa Cinematografica Aranjuez* innehatte, sich ebenfalls im Rahmen dieser Netzwerke ergeben hatte oder ob Deutschs Filmmusik für G. W. Pabst der Anlass gewesen war, konnte noch nicht eruiert werden. Max Deutsch kehrte 1936 als republikanischer Flüchtling nach Frankreich zurück. Am Beginn des Zweiten Weltkriegs meldete er sich zum Dienst mit der Waffe in der Fremdenlegion,

---

30. Patrik von zur Mühlen, *Fluchtweg Spanien-Portugal. Die deutsche Emigration und der Exodus aus Europa 1933-1945,* Bonn, Dietz, 1992; ders., „Spanien", in Krohn *et al.* (Hrsg.), *Handbuch der deutschsprachigen Emigration,* Sp. 396-401.

31. Paloma Ortiz-de-Urbina, „La recepción de la música austriaca en España en torno a 1938", in Georg Pichler, Klaus Eisterer, Karl Rudolf (Hrsg.), *1938. España y Austria/ Österreich und Spanien,* Alcalá de Henares, Universidad de Alcalá, 2010, S. 163-178; vgl auch Paloma Ortiz-de-Urbina, *Arnold Schönberg und Roberto Gerhard: Briefwechsel,* Bern *et al.,* Peter Lang, 2019.

32. Markus Grassl, Reinhard Kapp (Hrsg.), *Die Lehre von der musikalischen Aufführung in der Wiener Schule. Verhandlungen des Internationalen Colloquiums Wien 1995,* Wien/ Köln/ Weimar, Böhlau, 2002, S. 562 f.; Albrecht Betz, „In Frankreich bisweilen, in Frankreich konstant. Hanns Eisler und Max Deutsch", in Cullin, Driessen Gruber, *Douce France?,* S. 95-107.

die für *ex-autrichiens* alternativ zur Zwangsarbeit als *prestataire* verordnet war. Nach der Demobilisierung und seiner Flucht aus dem Internierungslager Langlade war er in Juillac im Arrondissement Brive-la-Gaillarde, wo sein Schwiegervater Bürgermeister war, versteckt und beteiligte sich an der Résistance.[33] Er blieb nach der Befreiung in Frankreich und sollte nach 1945 als Lehrer und Interpret zu einem der wichtigsten Vermittler der Wiener Schule in Frankreich werden.

Der Schöpfer unsterblicher Schlager Max Winterfeld (1879 Hamburg – 1942 Buenos Aires),[34] besser bekannt unter dem Künstlernamen Jean Gilbert, war 1936 von seinem Wiener Zwischenasyl nach Barcelona und Madrid gereist, wo er als Kapellmeister und Komponist für den Film tätig war. Er hatte zuvor bereits Musik für die Verfilmung der Zarzuela *Doña Francisquita* geschrieben. Der Bürgerkrieg ließ ihn nach Paris weiterziehen, wo gerade seine Operette *Die keusche Susanne* verfilmt wurde. Möglicherweise hat er in Spanien Kontakte für die spanische Version dieses Filmes geknüpft, der 1941 in Argentinien produziert wurde, wo er selbst seine letzte Zufluchtsstätte fand. Sein Sohn Robert Gilbert (1899 Berlin – 1978 Minusio)[35] hatte unter dem Pseudonym David Weber mit dem österreichischen Komponisten Hanns Eisler,[36] einem weiteren Schönberg-Schüler, zusammengearbeitet und Texte für den Agitprop geschrieben. Eisler hatte Spanien während des Bürgerkriegs zweimal besucht und wie Paul Arma[37] Kampflieder für die Republik geschrieben. Aber auch unter den freiwilligen Spanienkämpfer*innen aus Österreich, die nach dem Zusammenbruch der Republik die Grenze zu Frankreich überqueren konnten, befanden sich Musikschaffende, so der Musiker Johann Schmauz (1914 Wien – 1982 Wien)[38] und der Klaviermacher und Ziehharmonikaspieler Karl Galbawy (1905 Wien – 1993 Wien).[39] Nach ihrer Flucht nach Frankreich wurden sie in Saint-Cyprien, Gurs, Argelès-sur-Mer und Mont-Louis interniert, bevor sie 1941 nach Dachau deportiert wurden. Beide

---

33. ÖStA / AdR, Hilfsfonds B/H 41.516/2.; Material zu Max Deutsch im Orpheus-Archiv im Archiv der Akademie der Künste Berlin: Befreiungsschein vom Arbeitsdienst, 14. November 1940, o. 0; Bestätigung über Deutsch' Tätigkeit in der Résistance, Paris 2. Oktober 1945; Oral history-Interview Winfried Schneider mit Natika Yznaga, 14. Juni 2001, Paris. Die Frage, ob die oben erwähnte Flucht Fritz Steissels mit dem Widerstandscluster in Brive-la-Gaillarde in Zusammenhang steht, konnte bisher nicht mit Sicherheit beantwortet werden.

34. Stefan Frey, „Jean Gilbert", in Sophie Fetthauer, Claudia Maurer Zenck, Peter Petersen (Hrsg.), *Lexikon verfolgter Musiker und Musikerinnen der NS-Zeit,* Hamburg, Universität Hamburg, 2008 [https://www.lexm.uni-hamburg.de/object/lexm_lexmperson_00002805], Stand: 6. Juli 2022; Silvia Glocer, *Diccionario biográfico y bibliográfico de músicos judíos exiliados en la Argentina durante el nazismo 1933-1945,* Bd I, Ciudad Autónoma de Buenos Aires, Editorial de la Facultad de Filosofía y Letras Universidad de Buenos Aires, 2021, S. 214-217.

35. Christian Walther, *Ein Freund, ein guter Freund. Robert Gilbert - Lieddichter zwischen Schlager und Weltrevolution. Eine Biographie,* Berlin, Ch. Links, 2019.

36. Christian Glanz, *Hanns Eisler. Werk und Leben,* Wien, edition Steinbauer, 2008.

37. Edmée et Paul Arma, *Mouvement dans le Mouvement. Vie d'un Musicien dans le Siècle. Memoires à deux Voix,* unveröff. Manuskript, Antony, 1986, Orpheus-Archiv im Archiv der Akademie der Künste Berlin. Erster Teil auf Deutsch: Tobias Widmaier (Hrsg.), *Paul Arma: Avantgarde und Arbeiterlied. Autobiografie 1904-1934* (Verdrängte Musik 22), Büdingen, Pfau-Verlag, 2016.

38. Hans Landauer, Erich Hackl, *Lexikon der österreichischen Spanienkämpfer 1936-1939,* 2. Aufl., Wien, Theodor Kramer Gesellschaft, 2008, S. 198.

39. *Ibid.,* S. 93.

überlebten ihre KZ-Haft und kehrten nach Wien zurück. Die Pianistin und Klavierlehrerin Henriette Kleinmann (1907 Odessa – 1977 Rehovoth)[40] war im Mai 1937 aus Frankreich nach Spanien gekommen, wo sie während des Bürgerkriegs mit ihrem Ehemann, dem Kinderarzt Kurt Wallis in einem Kinderhilfswerk arbeitete. Auch sie gehörten 1939 zu den österreichischen Spanienflüchtlingen in Südfrankreich. Das Ehepaar konnte 1942 noch rechtzeitig nach Mexiko ausreisen und wanderte 1950 nach Israel weiter.

Exilant*innen wie Karl Farkas (1893 Wien – 1971 Wien)[41] und das Ehepaar Franz Werfel (1890 Prag – 1945 Beverly Hills) und Alma Mahler (1879 Wien – 1964 New York), die 1940 die Pyrenäen zu Fuß überquerten,[42] sind mittlerweile allgemein bekannt. Darüber hinaus finden sich in der Datenbank der Autorin fünfzig Transitflüchtlinge (davon zwölf Frauen) und acht Musikschaffende, für die Spanien zur Endstation ihrer Flucht wurde (darunter eine Frau).[43] Das Land war ob der auf den Bürgerkrieg folgenden franquistischen Repression alles andere als ein attraktives Fluchtziel. Wer in diesem Land den Krieg überlebte, war oft in der einen oder anderen Form auf der Flucht stecken geblieben.

Der Jazzsänger Paul Philipp (1918 Wien – 2003 Nizza)[44] gehört zu diesen wenigen. Seine Flucht aus dem Zug, der im Juni 1940 mit 2000 in Les Milles internierten Flüchtlingen zwischen Bayonne, Toulouse und Nîmes herumirrte, lässt sich anonymisiert in Lion Feuchtwangers *Unholdes Frankreich* nachlesen.[45] Philipp ist mit einigen anderen aus diesem Zug entflohen; sein Vater und sein Bruder konnten trotz seines Zuredens nicht den Mut dazu aufbringen. Sie fuhren zurück in das Lager und wurden im September 1942 über Drancy nach Auschwitz deportiert. Paul Philipp schlug sich zur Grenze nach Spanien durch und überquerte sie illegal. Er wurde in Spanien verhaftet und blieb bis 1944 in dem spanischen Konzentrationslager Miranda de Ebro interniert. In den letzten Monaten vor Kriegsende kam er frei und konnte als Statist in dem spanischen Film *El camino de Babel* mitspielen und als Musiker in kleinen Lokalen auftreten.

---

40. *Ibid.*, S. 236; vgl. auch [https://www.doew.at/erinnern/biographien/spanienarchiv-online/spanienfreiwillige-w/wallis-henriette], Stand: 12. Juli 2022.

41. Marcus G. Patka, Alfred Stalzer (Hrsg.), *Die Welt des Karl Farkas,* Wien, Holzhausen, 2001.

42. Von zur Mühlen, *Fluchtweg Spanien-Portugal,* S. 14, 87 f., 115.

43. Zu Gender und Exil in Spanien vgl. Ute Sonnleitner, „Zwischen Jugoslawien und Spanien. Exil und (steirischer) Widerstand 1933 bis 1938 aus der Geschlechterperspektive kritisch hinterfragt", in Adunka, Driessen Gruber, Usaty (Hrsg.), *Exilforschung: Österreich,* S. 54-71, sowie das ausführliche Literaturverzeichnis in Marion Röwekamp, „Doing Gendered Memory in Exile. Eine kurze Improvisation zur geschlechterspezifischen Erinnerungspolitik des spanisch-republikanischen Exils in Mexiko", in Messinger, Prager (Hrsg.), *Doing Gender,* S. 110-128.

44. Primavera Driessen Gruber, „Kein Kopf für Musik? Kinder und Jugendliche im französischen Exil und die Rolle der Musik: Annäherung an ein Generationenthema", in Frank Stern (Hrsg.), *Feuchtwanger und Exil. Glaube und Kultur 1933-1945. „Der Tag wird kommen",* Oxford *et al.,* Peter Lang, 2011, S. 221-244, hier S. 234, 237 f.; ÖStA/ AdR, Hilfsfonds B 38.148.

45. Lion Feuchtwanger, *Unholdes Frankreich,* Mexico D.C., El Libro Libre, 1942; vgl. auch Laura Goult, *L'enlèvement d'Europe. Réflexion sur l'exil intellectuel à l'époque nazie,* Paris, L'Harmattan, 2010, S. 195-198.

1946 kehrte er nach Paris zurück, ein Jahr später emigrierte er in die USA, wo er sich nach dem fünften erfolglosen Anlauf zu einer Musikerkarriere zum Psychologen ausbilden ließ. Im Alter kehrte er nach Frankreich zurück.

Auch der Wiener Musiker und Stepptänzer Arnold/ Arno Lonker (1918 Wien – nach 1979 Haifa?)[46] und der Pianist Kurt Maut(h)ner (1907 Wien – nach 1980 Barcelona?)[47] waren im Lager von Miranda de Ebro. Lonker war zuvor bereits in Belgien in Merxplas und in Frankreich in Saint-Cyprien, Gurs und Rivesaltes interniert gewesen, bevor er im Januar 1944 Spanien verlassen und nach Palästina auswandern konnte. Im Jahr 1979 war er als Beamter in Haifa tätig. Mautner hatte auf seiner Flucht in Belgien und in Frankreich insgesamt acht Internierungslager kennengelernt, bevor er 1943 nach seinem illegalen Grenzübertritt nach Spanien in Salt de Girona, Caldes de Malavella und Miranda de Ebro interniert wurde. Er gehört zu den wenigen, die – nach heutigem Wissensstand – auch nach Kriegsende in Spanien geblieben sind und arbeitete in Barcelona als Fremdsprachenübersetzer.

Auch die ob ihres jüdischen Hintergrunds gefährdete Ballettelevin der Wiener Staatoper Hert(h)a Frankel (1913 Wien – 1996 Barcelona)[48] gehört zu dieser Gruppe. Sie war nach dem ‚Anschluss‘ von Wien nach Italien geflohen, wo sie sich der Compagnie von Pier Bussetti anschließen konnte. Mit diesem Ensemble reiste sie 1942 für eine Operettenproduktion in Madrid über Frankreich nach Spanien. Hier lernte sie den Wiener Autor und Regisseur Art(h)ur Kaps/ Kaps-Schönfeld (1912 Wien – 1974 Barcelona) kennen und lieben, der die Revuetruppe *Los Vieneses* leitete und im Zuge von Auslandsgastspielen Spanien erreicht hatte. Sie heiratete Kaps und wirkte in seiner Truppe mit. Nach Kriegsende wurde sie als Puppenspielerin und als eine der Pionierinnen des spanischen Kinderfernsehens bekannt.

Abschließend soll noch eine weniger bekannte illegale Überquerung der Spaniengrenze durch junge deutschsprachige Flüchtlinge vorgestellt werden. Die aus den EIF hervorgegangene jüdische Widerstandsgruppe *La Sixième* hatte in Zusammenarbeit mit der *Armée Juive*, deren Hauptquartier sich in Toulouse befand, bereits ab Ende 1943 jüdische Kinder und Jugendliche aus den Lagern befreit und besonders gefährdete Flüchtlinge nach Spanien geschleust. Im Juni 1944, noch mitten in den Kämpfen (der letzte Transport nach Auschwitz verließ Frankreich am 10. Juli 1944), brachten sie eine

---

46. Archiv der IKG, Bestand Jerusalem A/ W, 2590, 142 (49492/0, 2111a/2-Julius Lonker), Auswanderungsfragebögen; Historische Meldeunterlagen der Stadt Wien; ÖStA/ AdR, Hilfsfonds 23640.
47. Archiv der IKG, Bestand Jerusalem A/ W, 2590, 191 (17586/0), Auswanderungsfragebögen; Historische Meldeunterlagen der Stadt Wien; ÖStA/ AdR, Hilfsfonds 06177, GZ 25.123.
48. Verena Maria Finkenstedt, *Los Vieneses. Österreichische KabarettkünstlerInnen im Spannungsfeld von Austrofaschismus, Nationalsozialismus und Franquismus*, Dissertation Universität Wien, 2018; Monika Kornberger, „Kaps, Arthur (Artur)", in *Oesterreichisches Musiklexikon online* [https://www.musiklexikon.ac.at/ml/musik_K/Kaps_Arthur.xml], Stand: 13. Oktober 2022; [https://www.institutdelteatre.cat/publicacions/ca/enciclopedia-arts-esceniques/id2854/hertha-frankel.htm], Stand: 6. Juli 2022.

weitere Gruppe mit dem Ziel einer Überfahrt in das britische Mandatsgebiet Palästina über Andorra nach Spanien. Unter ihnen befanden sich auch der vielfach ausgezeichnete Musikethnologe Simha Arom (geb. 1930 Düsseldorf) sowie der spätere Kantor der liberalen jüdischen Gemeinde in Den Haag Chaim Storosum (1923 Köln – 2012 Amsterdam). Storosum hatte noch bis März 1943 am Konservatorium von Toulouse Geigenunterricht gehabt. Ab der deutschen Besetzung der *Zone Sud* kämpfte er unter dem Decknamen *Henri Violon* im Maquis, seine Geige immer dabei.[49] Der Aufstieg zu Fuß dauerte 48 Stunden; in Andorra musste die Gruppe einige Tage in einem Hotel ausharren, um nicht die Aufmerksamkeit der deutschen Agenten zu erregen. Storosums Geigenspiel war Aroms erste Begegnung mit klassischer Musik und hinterließ einen bleibenden Eindruck.[50] Nach dem gelungenen Abstieg nach Spanien wurde Simha Arom in ein Kinderheim in Lérida und Barcelona untergebracht. Erst im Oktober konnte er mit dem portugiesischen Schiff Guinée, das 1941 bereits den (Musik-)Publizisten Soma Morgenstern (1890 Budzanow – 1977 New York)[51] nach seiner Flucht aus Frankreich und der Rückkehr aus der Internierung bei Casablanca von Lissabon nach New York gebracht hatte, nach Palästina auswandern. Aroms erstaunlicher Lebensweg ist Gegenstand zahlreicher Bücher und Filme.

Exilforschung und *histoire croisée*

Patrik von zur Mühlens Feststellung, dass Spanien als Asylland für politisch und ‚rassisch' Verfolgte bislang wenig Beachtung gefunden hat, gilt leider auch heute noch. Der vorliegende Forschungszwischenbericht zum österreichischen Musik-Exil in Spanien dürfte sogar eine Premiere sein. Die Exilforschung zu Spanien bleibt somit vorerst ein wichtiges Desiderat. Die bei von zur Mühlen genannten Zahlen zur Fluchtroute aus Frankreich über Spanien und Portugal nach Übersee schwanken für die Periode von 1940 bis 1944 zwischen 20.000 und 30.000 (meist) jüdischen Exilant*innen aus Mitteleuropa. Es ist anzunehmen, dass sich darunter auch eine größere Zahl von Musikschaffenden mit österreichischem Hintergrund befand, die noch nicht dokumentiert sind. Hier könnten systematische Recherchen in französischen, spanischen, portugiesischen und amerikanischen Archiven weitere Erkenntnisse liefern.

---

49. Vera Friedländer, *Die Kinder von La Hille. Flucht und Rettung vor der Deportation,* Berlin, Aufbau, 2004, S. 68 f.; Dominique Lassaigne, „Das Mädchen mit dem Fahrrad. Augenzeugenberichte und französische Geschichtsschreibung der ‚ex-österreichischen Deutschen' im Frankreich des zweiten Weltkriegs", in Cullin, Driessen Gruber, *Douce France?,* S. 47-69; Nathalie Zajde, *Les enfants cachés en France,* Paris, Odile Jacob, 2012, S. 85-97; Primavera Driessen Gruber, „Simha Arom", in Fetthauer, Maurer Zenck, Petersen (Hrsg.), *Lexikon,* 2022 (i.V.).

50. Vgl. das Treffen der beiden in Amsterdam im Dokumentarfilm *Simha,* von Jérôme Blumberg, Paris, Le Miroir/ CNRS Images-Média, 2015.

51. Jacques Lajarrige (Hrsg.), *Soma Morgenstern – Von Galizien ins amerikanische Exil/ Soma Morgenstern – De la Galicie à l'exil américain,* Berlin, Frank & Timme, 2015. Vgl. auch Soma Morgenstern, *Flucht in Frankreich. Ein Romanbericht,* hrsg. und mit einem Nachw. von Ingolf Schulte, Lüneburg, Dietrich zu Klampen, 1998.

Aber auch die Musik-Exilforschung zu Frankreich ist kein abgeschlossenes Projekt. Allein in den oben erwähnten, stark verkürzten Lebens- und Exilgeschichten finden sich Hinweise auf mehrfache grenzüberquerende Ortsveränderungen und Kulturtransfers zwischen Österreich, Frankreich, Spanien und weiteren Exildestinationen. Sie beleuchten das größtenteils noch unbearbeitete Feld, das einer wissenschaftlichen Untersuchung harrt.

So wie in den letzten Jahren das österreichische Literatur-Exil in den französischen Internierungslagern in Zusammenhang mit ihren Werken untersucht wurde,[52] gehört auch die Lektüre der Autobiografien, Erinnerungen und Egodokumente österreichischer *Musik*-Exilant*innen, die sich auf die „Passagen des Exils"[53] beziehen, zu den Desiderata. Eine gründliche Sichtung von regionalen und lokalen Archivbeständen in Südfrankreich und Spanien sowie der Medien in diesen Gebieten steht noch aus; ebenso sind weitere Recherchen hinsichtlich der Mitwirkung von exilierten Musikschaffenden am französischen Widerstand erforderlich. An Untersuchungen zu musikalischen Werken, die im Exil und in den Internierungslagern entstanden sind und aufgeführt wurden, wird an zahlreichen Orten gearbeitet, aber auch hier ist die Grundlagenforschung gefordert, Licht in das biografische Dunkel zu bringen.

Zur Diskussion der Frage, ob die Exilforschung als Grundlage einer *histoire croisée* dienen kann, soll abschließend eine Umformulierung gewagt werden: Die Exilforschung ist selbst Teil einer *histoire croisée*. Auch in der Forschung zum Musik-Exil waren es ehemalige Exilant*innen wie der Musiksoziologe Kurt Blaukopf (1914 Czernowitz – 1999 Wien)[54], der Musikologe und Musikpublizist Rudolf Klein (1920 Wien – 2007 Wien)[55] sowie der Pianist, Dirigent und Pädagoge Erwin Weiss (1912 Wien – 2004 Wien),[56] oft auch Partner*innen oder Angehörige der *second generation*, die diese Forschung unterstützt, gefordert oder vorangetrieben haben. Solange die Exilforschung ihre transnationalen Wurzeln, ihren multiperspektivischen Ansatz und die historische Kontextualisierung nicht aus den Augen verliert, kann sie die dringend erforderliche faktische Grundlage für eine *histoire croisée* des Musik-Exils aufbereiten. In Zukunft wird verstärktes Augenmerk auf Kategorien wie die neben der parteipolitischen Zugehörigkeit/ Gesinnung eher vernachlässigten Faktoren Religion, ethnische Herkunft (Roma

---

52. Vgl. Pichler, „Hinter Stacheldraht", siehe auch das ausführliche Quellenverzeichnis, S. 33-36.

53. Vgl. Burcu Dogramaci, Elisabeth Otto (Hrsg.), *Passagen des Exils* (Exilforschung, 35/2017), München, edition text + kritik, 2017.

54. Kurt Blaukopf, „Zeitzeuge", in Friedrich Stadler (Hrsg.), *Vertriebene Vernunft. Teil II/2: Emigration und Exil österreichischer Wissenschaft 1930-1940*, Wien/ München, Jugend & Volk, 1987, Nachdruck Münster, LIT Verlag, 2004, S. 603-605; siehe auch Friedrich Stadler, „Wissenschaft als Kultur? Über die Erforschung der Wissenschaftsemigration in der Zweiten Republik", in Evelyn Adunka, Peter Roessler (Hrsg.), *Die Rezeption des Exils. Geschichte und Perspektiven der österreichischen Exilforschung*, Wien, Mandelbaum, 2003, S. 55-68, hier S. 61.

55. Rudolf Klein, „Frankreich als Zwischenstation im Exil. Ein Zeitzeugenbericht", in Cullin, Driessen Gruber, *Douce France?*, S. 223-243.

56. Primavera Driessen Gruber, „Frankreich als Durchgangsland. Zwischenstation im Exil für Erwin Weiss, Transport nach Auschwitz für Kantor Samuel Taube", in Cullin, Driessen Gruber, *Douce France?*, S. 109-129.

und Sinti), Gender und Klasse, oder den Stellenwert künstlerischer Prominenz gelegt werden müssen. Soziokulturelle Verflechtungen, Interaktionen und Transfers zwischen den Herkunfts- und den Aufnahmeländern der Exilierten sollten dabei stärker in den Blick genommen werden, ohne dass alte Ausschlussmechanismen bestätigt oder neue generiert werden. Erst mit der Beteiligung der *scientific community* in den Aufnahmeländern an der Analyse des Musiklebens vor, nach und während des Zweiten Weltkriegs können die „Räume musikalischen Handelns", mit denen die Flüchtenden konfrontiert waren, auf Verflechtungen, Verknüpfungen, Transfers und Neuorientierung untersucht werden. Dabei bleibt es die besondere Aufgabe der Exilforschung, sich auch weiterhin um die Sichtbarmachung jener Musikschaffenden, die unter den prekären, oft dramatischen Umständen des NS-Exils zum Schweigen gebracht wurden und auch nach 1945 lange Zeit ungehört und ungesehen im Dunkeln verbleiben mussten, zu bemühen. Erst auf dieser Basis kann eine *histoire croisée* ihre für eine europäische Historiografie und eine gemeinsame Erinnerungskultur[57] so wichtige und zukunftsweisende Tätigkeit entfalten.

---

57. Aleida Assmann, *Der europäische Traum. Vier Lehren aus der Geschichte,* 3. Aufl., München, C. H. Beck, 2018.

Mémoires de l'Espagne et destins autrichiens chez Erich Hackl
À l'exemple de *Entwurf einer Liebe auf den ersten Blick* et *Die Hochzeit von Auschwitz*

Jacques LAJARRIGE

Université Toulouse-Jean Jaurès, CREG (EA 4151), Toulouse, France

Dès les premières lignes de son histoire de la guerre d'Espagne, Guy Hermet insiste sur la portée transgénérationnelle du traumatisme causé par le conflit ainsi que sur sa dimension mythique, que l'auteur autrichien Erich Hackl n'a cessé de réinterroger dans une perspective réparatrice, en inversant dans ses récits la proportion entre ce qui a été survalorisé et relayé par la parole univoque et omniprésente des vainqueurs et ce qui menace d'être englouti dans les failles mémorielles creusées dans une intention politique par le régime franquiste :

> Pour deux générations au moins, la guerre d'Espagne a été ce que les conflits du Vietnam puis de l'Amérique centrale ont été pour les générations plus jeunes : l'un des grands mythes de notre époque, peut-être le plus impressionnant de ceux qui ont exalté l'idéal politique de 1936 au terme de l'interminable dictature du général Franco[1].

Bien que né en 1954 à Steyr et appartenant à une génération plus tardive encore qui n'a de ce fait pas vécu les combats, Erich Hackl est cependant lié à l'Espagne par de nombreux « fils invisibles[2] » tout comme Manfred, le professeur d'espagnol que soigne Rosa Maria à la fin de *Entwurf einer Liebe auf den ersten Blick*. Devenue infirmière à l'hôpital de Vienne, celle-ci réitère en effet symboliquement le geste inaugural de sa mère Herminia dans un hôpital de Valencia (Valence), ce coup de foudre qui fournit son titre au récit et lui a, au sens propre, donné la vie. Manfred partage avec Hackl une « dévotion pour le pays, pour ses habitants, pour sa culture[3] ». Évident dans la biographie de Hackl, cet enracinement dans deux cultures – celle de son pays natal, l'Autriche et celle de son pays d'adoption, l'Espagne – l'est tout autant dans son œuvre.

---

1. Guy Hermet, *La guerre d'Espagne*, Paris, Seuil, 1989, p. 9.
2. Erich Hackl, *Entwurf einer Liebe auf den ersten Blick,* Zürich, Diogenes Verlag, 1999, p. 75 : « durch unsichtbare Fäden mit Spanien verbunden. ».
3. *Ibid.*, p. 76 : « teilte ihre Hingabe für das Land, für dessen Menschen, für deren Kultur ».

Au travers de ses nombreuses publications journalistiques et littéraires, dans ses pièces et reportages radiophoniques, dans les anthologies[4] qu'il a éditées et ses traductions de textes littéraires à partir de l'espagnol, Hackl s'est imposé au fil du temps comme l'un des plus importants médiateurs entre les mondes germanophone et hispanophone. L'une des particularités de son approche, qui nous intéressera ici prioritairement, est qu'il met en relation les développements politiques et sociaux de différentes époques et cultures et qu'il le fait notamment à partir du destin de brigadistes autrichiens, comme l'a relevé fort justement Georg Pichler : « Comme nul autre auteur, Erich Hackl s'est emparé des destinées d'interbrigadistes autrichiens, à titre personnel et dans ses textes[5]. »

Pour Hackl en effet, la guerre d'Espagne reste la période privilégiée pour interroger à nouveaux frais les rapports entre vies singulières et mémoire collective au travers de ce que l'on pourrait aussi appeler, à la suite de Lionel Ruffel, des « narrations documentaires[6] ». Du double point de vue éthique et esthétique, l'enjeu est pour lui celui d'une représentation qui tient l'émotion à distance, d'une écriture sobre et précise qui ne cède pas à la recherche du sensationnel ou à l'exaltation de l'héroïsme qui, tous genres confondus, furent longtemps des traits récurrents des écritures de la guerre civile espagnole[7].

À la jonction, donc, entre l'intime et la grande Histoire, dans une démarche qui se soustrait volontairement au principe systématique de la fictionnalisation des faits bruts pour se réclamer ouvertement du genre de la chronique, Erich Hackl s'est imposé depuis ses débuts en littérature comme un trait d'union essentiel entre l'Autriche et l'Espagne, abordant la guerre civile espagnole et la résistance autrichienne au national-socialisme à partir d'en bas, en redonnant vie et force d'exemple à des individus souvent oubliés par l'historiographie.

Les deux récits *Entwurf einer Liebe auf den ersten Blick* et *Die Hochzeit von Auschwitz* ne font pas exception, puisqu'ils sont eux aussi consacrés à des personnages réels qui refusèrent le destin que leur promettaient les circonstances historiques et choisirent de suivre leur propre voie. Ce faisant, Hackl mêle non

---

4. Notamment dans les recueils *In fester Umarmung. Geschichten und Berichte*, Zürich, Diogenes, 1996 et *Anprobieren eines Vaters. Geschichten und Erwägungen*, Zürich, Diogenes, 2004. Cf. Erich Hackl, Cristina Timon Solinis (dir.), *Geschichten aus der Geschichte des Spanischen Bürgerkriegs. Erzählungen und Berichte deutschsprachiger Autoren*, Darmstadt/ Neuwied, Luchterhand, 1986. Ou encore : Erich Hackl, *So weit uns Spaniens Hoffnung trug. Erzählungen und Berichte aus dem Spanischen Bürgerkrieg. 46 Texte deutschsprachiger Frauen und Männer aus sechs Ländern*, Zürich, Rotpunktverlag, 2016.

5. Georg Pichler, « Der Spanienkrieg in der österreichischen Literatur. Ein Überblick », in Georg Pichler, Heimo Halbrainer (dir.), *Camaradas. Österreicherinen und Österreicher im Spanischen Bürgerkrieg 1936-1939*, Graz, Clio, 2017, p. 169-179, ici p. 179 : « Wie kein anderer Autor hat sich Erich Hackl den Schicksalen österreichischer Interbrigadisten angenommen, persönlich und in seinen Texten. »

6. Lionel Ruffel, « Un réalisme contemporain : les narrations documentaires », in *Littérature* 166, 2/2012, p. 13-25.

7. Georg Pichler, *Der Spanische Bürgerkrieg (1936-1939) im deutschsprachigen Roman. Eine Darstellung*, Frankfurt a. M. *et.al.*, Lang, 1991.

seulement différentes voix de témoins survivants pour tenter de s'approcher au plus près de la vérité de ces êtres entrés en résistance, ballotés entre l'Espagne, les camps d'internement français du Sud-Ouest (Gurs, Le Vernet, Argelès, Saint-Cyprien) et Vienne, mais il entreprend de plus en filigrane d'interroger la spécificité du regard autrichien sur l'Espagne en lutte et du regard espagnol sur l'Autriche et, au-delà, de dessiner les contours d'une culture mémorielle franco-germano-espagnole qui transcende les frontières géographiques comme les historiographies nationales. C'est là toute l'originalité et singularité de sa démarche.

La guerre d'Espagne, sans jamais cesser d'être une affaire espagnole, revêtit très vite une forte dimension internationale, devenant de la sorte un enjeu idéologique majeur dans un monde troublé par l'expansion du fascisme et du nazisme. Aussi l'Allemagne et l'Italie, dès les premiers jours, aidèrent-elles les insurgés par l'envoi d'avions et de pilotes pour assurer le contrôle du détroit de Gibraltar et conforter leur présence en Andalousie. La France du Front populaire qui hésita à trop s'engager dans le conflit espagnol, après avoir livré quelques appareils au gouvernement républicain, proposa finalement un accord de non-intervention en Espagne. Cette formule mise au point conjointement par la diplomatie anglaise et française s'avéra lourde de conséquences pour la Deuxième République. L'Espagne fut ainsi perçue comme un miroir où l'on pouvait voir le présent et même lire le futur et sa République prit clairement valeur de symbole face à la montée du fascisme.

La guerre d'Espagne, souvent considérée comme la première grande bataille de la Seconde Guerre mondiale constitua ainsi une référence de premier plan dans le système polarisé à l'extrême des représentations mentales qui pèsent sur les opinions internationales. Faire rempart au communisme : ce mythe mobilisateur de la guerre civile demeura en effet un élément central du projet de contre-révolution franquiste national. Dans ce contexte, la désignation des ennemis formule une double obsession : d'une part celle de la menace communiste russe et de sa contagion cataclysmique, d'autre part celle de la préservation de l'intégrité territoriale, espagnole d'abord et, au-delà, méditerranéenne. Au travers d'une rhétorique belliciste et manichéenne, l'Espagne de Franco, « belligérant moral », se proclame défenseur d'une Europe menacée de décadence et de contamination face à la menace bolchevique.

Comme l'a bien montré Vicente Sánchez-Biosca, l'utilisation des images, en Espagne et à l'international, « fut à l'origine d'un très intense débat sur le terrain de la propagande et sa couverture médiatique fut exceptionnelle. De fait, la guerre civile espagnole est le premier conflit largement diffusé à un public de masses à travers les revues illustrées et les informations cinématographiques[8] ».

À l'opposé de ce déluge d'images, les récits de Hackl entreprennent de replacer les individus au centre du discours, ce qui lui paraît d'autant plus nécessaire et

---

8. Vicente Sánchez-Biosca, « Espagne. Guerre civile : propagande, photo, cinéma, affiche, peinture, documentaire », in Laurent Gervereau (dir.), *Dictionnaire mondial des images*, Paris, Nouveau Monde, 2006, p. 345.

urgent que la distance temporelle avec les événements ne cesse de croître et que la disparition des acteurs et des témoins rend leur reconstitution plus précaire.

Des destins entre Autriche, France et Espagne

Les deux récits auxquels nous nous intéresserons, *Entwurf einer Liebe auf den ersten Blick* (1999) et *Die Hochzeit von Auschwitz* (2002), ont pour dénominateur d'aborder des destins individuels autrichiens engagés dans la guerre d'Espagne et ballotés entre leur pays d'origine, le théâtre des opérations militaires et la France. Autre parenté évidente, il s'agit dans les deux cas de transmettre *a posteriori*, par un regard extérieur fortement décalé dans le temps une lecture des événements à travers le prisme des vaincus.

Le titre *Entwurf einer Liebe auf den ersten Blick*, pour peu qu'on y associe par un réflexe atavique un genre littéraire au service de la description mièvre d'une bluette insignifiante, s'avère vite déceptif, même si c'est bien aussi d'une rencontre amoureuse qu'il s'agit. Celle-ci, en effet, en tout point décisive, sert de cadre à la révélation d'une vérité humaine qui bouleverse définitivement le destin des individus concernés et décide de leur trajectoire future, tout en excédant de beaucoup leur personne.

C'est tout d'abord à la patiente et minutieuse reconstitution d'une enquête qu'assiste le lecteur. Enquête centrée sur l'amour entre Karl Sequens, un valeureux combattant de la guerre d'Espagne originaire du quartier ouvrier viennois de Floridsdorf, et Herminia Roudière Perpiñá, fille d'un entrepreneur protestant d'origine française, qui s'est établi à Valencia. Trois lettres, envoyées par Karl respectivement de Dachau, Lublin et Auschwitz, servent de preuves tangibles, auxquelles viennent s'ajouter les déclarations de la fille née de cet amour recueillies par Hackl. En outre, l'histoire de cet amour – comme annoncé dans le titre – est reconstitué en 26 chapitres brefs.

Y a-t-il eu des relations amoureuses entre des femmes espagnoles et des volontaires autrichiens qui ont combattu les putschistes de Franco pendant la guerre civile espagnole de 1936-1939 ? En réponse à cette question d'Erich Hackl, l'historien viennois Hans Landauer, lui-même ancien brigadiste, avait saisi un dossier pour en extraire la copie de l'acte de mariage entre Karl Sequens et Herminia Perpiñá. C'est donc bel et bien sur des faits réels que repose le récit.

Mis sur la piste de ce couple par cette découverte, Hackl est parti tel un détective à la recherche d'autres traces de leurs vies respectives. Il a ainsi retrouvé d'anciens combattants ayant croisé leur chemin, des photos, les lettres déjà évoquées, que Hackl reproduit au mot près, et pour finir Rosa Maria, la fille de Karl et Herminia Sequens, installée à Vienne.

Karl Sequens est né à Vienne le 14 juin 1905. Plombier et chauffagiste de profession, il était membre du *Republikanischer Schutzbund*, organisation de défense de la social-démocratie autrichienne. Arrivé d'Autriche en Espagne le 26 novembre 1936, actif dans les 13ᵉ et 16ᵉ bataillons des Brigades internationales, il a ensuite fait l'école d'officiers de Pozorrubio, puis est devenu lieutenant dans le bataillon d'instruction de Madrigueras. Le 7 février 1937, à Valencia, il épouse Herminia Roudière Perpiñá, une Espagnole, avec laquelle il aura une fille, Rosa María, née en 1938.

Karl Sequens et Herminia ne se connaissent que depuis trois semaines lorsqu'ils célèbrent leur mariage, tout en se doutant qu'il leur reste peu de temps à vivre réunis. Leur mariage consiste en de brèves rencontres dans des circonstances difficiles et dans des lieux changeants, mais leur lien indéfectible survit à toute adversité. Après un an, leur fille Rosa María est née, après une autre année, peu avant la défaite de la République espagnole, ils se voient pour la dernière fois à Gérone. Herminia s'enfuit avec l'enfant en France, puis à Vienne chez sa belle-sœur hostile, qui organise leur évacuation en Bavière. Karl est pour sa part extradé et remis aux autorités allemandes après avoir passé du temps dans plusieurs camps français.

Rosa María Sequens Roudière, la fille sur laquelle les souvenirs et les recherches du rapport sont en grande partie basés, grandit avec le sentiment d'être différente, non seulement en raison de sa pauvreté et de son origine « étrangère » : le fait que son père est mort dans un camp de concentration est perverti en stigmate dans la Bavière rurale d'après-guerre. De sa mère, elle hérite des valeurs claires de loyauté, d'humanité et de justice qui orientent sa propre vie. Rosa María, qui s'est installée à Vienne dans les années 1970, utilise l'expression démodée « coup de foudre » à propos de ses parents, et elle mentionne le « profond sérieux » de son père, qui a immédiatement conquis sa mère à Valencia. Comme le note Hackl, elle-même n'a pu se tourner par la suite que vers un homme pour qui la « noblesse de l'âme » avait un sens.

En tout et pour tout, la jeune famille fut bien peu de temps rassemblée. Lorsque la République commença à tomber aux mains des troupes de Franco à la fin de 1938, ils se rencontrèrent pour la dernière fois à Gérone début janvier 1939. Herminia et Karl purent ensuite s'enfuir en France, où la jeune mère et la fille trouvèrent refuge en Normandie, mais où Karl commit l'erreur de se faire rapatrier dans son pays d'origine. Au lieu de la perspective d'un travail ou d'un service militaire après quelques semaines de « rééducation », c'est la déportation dans les camps de concentration nazis qui l'attend. À la fin de la guerre, sa trace se perd au camp de Dora Mittelbau.

C'est également une poignante histoire de mariage que relate *Die Hochzeit von Auschwitz*, celle de Rudolf Friemel et de sa femme Marga Ferrer, reconstituée à la façon d'un puzzle à partir de pas moins de douze points de vue différents, ce qui pourrait être mis en relation avec le fait que les différents témoins ou interlocuteurs de l'auteur ne connaissent, chacun, qu'une partie, parfois infime, de l'histoire. Cette collecte, qui relève pour partie de l'histoire orale, est complétée par toutes sortes de documents retrouvés dans une boîte à chaussures à quoi se résume l'héritage de Friemel. Parmi eux, un policier, zélateur des nazis, pour qui le communiste Friemel était déjà « un chiffon rouge » dans la Vienne des années 30. Un combattant autrichien en Espagne témoigne de son ancien camarade du front, Rudi. Et la belle-sœur Marina Ferrer raconte comment sa sœur et le brigadiste viennois sont tombés amoureux pendant la guerre civile.

Les contributions de Marina, ainsi que celles des demi-frères Norbert (un fils de Friemel issu de son premier mariage) et Edouard (le fils commun de Rudi et Marga), font partie des éléments centraux du récit.

De son propre aveu, l'attention de Hackl a été attirée sur l'événement d'un mariage dans le camp par Hermann Langbein (1912-1995), qui, comme Friemel, appartenait au groupe de combat communiste d'Auschwitz. En tant que survivant des camps de Dachau, d'Auschwitz et de Neuengamme, Langbein s'était donné pour mission de rassembler le maximum de connaissances sur les camps de la mort grâce à ses livres. Parmi les plus connus, on peut citer le volume publié en collaboration avec H. G. Adler et Ella Lingens, *Auschwitz. Zeugnisse und Berichte*, paru pour la première fois en 1962, qui a connu plusieurs éditions à ce jour et constitua également pour Hackl une source précieuse d'information[9]. La mention de ce mariage insolite entre Karl et Herminia se trouve déjà chez Langbein dans *Menschen in Auschwitz* (1972), où est également évoqué le devenir de la mère et de son enfant après la guerre.

Comme le régime franquiste ne reconnut pas les mariages civils contractés dans la République, le mariage de Friemel fut également invalidé pour les autorités allemandes. C'est la raison pour laquelle le père de Friemel et sa femme tentèrent avec persistance de faire en sorte que Rudi se remarie avec sa femme selon le droit allemand. Le demande remonta jusqu'à Himmler qui accéda à la demande. Le père, la femme et le jeune fils reçurent ainsi la permission de venir à Auschwitz, et Rudi fut autorisé à laisser pousser ses cheveux pour la photo. Puisque Himmler avait personnellement donné la permission venant d'en haut, la direction du camp accorda à Friemel des droits inhabituels. Une vraie photo de mariage[10] fut prise pour l'occasion et le couple se vit attribuer le temps d'une nuit une chambre dans le bordel du camp.

Contrairement au choix opéré par exemple par Yannick Haenel avec son *Jan Karski*, ou dans une moindre mesure Laurent Binet avec *HHhH* et Olivier Guez dans *La Disparition de Josef Mengele*[11], trois œuvres récentes qui combinent savoir documentaire et invention fictionnelle, Hackl n'a pas retenu pour titres de ses récits les noms des personnages dont il retrace l'existence, rejetant de la sorte une lecture centrée sur une seule figure et une explication monocausale. Ce choix à valeur indicielle est conforme à la volonté de privilégier un montage d'approches et de sources, à partir de témoignages de ceux qui ont côtoyé les protagonistes en question à un moment de leur propre trajectoire ou les ont connus plus intimement, endossant ainsi la position peu confortable du témoin de témoins. Il nous faudra revenir sur ce point.

---

9. H. G. Adler, Ella Lingens, Hermann Langbein (dir.), *Auschwitz: Zeugnisse und Berichte*, Frankfurt a. M., Europäische Verlagsanstalt, 1962.

10. Il existe une photo officielle documentant l'événement. Elle est reproduite dans « Porträt Erich Hackl », éd. par Georg Pichler, *Die Rampe* 03/2005, p. 29.

11. Yannick Haenel, *Jan Karski*, Paris, Gallimard, 2009 ; Laurent Binet, *HHhH* (pour « Himmlers Hirn heißt Heydrich »), Paris, Grasset, 2009 ; Olivier Guez, *La Disparition de Josef Mengele*, Paris, Grasset, 2017.

Le pacte testimonial comme *ethos*

À la lumière de ce qui vient d'être dit de ces destins, il apparaît déjà clairement que les deux récits envisagés se présentent comme le résultat de pratiques de reconstitution et de recomposition qui sont proches d'une esthétique du montage. À la croisée entre pratique documentaire et recherche d'une modalité littéraire propre à en révéler tout à la fois la singularité et l'exemplarité, ils engagent de fait un double mode de réception. Une première conséquence en est l'abandon d'une forme linéaire au profit d'une logique de diffraction des faits, successivement abordés selon plusieurs points de vue, créant de la sorte une tension permanente entre ce que l'on pourrait appeler un effet de document et un effet de littérarité. L'éclatement narratif qui en découle témoigne en réalité d'un refus des interprétations monolithiques au profit d'une remise en cause des discours dominants de l'historiographie, tant espagnole qu'autrichienne, voire française lorsqu'il s'agit des camps d'internement du Sud-Ouest. Du reste, Hackl prend soin de justifier cette diversité de perspectives par une citation empruntée au récit de Sergio Atzeni, *Il figlio dui Bakunin* placée en exergue de *Die Hochzeit von Auschwitz*, par laquelle il exhibe un questionnement quant à la fiabilité des points de vue recueillis et à la fragilité de la mémoire qui rend toute prétention à la vérité absolue hasardeuse :

> Ich kenne die Wahrheit nicht - sofern es sie überhaupt gibt. Vielleicht hat jemand von den Erzählern gelogen. Auch das Gegenteil ist möglich: daß alle nur das gesagt haben, was sie für wahr hielten. Oder vielleicht haben sie im angeborenen Bedürfnis, eine Geschichte auszuschmücken, hin und wieder etwas dazuerfunden. Oder es gilt die Vermutung, daß sich der Schleier des Erinnerns über die Tatsachen legt und die Berichte der Augenzeugen allmählich ebenso verzerrt, verwandelt, verdichtet wie die Schlußfolgerungen der Historiker.

Ce qui pourrait de prime abord apparaître comme une position de retrait total du narrateur par rapport à des discours seconds, s'avère en réalité obéir à une stratégie plus subtile qui permet précisément à l'auteur d'orchestrer de manière signifiante la complexité des faits et de replacer les individus au centre de l'attention, tout en mettant en avant la dimension historiquement signifiante des événements. C'est également un moyen propice à une remise en question des connaissances du lecteur sur la guerre d'Espagne ainsi que sur l'histoire autrichienne des années d'entre-deux-guerres.

S'ils peuvent donc se lire et s'apprécier en fonction de leur valeur documentaire intrinsèque, ces récits n'en jouent pas moins avec les catégories littéraires traditionnelles, comme le mode biographique, les effets de construction du texte (répétitions, variations, prolepses et analepses, etc.), également de nature à reconsidérer les mises en discours des faits historiques.

De quoi relativiser l'idée d'effacement et de neutralité du narrateur ne pratiquant qu'une écriture enregistreuse. Cette idée est de même battue en brèche par l'affichage, certes minimaliste, mais néanmoins présent, d'une assignation

générique, *Entwurf einer Liebe* étant sobrement qualifiée de récit (« Erzählung »)[12],
tandis que *Die Hochzeit von Auschwitz* se voit assortie de la mention « Eine
Begebenheit ». D'apparence banale, ces mentions fournissent néanmoins un
indice du travail qui s'opère entre la collecte des témoignages, les recherches
documentaires en archives et la mise en forme finale, pour le dire autrement, le
passage du document à la littérature. Par ailleurs, le terme « Begebenheit » est
trop connoté pour un lecteur germanophone pour passer inaperçu. Il renvoie
en effet de manière explicite à la fois à la définition donnée par Goethe de
la nouvelle[13] et au sous-titre du récit de Kleist *Die Marquise von O.*, « nach
einer wahren Begebenheit », suggérant de la sorte une parenté générique et
tissant de concert avec les épigraphes un réseau de références intertextuelles
ou génériques. De Kleist, Hackl a retenu la tension dramatique de l'exposé et la
concision du propos, sans dévier de son sujet et de l'événement déclencheur du
récit, l'événement proprement « inouï » qui fait basculer une existence.

De fait, la prose est le genre le plus représenté dans la littérature sur la guerre
d'Espagne, sans doute parce qu'elle est, comme l'a bien montré Georg Pichler,
la forme la plus appropriée pour le travail d'agitation et de propagande et pour
la transmission des faits, celle qui offre un espace plus adapté à l'exposition de
réflexions et de discours critiques[14].

Tout en souscrivant à ce constat, Hackl a maintes fois souligné la nécessité
de l'articuler à un usage particulier du matériau documentaire permettant
d'approcher une forme de vérité :

> Die Wahrheit ist sozusagen die Art und Weise, wie ich diese Dokumente auf der Grundlage
> meiner Lebenserfahrung gestalte. Die Suche nach der Wahrheit beginnt dort, wo ich anfange,
> dieses dokumentarische Material zu gestalten. Die Gestaltung, das ist die Dimension
> der Wahrheit[15].

Une manière de formuler autrement qu'il ne l'avait fait antérieurement à l'écriture
de ces deux textes l'exigence de responsabilité envers les héros de ses récits
qui ne sont pas des inventions littéraires[16]. Ainsi se forge un pacte singulier
qui, refusant l'hypothèse de l'incommunicabilité des faits vécus par d'autres ou
leur intransmissibilité, se charge d'une dimension anthropologique et éthique
particulière. Dans un esprit similaire à celui qui poussa Georges Perec dans son

---

12. « Erzählung » était déjà la catégorie retenue par Hackl pour ses récits précédents *Auroras Anlaß*
    et *Abschied von Sidonie*, précisée à propos de *Als ob ein Engel* sous la forme « Erzählung nach
    dem Leben ».
13. Johann Peter Eckermann, *Gespräche mit Goethe in den letzten Jahren seines Lebens* 1823-1832,
    Frankfurt a. M., Insel, 1981, p. 207 [21 janvier 1827] : « denn was ist eine Novelle anders als eine
    sich ereignete, unerhörte Begebenheit ».
14. Pichler, *Der Spanische Bürgerkrieg*, p. 146.
15. Frank Schulze, « Gespräch mit Erich Hackl über politische Literatur heute », in *Peter Weiss
    Jahrbuch* 10, 2001, p. 132-140, ici p. 133.
16. Erich Hackl, « Geschichte erzählen? Paraphrasen zur Arbeit des Chronisten », in Johann Holzner,
    Wolfgang Wiesmüller (dir.), *Ästhetik der Geschichte*, Innsbruck, Institut für Germanistik, 1995,
    p. 182.

commentaire de *L'espèce humaine* de Robert Antelme[17] à considérer que les faits ne parlent pas d'eux-mêmes et que revient à la littérature la nécessaire, mais délicate tâche de rendre lisible le témoignage en faisant imaginer l'expérience vécue, Hackl s'attache à expliciter sa démarche. Pour cela, la voix du narrateur va même jusqu'à intégrer à la diégèse des passages métadiscursifs pour préciser sa méthode, formuler des doutes ou relever les difficultés inhérentes aux failles de la mémoire des témoins et de leurs proches ou descendants. Ces traces incertaines de la mémoire, qui reviennent comme des leitmotivs, sont matérialisées par des effets constants de modalisation du discours (« vielleicht », « vermutlich », « schwer zu sagen, wie und wann », « möglich, dass... », l'emploi fréquent du subjonctif I et II, etc.). Malgré leur volonté de fournir des informations, les personnes interrogées ne sont en effet pas certaines de pouvoir se fier entièrement à leur mémoire, obligeant l'auteur à s'appuyer sur la parole des descendants et à avouer qu'il ne sait pas lorsque c'est le cas[18].

La référence à Walter Benjamin : le chroniqueur comme conteur de l'Histoire

Très tôt, Hackl s'est intéressé à la question d'une écriture voulant se confronter directement aux sources documentaires et aux témoins des événements qu'il voulait traiter, tout en ayant parfaitement conscience de la position à partir de laquelle il était contraint de le faire. À savoir dans un après-coup qui ne lui permet plus de problématiser la question de la contemporanéité de l'écriture, comme l'avait fait par exemple Malraux dans *L'Espoir*. Un texte, qui a insuffisamment retenu l'attention, « Geschichte erzählen? Paraphrasen zur Arbeit des Chronisten[19] », aborde cette question dans une perspective théorique dont le fondement est fourni d'une part par la tradition de la « sociolittérature » cubaine des années 1950, incarné par Miguel Barnet, et d'autre part par l'essai de Benjamin *Der Erzähler*, consacré à l'œuvre de Nikolai Lesskow[20].

Dans le sillage de Benjamin, deux questions principales orientent la démarche d'ensemble. La première tient à la juste distance à adopter et au rapport entre la forme narrative et l'écriture de l'histoire. En citant d'emblée le § 12 de l'essai de Benjamin, Hackl affiche sans ambiguïté qu'il adhère à la formule « le chroniqueur

---

17. Georges Perec, « Robert Antelme et la vérité de la littérature », in *L.G. : Une aventure des années 60*, Paris, Seuil, p. 87-114.

18. Un exemple parmi tant d'autres dans *Die Hochzeit von Auschwitz*, p. 19 : « Ob das stimmt, entzieht sich meiner Kenntnis. »

19. Erich Hackl, « Geschichte erzählen? », p. 136-183.

20. Walter Benjamin, « Der Erzähler. Betrachtungen zum Werk Nikolai Lesskows », in *Gesammelte Schriften*, t. II-2, éd. par Rolf Tiedemann und Hermann Schweppenhäuser, Frankfurt a. M., Suhrkamp Verlag, 1977, p. 438-465. Trad. de Maurice de Gandillac, W. Benjamin, « Le conteur. Réflexions sur l'œuvre de Nicolas Leskov », dans W. B., *Œuvres III*, Paris, Gallimard, 2000, p. 136.

est le conteur de l'histoire[21] » : « En tant que chroniqueur d'événements réels, je m'efforce de réduire au maximum la distance qui me sépare de la réalité empiriquement saisissable[22]. »

La seconde a trait à l'exigence de vérité. De ce point de vue, la référence à Benjamin s'explique par le fait que ce texte de 1936 interroge à partir de Lesskov la disparition progressive du « Erzähler » comme résultant de l'essor du roman, et donc de l'affaiblissement d'un mode de partage de l'expérience et de la mémoire qui doit son efficacité à l'oralité. Hackl, par la suite, n'a cessé dans ses prises de position de revendiquer cette contrainte éthique de vérité et le désir de rendre justice aux oubliés de l'Histoire[23]. Pareille responsabilité ne saurait néanmoins se confondre avec celle de l'historien, que Hackl nie farouchement vouloir être : « Ich bin kein Geschichtsschreiber[24]. » Elle n'en engage pas moins l'écrivain comme inventeur de formes narratives. Interrogé sur la dimension politique de la littérature, Hackl note ainsi :

> La vérité est pour ainsi dire la manière dont je façonne ces documents sur la base de mon expérience de vie. La recherche de la vérité commence là où j'entreprends de mettre en forme ce matériel documentaire. La mise en forme, c'est cela la dimension de la vérité[25].

On rejoint ici la passion benjaminienne pour « l'aspect épique de la vérité[26] ». D'où l'importance de la forme épique du souvenir permise par la chronique qui, à l'opposé du roman centré sur un héros principal, accorde toute l'attention nécessaire aux faits multiples et dispersés (§ 13). Aussi le narrateur (« Erzähler ») procède-t-il chez Hackl à un travail de compilation des éléments qu'il reconstruit patiemment au fil de ses recherches. Il reconstitue d'abord une généalogie familiale double et constamment alternée (Karl Sequens et Herminia Roudière Perpiñá/ Rudi Friemel et Marga Ferrer), met à jour des continuités et des similitudes par-delà le temps et les frontières, ce qui compte étant *in fine* la valeur de l'*exemplum* fourni par les sans-voix, les oubliés. Mais là où l'historien met à jour les causes des phénomènes et leurs enchaînements, les récits tentent de donner forme aux suites et conséquences humaines de ces derniers. À cette aune, il n'y a pas de grande Histoire, mais d'infinies fragmentations, d'infimes

---

21. W. Benjamin, « Le conteur », p. 132, (*Gesammelte Schriften* II-2, p. 451 : « Der Chronist ist der Geschichts-Erzähler. »).
22. Hackl, « Geschichte erzählen? Paraphrasen zur Arbeit des Chronisten », p. 134 : « Als Chronist realen Geschehens bemühe ich mich, den Abstand zur empirisch erfaßbaren Wirklichkeit möglichst gering zu halten. »
23. Interview avec G. Pichler, « Schreiben als Frage nach dem richtigen Leben » in *Die Rampe*, p. 10-11 : « Sie werden mit Namen genannt, also darf ich ihnen nichts andichten, muss in meinen Vermutungen hinsichtlich der biografischen Leerstellen sehr vorsichtig sein, bei Bedarf auch diskret ».
24. Hackl, « Geschichte erzählen? », p. 174.
25. Schulze, *Gespräch mit Erich Hackl über politische Literatur heute*, p. 133 : « Die Wahrheit ist sozusagen die Art und Weise, wie ich diese Dokumente auf der Grundlage meiner Lebenserfahrung gestalte. Die Suche nach der Wahrheit beginnt dort, wo ich anfange, dieses dokumentarische Material zu gestalten. Die Gestaltung, das ist die Dimension der Wahrheit. »
26. Benjamin, « Le conteur », p. 120 (*Gesammelte Schriften* II-2 : « die epische Seite der Wahrheit », p. 442).

recoupements qui entretissent les générations et croisent les histoires nationales, comme nous le verrons bientôt.

Ce que l'on pourrait qualifier d'écriture micrologique n'a cependant pas pour conséquence de déchoir totalement le narrateur de toute fonction « auctoriale », pas plus qu'elle n'entérine l'indiscernabilité des instances productrice et réceptrice. C'est que la chronique interroge le lien entre la parole vive et le temps qui s'écoule, qu'elle fait varier la focale entre la mémoire de longue durée et la saisie de l'instant et que par l'hybridation des formes de discours mobilisées elle fait le lien entre le temps individuel du sujet et le temps collectif, entre récit littéraire et récit historique.

Le genre métissé de l'*historia polychronica* qui en résulte, où se mêlent constamment les faits et la subjectivité de ceux qui témoignent, laisse au contraire, comme nous l'avons déjà noté, nombre de traces : « Le conteur imprime sa marque au récit, comme le potier laisse sur la coupe d'argile l'empreinte de ses mains.[27] »

Parce que les histoires qu'il rapporte réagencent les éléments de ce qui fait communauté parmi ces hommes et femmes engagés dans le combat pour la République espagnole et la République autrichienne, l'instance narrative est ce qui permet de nouer ensemble tous les fils de leur combat et de discerner leur vérité propre. Aussi la mise en relation de documents convergents fait-elle de ces récits un exercice de transmission intergénérationnelle d'une vérité historique et un instrument de transsubjectivation qui transforme l'appréhension des événements historiques par le lecteur.

Parfaitement conscient des difficultés et de la responsabilité qui s'engage dans l'acte d'écriture, Hackl ne se laisse toutefois pas paralyser par l'idée d'une impossible transmission qui lui serait imposée par sa date de naissance. N'étant selon les catégories retenues par G. Agamben dans sa lecture de Primo Levi dans *Ce qui reste d'Auschwitz* ni un témoin survivant (*superstes*), ni un *testis* – celui qui n'a pas vécu l'événement, mais témoigne comme tierce personne – il doit en tant qu'instance auctoriale (*auctor*)[28] repenser une pratique littéraire (celle du témoignage) qui se caractérise par son attachement obstiné et essentiel au réel. La fragilité de sa position est prise en charge, sur le plan du discours, par les insertions métadiscursives qui viennent rappeler à intervalles réguliers que sa démarche ne peut être comparée à celle des écrivains combattants de la guerre d'Espagne ou des camps de concentration :

Meine Vorstellung muß sich an kollektiven Erfahrungen entzünden, den Hungerjahren während des Ersten Weltkrieges und nach Ausrufung der Ersten Republik, an den kulturellen und sozialen Errungenschaften des Roten Wien, an der Zukunftsgewißheit junger Arbeiter[29].

27. Benjamin, « Le conteur », p. 127 (*Gesammelte Schriften* II-2 : « So haftet an der Erzählung die Spur des Erzählenden wie die Spur der Töpferhand an der Tonschale (§ 9) », p. 447).
28. Giorgio Agamben, *Ce qui reste d'Auschwitz*, Paris, Payot & Rivages, p. 17.
29. Hackl, *Entwurf einer Liebe*, p. 12.

Les autres béquilles sur lesquelles il s'appuie sont les souvenirs de leurs enfants ou des témoins qui les ont connus, et qu'il cite nommément, en prenant soin de confronter leur version respective pour s'approcher au plus près d'une vérité humaine :

> Die einzigen Menschen, die sich heute noch an Karl Sequens erinnern, bestätigen diesen Wesenszug. So spricht Hans Landauer, der mit sechzehn Jahren in den Bürgerkrieg gezogen war, von Karl als von einem „unheimlich netten, ruhigen, überlegten" Kameraden. Ein zweiter ehemaliger Freiwilliger, Alois Peter, nennt ihn „aufrecht, tüchtig, intelligent, und dem dritten, Bruno Furch, ist er als „ernst, nachdenklich und auch gescheit" im Gedächtnis geblieben. Sequens habe nie herumgeblödelt, sagt Furch, sich nie danebenbenommen, sagt Landauer[30].

En citant les noms de ces acteurs directs, Hackl ne met pas seulement en avant ses sources, il redonne droit de cité et de présence aux membres autrichiens des brigades internationales que furent Alois Peter, Bruno Furch, Karl Kaspar, Hans Landauer, Albin Mayr, ou Karl Soldan. Les récits reposent donc aussi sur des entretiens de l'auteur avec des acteurs de l'époque ayant côtoyé les protagonistes ressortissant à la catégorie du « témoin intégral[31] », pour reprendre ce statut lié à l'expérience de la Shoah, qui désigne celui qui a pleinement vécu l'événement et n'en étant pas revenu, n'a pas pu témoigner.

Par bien des aspects, *Entwurf einer Liebe auf den ersten Blick* et *Die Hochzeit von Auschwitz* peuvent être rapprochés de cette catégorie de récits que Marie-Jeanne Zenetti a qualifiés de factographies, par quoi elle entend des formes littéraires singulières qui privilégient la captation du réel au moyen du montage clairement affiché de documents. En effet, l'exhibition du travail de recomposition constitue pour les factographes « des moyens non romanesques de présentation des savoirs et d'authentification des discours », en l'absence « d'une voix narratoriale surplombante et dans le refus du témoignage à la première personne[32] ». On peut penser que c'est dans cette résistance à l'esthétisation marquée que réside la force proprement littéraire des textes de Hackl, dans la mesure où l'auteur construit dans cette tension une relation à l'histoire, et, en même temps, procède à une « présentification » du passé[33].

Mémoires croisées : Autriche, Espagne, France

Les dispositifs narratifs évoqués précédemment créent précisément aussi les conditions d'une remise en question des perceptions et connaissances du lecteur non seulement sur la guerre d'Espagne, mais aussi sur l'histoire autrichienne.

---

30. *Ibid.*, p. 12
31. Agamben, *Ce qui reste d'Auschwitz*, p. 36.
32. Marie-Jeanne Zenatti, *Factographies : pratiques et réception des formes littéraires de l'enregistrement à l'époque contemporaine*, Paris, Classiques Garnier, 2014, p. 262.
33. Sur cette conjuration de la distance historique, morale, et cognitive de « l'à-présent », cf. E. Bouju, *La transcription de l'histoire : essai sur le roman européen de la fin du XXᵉ siècle*, Rennes, Presses Universitaires de Rennes, 2006, p. 25.

Mais, pourrait-on dire à la suite de H. M. Enzensberger, la factographie n'est pas « le seul moyen sensé » pour y parvenir[34].

L'auteur fait en effet constamment appel au sens historique de ses lecteurs, chez qui il présuppose les grands repères connus sans qu'il lui soit nécessaire d'en rappeler les détails. Cela vaut particulièrement pour les jalons de l'histoire autrichienne qui servent de toile de fond. Ainsi de la Révolte de Juillet (« Julirevolte »), nom donné aux manifestations et aux violences du 15 juillet 1927 qui conduisirent à l'incendie du Palais de justice de Vienne et donnèrent lieu à une vague de répressions policières qui firent 89 victimes. Mention qui renvoie implicitement aux affrontements de Schattendorf dans le Burgenland fin janvier de la même année, tensions qui entraînèrent la mort de deux personnes, un travailleur croate d'une quarantaine d'années et un enfant de huit ans. Trois vétérans, membre d'une milice de droite, furent inculpés pour ces morts et jugés par un tribunal de Vienne. C'est la décision du tribunal acquittant les trois accusés, diffusée le soir du 14 juillet 1927, qui mit le feu aux poudres. Il en va de même, dans un autre registre, du rappel des acquis sociaux et culturels de Vienne la Rouge permettant de situer idéologiquement Karl Sequens et Rudolf Friemel, ou des étapes de l'Anschluss. Autant d'éléments qui permettent aussi de faire comprendre la logique de leur engagement sur le front espagnol.

Ces nombreuses évocations sont là pour rappeler que si les destins individuels sont bien entendu considérés pour eux-mêmes[35], ils ne sauraient d'une part être coupés de leur ancrage historique et culturel et que de l'autre ils offrent l'opportunité de croiser les points de vue et aussi, en filigrane, de suggérer des rapprochements de nature à faire ressortir le double échec de résistants aux prises avec l'Espagne franquiste et l'Autriche nazie[36]. Cela paraît d'autant plus nécessaire que la guerre civile espagnole présente la particularité d'avoir donné lieu à la construction d'une mémoire hégémonique construite et véhiculée par l'État franquiste qui a pris soin de réprimer toute autre forme de commémoration et d'interprétation du passé que celle imposée par le régime[37].

La construction particulière des deux récits, si elle doit être comprise comme un moyen de réparer les ruptures dans la transmission de la mémoire intergénérationnelle au sein des familles et, au-delà, les fractures sociales et politiques qui traversent les sociétés espagnole et autrichienne, instaurent également l'image de deux Espagnes, pour reprendre l'expression du poète Antonio Machado, et de deux Autriches, pareillement en proie à des divisions

---

34. Hans Magnus Enzensberger, *Hammerstein oder Der Eigensinn*, Frankfurt a. M., Suhrkamp, 2008, p. 355 : « Die Faktographie ist also nicht das einzige sinnvolle Verfahren ».

35. La construction d'une mémoire collective ne peut aboutir qu'après confrontation des points de vue individuels comme la montré Maurice Halbwachs dans *Les cadres sociaux de la mémoire*, Paris, Félix Alcan, 1925, et *La Mémoire collective*, Paris, Albin Michel, 1957.

36. Il reconstitue d'abord une généalogie familiale double et constamment alternée, celle de Karl Sequens et Herminia Roudière Perpiñá et celle de Rudi Friemel – Marga Ferrer, ce qui lui permet de mettre au jour des continuités et des similitudes par-delà le temps et les frontières.

37. Aitzpea Leizaola, « La mémoire de la guerre civile espagnole : le poids du silence », in *Ethnologie française*, 2007/3 (vol. 37), p. 483-491, en particulier p. 488.

profondes et traumatiques autour de la mémoire qui ont perduré et continuent de hanter le présent[38]. Ce contre quoi ils se dressent, c'est l'officialisation d'un pacte de silence, une amnésie quasi officielle qui a frappé aussi bien l'Espagne d'après Franco que l'Autriche de la Deuxième République après l'effondrement du Reich nazi : un pacte avalisé par les États eux-mêmes. Il suit de ce qui précède qu'ils doivent être considérés comme le lieu de production d'un contre-discours faisant droit à des mémoires plurielles et à la nécessité de dépasser le cadre des seules mémoires individuelles. Les prélèvements divers sur des discours et documents provenant de sources variées reconstituent un puzzle éclaté dans lequel chaque pièce est pensée comme une contribution à la (re)construction d'une mémoire collective partageable. Comme pour tout événement traumatique, les récits de Hackl nous font ainsi toucher du doigt une mémoire incomplète, fragmentée, dont les blancs sont renforcés par la longue occultation du passé et la disparition inexorable des acteurs de première main. C'est cette conscience aiguë de la fragmentation et de la récupération idéologique qui innerve *Entwurf einer Liebe auf den ersten Blick* et *Die Hochzeit von Auschwitz* et leur donne leur puissance de réhabilitation.

L'entreprise est d'autant plus féconde que l'auteur, malgré un léger décalage temporel et un séquençage chronologique différent, peut prendre appui sur des histoires en partie parallèles, celles de deux Républiques perdues, en proie à des déchirements politiques internes, à des affrontements entre deux clans idéologiques adverses : le *Republikanischer Schutzbund* contre la *Heimwehr* côté autrichien, la garde conservatrice contre la garde d'assaut réputée républicaine de l'autre en Espagne, ou encore l'alliance objective du fascisme et du national-catholicisme dans les deux cas.

Les circulations géographiques des protagonistes reflètent ces interactions constantes, car si l'ancrage des représentations de la guerre d'Espagne et de l'austrofascisme sur le plan temporel est essentiel dans l'appréhension des conflits, leur ancrage sur le plan spatial l'est tout autant puisque dans un double mouvement peut ainsi être saisie la spécificité d'un regard autrichien sur l'Espagne, mais aussi du regard espagnol sur ces destins d'Autrichiens venus défendre la cause républicaine sur le sol espagnol. C'est ce dessein aussi que sert, sur le plan de l'écriture, la confrontation de différentes voix qui tente de conjurer l'oubli, de combler les vides que laissent les reconstructions *a posteriori* de destins individuels, mais participe également d'une lecture de l'histoire de la guerre d'Espagne décentrée. Hackl y voit là l'opportunité de la dépouiller des attributs habituels qu'a pu lui donner l'historiographie des deux camps en présence.

Comme l'a montré G. Pichler, pour beaucoup de membres allemands et autrichiens des Brigades internationales, le combat en Espagne n'avait pas pour seul objectif de contrer le franquisme, mais était considéré comme une opposition au national-socialisme[39]. Il mentionne notamment le cas d'Alfred Kantorowicz

---

38. Bartholomé Bennassar, *La guerre d'Espagne et ses lendemains*, Paris, Taillandier, 2006.
39. Pichler, *Der Spanische Bürgerkrieg*, p. 95.

qui parla de l'agression d'Hitler contre l'Espagne et voyait en Franco un simple « Gauleiter » de Hitler[40].

L'enjeu, on l'aura compris, n'étant pas prioritairement de fournir un récit circonstancié des événements sur le front, mais de rendre justice à des individus broyés par l'Histoire, il était pour l'auteur également nécessaire de s'interroger sur les usages mémoriels. En contrepoint au schéma habituel d'une dualité de mémoires irréconciliables de la guerre d'Espagne, Hackl propose ainsi une coalition des résistances et une circulation de la mémoire de ces résistances. Il le fait en retranscrivant pour ses lecteurs l'expérience de la guerre à travers le prisme des vaincus, et plus généralement des laissés-pour-compte de l'historiographie. La mémoire des vaincus ayant été grandement invisibilisée, exclue de l'espace public, et donc réservée à l'intimité des espaces privés, comme la cellule familiale, où elle a pu trouver la possibilité d'une transmission intergénérationnelle, il entreprend de leur redonner vie par le biais d'expériences individuelles prises dans une dynamique transnationale. La perspective reste délibérément centrée sur des destins individuels aux prises avec la grande Histoire, et non l'histoire elle-même. Celle-ci, que ce soit sur le versant espagnol ou autrichien, n'est bien entendu pas absente, mais elle ne fait pas l'objet de longs développements ou d'exégèses. Si les événements sont nommés et situés chronologiquement, ancrés dans une topographie précise, on chercherait en vain de longs développements sur la bataille de l'Ebre ou celle de Teruel, points de passage pourtant quasiment obligés des traitements littéraires de la guerre d'Espagne.

L'autre espace d'expression de la mémoire républicaine espagnole comme autrichienne est celle de l'exil, ou plutôt des exils et, corrélativement de l'internement, que ce soit dans les camps de concentration nazis ou français, traumatismes eux aussi longtemps relégués aux marges.

En réintégrant les mémoires contrariées dans un espace de parole dialogique, les récits offrent aussi la possibilité d'une résilience et d'une mise en récit mémoriel[41] qui intègre les mauvais traitements et vexations subies par les internés de la part des autorités françaises à Gurs, au Vernet ou à Saint-Cyprien. Parmi les autres éléments de la vaste toile de fond, on ajoutera encore le rôle de l'URSS dans la livraison d'armes aux Républicains espagnols, le pacte germano-soviétique de non-agression qui fait pendant au principe incarné par le Comité de non-intervention en Espagne. Dans tous les cas, c'est en fin de compte le sort fatal de deux jeunes Républiques assassinées qui sombrent chacune sous les coups de boutoir d'une guerre civile, l'échec de deux formes de résistance au fascisme se nourrissant l'une l'autre qui forment l'horizon ultime des récits.

Ériger des tombeaux narratifs est le geste par lequel Hackl rassemble en un lieu commémoratif partagé les restes de l'histoire et tente de réparer les injustices, tout en faisant valoir sa propre force créatrice. Aussi peut-on

---

40. Alfred Kantorowicz, *Vom moralischen Gewinn der Niederlage. Artikel und Ansprachen*, Berlin, Aufbau, 1949, p. 169.

41. Sur ce point, cf. Boris Cyrulnik, entretien avec Denis Peschanski, *Mémoire et traumatisme : l'individu et la fabrique des grands récits*, Paris, INA Editions, 2012.

affirmer, dans le sillage des analyses proposées par F. Hartog que le tombeau narratif relève chez lui d'une approche présentiste, laquelle « considère le passé en ayant en vue le présent[42] ». Le tombeau opère ainsi une restitution, une recomposition et un réagencement du grand corpus textuel auquel la guerre d'Espagne a donné lieu. Il accomplit un geste mémoriel qui, loin d'être un hapax dans son œuvre, réaffirme son intérêt pour la réécriture de cette histoire d'un point de vue à la fois subjectif et correctif. Subjectif dès lors qu'il s'agit de faire résonner, à l'intérieur du récit dominant, les voix des témoins silencieux ou des vaincus. Correctif, car pour donner un autre éclairage, il faut s'aventurer dans les interstices de l'histoire politique et lever le voile sur des omissions ou des déformations, contrariant de la sorte le pouvoir mythifiant des récits des deux camps. En tant qu'il consacre une attitude à l'égard de l'histoire et entérine une écriture de la mémoire, le tombeau littéraire peut se manifester en tant que paratopie créatrice qui, selon la définition de Dominique Maingueneau, renvoie à « un mode d'inscription dans l'espace littéraire qui ne fait qu'un avec le travail ininterrompu de positionnement[43]».

De ce point de vue, *Entwurf einer Liebe auf den ersten Blick* et *Die Hochzeit von Auschwitz* cherchent à soustraire le devoir de mémoire à l'instrumentalisation qu'en fit l'idéologie franquiste :

> Cette image de l'Espagne partagée marque une division autour de la mémoire qui perdure bien après la fin de la guerre, entre ceux qui ont le droit d'honorer les morts et ceux qui ne peuvent le faire. Cette ligne de partage, dans laquelle le devoir de mémoire n'était concevable que comme un exercice au service de l'idéologie franquiste, condamnait systématiquement au silence et, avec le temps, à l'oubli la mémoire des vaincus[44].

Ces tentatives visent à briser, ne serait-ce que timidement, le pacte de silence établi et signé par la démocratie espagnole à peine instaurée et déjà marquée par le signe de la continuité. Cela vaut également pour la Seconde République autrichienne qui vécut longtemps sur le mensonge confortable de la thèse de la première victime du national-socialisme résultant d'une lecture partielle et partiale de la Déclaration de Moscou de 1943.

Conclusion

La distance temporelle d'avec les événements n'empêche ni la sympathie ni l'empathie, et sans que l'écriture ne cède pour autant à une vision romantique, les récits de Hackl traduisent une indéfectible solidarité avec l'Espagne et l'Autriche antifascistes. C'est ce qui explique aussi que l'auteur s'intéresse également à la

---

42. François Hartog, *Régimes d'historicité. Présentisme et expérience du temps*, Paris, Seuil, 2003, p. 223.
43. Dominique Maingueneau, *Le discours littéraire. Paratopie et scène d'énonciation*, Paris, A. Colin, 2004, p. 126.
44. Leizaola, « La mémoire de la guerre civile espagnole : le poids du silence », p. 486.

« génération innocente[45] », celle des enfants de l'après-guerre qui ont vécu le conflit au travers de leurs parents et ont été touchés par la période du franquisme.

Devoir de témoignage envers le passé et vocation d'adresse à la postérité relèvent d'une responsabilité morale, d'un engagement à l'égard des témoins de faire entendre leurs voix.

Par son approche originale, Hackl montre également que le regard autrichien sur la guerre d'Espagne est toujours aussi influencé par les difficultés de l'Autriche à affronter sa propre histoire. À leur manière, ces deux textes participent de ce débat déjà ancien et sans cesse réactivé sur le discrédit d'une certaine forme de fiction narrative, et contribuent, au sein de la littérature autrichienne contemporaine, à une reconfiguration du champ littéraire qui repose tout à la fois sur l'élaboration de nouvelles formes documentaires et une inscription déclarée dans la tradition de la chronique, à même de préserver la force brute des faits dans l'écriture du présent ou du passé proche.

Comme dans le cas de la micro-histoire ou de l'histoire quotidienne, l'accent n'est pas mis sur les faits et les chiffres, mais sur l'influence des grands événements politiques sur la biographie des gens ordinaires et sur les expériences de ces personnes représentatives, mais uniques, qui se sont battues pour la justice, se démarquant ainsi de la masse, mais qui n'apparaissent pas pour autant dans les livres d'histoire traditionnels, ou alors seulement à la marge.

---

45. Jean Téna, « La 'génération innocente' : des 'années de plomb' à 'l'écriture en liberté' », in *Sociocriticism* 2015 - Vol. XXX, 1 y 2, p. 595-626.

Zusammenfassungen

Thomas BREMER
Der Fall Olavide und Europa. Wissenszirkulation zwischen spanischer Inquisition, französischer Aufklärung und Skandal in Bayern

Der Text will das Dreiecksverhältnis Deutschland-Frankreich-Spanien und den Begriff der Grenze nicht wirklich wörtlich, sondern eher metaphorisch verstehen und danach fragen, wie sich Wissen und dessen Bewertung grenzüberschreitend zwischen den drei Kulturen entwickeln. In gewisser Weise werden dabei *Bücher* als Reisende verstanden, die Grenzen überqueren. Der letzte große Inquisitionsskandal in Spanien, der Fall Olavide (1775) und seine Folgen, führt in Bayern zum zentralen Zensurskandal der Katholischen Aufklärung und zeigt noch einmal die Wissenszirkulation in den drei Ländern. Zugleich plädiert der Beitrag für eine interkulturelle Buchgeschichte der Aufklärung.

Schlagwörter: Aufklärung, Inquisition, Olavide (Pablo de), Bayern, Zaupser (Andreas)

Primavera DRIESSEN GRUBER
Douce France? *revisited*. Das NS-Exil österreichischer Musikschaffender in Südfrankreich und Spanien

Mit der Veröffentlichung des zweisprachigen Tagungsbandes *Douce France? Musik-Exil in Frankreich/ Musiciens en exil en France 1933-1945* (hrsg. von Michel Cullin und Primavera Driessen Gruber, Wien/ Köln/ Weimar, Böhlau 2008) wurde erstmals die Rolle Frankreichs als Exil- und Durchgangsland für NS-verfolgte Musikschaffende aus Österreich beleuchtet. Ausgehend von einem kurzen Rückblick auf die Anfänge ihrer Forschungsarbeiten geht die Autorin im vorliegenden Beitrag der Frage nach, wie sich die heutige Forschungslage darstellt. Dabei wird ein spezielles Augenmerk auf Lebenswege von Musik-Exilant*innen in Südfrankreich und Spanien gelegt. Am Beispiel kurzer Fallstudien werden wechselseitige Grenzüberquerungen und Transfers zwischen Südfrankreich und Spanien in unterschiedlichen Perioden und unter wechselnden politischen Bedingungen thematisiert. Abschließend wird der Frage nachgegangen, inwiefern die Exilforschung als abgeschlossenes Projekt zu betrachten ist sowie ob und wie sie als Grundlage für eine *histoire croisée* (Werner/ Zimmermann) dienen kann.

Schlagwörter: NS-Verfolgung, Musik-Exil, Österreich, Frankreich, Spanien

Michaela ENDERLE-RISTORI
Die Aura der Pyrenäen oder Die zwei Seiten der (Welt-)Geschichte

Die Pyrenäenkette, die sowohl eine geografische Barriere als auch eine politische Grenze bildet, ist seit jeher auch ein Verkehrs- und Durchgangsraum. In der Nachfolge berühmter Reisender, die im 19. Jahrhundert Kurorte und Naturdenkmäler besuchten, bereiste auch Kurt Tucholsky 1925 die beiden Seiten der Pyrenäen vom Baskenland bis nach Katalonien. Sein zwischen Selbsterzählung und Reiseführer angesiedeltes *Pyrenäenbuch* (Berlin 1927) evoziert eine zugleich reale und imaginäre Landschaft, in der sich Fiktion und Kartografie vermischen. Der Autor bricht jedoch mit der romantischen Bildsprache der Reiseliteratur und wirft einen distanzierteren Blick auf die Berge, indem er den touristischen Stätten die Erkundung eines Weges oder eines Pfades vorzieht und der poetischen Evokation der Freiheit das konkrete Überschreiten von Grenzen entgegensetzt.

Ein Jahrzehnt später werden die von Tucholsky benutzten Routen und Grenzübergänge von spanischen Republikanern und deutschen Antifaschisten wie Antonio Machado und Walter Benjamin benutzt, die auf der jeweils anderen Seite der Berge Zuflucht suchen. Ihr Blick auf die Pyrenäen wird nun ein Blick des Schreckens sein.

Schlagwörter: Tucholsky (Kurt), Pyrenäen, Grenzen, Exil, Aura

Diego GASPAR CELAYA
Deutsche Mobilität und Transiterfahrungen Frankreich-Spanien (1920-1947)

Ziel dieses Artikels ist es, die deutschen Mobilitätsströme und Erfahrungen beim Transit über die französisch-spanische Grenze zwischen 1920 und 1947 zu untersuchen. Der Beitrag analysiert die individuellen und kollektiven Transitbewegungen, indem er sie in Zusammenhang mit den damaligen Bevölkerungsbewegungen zwischen Frankreich und Spanien darstellt. Er identifiziert, analysiert und verknüpft sechs Bewegungen, die aus Kriegsfreiwilligen, Flüchtlingen, Politikern, Geheimdienstlern, Soldaten und Mitgliedern anderer Sicherheitskräfte des Dritten Reichs bestanden. Ihre Erfahrungen werden hier als eng mit dem Kontext des europäischen Bürgerkriegs, dem Phänomen der transnationalen Kriegsfreiwilligen und der illegalen Überquerung der Pyrenäen verbunden dargestellt. Ob erzwungen oder nicht, diese Bewegungen bestätigen die Durchlässigkeit des Grenzgebiets, aber auch den Kontakt zwischen Bevölkerungsgruppen aus entfernten Herkunftsländern, die diesen Raum als Durchgangsort nutzten. Diese Tatsache deutet auf eine transnationale Natur der Grenze an sich hin, da sie zu einem außergewöhnlichen Raum des Austauschs wurde.

Schlagwörter: Grenze, Mobilität, Kriegsfreiwilligenarbeit, Flüchtlinge, Ratlines

Mechthild GILZMER
Eine transnationale Geschichte der Internierung von Frauen in Frankreich

War es zunächst ein Ausgangspunkt für Deutsche und Österreicher, die sich im Spanischen Bürgerkrieg engagiert hatten, so wurde Südwestfrankreich ab 1939 zum Zufluchtsort von Republikflüchtlingen und zu einem Sammelbecken für versprengte Antifaschisten. Unter ihnen sind auch zahlreiche deutsche und österreichische Frauen, die sich in den Internationalen Brigaden engagiert hatten. Eine Reihe von ihnen wird ab Oktober 1939 in dem „repressiven Frauenlager" Rieucros im Departement Lozère interniert. Ich möchte in meinem Beitrag zunächst versuchen, diesen Ort und seine spezifische Funktion zu präzisieren und die Internierten und die Internierungsgründe zu charakterisieren. Daran anschließend wird die Frage erörtert, wie sich das Zusammenleben der Frauen ganz unterschiedlicher nationaler Herkunft gestaltet hat. Welche ideologischen Übereinstimmungen und Gegensätze finden sich? Wie gestalteten sich der Austausch und das Zusammenleben? Wie wird dieser Moment im Rückblick bewertet? Worin liegen die spezifischen Erfahrungen dieser Frauen?

Schlagwörter: Spanischer Bürgerkrieg, Internierung von Frauen, Transgressionen, Austausch, Widerstand

Isabel GUTIÉRREZ KOESTER

„Von allen verlassen, ratlos im Feindesland." Raumkonstruktionen deutscher Kriegsgefangener und Flüchtlinge zwischen Spanien und Frankreich im Ersten Weltkrieg

Die Berichte über Flucht und Gefangenschaft während des Ersten Weltkriegs tragen allesamt medienwirksam dazu bei, eine propagandistische Vorstellung des Fremden und des Eigenen zu konstruieren und ändern von Grund auf die Raumvorstellung bei Begriffen wie Heimat und Nation. Die Raumgestaltung geht dabei von mentalen und sozialen Prozessen aus, sodass der konkrete Ort zu einer Gedächtnislandschaft wird, die von geografischen und zeitlichen Grenzen absieht und ein Feind- bzw. Freundesbild entwirft, das durch ideologische Filter wahrgenommen wird. Analysiert werden drei Erfahrungsberichte (eines Geistlichen, eines Kriegsfreiwilligen und eines Zivilisten), in denen das Fremde zwar in geografischer Nähe liegt (Frankreich und Spanien), durch das Kriegserlebnis aber als eine neue Realität wahrgenommen wird.

Schlagwörter: Erster Weltkrieg, Flucht, Internierung, Fremdwahrnehmung, Raum

Hilda INDERWILDI

Über die Pyrenäen und Spanien in die Freiheit. Die Geflüchteten aus Garaison

Sie heißen Wolfgang Baetcke, Joseph Cerny, Hermann Gerchstein, Eduard John, Charles Kübler, Oskar Mehle, Jacob Oekena, Max Pretzfelder, Peter Quint, Albert Rocza, Christian Schmenger, Sebastian Schaedler, Hubertus van Deem, Charles Wucke... Sie sind Deutsche oder Österreicher, Seeleute, Schneider, Schlosser, Kaufleute aus Algier, Publizisten oder Künstler, Familienväter oder Junggesellen, reich oder arm, berühmt oder anonym, Pazifisten oder Kriegstreiber. Ihnen allen ist gemeinsam, dass sie zwischen 1914 und 1918 im Zivilistenlager in Garaison (Hautes-Pyrénées) interniert waren und dass sie über Spanien geflohen sind, oder es zumindest versucht haben. Ziel dieses Forschungsbeitrags ist es, eine Kartografie der Ausbrüche und der Fluchtwege vom Lager Garaison bis nach Spanien zu erstellen. Gleichzeitig soll eine Typologie der Flüchtenden, ihrer Beweggründe, der Bedingungen ihrer Flucht und der über sie verhängten Strafen erstellt werden, wobei zugleich die französische Sichtweise (Institutionen und Einzelpersonen) ins Licht gerückt wird.

Schlagwörter: Flucht(versuche), Internierungslager für Zivilisten, Erster Weltkrieg, Garaison, Spanien

Françoise KNOPPER

Das Spanienbild von drei deutschsprachigen Reisenden unter Karl III. und Karl IV. (1780-1792)

Das Spanienbild der 1780er Jahre war ambivalent; die sogenannte schwarze Legende, die französische Enzyklopädisten verbreiteten, stellte ein vom Obskurantismus geprägtes Spanien vor, das wegen des religiösen Fanatismus im Abseits geblieben wäre; die goldene Legende lobte dagegen Spaniens Vergangenheit und kulturelle Besonderheiten. Die Debatte wurde zur Zeit der Spätaufklärung besonders akut, da die Auswirkungen der unter König Karl III. (1759-1788) eingeleiteten Reformen die Glaubwürdigkeit des aufgeklärten Absolutismus in Frage stellen konnten.
Einige deutschsprachige Reisende versuchten eine Brücke zu bauen und plädierten anhand ihrer Beobachtungen und Gespräche für Vernunft und Kosmopolitismus.

Sie waren entweder „Assimilationisten" oder „Differentialisten" (Todorov) und fanden in Spanien das, was die Gelehrtenrepublik einen konnte, diagnostizierten aber auch manche Hindernisse. Der Göttinger Professor Tychsen solidarisierte sich z. B. mit den Akademikern, die mit Mühe und Not die Lehrpläne modernisieren wollten. Der Wiener Philologe Hager, dessen Erzähler mit einem kecken Figaro verwandt ist, zeigte sich von den Sitten begeistert, die ihn an den Orient erinnerten, und stand schließlich der Inquisition näher als den frankophilen Atheisten. Der Wirtschaftsexperte Kaufhold hoffte 1790 auf die Errichtung einer konstitutionellen Monarchie wie in Frankreich, verlor aber nach und nach seine Illusionen angesichts der französischen Revolution.

Schlagwörter: Deutsche Spanienreisende, König Karl III. (1759-1788), Tychsen (Thomas Christian) (1758-1834), Hager (Joseph) (1757-1819), Kaufhold (Anton) (1766-1821?)

Jacques LAJARRIGE
Erinnerungen an Spanien und österreichische Schicksale bei Erich Hackl am Beispiel von Entwurf einer Liebe auf den ersten Blick und Die Hochzeit von Auschwitz

An der Schnittstelle von individueller und kollektiver Geschichte, in einem ästhetischen Ansatz, der das Prinzip der Fiktionalisierung roher Fakten bewusst vermeidet, um den Blick des Chronisten offen zu beanspruchen, hat sich Erich Hackl seit seinen literarischen Anfängen als wesentlicher Vermittler zwischen Österreich und Spanien etabliert, der sich dem Spanischen Bürgerkrieg und dem österreichischen Widerstand gegen den Nationalsozialismus von unten nähert und den exemplarischen Charakter von Individuen, die in den Geschichtsbüchern meistens nicht vorkommen, wieder aufleben lässt.

Auch die beiden Erzählungen Entwurf einer Liebe auf den ersten Blick und Die Hochzeit von Auschwitz handeln von historisch verbürgten Ereignissen und realen Menschen, die sich dem ihnen von den historischen Umständen versprochenen Schicksal verweigern und ihren eigenen Weg gehen. Dabei mischt Hackl nicht nur verschiedene Stimmen von überlebenden Zeitzeugen, um sich der Wahrheit dieser Figuren, die in den Widerstand gingen und zwischen Spanien, den Internierungslagern im Südwesten Frankreichs und Wien hin- und hergeschoben wurden, anzunähern, sondern er unternimmt es auch unterschwellig, die Besonderheit des österreichischen Blicks auf das kämpfende Spanien und des spanischen Blicks auf Österreich zu hinterfragen und darüber hinaus die Konturen einer deutsch-französisch-spanischen Erinnerungskultur zu umreißen, die nationale Grenzen überschreitet.

Schlagwörter: Spanischer Bürgerkrieg, Erste Republik Österreich, Faktographie, Zeugenschaft

Hélène LECLERC
Französisch-spanische Topografien im Werk von Lenka Reinerová

Trotz des langjährigen Exils, das sie von Prag bis nach Mexiko über Frankreich und Marokko führte, hat sich die deutschsprachige tschechische Journalistin und Schriftstellerin Lenka Reinerová (1916-2008) niemals nach Spanien begeben, ja sich nicht einmal der französisch-spanischen Grenze angenähert. Jedoch sind Spanien und insbesondere der Spanische Bürgerkrieg in ihrer Biografie stark präsent und bilden eine Art Leitfaden in ihrem Werk, wobei Reinerovás Bild von Spanien und dessen Geschichte von ihrer Internierung im südfranzösischen Lager Rieucros 1940-1941 geprägt wird. Die Erinnerungsstrategien, die die Autorin entwickelt, setzen somit Zirkulationen und Transfers zwischen Spanien, Frankreich, der Tschechoslowakei und Deutschland voraus, wobei verschiedene Erinnerungsstränge sich verflechten: die Erinnerung an den Spanischen Bürgerkrieg, an dessen Narrative, an die Internierung in Frankreich sowie an den Prager Frühling.

Schlagwörter: Reinerová (Lenka), Spanischer Bürgerkrieg, Internierung in Frankreich, Rieucros, Erinnerung

Catherine MAZELLIER-LAJARRIGE
Eine „Schicksalsgemeinschaft": Die spanischen Republikaner in Rudolf Leonhards Novellen, Tagebuch und Gedichten

Von dem Novellenband *Der Tod des Don Quijote* über das Tagebuch und die spanischen Gedichte bis hin zu den im Lager Le Vernet d'Ariège verfassten Gedichten stellt Rudolf Leonhard die republikanischen Werte Freiheit, Gerechtigkeit und Brüderlichkeit in den Mittelpunkt seines Schreibens. Im Gegensatz zu Frankreich enttäuschte ihn Spanien nicht und blieb bis in die Internierung hinein ein Symbol seines Strebens nach diesen Werten: Spanien, das Leonhard mit den republikanischen Werten gleichsetzte, war ihm ein geistiger Raum und ein Zufluchtsort vor dem beschädigten Bild Vichy-Frankreichs. Das poetische Schreiben ist nicht nur eine Form des Zeugnisses und ein Mittel zum Überleben, es setzt auch die in den Internationalen Brigaden erlebte grenzüberschreitende Brüderlichkeit fort, die der Schriftsteller nicht durch einen physischen Einsatz vor Ort verwirklichen konnte.

Schlagwörter: Leonhard (Rudolf), Spanischer Bürgerkrieg, Spanische Republikaner, Le Vernet, Gedichte

Georg PICHLER
Jenseits der Sprachgrenzen. Transnationale Kontakte in südfranzösischen Internierungslagern

Von den mehr als 2,2 Millionen Ausländerinnen und Ausländern, die sich 1939 in Frankreich aufhielten, war rund eine Million vor den Diktaturen in ihren Heimatländern geflohen. Nach dem Fall Kataloniens im Spanischen Bürgerkrieg und besonders ab dem Beginn des Zweiten Weltkriegs wurden Lager für Flüchtlinge und „feindliche Ausländer" errichtet, in denen Frauen und Männer aus den unterschiedlichsten Nationen und Kulturkreisen mit- und nebeneinander unter oft sehr prekären Lebensumständen interniert waren. In den meisten Lagern brachte man die Gefangenen nach ihrer Sprachzugehörigkeit unter, manchmal bildeten sich auch spontan Gruppen der gleichen Sprache und Kultur heraus, zwischen denen es immer wieder zu Kontakten sozialer, politischer, ökonomischer und kultureller Natur kam. Zahlreiche Emigrantinnen und Emigranten haben über ihre Erfahrungen in den französischen Lagern berichtet und meist nebenbei das Zusammenleben von Menschen aus so vielen Ländern beschrieben. Diesen Spuren wird in Texten von deutschsprachigen und spanischen Internierten nachgegangen.

Schlagwörter: antifaschistisches Exil, Internierungslager in Frankreich, Kulturkontakte, transkulturelles Gedächtnis, Exil und Sprache

Berta RAPOSO
Zwischen dem „unruhigen Land" und dem „Land der Westbarbaren".
Deutschsprachige Reisende entdecken den europäischen Südwesten

Am Ende des 18. Jahrhunderts erweiterte sich der Bewegungsradius der deutschsprachigen Reisenden beträchtlich, und nicht nur Italien, sondern auch Spanien wurde ein neues Zielland im europäischen Süden. Als Transitland auf diesem Weg nach Spanien spielte Frankreich keine geringe Rolle und zog in unterschiedlicher Weise die Aufmerksamkeit der Reisenden auf sich. Die meisten glaubten, in der französischen Pyrenäenregion schon deutlich spanische Züge zu entdecken oder mindestens zu erahnen; das spanische Baskenland empfanden sie hingegen nicht immer als das „eigentliche" Spanien. In politischer Hinsicht schienen die Gegensätze viel deutlicher: Frankreich galt ihnen als modernes und „unruhiges", Spanien als rückständiges Land. So erscheint der Südwesten in den Augen außenstehender Beobachter als Ort der Spannung zwischen der Annäherung und der Abgrenzung zweier Nationen, die Anfang des 19. Jahrhunderts kaum unterschiedlicher sein konnten.

Schlagwörter: (Deutsche) Reiseliteratur, Interkulturalität, Jahrhundertwende 1800, Grenze, Baskenland

Michael UHL
Betty Rosenfeld: Stuttgart – Murcia – Oloron. Als internationaler Flüchtling des Spanischen Bürgerkriegs „indésirable" in Frankreich 1938-1942

Diesem Beitrag liegt ein biografischer Ansatz zugrunde. Im Vordergrund steht die deutsch-jüdische Krankenschwester Betty Rosenfeld (Stuttgart 1907 - Auschwitz 1942), die eine sichere Bleibe in Palästina aufgab, um sich im Spanischen Bürgerkrieg dem Sanitätsdienst einer antifaschistischen Freiwilligenarmee anzuschließen. Ihr weiteres Schicksal verdeutlicht, wie eine von den französischen Behörden als „unerwünscht" und „suspekt" eingestufte *ex-milicienne d'Espagne* mit irregulärem Aufenthaltsstatus dem Rassenwahn der Nazis zum Opfer fallen konnte. Die biografischen Hinweise basieren auf Forschungen in privaten und öffentlichen Archiven.

Schlagwörter: Rosenfeld (Betty), Shoah, Emigration, Internationale Brigaden, Internierung in Frankreich

Résumés

Thomas BREMER
L'affaire Olavide et l'Europe. Circulation des savoirs entre Inquisition espagnole, Lumières françaises et scandale en Bavière

Cet article n'appréhende pas la relation triangulaire entre l'Allemagne, la France et l'Espagne et le concept de frontière dans un sens littéral, mais plutôt métaphoriquement, et cherche à comprendre comment le savoir et la façon dont il est évalué se développent par-delà les frontières entre les trois cultures. D'une certaine manière, ce sont les livres qui sont compris comme des voyageurs traversant les frontières. Le dernier grand scandale de l'Inquisition en Espagne, l'affaire Olavide (1775) et ses conséquences, a conduit en Bavière au plus grand scandale des Lumières catholiques, un scandale autour de la question de la censure, et montre une fois de plus la circulation du savoir dans les trois pays. En même temps, l'article plaide pour une histoire interculturelle du livre à l'époque des Lumières.

Mots-clés : Lumières, Inquisition, Olavide (Pablo de), Bavière, Zaupser (Andreas)

Primavera DRIESSEN GRUBER
Douce France ? *revisited. L'exil des musiciens autrichiens dans le Sud de la France et en Espagne*

La publication des actes bilingues du congrès *Douce France ? Musik-Exil in Frankreich/ Musiciens en exil en France 1933-1945* (Michel Cullin, Primavera Driessen Gruber (dir.), Wien/ Koeln/ Weimar, Boehlau 2008) a permis de mettre en lumière pour la première fois le rôle de la France en tant que pays d'exil et de transit pour les musiciens autrichiens persécutés par les nazis. En partant d'une rétrospective succincte des débuts de sa recherche, l'auteure en présente l'état actuel en accordant une attention particulière aux parcours de vie des musiciens exilés dans le Sud de la France et en Espagne. Au travers de brèves études de cas, elle examine les passages de frontières et les transferts réciproques entre le Sud de la France et l'Espagne à différentes périodes et dans des contextes politiques divers. L'article aborde en conclusion la question de savoir dans quelle mesure la recherche sur l'exil doit être considérée comme un projet achevé et comment elle peut servir de base à une « histoire croisée » (Werner/ Zimmermann).

Mots-clés : persécutions nazies, exil de musiciens, Autriche, France, Espagne

Michaela ENDERLE-RISTORI
L'Aura des Pyrénées ou Les deux versants de l'Histoire

Barrière géographique autant que frontière politique, la chaîne des Pyrénées est depuis toujours un espace de circulation et de passage. Ainsi, à la suite d'illustres voyageurs fréquentant villes d'eaux et sites naturels au XIXe siècle, le journaliste et écrivain allemand Kurt Tucholsky parcourut-il en 1925 les deux versants des Pyrénées, du Pays Basque à la Catalogne. Entre récit de soi et guide de voyage, *Un livre des Pyrénées* (Berlin, 1927/ trad. 1983) est l'évocation d'un paysage à la fois réel et imaginaire où se mêlent cartographie et fiction. L'auteur y tranche néanmoins avec l'imagerie romantique de la littérature viatique et pose sur la montagne un regard plus distancié, privilégiant aux sites touristiques l'exploration d'un chemin, d'un sentier, et opposant à l'évocation poétique de la liberté le franchissement concret des frontières. Une décennie plus tard, les itinéraires et points de passage visités par Tucholsky seront empruntés par des républicains espagnols et des antifascistes allemands tels Antonio Machado et Walter Benjamin, cherchant refuge sur l'autre versant de la montagne. Le regard qu'ils poseront alors sur les Pyrénées sera celui de l'effroi.

Mots-clés : Tucholsky (Kurt), Pyrénées, frontières, exil, aura

Diego GASPAR CELAYA
Mobilités allemandes et expériences de la frontière franco-espagnole (1920-1947)

Cet article vise à étudier les mobilités et les expériences allemandes du passage de la frontière franco-espagnole entre 1920 et 1947. Qu'elles soient individuelles ou collectives, cet article les examine en les reliant aux mouvements de population entre la France et l'Espagne de l'époque. De fait, il identifie, analyse et met en relation six mouvements composés de volontaires de guerre, de réfugiés, d'hommes et femmes politiques, d'agents du renseignement, de soldats et de membres d'autres forces de sécurité du Troisième Reich. Leurs expériences sont présentées comme intimement liées au contexte de la « guerre civile européenne », au phénomène des volontaires de guerre transnationaux et au franchissement clandestin des Pyrénées. Forcés ou non, ces mouvements confirment la perméabilité du territoire frontalier, mais aussi le contact entre populations d'origine plus éloignées qui utilisèrent cet espace comme lieu de transit. Ce fait révèle donc une nature transnationale de la frontière en soi, lorsqu'elle devint un espace d'échange exceptionnel.

Mots-clés : frontière, mobilités, volontariat de guerre, réfugiés, *ratlines*

Mechthild GILZMER
Une histoire transnationale de l'internement de femmes en France

Suite à la défaite des Républicains espagnols et à la fin de la guerre d'Espagne, le Sud-Ouest de la France devint un lieu de transit pour des réfugiés de différentes origines qui passaient la frontière espagnole. Parmi eux, il y eut des Allemandes et des Autrichiennes qui s'étaient engagées dans les Brigades Internationales. Un certain nombre d'entre elles furent internées à partir d'octobre 1939 à Rieucros, un camp répressif pour femmes situé en Lozère. Cet article tente d'abord de préciser la fonction spécifique de ce camp et de caractériser les internées et les raisons de leur internement. Il pose ensuite la question de savoir comment s'est organisée la cohabitation entre ces femmes de différentes nationalités. Quelles sont les divergences et les convergences idéologiques ? Comment s'organisent la cohabitation et les échanges ? Quelle est l'image donnée de ce moment de partage dans leur mémoire respective ? Quelles sont les expériences spécifiques de ces femmes ?

Mots-clés : guerre d'Espagne, femmes internées, transgressions, échanges, résistance

Isabel GUTIÉRREZ KOESTER
« Von allen verlassen, ratlos im Feindesland. » L'imaginaire spatial des prisonniers de guerre et des réfugiés allemands en Espagne et en France pendant la Première Guerre mondiale

L'exil et la captivité irriguent toute une série de récits qui, durant la Première Guerre mondiale, contribuent à une représentation propagandiste de l'étranger et de l'autochtone susceptible de modifier complètement la conception de l'espace inhérente aux idées de patrie et de nation. L'organisation de l'imaginaire spatial se fonde sur des processus mentaux aussi bien que sociaux, de sorte que toute topographie fictionnelle devient un lieu de mémoire qui anéantit les frontières géographiques et temporelles et qui donne naissance à une image de l'ennemi ou de l'ami colorée par des pigments idéologiques. Cet article se fonde sur trois récits d'expériences dont les auteurs sont un religieux, un combattant volontaire et un civil. Tous trois montrent que l'étranger est présenté, par le biais du conflit, telle une réalité complètement nouvelle quoique géographiquement proche.

Mots-clés : Première Guerre mondiale, fuite, internement, perception de l'autre, espace

Hilda INDERWILDI
La liberté par les Pyrénées et l'Espagne. Les évadés de Garaison

Ils ont pour nom Wolfgang Baetcke, Joseph Cerny, Hermann Gerchstein, Eduard John, Charles Kübler, Oskar Mehle, Jacob Oekena, Max Pretzfelder, Peter Quint, Albert Rocza, Christian Schmenger, Sebastian Schaedler, Hubertus van Deem, Charles Wucke... Ils sont allemands ou autrichiens, marins, tailleurs, serruriers, commerçants à Alger, publicistes ou artistes, chargés de famille ou célibataires, riches ou pauvres, connus ou anonymes, pacifistes ou bellicistes. Tous ont en commun d'avoir été internés au camp de civils de Garaison (Hautes-Pyrénées) entre 1914 à 1918 et de s'être évadés par l'Espagne, ou d'avoir tenté de le faire. L'enquête vise à réaliser une cartographie des évasions et des points de passages vers l'Espagne depuis le camp de Garaison. Elle s'accompagne d'un essai de typologie des évadés, de leurs motivations, conditions et sanctions, et éclaire aussi le point de vue français (institutions et personnes).

Mots-clés : évasions (tentatives), camp d'internement civil, Première Guerre mondiale, Garaison, Espagne

Françoise KNOPPER
Trois voyageurs germanophones face aux réformes de Charles III et Charles IV (1780-1792)

Dans les années 1780 s'affrontaient dans le Saint Empire deux représentations de l'Espagne : la légende noire, héritée de l'*Encyclopédie*, diffusait les clichés d'une Espagne obscurantiste, prétendument restée à l'écart des Lumières européennes et caractérisée par le fanatisme religieux, tandis que la légende dorée vantait le brillant passé et les spécificités culturelles de l'Espagne. La polémique faisait rage car c'étaient les enjeux de l'absolutisme éclairé qui étaient sur la sellette depuis les réformes opérées sous Charles III (1759-1788).
Parmi les voyageurs germanophones, certains s'élevèrent au-dessus de cette polémique et plaidèrent, grâce à leurs observations et leurs contacts, au nom de l'universalité de la raison et du cosmopolitisme. Qu'ils soient « assimilationnistes » ou « différentialistes »

(Todorov), ils retrouvaient en Espagne ce qui unifiait la République des Lettres mais diagnostiquaient aussi les obstacles qu'elle rencontrait. Tychsen, professeur à Göttingen, se solidarisait avec les universitaires qui tentaient de moderniser les programmes. Le philologue viennois Hager, dont le narrateur a l'insolence d'un Figaro, s'enthousiasmait pour les aspects culturels lui rappelant l'Orient et se montrait plus proche de l'Inquisition que des athées francophiles. Kaufhold, qui rédige un rapport sur l'économie, espère en l'instauration d'une monarchie constitutionnelle à la Française mais perd ses illusions face au gouvernement de Charles IV apeuré par la France révolutionnaire.

Mots-clés : voyageurs allemands en Espagne, Charles III (1759-1788), Tychsen (Thomas Christian) (1758-1834), Hager (Joseph) (1757-1819), Kaufhold (Anton) (1766-1821?)

Jacques LAJARRIGE
Mémoires de l'Espagne et destins autrichiens chez Erich Hackl, à l'exemple de Entwurf einer Liebe auf den ersten Blick *et* Die Hochzeit von Auschwitz

À la jonction entre histoire individuelle et histoire collective, dans une démarche esthétique qui se soustrait volontairement au principe de la fictionnalisation des faits bruts pour se réclamer ouvertement du genre de la chronique, Erich Hackl s'est imposé depuis ses débuts en littérature comme un médiateur essentiel entre l'Autriche et l'Espagne, abordant la guerre civile espagnole et la résistance autrichienne au national-socialisme à partir d'en bas, en redonnant vie et force d'exemple à des individus souvent oubliés des livres d'histoire.

Les deux récits *Entwurf einer Liebe auf den ersten Blick* et *Die Hochzeit von Auschwitz* sont eux aussi consacrés à des événements établis et des personnages réels qui refusèrent le destin que leur promettaient les circonstances historiques et choisirent de tracer leur propre chemin. Ce faisant, Hackl mêle non seulement différentes voix de témoins survivants pour tenter de s'approcher au plus près de la vérité de ces êtres entrés en résistance, ballotés entre l'Espagne, les camps d'internement français du Sud-Ouest et Vienne, mais il entreprend aussi en filigrane d'interroger la spécificité du regard autrichien sur l'Espagne en lutte et du regard espagnol sur l'Autriche et, au-delà, de dessiner les contours d'une culture mémorielle franco-germano-espagnole qui transcende les frontières nationales.

Mots-clés : guerre civile espagnole, Première République d'Autriche, factographie, témoignage

Hélène LECLERC
Topographies franco-espagnoles dans l'œuvre de Lenka Reinerová

En dépit du long parcours d'exilée qui l'a conduite de Prague au Mexique en passant par la France et le Maroc, la journaliste et écrivaine tchèque de langue allemande Lenka Reinerová (1916-2008) ne s'est jamais rendue en Espagne ni même auprès de la frontière franco-espagnole. Pourtant, l'Espagne, et en particulier la guerre d'Espagne, sont très présentes dans sa biographie et constituent un fil rouge dans son œuvre, sa vision de l'Espagne et de son histoire se nourrissant notamment de l'expérience de l'internement subi en France au camp de Rieucros en 1940-1941. Les stratégies mémorielles mises en œuvre par Lenka Reinerová impliquent ainsi des circulations et des transferts entre Espagne, France, Tchécoslovaquie et Allemagne, où différentes mémoires se rejoignent : celle de la guerre d'Espagne, de ses récits, celle de l'internement en France ainsi que celle du Printemps de Prague.

Mots-clés : Reinerová (Lenka), guerre d'Espagne, internement en France, Rieucros, mémoire

Catherine MAZELLIER-LAJARRIGE
Une « communauté de destin » : les Républicains espagnols dans les nouvelles, le journal et les poèmes de Rudolf Leonhard

Du recueil de nouvelles *Der Tod des Don Quijote* aux poèmes rédigés dans le camp du Vernet d'Ariège, en passant par le journal et les poèmes espagnols, Rudolf Leonhard place les valeurs républicaines de liberté, de justice et de fraternité au cœur de son écriture. Contrairement à la France, l'Espagne ne l'a pas déçu et continue, jusque dans l'internement, d'être le symbole de ses aspirations : identifiée aux valeurs républicaines, elle constitue pour Leonhard un espace mental et un refuge face à l'image abîmée de la France de Vichy. L'écriture poétique n'est pas seulement une forme de témoignage et un moyen de survie, elle prolonge l'expérience de fraternité transnationale qui s'est incarnée au sein des Brigades internationales et que l'écrivain n'a pu concrétiser par un engagement physique sur le terrain.

Mots-clés : Leonhard (Rudolf), guerre d'Espagne, Républicains espagnols, Le Vernet, poèmes

Georg PICHLER
Par-delà les frontières linguistiques. Contacts transnationaux dans les camps d'internement du Sud de la France

Sur les plus de 2,2 millions d'étrangers présents en France en 1939, environ un million avaient fui les dictatures de leur pays d'origine. Après la chute de la Catalogne pendant la guerre civile espagnole et surtout à partir du début de la Seconde Guerre mondiale, des camps de réfugiés et d'« étrangers ennemis » furent créés, dans lesquels la France interna, les uns à côté des autres, dans des conditions de vie en général très précaires, des femmes et des hommes de différentes nations et cultures. Dans la plupart des camps, les détenus étaient répartis en fonction de leur appartenance linguistique, mais il arrivait aussi que des groupes de même culture se forment spontanément, entre lesquels des contacts de nature sociale, politique, économique et culturelle se nouaient régulièrement. De nombreux émigrés ont raconté leurs expériences dans les camps français et décrit, le plus souvent presque incidemment, la cohabitation de personnes issues de tant de pays. Cet article explore ces traces dans des textes d'internés germanophones et espagnols.

Mots-clés : exil antifasciste, camps d'internement en France, contacts culturels, mémoire transculturelle, exil et langue

Berta RAPOSO
Entre le « pays agité » et la « terre des barbares de l'Ouest ». Les voyageurs germanophones découvrent l'Europe du Sud-Ouest

À la fin du XVIIIᵉ siècle, le rayon d'action des voyageurs germanophones s'est considérablement élargi, et ce n'est plus seulement l'Italie, mais aussi l'Espagne qui est devenue une nouvelle destination dans le sud de l'Europe. En tant que pays de transit sur cette route vers l'Espagne, la France ne jouait pas un rôle mineur et suscitait également différents degrés d'attention. La plupart des voyageurs pensaient déjà découvrir ou au moins deviner des traits espagnols dans la région française des Pyrénées, mais le Pays basque espagnol n'était pas toujours perçu comme la « véritable » Espagne. D'un point de vue politique, les contrastes semblaient beaucoup plus nets : la France leur apparaissait comme un pays moderne et « agité », l'Espagne comme un pays arriéré. Ainsi, aux yeux des observateurs extérieurs, le Sud-Ouest est ressenti comme un lieu de tension entre le rapprochement et la démarcation de deux nations qui, au début du XIXe siècle, ne pouvaient guère être plus différentes.

Mots-clés : récits de voyage (allemands), interculturalité, début du XIXe siècle, frontière, Pays basque

Michael UHL
Betty Rosenfeld : Stuttgart – Murcia – Oloron. Une réfugiée internationale de la guerre civile espagnole « indésirable » en France 1938-1942

Cette contribution se fonde sur une approche biographique. L'accent est mis sur l'infirmière juive allemande Betty Rosenfeld (Stuttgart 1907 - Auschwitz 1942), qui a abandonné un lieu de vie sûr en Palestine pour s'engager dans le service médical d'une armée de volontaires antifascistes pendant la guerre civile espagnole. Son destin illustre comment une ex-milicienne d'Espagne, considérée comme « indésirable » et « suspecte » par les autorités françaises, et en situation irrégulière, a pu devenir victime de la folie raciale des nazis. Les références biographiques sont basées sur des recherches dans des archives privées et publiques.

Mots-clés : Rosenfeld (Betty), Shoah, émigration, Brigades internationales, internement en France

Abstracts

Thomas BREMER
The Olavide Affair and Europe. Circulation of Knowledge between the Spanish Inquisition, the French Enlightenment and a Scandal in Bavaria

The purpose of this article is not to try to understand the triangular relationship between Germany, France and Spain based on the concept of the physical borders separating them, but rather on a metaphorical study of the concept of border. It raises the question of how knowledge develops beyond borders and between these three cultures. From this point of view, books can be seen as travellers crossing borders. The last major Inquisition scandal in Spain, the Olavide case (1775) and its consequences, leading to the central censorship scandal of the Catholic Enlightenment in Bavaria, show the circulation of knowledge in these three countries. This article is a plea for an intercultural book history of the Enlightenment.

Keywords: Enlightenment, Inquisition, Olavide (Pablo de), Bavaria, Zaupser (Andreas)

Primavera DRIESSEN GRUBER
Douce France? revisited. Austrian Music Professionals in Exile in the South of France and Spain

In the bilingual conference proceedings of *Douce France? Music-Exil in Frankreich/ Musiciens en exil en France 1933 – 1945* (eds. Michel Cullin, Primavera Driessen Gruber, Wien/ Koeln/ Weimar, Boehlau 2008), the role of France as a country of refuge and transit for Austrian music professionals persecuted during Nazism was examined for the first time. Starting with a brief review of the beginnings of her work, the author focuses on the current state of her research with special attention to the lives of music exiles in the South of France and Spain. Using short case studies as examples, she gives an overview of the various forms of border crossings and transfers between Southern France and Spain in different periods and under changing circumstances. Finally, she addresses the question as to what extent exile research can be considered as a closed book and whether (and how?) it can serve as a basis for a "*histoire croisée*" (Werner / Zimmermann).

Keywords: Nazi-persecution, Music exile, Austria, France, Spain

Michaela ENDERLE-RISTORI
The Aura of the Pyrenees or The Two Sides of History

As a geographical barrier as well as a political border, the Pyrenees have always been a space of movement and passage. Thus, in the wake of illustrious travellers who frequented spa resorts and natural sites in the 19th century, the German journalist and writer Kurt Tucholsky travelled in 1925 on both sides of the Pyrenees, from the Basque Country to Catalonia. As a mixture of self-narrative and travel guide, *Among Other Things in the Pyrenees* (Berlin, 1927/ transl. 2021) evokes a landscape that is both real and imaginary, where cartography and fiction mingle. Nevertheless, the author breaks with the romantic imagery of travel books and takes a more distant view of the mountains, preferring the exploration of a path, a track, rather than tourist sites, and contrasting the poetic evocation of freedom with the concrete crossing of borders. A decade later, the routes and crossing points visited by Tucholsky will be frequented by Spanish Republicans and German antifascists, such as Antonio Machado and Walter Benjamin, seeking refuge on the other side of the mountain. They will then be looking at the Pyrenees with terror.

Keywords: Tucholsky (Kurt), Pyrenees, borders, exile, aura

Diego GASPAR CELAYA
German Mobility and Transit Experiences France-Spain (1920-1947)

This paper analyses and recounts the movement of Germans and their transit experiences of crossing the French-Spanish border between 1920 and 1947. It places them in the context of population movement between France and Spain at the time and identifies six different German groups: war volunteers, refugees, politicians, intelligence agents, soldiers and other Third Reich security force members. These experiences are presented in the context of the European Civil War, the transnational war volunteering phenomena and the clandestine crossing of the French-Spanish border. These population movements, whether they were forced or not, confirm the permeability of the border territory, which allowed contacts between populations of more distant origins who used this space as a place of transit, as well as the transnational nature of the border as it became an exceptional exchange space.

Keywords: border, mobility, war volunteering, refugees, ratlines

Mechthild GILZMER
A Transnational Story of the Internment of Women in France

Following the defeat of the Spanish Republicans at the end of the Spanish Civil War, South-West France became a transit place for refugees of all origins crossing the Spanish border. Among them were German and Austrian women, formerly enrolled in the International Brigades. Many of them were held prisoners in Rieucros, a repressive camp for women located in Lozères, France, from October 1938. I will first define the specific role of that camp by classifying the internees and the reasons for their internment. I will then describe how the cohabitation of these women of various nationalities was organised. Were there any ideological differences or convergences of views between them? How were cohabitation and exchanges organised? What image remains of the time these women shared, and what is the specificity of each woman's experience?

Keywords: Spanish Civil War, internment of women, transgression, exchange, resistance

Isabel GUTIÉRREZ KOESTER
"Von allen verlassen, ratlos im Feindesland." Spatial Constructions of German Prisoners and Refugees between Spain and France in World War I

The reports on escape and imprisonment during World War I contribute in a media-effective way to constructing a propagandistic idea of otherness and identity and fundamentally change the idea of space in terms of concepts such as homeland and nation. The space configuration is based on mental and social processes, so that the concrete place becomes a landscape of memory that disregards geographical and temporal boundaries and constructs an image of enemy or friend that is perceived through ideological filters. Three accounts of experiences (of a cleric, a war volunteer and a civilian) will be analysed, in which the foreign is geographically close (France and Spain) but is perceived as a new reality through the experience of war.

Keywords: World War I, escape, internment, otherness, space

Hilda INDERWILDI
Freedom through the Pyrenees and Spain. The fugitives from Garaison

Their names are Wolfgang Baetcke, Joseph Cerny, Hermann Gerchstein, Eduard John, Charles Kübler, Oskar Mehle, Jacob Oekena, Max Pretzfelder, Peter Quint, Albert Rocza, Christian Schmenger, Sebastian Schaedler, Hubertus van Deem, Charles Wucke... They are German or Austrian, sailors, tailors, locksmiths, merchants in Algiers, publicists or artists, fathers or bachelors, rich or poor, famous or anonymous, pacifists or warmongers. All of them have in common that they were interned in the civilian camp of Garaison (Hautes-Pyrénées) between 1914 and 1918 and that they escaped via Spain, or tried to do so. The investigation will aim to map the escapes and the points of passage from the Garaison camp to Spain. It will then attempt to develop a typology of the escapees, their motivations, conditions and sanctions, and will shed light on the French point of view (institutions and individuals).

Keywords: escape (attempt), internment camp for civils, World War 1, Garaison, Spain

Françoise KNOPPER
The Image of Spain by Three German-speaking Travellers under Charles III and Charles IV

The image of Spain was very ambivalent in 1780. The "Black Legend" (French Encyclopedists) associated Spain with obscurantism and religious fanaticism; the "Golden Legend" praised Spain and its cultural particularities. This debate was made even more acute during the period of the *Spätaufklärung* by the effects of the reforms instituted under King Charles III (1759-1788), which reduced the credibility of enlightened absolutism. Several German-speaking travellers tried to build a connection between these opposite viewpoints. The focus of their observations and conversations was reason and cosmopolitism. They were either "assimilationists" or "differentialists" (Todorov), and found in Spain what united the Republique des Lettres, even if they also identified obstacles. Tychsen, who was a professor in Göttingen, showed solidarity with his academic colleagues who expressed the desire to modernize Spanish universities. Hager, an Austrian linguist whose narrator looked like Figaro, was enthusiastic about the customs in Spain which he thought reminded him of the Orient. In the end, he became closer to the Inquisition than to French atheism. In 1790, the economic expert Kaufhold expressed the wish for the establishment of a constitutional monarchy, as in France, but he progressively gave up that hope because of the French neighbours.

Keywords: German-speaking travellers, King of Spain Charles III (1759-1788), Tychsen (Thomas Christian) (1758-1834), Hager (Joseph) (1757-1819), Kaufhold (Anton) (1766-1821?)

Jacques LAJARRIGE
Memories of Spain and Austrian Destinies in Erich Hackl, as illustrated by Entwurf einer Liebe auf den ersten Blick *and* Die Hochzeit von Auschwitz

At the junction of individual and collective history, in an aesthetic approach that deliberately avoids the principle of fictionalisation of raw facts to openly claim the genre of the chronicle, Erich Hackl has established himself since his literary beginnings as an essential mediator between Austria and Spain, approaching the Spanish Civil War and the Austrian resistance to National Socialism from below, bringing back to life and making an example of individuals who are often forgotten by history books.
The two stories *Entwurf einer Liebe auf den ersten Blick* (*Narratives of Loving Resistance*) and *Die Hochzeit von Auschwitz* (*The Wedding in Auschwitz*) are also about established events and real people who refused the fate promised to them by historical circumstances and chose to make their own way. In doing so, Hackl not only mixes different voices of surviving witnesses in an attempt to get closer to the truth of these people who entered the resistance, shuffled between Spain, the French internment camps in the South-West and Vienna, but he also undertakes to question the specificity of the Austrian view of Spain in struggle and of the Spanish view of Austria and, beyond that, to draw the contours of a Franco-German-Spanish culture of memory which transcends national borders.

Keywords: Spanish Civil War, First Republic of Austria, factography, testimony

Hélène LECLERC
French-Spanish Topographies in the Work of Lenka Reinerová

Despite her long exile from Prague to Mexico via France and Morocco, the German-speaking Czech journalist and writer Lenka Reinerová (1916-2008) never went to Spain or even near the French-Spanish border. However, Spain, and in particular the Spanish Civil War, are very present in her biography and constitute a red thread in her work, her vision of Spain and its history being nourished in particular by the experience of internment in France at the Rieucros camp in 1940-1941. The memorial strategies implemented by Lenka Reinerová thus involve circulations and transfers between Spain, France, Czechoslovakia and Germany, where different memories come together: that of the Spanish Civil War, of its narratives, that of internment in France and that of the Prague Spring.

Keywords: Reinerová (Lenka), Spanish Civil War, internment in France, Rieucros, memory

Catherine MAZELLIER-LAJARRIGE
A "community of destiny": Spanish Republicans in the Short Stories, Diary and Poems of Rudolf Leonhard

From the collection *Der Tod des Don Quijote* to the poems written in the Vernet d'Ariège camp, through the diary and the Spanish poems, Rudolf Leonhard places the republican values of freedom, justice and fraternity at the heart of his writing. Unlike France, Spain did not disappoint him and continues to be the symbol of his aspirations, even during his internment: identified with republican values, it constitutes for Leonhard a mental space and a refuge in the face of the damaged image of Vichy France. Poetic writing is not only a form of testimony and a way to survive, it prolongs the experience of transnational fraternity that was embodied in the International Brigades and that the writer was unable to materialise through a physical commitment on the ground.

Keywords: Leonhard (Rudolf), Spanish Civil War, Spanish Republicans, Le Vernet, poems

Georg PICHLER
Beyond Language Boundaries. Transnational Contacts in Internment Camps in Southern France

Of the more than 2.2 million foreigners living in France in 1939, around one million had escaped from their home countries, oppressed by dictatorships. After the fall of Catalonia in the Spanish Civil War and especially after the outbreak of the Second World War, camps were set up for refugees and "enemy aliens". Women and men from the most diverse nations and cultures were interned together and suffered from very precarious living conditions. In most of the camps, the prisoners were assigned according to their language affiliation; sometimes they spontaneously formed groups of the same language and culture, that however often mixed with other groups for social, political, economic and cultural reasons. Numerous emigrants have written about their experiences in the French camps and described, as a subject of minor importance, the coexistence of people from different cultures. This article examines their stories in texts written by German-speaking and Spanish internees.

Keywords: antifascist exile, internment camps in France, cultural contacts, transcultural memory, exile and language

Berta RAPOSO
Between the "restless land" and the "land of the western Barbarians". German-speaking Travellers Discover the European South-West

At the end of the 18th century, the radius of movement of German-speaking travellers expanded considerably, and not only to Italy. Spain also became a new destination in the European South. As a transit country on the route to Spain, France played no small role and received varying degrees of attention. Even though many travellers had the impression they could detect – or at least sense – Spanish characteristics in the French Pyrenean region, they did not always consider the Spanish Basque country as the "real" Spain. This contrast seems much clearer in political terms: France was seen as a modern and "restless" country whereas Spain was considered a backward country. Thus, in the eyes of outside observers, the Southwest appears as a place of tension between the rapprochement and the demarcation of two nations that could not have been more different at the beginning of the 19th century.

Keywords: (German) Travel Literature, Interculturality, Beginning of 19th Century, Border, Basque Country

Michael UHL
Betty Rosenfeld: Stuttgart – Murcia – Oloron. As an International Refugee of the Spanish Civil War "indésirable" in France 1938-1942.

This contribution is based on a biographical approach. The focus is on the German-Jewish nurse Betty Rosenfeld (Stuttgart 1907 - Auschwitz 1942), who gave up a safe place to stay in Palestine to join the medical service of an anti-fascist volunteer army during the Spanish Civil War. Her further fate illustrates how an *ex-milicienne d'Espagne* with irregular residence status, classified as "undesirable" and "suspect" by the French authorities, could fall victim to the Nazis' racial mania. The biographical references are based on research in private and public archives.

Keywords: Rosenfeld (Betty), Holocaust, Emigration, International Brigades, Internment in France

CAHIERS D'ÉTUDES GERMANIQUES

N° 70 L'ART ÉPISTOLAIRE ENTRE CIVILITÉ ET CIVISME : DE GELLERT À HUMBOLDT (VOL. I) – Françoise KNOPPER, Wolfgang FINK, Avant-propos – CADRAGES THÉORIQUES – Gert UEDING, Wechselrede. Rhetorische Anmerkungen zur europäischen Brieftheorie – Alain MONTANDON, Le « savoir-vivre » épistolaire – François-Charles GAUDARD, La lettre dans l'espace sociétal. Scénographies et implications pragmatiques – INTERACTIONS ENTRE PRIVÉ ET PUBLIC – Jonas HOCK, Das strategische Potenzial des Briefes. Friedrich Melchior Grimms *Correspondance littéraire* zwischen Privatbriefkultur und Pressewesen – Christina STANGE-FAYOS, German an Lichtfreund: Die *Hyperboreischen Briefe* und das preußische Religionsedikt (9. 7. 1788) – Alexa CRAIS, Elternbriefe an das Dessauer Philanthropinum (1774-1792) – Françoise KNOPPER, Les relations de voyage épistolaires. Du divertissement privé aux échanges intellectuels – Pauline LANDOIS, Pratiques épistolaires d'artisans allemands (deuxième moitié du XVIIIe siècle) – STRATÉGIES DE COMMUNICATION ET DE PENSÉE – Nadja REINHARD, Der fließende Gellert und der spitzige Rabener. Thematisierung von Anonymität und Autorschaft als Strategie der Selbst- und Werkpolitik in faktischen, fingierten und modifizierten Briefen – Karl Heinz GÖTZE, Idealisierung, Modellierung, Übersteigerung. Zum deutschen Brautbrief des 18. Jahrhunderts – Ulrich JOOST, „Papiere welche die Nachwelt nicht zu beschnobern braucht". Gottfried August Bürger als Briefschreiber – Irene RUPP, „Der arme Brief! Man muß ihn doch vollends auslesen!". Verwendungsweisen und Funktionen von Briefen im deutschen Drama des 18. und 19. Jahrhunderts – Pierre Jean BRUNEL, « L'art d'écrire entre les lignes » (Leo Strauss) et la querelle philosophique. Des *Lettres sur Spinoza* à la *Lettre à Fichte* de F. H. Jacobi – Jutta HEINZ, „Das Ganze durch eine geheime und gewissermaßen unbekannte Kette zu verbinden". Zivilisierung und polyperspektivischer Briefroman bei Montesquieu und Wieland – Wolfgang FINK, „Blitze, die plötzlich ins Innere der Sachen schießen". Anmerkungen zum Briefwechsel zwischen W. von Humboldt und F. Schiller   15,00 €

N° 71 L'ART ÉPISTOLAIRE ENTRE CIVILITÉ ET CIVISME : DE JEAN PAUL À GÜNTER GRASS (VOL. II) – Françoise KNOPPER, Wolfgang FINK, Avant-propos – PREMIÈRE PARTIE – Jörg PAULUS, Synchronie affective en Arcadie. L'épistolarité sentimentale du cénacle de l'écrivain Jean Paul – Jochen STROBEL, Wissenschaftsethos und Hochschulbürokratie im 19. Jahrhundert. August Wilhelm Schlegel und der Bonner Universitätskurator Philipp Joseph von Rehfues im Dialog – Patricia VIALLET, Les *Lettres d'Italie* du peintre nazaréen Julius Schnorr von Carolsfeld. Naissance et affirmation d'une identité artistique – Hélène LECLERC, La correspondance de la « Jeune Bohême » (1837-1848). Identités politiques et nationales en construction – Thomas BREMER, „In häuslicher Verbindung mit dem liebenswürdigen Monarchen". Alexander von Humboldts Briefwechsel mit Friedrich Wilhelm IV. von Preußen – Jana KITTELMANN, „.... in meinem eigensten Herzen bin ich geradezu Briefschwärmer." Bemerkungen zu Theodor Fontanes Briefwerk – Frédéric TEINTURIER, „Mein lieber Antipode...". Heinrich Manns Briefe an Ludwig Ewers (1889-1894) – DEUXIÈME PARTIE – Marie-Claire MÉRY, Les *Lettres de Vienne* de Hofmannsthal dans la revue nord-américaine *The Dial* (1922-1924). Civilité épistolaire et correspondances culturelles – Sibylle SCHÖNBORN, Berliner Orientalismus / orientalisches Berlin. Kulturkritik als Diskurskritik in den *Briefen aus Berlin* von Heine, Kerr und Lasker-Schüler – Rémy CAZALS, Comment tromper la censure. Correspondance 1915-1916 de Jules et Marie-Louise Puech – Françoise KNOPPER, Un épistolier alsacien dans la Grande Guerre – Florence BANCAUD, Franz Kafka « champion d'une épistolarité désenchantée » ? Épistolaire et altérité chez Kafka – Anne Katrin LORENZ, Der Offene Brief im Spiegel privater Exilkorrespondenz. Die Kontroverse zwischen Joseph Breitbach und Klaus Mann – Sonia GOLDBLUM, Les correspondances à l'épreuve du temps. Walter Benjamin, collectionneur de lettres – Marjorie MAQUET, La lettre de doléance dans la zone française d'occupation entre 1945 et 1949 – Sylvie LE GRAND TICCHI, Polémiques et enjeux d'une campagne électorale aux accents cléricaux. « Wahlkampf von der Kanzel » (1980)? – Anne LAGNY, L'engagement de l'artiste dans la fabrique de l'homme politique. La correspondance entre Willy Brandt et Günter Grass   15,00 €

N° 72 MODÈLES – IMITATIONS – COPIES – André COMBES, Christina STANGE-FAYOS, Avant-propos – TRANSFERTS PHILOSOPHIQUES – Ina Ulrike PAUL, Enzyklopädien der Aufklärung in europäischen Vernakularsprachen und der Wissenstransfer über „Modell, Imitation und Kopie" – Jean-Michel POUGET, « Besser ein Original von einem Teütschen als eine Copey von einem Franzosen seyn » Du bon usage de l'imitation française par les Allemands selon G. W. Leibniz – Pierre Jean BRUNEL, « Bilder? – Wo das Urbild? » Friedrich Heinrich Jacobi et la recherche platonicienne du modèle – ESTHÉTIQUES / INESTHÉTIQUES – Florence BANCAUD, Entre diabolisation, séduction et légitimation.Le kitsch ou l'imitation comme « mal esthétique »? – Sonia SCHOTT, Stefan George et Karl Wolfskehl : le maître et le disciple? – Béatrice POULAIN, Hans Magnus Enzensberger, Reiner Kunze-Traductions et imitations : la fracture du trait – AUTRES SCÈNES – Morgane KAPPÈS-LE MOING, *Dame Kobold* de Hugo von Hofmannsthal (1920) et son modèle : *La dama duende* de Pedro Calderón de la Barca (1629) – Cécile VIDAL-OBERLÉ, L'imitation dans le théâtre précoce d'Arthur Schnitzler – André COMBES, La dialectique du modèle et de ses copies dans les *Modellbücher* du *Berliner Ensemble* : un travail théâtral pionnier et son contexte – Manuel DURAND-BARTHEZ, *Die Zauberflöte* : tradition et reflets – IMPOSSIBLES MODÈLES – Hélène FLOREA, Satire, réalité et citation dans *Les derniers jours de l'humanité* (1919) et *Troisième nuit de Walpurgis* (1933) de Karl Kraus – Christina STANGE-FAYOS, Femmes modèles, modèles de femmes dans la littérature patriotique de la Première Guerre mondiale – POSSIBLES MODÈLES : D'UN AUTEUR À L'AUTRE – Alfred PRÉDHUMEAU, Reinhard Jirgl « héritier » döblinien? Une introduction à son essai sur Döblin – Reinhard JIRGL, Alfred Döblin. Autor der Unruhe   15,00 €

N° 73 CRISES ET CATASTROPHES. DE LA MISE EN DISCOURS À L'ARGUMENTATION – Emmanuelle PRAK-DERRINGTON, Marie-Laure DURAND, Michel LEFÈVRE, « Comment en est-on arrivé là? » – PRÉAMBULE : AVANT LA MISE EN DISCOURS – Emmanuelle PRAK-DERRINGTON, « Je suis Charlie ». Analyse énonciative et pragmatique d'un slogan de crise – DE LA LANGUE AU DISCOURS – Monika SCHWARZ-FRIESEL, Konzeptualisierung und Referenzialisierung von *Katastrophe* in den Textweltmodellen des modernen Krisendiskurses – Sylvain FARGE, Crise / Krise, catastrophe / Katastrophe: Kontrastive Ansätze zur Beschreibung unscharfer Begriffe – Simon MEIER, Krisen und Katastrophen in der Fußballberichterstattung aus korpusanalytischer Sicht – TEXTUALISATION : DE L'ABSENCE DES CONCEPTS À LEUR EMPLOI « DRAMATISÉ » – Michel LEFÈVRE, Sprachliche und textliche Behandlung von Krisensituationen in den frühen deutschen Zeitungen – Laetitia FAIVRE, Diagnostics de crise. Rôle textuel de la dislocation à gauche dans la prose philosophique de Peter Sloterdijk – Naomi TRUAN, Zwischenrufe zwischen parlamentarischer Routine und Kreativität. Die Bundestagsdebatten aus dem Blickwinkel von unautorisierten Unterbrechungen – Anna-Lena DIEßELMANN, Krieg und Frieden. Dramatisierungsstrategien im kolumbianischen Krisendiskurs – Katharina MUCHA, Identität in der Krise Indexikalische Prozesse der medialen (De-)Konstruktion von Identitäten – CRISES ET CATASTROPHES DANS L'ARGUMENTATION – Simon VARGA, Kernkraft in der Krise? Der Fukushima-Diskurs in Deutschland und Frankreich, Marie-Laure DURAND, L'enseignement de l'allemand et la réforme du collège 2016. L'argumentation anti-crise du ministère de l'Éducation nationale – Odile SCHNEIDER-MIZONY, Construction argumentative d'une crise de l'orthographe en France et en Allemagne – Nathalie SCHNITZER, Crise et catastrophe dans l'argumentation publicitaire – CRISES ET CATASTROPHES DANS LE DISCOURS LITTÉRAIRE – Anne LEMONNIER-LEMIEUX, L'« ironie catastrophique » de Reinhard Jirgl dans *Renégat. Roman du temps nerveux* (2005) – Elisabeth MALICK DANCAUSA, Crise de l'écriture et ironie dans *L'Homme sans qualités* de Robert Musil   15,00 €

N° 74 LA RELIGION AU XXIᵉ SIÈCLE, PERSPECTIVES ET ENJEUX DE LA DISCUSSION AUTOUR
D'UNE SOCIÉTÉ POST-SÉCULIÈRE – Sebastian HÜSCH, Présentation – LA RELIGION DANS LA
PHILOSOPHIE : PERSPECTIVE HISTORIQUE ET CONTEMPORAINE – Peter GAITSCH, Vom Bedürfnis zu glauben
zum religiösen Grundakt. Eine „schwache" Wesensanalyse des postsäkularen religiösen Bewusstseins –
Klaus VIERTBAUER, Ist Religion opak? Zu einer missverständlichen Formulierung von Jürgen Habermas –
Max MARCUZZI, Sur l'intelligibilité de l'objet de la croyance religieuse selon Kant et Wittgenstein –
Sebastian HÜSCH, Le monde comme mystère et comme menace. Besoins de transcendance entre
étonnement et angoisse – CULTURE RELIGIEUSE – Wolfgang SANDER, Nach der Säkularisierungsthese:
Religion als Herausforderung für schulische Bildung – Dany RONDEAU, Le Québec entre sécularisme et
post-sécularité : le cas du débat autour du programme d'*Éthique et culture religieuse* – Kanchana MAHADEVAN,
Rethinking the Post-Secular and Secular with Habermas and Ambedkar – Marina CHRISTODOULOU,
Technopolis as the *Technologized* Kingdom of God. Fun as Technology, Technology as Religion in the
21st Century. God *sive* Fun – ÉCRITURE DU RELIGIEUX – Nóra HORVÁTH, La religion laïque de George
Santayana comme un mode de vie – Sikander SINGH, Religion und Zeit in Christoph Ransmayrs Roman *Cox
oder Der Lauf der Zeit*. Ein Beitrag zum Diskurs über die Religion in der Literatur der Gegenwart   15,00 €

N° 75 MATÉRIALITÉS DE LA NARRATION. PERSPECTIVES GERMANIQUES – Florence BAILLET,
Anne-Laure DAUX-COMBAUDON, Introduction – OBJETS ET ARTÉFACTS – Sergej RICKENBACHER, Vom
Ododion zum *Smeller 2.0* – Die literarisch-technische Erfindung der ‚Duftorgel' – Elisa GOUDIN, La ma-
térialité à l'épreuve de l'Histoire : raconter la renaissance du château de Berlin – Florence BAILLET, Objets
et récits en scène : *Schubladen* de She She Pop, une « histoire sensible » des deux Allemagnes ? – Indravati
FÉLICITÉ, L'essor des « sciences du cérémonial » aux XVIIᵉ et XVIIIᵉ siècles : narration et matérialité du politique
– MATIÈRES – Bénédicte TERRISSE, « *Macht keine Geschichten* » – Matière, fiction, histoire : du performatif
dans la prose de Wolfgang Hilbig ? – Markus ENGELNS, Geschichten über Metall, Holz und Schnee – Zur
narrativen Bedeutung von digitalen Materialien – Kerstin HAUSBEI, Materialität und Narration im Hörbuch:
Überlegungen am Beispiel deutscher und französischer Hörbuchfassungen von *Tausendundeine Nacht* –
Hélène THIÉRARD, Récits du moi multilingue chez Yoko Tawada et José F. A. Oliver : la matérialité de l'autre
langue – CORPS – Andréa LAUTERWEIN, VALIE EXPORT : flux narratif *versus* matérialité du flux – Patrick
FARGES, « *Für die war ich Luft* ». Raconter le corps masculin juif allemand – Svetlana CHERNYSHOVA,
Modus des Intimen. Zu Narrativität und Materialität im zeitgenössischen Experimentalfilm am Beispiel von
Martin Arnolds *Pièce Touchée* – SUPPORTS ET MÉDIAS – Sarah NEELSEN, Musik erzählt. Elektronische Musik
im zeitgenössischen Roman – Rita FINKBEINER, Narration und Materialität im Bilderbuch – Anne-Laure
DAUX-COMBAUDON, Zur Komplementarität von Sprache und Bild in Werbeanzeigen mit narrativem Muster
– Georg WEIDACHER, Das Erzählen eines modernen Mythos unter Nutzung der Affordanzen des Internets
und in ihm etablierter Kommunikationsformen – oder: „Red Bull verleiht Flügel"   15,00 €

N° 76 ÉMIGRATION ET MYTHE. L'HÉRITAGE CULTUREL DE L'ESPACE GERMANIQUE DANS L'EXIL À
L'ÉPOQUE DU NATIONAL-SOCIALISME – Andrea CHARTIER-BUNZEL, Mechthild COUSTILLAC et Yves
BIZEUL, Avant-propos – Mechthild COUSTILLAC, Introduction – MYTHE ET LOGOS : DE LA DIALECTIQUE ET DE
L'AMBIVALENCE – Sergej RICKENBACHER, Yves BIZEUL, Le retour du mythe en modernité – Tilman REITZ,
Die Umdeutung mythischer Zweideutigkeit. Dialektik im Stillstand und Opfer der Aufklärung bei Benjamin
und Adorno – Cordula GREINERT, „Man höre diesem Nietzsche eindringlicher zu, als dem, der anders
spricht." Heinrich Manns Auseinandersetzung mit nationalsozialistischen Nietzsche-Mythen – ARTS ET
LITTÉRATURE : UNE ARME CONTRE LE NAZISME ET SES MYTHES ? – Frédéric TEINTURIER, Lion Feuchtwanger :
le philologue et les cochons. Une dénonciation de la manipulation de l'irrationnel et du mythe par les nazis
– Klaus H. KIEFER, Carl Einstein und der Mythos – Thomas PEKAR, Hybridisierung und Erotisierung des
Mythos. Thomas Manns Roman-Tetralogie *Joseph und seine Brüder* – Lutz HAGESTEDT, Schlechte Zeit für
Mythen. Zu Brechts Lyrik des Exils – MYTHES BIBLIQUES ET IDENTITÉ JUIVE – Sonia SCHOTT, Job et Samson :
hybridation des mythes dans le recueil *Hiob oder die Vier Spiegel* de Karl Wolfskehl (1869-1948) – Katja

d'identification des femmes artistes dans l'espace germanique à l'heure de la deuxième vague féministe. Les exemplesde Ré Soupault et Doris Stauffer – Léa BARBISAN,« Beauté féminine, ou non ». Maria Lassnig, (auto)portraits du corps féminin – Valérie CARRÉ, Helke Sander, itinéraire d'une cinéaste féministe engagée – Sibylle GOEPPER, Les nouvelles expressionnistes de RDA : Subjectivité féminine et non-conformisme artistique dans le contexte du socialisme réel des années 1970 et 1980 – Marie-Thérèse MOUREY, Être danseuse et chorégraphe ? Les exemples de Grete Wiesenthal (Autriche), Birgit Cullberg (Suède) et Anne Teresa de Keersmaeker (Belgique flamande)   15,00 €

Nº 82 FICTIONS MORALES À LA FIN DU XVIIIᵉ SIÈCLE. TRADUCTION, DIFFUSION, RÉCEPTION À L'ÉCHELLE EUROPÉENNE – Alexa CRAÏS, Magali FOURGNAUD, Valérie LEYH, Avant-propos – LA DIVERSITÉ DES RÔLES – Isabelle NIÈRES-CHEVREL, La littérature de jeunesse au prisme de ses traductions françaises – Béatrice FERRIER, Les fictions dramatiques de *L'Ami des enfants* entre traités d'éducation et expériences morales : une écriture théâtrale à destination plurielle – Françoise TILKIN, Parole et récit dans la presse périodique pour la jeunesse. *L'Ami des enfants* (1782-1783), *L'Ami de l'adolescence* (1784-1785) de Berquin et *Le Courrier des enfants* (1796-1799) de Louis-François Jauffret – Beatrijs VANACKER, Éducation, traduction et médiation dans l'œuvre de Marie-Élisabeth de La Fite – TRADUCTIONS ET RÉÉCRITURES – Christopher MEID, Moralische Erzählung und anthropologische Fallgeschichte. Marmontel-Transformationen in Schubarts *Zur Geschichte des menschlichen Herzens* (1775) und Lenz' *Zerbin oder die neuere Philosophie* (1776) – Alexa CRAÏS, Magali FOURGNAUD, *Lausus et Lydie*, du conte au théâtre : étude comparée du récit de Marmontel et du drame de Sophie von Titzenhofer – Valérie LEYH, Die moralische Erzählung als populäres und wandelfähiges Genre. Joséphine de Monbarts *Mélanges de littérature* (1779) – Merisa TARANIS, Die Rezeption rousseauscher Glückseligkeit am Beispiel deutschsprachiger Übersetzungen der Erzählung *Paul et Virginie* im 18. Jahrhundert – RÉCEPTION À GRANDE ÉCHELLE ET À LONG TERME – Oxane LEINGANG, Unter deutscher Ägide – Der kinderliterarische Kulturtransfer in Russland und seine wichtigsten Instanzen in der zweiten Hälfte des 18. Jahrhunderts – Ivana LOHREY, Marie Leprince de Beaumont, les écrits d'une éducatrice européenne dans le monde germanophone : réception, influence et transformation de ses œuvres entre le XVIIIᵉ et le XIXᵉ siècle – Julia BOHNENGEL, Geschichtchen für Töchter und für Söhne : August von Kotzebues und Jean-Nicolas Bouillys Beiträge zur Literarisierung der Kinder- und Jugendliteratur zwischen Aufklärung und Biedermeier   15,00 €

Nº 83 ANNIVERSAIRES – Hélène BARRIÈRE, Susanne BÖHMISCH, Hilda INDERWILDI, Nathalie SCHNITZER, Katja WIMMER, Ralf ZSCHACHLITZ, Introduction, L'anniversaire, un Janus – (ANTI-)IDYLLES – Karl Heinz GÖTZE, „Ich bringe nichts als ein Gedicht". Gereimtes zum Geburtstag. Streifzüge zwischen Barock und Internet – Alain MONTANDON, *Le Soixante-dixième Anniversaire* de Johann Heinrich Voss : une idylle allemande – Gert SAUTERMEISTER, Geburtstage, Jubiläen. Wunscherfüllung und Wunschverweigerung bei Friedrich Hölderlin und Thomas Mann – Hélène BARRIÈRE, *Geburtstag-Todestag-Gedenktag* : la spirale mortelle des anniversaires dans les *Histoires de la forêt viennoise* d'Ödön von Horváth – Susanne BÖHMISCH, Comment danser un anniversaire ? Les exemples de Pina Bausch et Maguy Marin Kathrin – Julie ZENKER, Der entlarvte Geburtstag. Authentizität und Artifizialität im Film *Toni Erdmann* (2016) – Nathalie SCHNITZER, Discours d'anniversaire au cinéma : entre douceur et violence verbales en famille – TEMPS ET MÉMOIRE : L'ANNIVERSAIRE COMME MYTHE – Françoise KNOPPER, Le 750ᵉ anniversaire de Berlin (1987). Dédoublement et intégration – Marie-Thérèse MOUREY, Le 31 octobre 1517, anniversaire de la Réforme – *a fake anniversary ?* – Mélanie STRALLA, Ein deutsch-provenzalisches „Familienfest"? Die Silberhochzeit Frédéric Mistrals im Kontext der provenzalischen Renaissance – Isis VON PLATO, Les visages du temps dans la pensée de Franz Rosenzweig – Ralf ZSCHACHLITZ, „Der Daten eingedenk bleiben": Uwe Johnsons *Jahrestage. Aus dem Leben von Gesine Cresspahl* – Irmtraud BEHR, Ève VAYSSIÈRE, Ein Jahr schriftliche Corona-Kommunikation im öffentlichen Raum – Hilda INDERWILDI, Anniversaire ou l'éternel retour. D'Anita G., Ernst Kluge, Napoléon et quelques autres – INTERMEZZO – Marion PICKER, *Weh mir* – TÉMOIGNAGES – Les *Cahiers d'Études Germaniques* : bouquets d'anniversaire – Michel VANOOSTHUYSE, Il était une fois les *CEG* – Maurice GODÉ, Cinquante numéros déjà... – Lucien CALVIÉ, République française et recherches germaniques : 1792-1992, 1972-2022. Une chronique subjective – Thomas KELLER, Meine Zeit mit den *Cahiers d'Études Germaniques* und ihre Trenner – Ingrid HAAG, Les années de jeunesse des *CEG* – Karl Heinz GÖTZE, Frühe Mannesjahre der *CEG* – Hélène BARRIÈRE, Premiers pas sur la toile : rites de passage – Susanne BÖHMISCH, Hilda INDERWILDI, D'hier à demain   15,00 €

N° 84 L'EST À L'OUEST : TRAJECTOIRES, EXPÉRIENCES ET MODES D'EXPRESSION DES INTELLECTUELS, ÉCRIVAINS ET ARTISTES ÉMIGRÉS HORS DE RDA – Emmanuelle AURENCHE-BEAU, Sibylle GOEPPER, Anne LEMONNIER-LEMIEUX, Ralf ZSCHACHLITZ, **Avant-propos**, L'Est à l'Ouest. Entre objet familier et *terra incognita* de la recherche sur la RDA – OUVERTURE – Walter SCHMITZ, Utopie, Gefangenschaft, Verrat : Das literarische DDR-Exil – eine extraterritoriale Literatur – CROISEMENTS ET CIRCULATIONS DES PERSPECTIVES, DES CONCEPTS ET DES OUTILS – Gisèle SAPIRO, Exil et intellectuels transnationaux – Patrick FARGES, En transit : résonances d'exil – Bénédicte TERRISSE, „Bibliotheken von Exilautoren"? Erzählungen und Reflexionen über die Bibliothekstranslokationen einiger Übergesiedelter (Thomas Brasch, Wolfgang Hilbig, Hans Mayer) – ÉCRITURES DE L'EXIL – Ernest KUCZYŃSKI, „In der Fremde, die meine Sprache spricht". L'exil politico-littéraire dans l'œuvre de Jürgen Fuchs – Daniel ARGELÈS, La vitre « derrière laquelle/ nous sommes chez nous/ là où nous ne sommes plus ». Exil et écriture de l'exil chez Utz Rachowski – DÉTERRITORIALISATION, TRANSNATIONALITÉ ET RÉ-ANCRAGES – Anne LEMONNIER-LEMIEUX, Sarah Kirsch, la fugitive et l'enracinée – Florence BAILLET, « Mon unique vie est entre 2 pays » – Déterritorialisation et nomadisme chez Thomas Brasch – Anne-Marie PAILHÈS, Départ pour l'Ouest lointain : la découverte de l'Amérique par Gabriele Eckart. Adieu à la RDA ? – Nicole COLIN, Ähnlichkeit als Strategie der Entdramatisierung: Katja Lange-Müllers Rückblicke auf Ost- und Westberlin – ENTRE LES ESPACES PUBLICS : MÉDIATEURS, TROUBLE-FÊTES ET CONTRADICTEURS – Laurence GUILLON, Alfred Kantorowicz, « réconciliateur » entre Est et Ouest – Martin FIETZE, „Karsch ist kein Westdeutscher". Uwe Johnsons Ankunft im westdeutschen Kulturbetrieb am Beispiel von *Das dritte Buch über Achim* und *Eine Reise wegwohin, 1960* – Martine BENOIT, Günter Kunerts „Platzwechsel" – Ilse NAGELSCHMIDT, Die Stimme wurde ihm nicht genommen : Erich Loest (1926-2013) – Catherine TEISSIER, Monika Maron, une intellectuelle transfuge et le débat interallemand dans les années qui précèdent et suivent le Tournant – ARTISTES PLASTICIENS : D'AUTRES HORIZONS ? – Jean MORTIER, Roger Loewig : Ni de l'Est ni de l'Ouest, de nulle part - Eckhart J. GILLEN – *Malstrom versiegt* oder Der Weggegangene bleibt immer der Weggegangene. Die Dresdner Maler Ralf Kerbach (*1956) und Peter Herrmann (*1937) in Westberlin 1982-1989. Zwei Generationserfahrungen im Westen – Jacques POUMET, Artistes plasticiens de Leipzig de l'Est à l'Ouest : Hans-Hendrik Grimmling, Lutz Dammbeck, Volker Stelzmann

cahiers
d'études
germaniques

Bon de commande

nᵒ 1 à 67

S'adresser à Julie Oliveros qui indiquera le mode de règlement en fonction du nombre d'exemplaires

Université d'Aix-Marseille – Maison de la Recherche ALLSH

29, avenue Robert Schuman – 13 621 Aix-en-Provence Cedex 1

Tél. : 04 13 55 33 68 – courriel : julie.oliveros@univ-amu.fr

à compter du nᵒ 68

Prix du nᵒ : 15 € – Abonnement (2 numéros) : 30 €

frais de port France métropolitaine	+ 3 €	
UE et Suisse	+ 6 €	+ 1 €
hors UE	+ 9 €	PAR LIVRE SUPPLÉMENTAIRE
montant total de .... €		

S'adresser aux **Presses Universitaires de Provence**

Université d'Aix-Marseille – Maison de la Recherche

29 avenue Robert Schuman – F13621 Aix-en-Provence Cedex 1 – France

Tél. 33 (0)4 13 55 31 92 – pup@univ-amu.fr

NOM ....

Prénom ....

Profession ....

Organisme ....

Adresse ....

....

Email ....

Désire recevoir .... exemplaire(s) du nᵒ ....

.... exemplaire(s) du nᵒ ....

.... exemplaire(s) du nᵒ ....

S'abonne pour 1 an ☐ .... (soit deux numéros)

Date ....

Signature

Règlement par chèque bancaire ou postal à l'ordre du régisseur des recettes des PUP

Nᵒ SIRET _____ Nᵒ de TVA intracommunautaire _____

obligatoire pour les professionnels, institutions, librairies

ou par virement :

Identifiant national de compte bancaire – RIB

Code banque	Code guichet	Nᵒ de compte	Clé RIB	Domiciliation
10071	13000	00001006453	85	TPMARSEILLE

Identifiant international de compte bancaire – IBAN

IBAN (International Bank Account Number)						BIC (Bank Identifier Code)
FR76	1007	1130	0000	0010	0645 385	TRPUFRP1

AUSTRIACA N° 93 – BEETHOVEN, COMPOSITEUR AUTRICHIEN ?

Études réunies par Jean-François Candoni

Ce numéro montre comment, après la dissolution de la Confédération germanique en 1866 et l'effondrement de l'empire des Habsbourg en 1918, l'Autriche s'est approprié l'héritage de Beethoven pour œuvrer à la construction d'une identité culturelle propre et comment le compositeur a contribué à structurer l'esthétique et la conscience musicales du pays.

Austriaca, nᵒ 93
ISBN : 979-10-240-1749-5
ISSN : 0396-4590
300 p. env. - 15,5 x 24 cm - 25 €

Pour toute demande d'abonnement, s'adresser à :

Solenne Daylies
FMSH-Diffusion
18 rue Robert-Schuman,
94220 Charenton-le-Pont

cid@msh-paris.fr

Retrouvez également ce numéro sur

OpenEdition Journals

Mise en pages
PUP – Jean-Bernard Cholbi
Imprimé en France
Service imprimerie de l'université d'Aix-Marseille – PSI – Aix-en-Provence
Dépôt légal 4e trimestre 2023
ISBN 979-10-320-04477-7
ISSN 0751-4239